教育部哲学社会科学研究
后期资助重大项目成果

汉语语音偏误的特点与模式

The Characteristics and Patterns of Chinese Speech Errors

基于25种母语背景语音偏误数据库的研究

Researches Based on Speech Databasese of 25 L1 Backgrounds

冉启斌
于爽
黄玮
顾倩
岳月
著

上海辞书出版社

本书为教育部哲学社会科学研究后期资助(重大)项目(18JHQ006)的成果
本书出版受到南开大学中央高校基本科研业务费的资助
本书由天津市社会科学实验室–南开大学语言实验与计算交叉科学实验室完成

Contents 目录

上篇　汉语语音偏误的数据统计分析

下篇 汉语语音偏误的声学实验分析

附录 本项目正式发表的期刊论文与相关数据库

上　篇

汉语语音偏误的数据统计分析

第一章　引言

1.1　国内外语音偏误研究成果概述

语音偏误（speech error）分析在20世纪50年代已经展开。Marshall D. Berger的*The American English Pronunciation of Russian Immigrants*（1951）通过调查若干俄罗斯移民，研究了他们使用美式英语时所产生的各种语言错误（即偏误）及其原因。几年后，Raja Tewfik Nasr（1955）又对比了阿拉伯语和美式英语的语音系统，并阐述了黎巴嫩籍的阿拉伯学生学习美式英语的语音错误（即偏误）。由于研究刚起步，当时这一领域的研究还比较少，研究所使用的方法也往往是简单的母语与目的语语音系统对比、观察或调查、听辨分析等。

随着S. P. Corder（1967）在第二语言习得领域提出"偏误"的概念，除了语法、词汇方面的偏误外，越来越多的研究者也将关注点转向了语音方面。在这一时期的研究中，很多研究者都将其与中介语假说的验证结合起来：E. Broselow（1983）、R. Major（1987）和J. Leather & A. James（1987）等都针对英语双元音的偏误现象进行了研究，旨在证实中介语理论；Juffs Alan（1990）在调查了中国湖南农业大学的大学生说英语时的音调、重音、节奏方面的表现后得出结论——语音偏误会部分受到其母语的影响，但又不完全受其影响；Steven Ross（1994）研究了日本英语学习者语尾加音现象和后期的尾音过重现象，认为学习者在学习第二语言语音的初期会受到母语影响、后期会更倾向于借助目的语模式处理语音；Barbara Baptista和Michael Watkins（2006）在对西班牙语、葡萄牙语母语背景的英语学习者的语音偏误进行系统分析后找出了其与第一语言、目的语之间的相对关系，从而再次验证了"中介语"假说。

进入21世纪之后，随着研究技术的发展，英语作为第二语言习得语音偏误研究的领域也越来越宽。James Emil Flege等研究者（2006）通过对比实验，证明了韩国儿童和成人英语学习者的语音偏误程度虽然与年龄有关，但在赴目的语国时间早晚和在目的语国生活时长方面又并未体现出明显差异，这就对“关键期”假说提出了一定的挑战。Anastazija Kirkova-Naskova（2010）研究了马其顿英语学习者的三项典型语音偏误，并发现其中一项偏误在英语母语者中也会出现。Sofi Centerman（2011）通过一系列实验，研究了14岁学习英语的瑞典中学生在有语境或无语境下语音输入和输出方面的偏误率，再次质疑了对比分析假说，支持了偏误分析假说。Nasir A. R. Syed（2012）通过几何图以直观的方式说明了巴基斯坦英语学习者的语音偏误。

Ewa Waniek-Klimczak & Linda R. Shockey（2013）围绕英语口音和英语教学整理了论文集 *Teaching and Researching English Accents in Native and Non-native Speakers*，所选的18篇论文中有10篇都涉及了英语作为第二语言习得的语音偏误，如：Una Cunningham（2013）通过越南英语学习者语音偏误的发展证明了越南学习者的可教性和易学性；Magdalena Wrembel（2013）以母语为波兰语、英语为第二语言、法语为第三语言的学习者为研究对象，揭示了一系列有关语音偏误的发现——学习者语音偏误的多少与该语言的精通程度成反比，第一语言对于语音偏误的影响最大，且通过学习者的第三语言进行母语口音识别易受其第二语言的影响；Wiktor Gonet 等（2013）专门研究了软腭鼻音的各种偏误表现，并指出波兰英语学习者依次在“软腭鼻音出现在词尾”“两个软腭鼻音相连”“在非软腭鼻音的辅音前”以及“在元音前”等情况下易出现语音偏误；Radoslaw Swiecinski（2013）则借助EMA技术研究了波兰英语学习者产生语音偏误时口腔中各部分的位置，指出波兰学习者下颚和唇的姿势有助于准确发音，而舌位过高过远则是产生语音偏误的主要原因。

同年，M. A. Yusnita（2013）等将语音偏误与学习者的口音特点联系起来，通过对汉、马来西亚、印度三个不同民族背景的马来西亚说英语者进行实验并经过方差分析得出结论——男声可以通过共振峰F1和F3、女声可以通过共振峰F3和F4来识别发音者的母语（或者说民族背景）；另外，他指出掌握发音者的口音识别系统有助于更好地理解第二语言学习者的表达。A. Moyer（2013）则通过著述揭示了语音偏误虽然会导致交际的误解，但是也能对教育背景、职业、法律和个人背景的辨别起到一定作用。

除了语音偏误的表现、作用和产生原因的探索外，研究者们又开始对语音偏误与听感之间的关系进行研究：Iulia Pittman（2008）出版了 *The Romanian Accent in English*，在阐述罗马尼亚母语背景者的英语语音偏误的同时，将之与听感研究结合了起来；Anastazija Kirkova-Naskova（2010）指出，从听感上来看，较易被识别的语音偏误依次为辅音偏误、声调偏误和元音偏误等；Paramjit Kaur & Arumugam Raman（2014）从正确性、可接受性、愉悦度和熟悉度四个维度对英、美、澳三个将英语作为第一语言及日、德、巴西、中、西班牙、瑞典、印度七个将英语作为第二语言的说英语者的口音系统特点进行了统计和分析；John M. Murphy（2014）借助问卷，以一名非英语母语电影演员的语音表现为样本，调查了从听感上最利于理解的语音因素，为教学上克服语音偏误、提高语音理解力提供了建议。

针对中国学生学习英语时的语音偏误，我国国内也作了很多研究。张伶俐和赵江葵（2014）梳理和分析了21世纪起，2000年至2013年刊登在国内核心期刊上的英语口音或英语语音偏误的相关研究共58篇，指出我国的英语语音偏误研究领域主要分为中国英语口音的音位和超音段特点研究、中国英语口音语料库建设、中国英语次变体口音特点研究和中国英语口音的态度等五个方面。

在英语作为第二语言习得语音偏误研究大量涌现的同时，其他语种作为第二语言习得的语音偏误研究也发展起来：2000年前后，Kwang-soo Pyun（1987）进行了韩国瑞典语学习者的中介语语音系统研究、Timothy Jilg（1998）进行了成人威尔士语学习者的语音偏误系统研究；Elizabeth Ellen Lansing（2001）通过英语为母语的西班牙语学习者对重音和非重音元音的处理时产生的偏误研究，证实了中介语假说及中介语语音系统的存在；Pepi Burgos 等（2014）通过双语对比及声学分析，对母语为西班牙语的学习者在习得荷兰语时所产生的语音偏误进行研究，指出元音偏误比辅音偏误更频繁，并阐述了元音和辅音中各自最易出现偏误的音素；日本学者 Kanae Amino & Takashi Osanai（2014）通过中、韩两国日语学习者与日语母语者读电话号码的对比实验，从韵律、听感、母语识别等方面探究了两国日语学习者的语音偏误和口音特点。

此外，Victoria A. Fromkin 经过多年研究积累创制了“弗罗姆金言语错误数据库”，并将其连同另外八个错误语料库在加州大学洛杉矶分校（UCLA）转换为了计算机可读形式。数据库收录了英、法、德、意四种目的语的言语错误，涉及词法、形态学、形态句法、音韵、音韵/词法、音韵/形态、短语、句法、舌尖九个偏误类型。数据库拥有较强大的搜索引擎，能够根据数据库、子数据库、目的语种、发音人、错误类型、处理方式、是否改正、分词/句/重音/字母等方式查找。每一错误表现都有各自编号，条目内详细记载了错误的表现、正确表达、目标语言、发音人、发生错误的语境（句子/对话等）、产生错误的原因、数据来源等信息。但数据库数据已经较为陈旧（最后一次更新在2000年），且条目内仅有文字记载，没有音标标识和录音资料。另外需要指出的是，这一数据库并不是以语音错误为主的数据库，语音错误只占一小部分。

虽然国外对于语音偏误的研究成果已十分丰富，但我们仍发现了一定的问题：各研究者对于语音偏误的研究更倾向于微观角度，大多是通过以某一国或某一个语音偏误为切入点深入研究，来证实某一理论、假说、现象，或者探究学习者的语音偏误从听感上对交际的作用等。而规模较大的宏观错误数据库也并不是以语音错误为主，这存在着或多或少的不足。

1.2 汉语作为第二语言习得语音偏误研究的背景与现状

与英语语音偏误研究相比，国内汉语作为第二语言习得语音偏误研究起步则稍晚一些。鲁健骥（1984）介绍了“偏误”的概念。虽然起步稍晚，但从那时起至今国内汉语语音偏误研究也取得了各类丰厚的成果：最早刘月华、刘广徽（1977）在讨论对母语为英语的学生的汉语语音教学问题时就谈到了英语母语学生在习得汉语时会出现的元音、辅音、声调及语调的发音偏误；施光亨（1980）通过记录语音资料统计出了阿拉伯学生在习得汉语时的语音偏误；鲁健骥（1984）从理论角度首次分析了汉语作为第二语言习得者产生语音偏误的根源；刘明章（1990）分析了朝鲜汉语学习者产生语音偏误的各种原因；董广枫（1993）关注了维吾尔族学生学习汉语时出现的语音偏误；孟柱亿（1993）以中介语理论为基础，从朝汉音系对比、中介语系统和偏误原因的角度阐述了朝鲜汉语学习者的语音偏误表现；李红印（1995）在研究泰国学生在学习汉语过程中产生的语音偏误时，率先借助了实验语音学的声学分析方法；傅氏梅（2001）从听感问题与发音能力两个方面更进一步分析了越南学生汉语声母方面的偏误；冯丽萍、胡秀梅（2005）绘出了零起点韩国汉语学习者阳平调的声调格局，并提出了“语音识别的心理机制的影响”为其阳平产生偏误的原因之一；梅丽（2009）通过四个实验研究了泰国学习者对汉语塞擦音/擦音的知觉归类的影响因素及其产出特点。此后，各母语背景汉语学习者语音偏误的研究成果开始大量涌现。

研究方法上，最初的研究者多依靠经验总结辅以汉外对比（鲁健骥，1984；陈亚川，1983；刘明章，1990；董广枫，1993；李艾，1994；王秀珍，1996）得出初步的、浅显的结论，往往有一定的主观性和片面性。后来，研究者们开始录制学习者的语音表现，并对录音进行听辨分析，即请一定数量的汉语母语者对这些录音进行听辨，作辨别选择或者作等级评分（孟柱亿，1990；傅氏梅，2001）。随着实验语音学的发展，又有越来越多的研究者在听辨分析的基础上结合了声学分析，借助声学仪器分析汉语学习者发音表现，得到客观的声学参数，将其与汉语母语者的参数进行对比（王韫佳，1995；冯丽萍、胡秀梅，2005；王艳、张鹏，2013；王燕，2016）。但总体来说，在研究方法上，至今较少有研究者使用语音类型学的方法分析学习者的语音偏误。

研究内容方面，大多数的研究者都倾向于全面地从辅音（或声母）、元音（或韵母）、声调三个方面分析偏误，找出教学难点并给出一定的教学建议，如：朱川（1981）、孟柱亿（1990）、董广枫（1993）、曹惊殊（2006）等。早期的研究者刘月华、刘广徽（1978）、鲁健骥（1984）、李红印（1995）等的研究虽然涵盖了语流音变、停顿、语调等方面，但总结得较为简略。随着研究的精细化，越来越多的研究者转而开始对一类音素甚至一种偏误现象进行研究，如：陈亚川（1983）仅研究送气音，傅氏梅（2001）从听感和发音能力两个方面综合考察了越南学生声母方面的偏误，冯丽萍和胡秀梅（2005）分析了韩国学生阳平声调的声调格局，吉祥波（2012）分析了阿拉伯的汉语初学者的韵母偏误。这其中值得注意的是，大多数单项研究中声调方面的偏误研究占据了大多数。其原因也容易理解——汉语是世界上比较典型的曲拱型声调语言之一，声调对很多国家的汉语学习者来说均为比较大的难点。不难看出，以往的语音偏误研究倾向于单一语音现象，研究仍需拓宽思路、转换角度。

在所涉及的母语语种方面，由于国家政治经济形势大背景的影响，不同时期的来华留学生不同，所研究的母语语种也呈现出了不同面貌：20 世纪 70 年代末 80 年代初，主要的研究对象是母语为英语、日语、朝鲜语、阿拉伯语的学习者以及部分中国少数民族学习者；20 世纪 90 年代起，针对泰国、韩国学习者以及中国少数民族学习者的偏误研究越来越多；21 世纪开始，针对世界各语种与中国各少数民族的汉语学习者的语音偏误分析都丰富了起来，但仍以对韩国、泰国、阿拉伯国家汉语学习者的研究为最多。据不完全统计，目前我国国内汉语语音偏误研究所涉及的母语背景约有 46 种，其中包括中国少数民族母语背景的学习者。不过，值得注意的是，虽然总的来看汉语语音偏误所涉及的母语背景数量庞大，但具体到每一篇来说，其偏误分析均是针对个案。目前对一个以上语种的综合性语音偏误整理的研究有冯丽萍（1996）对英、日两个语种，陈子悠（2007）对日、韩、泰三个语种以及王燕（2016）对韩、美、日三个语种的汉语学习者语音偏误的分析整理。然而其规模仍然比较小，对多个语种进行宏观整理和分析的研究目前仍然比较少。

综上所述，虽然目前汉语作为第二语言习得语音偏误的研究已经有了如此多的成果，但其研究时日仍然较短，其研究方法和研究的领域及深度多偏向一边，相对缺乏新视角和新思路。

1.3 语音类型学与第二语言习得研究

语言类型学与第二语言习得属于两个独立的分支学科。语言类型学[1]以研究语言共性及其变异模式为主要任务，通过语言之间的比较对语言的共性和规则进行概括，进而对人类的认知及思维方式进行深入探索。而第二语言习得研究则对学习者的语言——中介语、学习者习得第二语言的顺序和过程进行描写，同时关注学习者的个体差异以及语言教学方法对语言习得的影响。然而，语言类型学家在对人类自然语言和混合语进行研究的过程中开始注意到了中介语的研究价值，第二语言习得研究者也在研究中逐渐开始借助语言类型学的方法，因此两个独立的分支学科开始有了交集。目前，语言类型学和第二语言习得研究之间的交流和互动有：从语言类型学角度来看，学习者的语言可作为语言类型学研究的样本，第二语言习得的过程可为语言类型学提供一个潜在的窗口，第二语言习得的中介语系统可以作为语言共性研究和语言类型变异趋向的试金石，对习得过程的考察可使人们更加了解语言的本质和人类的认知；从第二语言习得角度来看，语言类型学中概括出的语言共性及其变异形式，可以为第二语言习得研究提供理论依据，为描述、解释和预测二语习得中的各种偏误现象提供新的视角和参考，提升第二语言习得及中介语研究的理论高度。

语法的研究一直以来都是语言类型学的研究重点，但近 20 年来类型学也十分重视语音、语义、词汇、语法范畴、语法意义、语用功能等方面的研究。语音类型学是音系学和语音学的重要组成部分。目前在这一方面对类型学的成果运用

[1] 这里所指的以及本书所借助的语言类型学是指格林伯格 1966 年开创的“当代语言类型学”。当代语言类型学已经从传统语言类型学统计分析的研究方法走向了逻辑验证，进而走向了认知解释。

最为成功的是Ladefoged & Ian Maddieson（1996），Hyman（2001）和Ohala（2001）等。其中最具代表性的有 Maddieson（1984）的 *Patterns of Sounds* 和 Ladefoged & Maddieson（1996）编写的 *The Sounds of the World's Languages*，对世界语言中语音的塞音、鼻音、擦音、流音、元音等进行了专题讨论。本书将大量参考上述两部著作中的数据作为母语背景数据进行第二语言语音习得偏误的分析。

另外，在语言类型学中有一些常用的概念，它们为第二语言习得研究及语音偏误研究提供了新思路：

1.3.1　标记理论

"标记性"是指一个语言范畴的内部成员有的是无标记项，有的是有标记项。在呈对立关系的成分中，一项较具体、特殊和复杂，因而出现频率低，被称作"有标记"项；而另一项则较笼统、普通和简单，因而出现频率高，被称作"无标记"项。以语音为例，在清浊对立中一般说清音是无标记项、浊音是有标记项，但这种划分这不是绝对的，而是相对的。对第二语言习得研究来说，语言类型中的"标记"概念也有着重要的意义。Eckman（1977）根据这一理论提出的标记区分度假设有力地预测和解释了第二语言学习者出现的偏误和学习困难的原因：第一，那些既不同于第一语言规则又比第一语言规则更有标记性的第二语言规则学起来困难；第二，目的语中比母语更具标记性的成分的相对难度与这些成分的标记程度呈正相关；第三，与母语不同，但不如母语有标记性的目的语成分不会引起学习上的困难。标记性是人类语言的内在属性，它可以解释语言不同层面上看似互不相关的大量事实。语言标记性研究对第二语言习得研究和偏误研究有着重要的指导意义，它可以确定语言结构的习得顺序，预测学习中的难点和可能出现的偏误等。

1.3.2　蕴含共性理论

蕴含共性的概念是由格林伯格提出来的。他发现，如果某种语言中存在某一语言现象，则一定会存在另一种语言现象，反过来则不一定。这种蕴含关系反映了事物与事物之间的制约关系和条件关系。如在世界语言中，[p]的存在蕴含着[k]，[k]的存在又蕴含着[t]。蕴含共性揭示的是两种对象之间的必然相关性，甚至是表面看起来不相关的对象之间的相关性，蕴含共性揭示了人类语言中的普遍共性。同时，关于第二语言习得研究的问题也随之而来：作为人类语言的变异，中介语是否也存在这样的蕴含共性？学习者的各语音偏误之间是否也存在蕴含关系？这都需要对偏误大数据样本进行统计和分析才能得出结论。

1.3.3 语法等级理论

“语法等级”是对标记模式的进一步阐释。当代类型学的研究发现，有无标记不仅是相对立的问题，也是个程度问题。语言类型学中一个最重要的语法等级序列是“名词短语可及性等级”，即“主语＞直接宾语＞非直接宾语＞领属语”。Gass（1979）、Eckman（1988）、Izumi（2003）等学者的研究显示，第二语言学习者习得、产出各类关系从句的难易程度和先后顺序与可及性等级序列几乎一致，特别是“主语＞直接宾语”。这说明语法等级理论也同样适用于第二语言习得研究。

从国内外学者对于语言偏误的研究来看，学习者的偏误呈现出千变万化的特点。但我们可以确定，人类的语言不可能超出人的发音器官和发音方法的限制，学习者的语音偏误也同样受到限制，其中必然存在某种规律。语音类型学正是致力于发现一些表面看起来比较“特殊”的现象，从更为深刻的角度来解释这种所谓的特殊性并非特殊，从个性背后看出共性。学习者中介语中那些看似无规律的语音偏误表现如果能借助语音类型学“统计→抽象→预测”的研究方法，相信将会得出许多新的发现。不过目前我国第二语言习得研究领域，结合语言类型学的研究仅有对英语通用语的研究及少量汉语习得研究：韩晓雪（2013）借助语音类型学标记理论研究了英语语音二语习得的特点，丁志斌（2011）通过对英汉构词的类型学对比，解释了语言类型学对二语习得的作用，何元建（2013）揭示了合成复合词构词原则、类型学特征及其对语言习得的启示，李金满（2013）借助语言类型学“语法等级”概念分析了学习者关系从句的产出等。借助语言类型学，尤其是语音类型学研究第二语言习得及偏误的领域仍有广阔的空间。

1.4 研究意义

纵观国内外对于语音偏误的研究，无论是国外英语及各语种作为第二语言语音偏误的研究，还是我国汉语作为第二语言语音偏误的研究，虽然都有着各自的特点，但也有着各自的局限性：国外的语音偏误研究更注重微观、深入探究，而忽视了宏观统计和偏误规律的总结；国内的语音偏误更倾向初步的语音偏误呈现，规模也较小，缺乏对10种以上母语背景学习者进行宏观整理和分析的研究。

因此，目前国内外的语音偏误研究领域仍需有突破性的成果。况且这一领域的研究远远没有结束，借助语言类型学方法进行第二语言习得及偏误研究的领域仍有空白。除此以外，仍有很多疑问尚未解决，例如：所有目的语非母语学习者的语音偏误之间是否存在共性？共性之外的个性，是否又只源于其母语背景的不同？

为填补语音偏误研究领域的空白，本书将借助语言类型学方法，通过大规模统计不同母语背景学习者的汉语语音偏误，来从宏观角度探究汉语学习者的语音偏误特点和模式。本书的研究意义在于：

第一，揭示语音偏误共性和规律，给汉语语音教学以帮助，更好地预估语音教学难点，为今后汉语语音教学策略的设计及教材中语音教学部分的编写提供参考。

我国国内汉语作为第二语言教学的特点是教学对象多国别化、"联合国"化。迄今为止，汉语语音教学部分的重难点设置和相应的教学方法多数是出自教师或教材编写者的教学经验。另一方面，前面已经提及，目前我国汉语语音偏误研究均是针对个案，教学重难点和教学建议也均是针对个别国家的学习者给出的，无法直接应用于教学当中，这就导致了研究与教学的脱节。本书致力于让研究回归教学，整理、统计和分析汉语学习者普遍的语音偏误，提供最客观、最普遍的语音教学重难点。希望本书的研究能为教师和教材编写者设计出更科学的教学策略提供一定的帮助。

第二，揭示语音偏误共性和个性，帮助学习者提高对偏误发音与标准发音的辨识能力，及时预防和自我纠正，进而改善发音并克服语音偏误。

本书所整理、统计和分析的汉语学习者普遍语音偏误不仅有助于教师教学，而且也有助于学习者提前预知学习汉语语音可能会出现的问题。另外，除了分析偏误共性，本书还整理了专属于某一母语背景学习者的个性偏误，这些个性偏误更能够为这类学习者提供警示。克服这样的语音偏误更有助于学习者掌握标准的发音。

第三，为语音研究提供新思路——通过揭示汉语偏误的共性与偏误项目的相关性，印证前人第一语言规律的研究，从而进一步揭示人类语言的特点。

1984 年，美国语言学家 Ian Maddieson 创建了 UPSID（加利福尼亚大学洛杉矶分校音段库存数据库），收录了 317 种（后拓展至 451 种）语言的语音数据，并以其中数据为研究对象先后于 1984 年和 1996 年出版了 *Patterns of Sounds* 和 *The Sounds of the World's Languages*，揭示了众多世界语言语音方面的规律和共性。

本书将参考 Ian Maddieson 两部著作的研究成果，尝试通过偏误共性和偏误条目之间的相关关系来印证第二语言学习者中介语语音系统是否也符合语言类型学提出的世界语言规律，从而从中介语系统角度进一步揭示人类语言的特点。

第四，专属于某一母语背景的偏误可以作为辨识该类汉语学习者母语的口音标志，为语音识别的研究提供参考。

M. A.Yusnite 等（2013）在进行不同民族背景的说话人的英语口音差异分析时提到了“Speaker Recognition Systems（SRS）”，他指出分析口音特点（或语音偏误）是保证发音人识别系统可靠性的关键过程。现今，语音识别研究早已不再局限于研究标准发音的识别，而开始向着带有各种口音的语音识别发展。本书对于语音偏误个性的统计和整理可以为外国口音的汉语语音识别研究提供参考。

第二章　数据来源与描述

2.1　数据来源概述

我们参考前人各母语背景汉语学习者语音偏误的研究成果，借助“口音汉语在线（Global Accent Chinese）”语音数据库[1]的语音数据[2]进行一一听辨检验，最终整理了25种母语背景的汉语学习者的语音偏误表现。这25种母语背景代表的国家和民族分别为：美国、俄罗斯、韩国、泰国、西班牙、德国、荷兰、法国、日本、埃及、乌克兰、哈萨克斯坦、巴西、意大利、土耳其、蒙古、白俄罗斯、芬兰、尼泊尔、巴基斯坦、尼日利亚、印度尼西亚等22个国家和中国壮族、藏族、维吾尔族3个少数民族，分属世界5大洲——北美洲、南美洲、亚洲、非洲及欧洲。25个母语语种相应为：英语、俄语、韩语、泰语、西班牙语、德语、荷兰语、法语、日语、阿拉伯语、乌克兰语、哈萨克语、巴西葡萄牙语、意大利语、土耳其语、蒙古语、白俄罗斯语、芬兰语、尼泊尔语、乌尔都语、印度尼西亚语、壮语、藏语、维吾尔语等。选择以上25个母语背景的原因有：

第一，我们以“口音汉语在线”语音数据库为蓝本，25个母语背景中，有22个（尼泊尔、尼日利亚和印度尼西亚三个语种仍处在录制语音数据阶段）在“口音汉语在线”中都有完整、高质量的汉语语音数据，能够提供听辨检验的客观依据，因此整理的结果较为可靠和客观。

第二，我们涉及的25个国家或民族分布在世界7个大洲中的5个大洲上、涉及母语语种涵盖了9个主要语系中的6个语系（详见表2.1），研究对象覆盖范围广大且均匀。针对这些母语背景统计分析得出的汉语语音偏误结果能够代表大部分的汉语学习者的语音表现，具有丰富的研究价值。

---

[1] 口音汉语在线（Global Accent Chinese）网址为 http://www.globalaccentchinese.com/。

[2] “口音汉语在线”中的语音数据为一男一女两位发音人读出汉语单字、词语及语篇的录音，所依据词表为针对各个国家发音偏误特点专门设计的词表。

第三，我们涉及的25个国家或民族，学汉语人数、来华留学生相对较多。2016年，教育部发布了当年度统计数据，来华留学生最多的15个国家依次为：韩国70 540人，美国23 838人，泰国23 044人，印度18 717人，巴基斯坦18 626人，俄罗斯17 971人，印度尼西亚14 714人，哈萨克斯坦13 996人，日本13 595人，越南10 639人，法国10 414人，老挝9 907人，蒙古8 508人，德国8 145人，马来西亚6 880人。其中有11个国家包含在本书所说的25个国家和民族之中，因此而得出的研究成果更加有现实意义。

表2.1　25个母语背景所属语族

<table>
<tr><th>国家或民族</th><th>语种</th><th colspan="2">所属语系（语族）</th></tr>
<tr><td>美国</td><td rowspan="2">英语</td><td rowspan="13">印欧语系</td><td rowspan="4">日耳曼语族</td></tr>
<tr><td>尼日利亚[1]</td></tr>
<tr><td>德国</td><td>德语</td></tr>
<tr><td>荷兰</td><td>荷兰语</td></tr>
<tr><td>俄罗斯</td><td>俄语</td><td rowspan="3">斯拉夫语族</td></tr>
<tr><td>乌克兰</td><td>乌克兰语</td></tr>
<tr><td>白俄罗斯</td><td>白俄罗斯语</td></tr>
<tr><td>法国</td><td>法语</td><td rowspan="4">拉丁语族</td></tr>
<tr><td>西班牙</td><td>西班牙语</td></tr>
<tr><td>巴西</td><td>巴西葡萄牙语</td></tr>
<tr><td>意大利</td><td>意大利语</td></tr>
<tr><td>尼泊尔</td><td>尼泊尔语</td><td rowspan="2">印度语族</td></tr>
<tr><td>巴基斯坦</td><td>乌尔都语</td></tr>
<tr><td>泰国</td><td>泰语</td><td colspan="2" rowspan="3">汉藏语系</td></tr>
<tr><td>中国壮族</td><td>壮语</td></tr>
<tr><td>中国藏族</td><td>藏语</td></tr>
<tr><td>埃及</td><td>阿拉伯语</td><td colspan="2">闪－含语系</td></tr>
<tr><td>哈萨克斯坦</td><td>哈萨克语</td><td colspan="2" rowspan="4">阿尔泰语系</td></tr>
<tr><td>土耳其</td><td>土耳其语</td></tr>
<tr><td>蒙古</td><td>蒙古语</td></tr>
<tr><td>中国维吾尔族</td><td>维吾尔语</td></tr>
</table>

[1] 尼日利亚情况较特殊，其官方语言为英语，但主要民族语言有三种——豪萨语（闪－含语系）、约鲁巴语（尼日尔－刚果语系）和伊博语（尼日尔－刚果语系）。

（续表）

国家或民族	语种	所属语系（语族）
芬兰	芬兰语	乌拉尔语系
印度尼西亚	印尼语	南岛语系
韩国	韩语	语系未定
日本	日语	

2.2　偏误数据描述

本章所涉及偏误条目仅针对单字发音，包括声母、韵母、声调三方面的偏误。经过整理和逐条听辨检验，25种母语背景的汉语学习者的声、韵、调三方面偏误条目共528条，平均每个国家（民族）[1] 21.12条。各国家（民族）具体条目数量升序排列如下图所示：

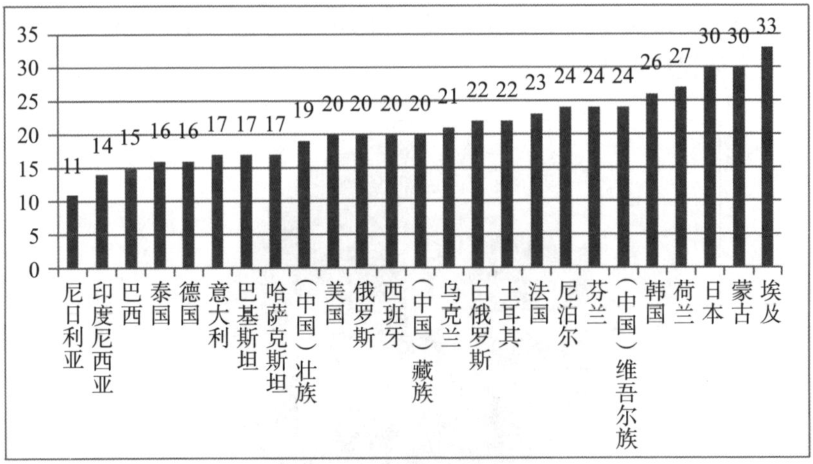

图 2.1　总偏误条目数量

如图 2.1 所示，偏误条目最多的为埃及，共 33 条；其次为蒙古、日本，分别为 30 条；其后为荷兰、韩国和中国维吾尔族，分别为 27 条、26 条和 24 条。以上 5 个国家（民族）中，有 3 个属于亚洲，1 个属于非洲，1 个属于欧洲。偏误条目最少的为非洲的尼日利亚，有 11 条；其次为亚洲的印度尼西亚，14 条；再次为南美洲的巴西，15 条。由上述数据可以看出：第一，虽然中国属于亚洲，但同属亚

[1] 为行文方便，本书径以国家名或民族名指称具有该国或该民族母语背景的汉语学习者。

洲国家的学习者产生的偏误并不比其他洲的少；而维吾尔族是中国少数民族，蒙古、日本、韩国与泰国同样是距离中国较近的国家，其偏误数量的多少却呈现两极分化的状态。由此我们可以看出，学习者的语音偏误多少和其与中国地缘上的远近没有太大关系。第二，同属于汉藏语系的 3 个母语背景中，中国壮族、藏族偏误数量在 25 个国家（民族）中处于中间位置，而泰国偏误数量则较少，由此可以推断——母语为汉藏语系的学习者在语音学习上略有优势，产生偏误相对较少。

不过需要注意的是，各国（民族）偏误条目虽多少不一，但如果简单地认为偏误条目少的比偏误条目多的国家（民族）的学习者发音标准、偏误条目数量多的国家（民族）的学习者发音更难懂，是比较片面和主观的。本书的偏误条目整理大多依托前人研究，而前人对各母语背景的研究成果多少不一，因此整理出的偏误条目数量也会受一定影响；且上述所列的偏误条目数量仅是初步统计，只能说明偏误条目多的国家（民族）需要注意的发音问题更多、教学上要设置的重难点更多一些。至于发音是否标准、是否影响交际则需要对具体条目进行听感研究才能得出结论。

上述 528 个偏误条目中，包括声母条目 160 条，韵母条目 233 条，声调条目 135 条。三类偏误所占比重如下：

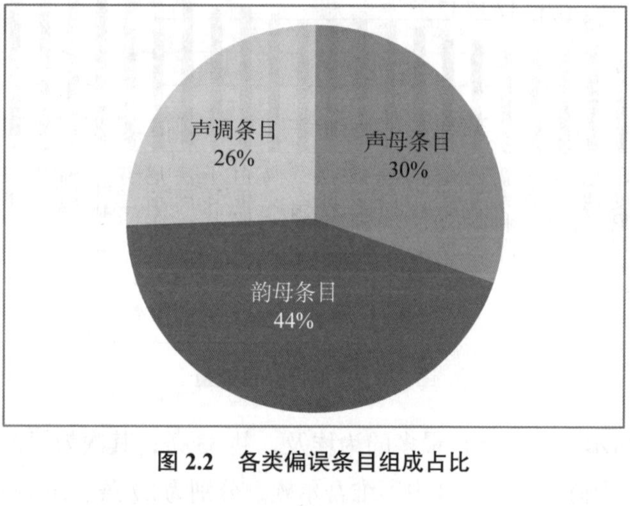

图 2.2　各类偏误条目组成占比

如图 2.2 所示，韵母偏误条目所占比重最大，声母其次，声调最少。但是也应该注意到，汉语共有 22 个声母（包括零声母），39 个韵母，4 个声调。因此，韵母偏误条目所占比重最大是合理的；但汉语声调仅有 4 个，其偏误条目比重却占到了 26%。由此可以推断，声调对于汉语学习者来说是相对最难掌握的部分，最容易出现偏误。

2.2.1　声母部分

在声母部分的整理中，偏误条目依据其发音方式或发音部位大体分为 14 个类别，分别为：边音 l[l]问题，卷舌声母 r[ʐ]问题，唇齿音 f[f]问题，舌尖前音 z[ts]、c[tsʰ]、s[s]问题，舌尖中音 d[t]、t[tʰ]问题，舌尖后音 zh[tʂ]、ch[tʂʰ]、sh[ʂ]问题，舌面前音 j[tɕ]、q[tɕʰ]、x[ɕ]问题，舌根音 h[x]问题，塞音 b[p]、p[pʰ]、g[k]、k[kʰ]、d[t]、t[tʰ]问题，塞擦音 zh[tʂ]、ch[tʂʰ]、j[tɕ]、q[tɕʰ]问题，擦音 s[s]、sh[ʂ]、x[ɕ]、f[f]、h[x]问题，清音与浊音问题，送气 & 不送气问题，零声母问题等。25 个国家（民族）中，在以上 14 个声母类别中产生偏误的数量按升序排列如下图所示：

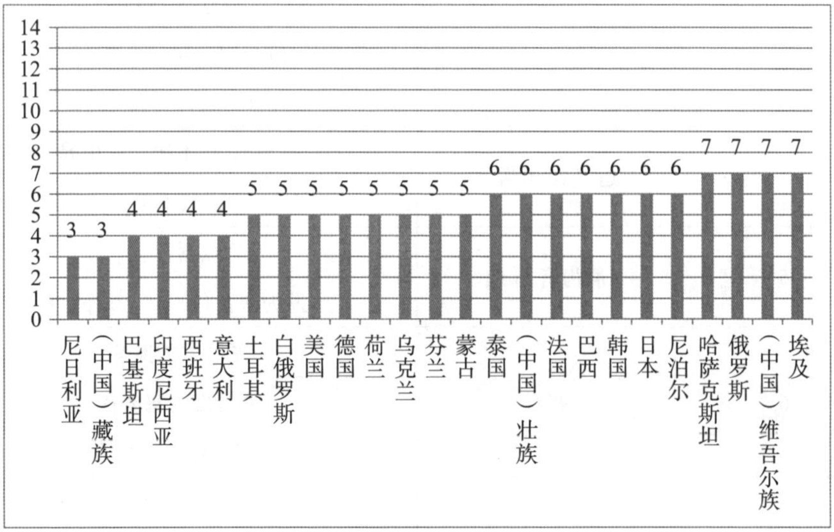

图 2.3　声母偏误条目数量

从图 2.3 中可以看出：25 个国家（民族）中，有 16% 的国家或民族（埃及、中国维吾尔族、俄罗斯、哈萨克斯坦）产生偏误的类别数是总类别数的一半（7 个）；76% 的国家（民族）产生偏误的类别数超过了所有种类的三分之一（即大于 4.7 个类别）。由此可以得出结论，本书所选 25 种母语背景的汉语学习者在学习声母时会遇到一定的困难，汉语声母对于第二语言学习者的难度较大。

在每一项偏误类别中，各国（民族）各有不同的偏误表现，具体表现总结如下：

表 2.2　声母部分具体偏误

序号	偏误项目	偏误表现
1	边音 l[l]	和 r[ʐ]混淆
		发为 i[i]
2	舌根音 h[x]	发音靠后([h])
		发为唇音([f]/[ɸ])
		发为不带音小舌鼻音([ɴ̥])
		丢失 h[x]
		发为送气塞音([k^h])
		与 g[k]相混
3	舌尖中音 d[t]、t[t^h]	发为舌面前音(j[tɕ]、q[$tɕ^h$]、x[ɕ])
		带有双唇颤音([$tʙ^h$]、[tʙ])
4	送气 & 不送气	送气音 & 不送气音相混
		送气不足
5	唇齿音 f[f]	发为双唇音([ɸ])
		发为塞音(b[p]、p[p^h])
6	塞音	塞音发为擦音
		塞音发为塞擦音
		塞音与擦音相混
7	塞擦音	塞擦音与擦音混淆
		q[$tɕ^h$]、ch[$tʂ^h$]、c[ts^h]误读为 t[t^h]
		带音化，引起听感上噪音过大
8	擦音	带音化，引起听感上噪音过大
9	零声母	前误加声母(如 w[w]前误加 h[x])
10	清音与浊音	清音发浊音
11	舌尖后音	舌尖后音发舌叶音
		舌尖后音与舌尖前音相混
		舌尖后音与舌面前音相混
		声母的翘舌程度不够

（续表）

序号	偏误项目	偏误表现
12	舌尖前音	z[ts]、c[ts^h]、s[s]舌头置于牙齿之间
		发为舌叶音（[tʃ]、[$tʃ^h$]）
		z[ts]发为舌面前音 j[tɕ]
		c[ts^h]发为舌根塞音 g[k]
13	舌面前音	舌面前音发为舌叶音
		舌面前音与舌尖前音相混
		x[ɕ]发为介于[s]、[ɕ]的音
		q[$tɕ^h$]发为[k^h]
14	卷舌声母 r[ɽ]	卷舌过度 / 发为颤音（[r]）
		发为 l[l]
		在 r[ɽ]后加元音（[r^w] / [ru]）
		发为[ʒ]
		摩擦发得不到位（[ɻ]）
		发为[ɭ]

具体偏误表现统计详见上篇第三、四章。

2.2.2　韵母部分

在中国古代，人们通过反切、韵书韵图编排等方式将汉语的字音按声、韵等概念进行划分，一直延续到现在，汉语学者依然受此影响将单字音分为声母、韵母两大部分。汉语中韵母的概念不同于就音素的性质划分的“元音”。汉语普通话中的韵母包含 10 个单韵母、13 个复韵母和 16 个鼻韵母。由于汉语中复韵母及鼻韵母发音较为特殊，属于汉语学习者普遍的难点，故此部分划分为“韵母部分”。

在韵母部分的整理中，偏误条目依据其韵母结构或舌位唇形大体分为 13 个类别，分别为：开口呼元音ɑ问题、元音 o 问题、元音 e 问题、合口呼韵母 u[u]问题、撮口呼韵母 ü [y]问题、齐齿呼元音 i[i]问题、舌尖元音 -i[ɿ] / [ʅ]问题、卷舌元音 er[ɚ]、鼻韵母问题、儿化韵问题、复韵母问题、复韵母与单韵母问题和其他问题。25 个国家（民族）中，在以上 13 个声母类别中产生偏误的数量按升序排列如下图所示：

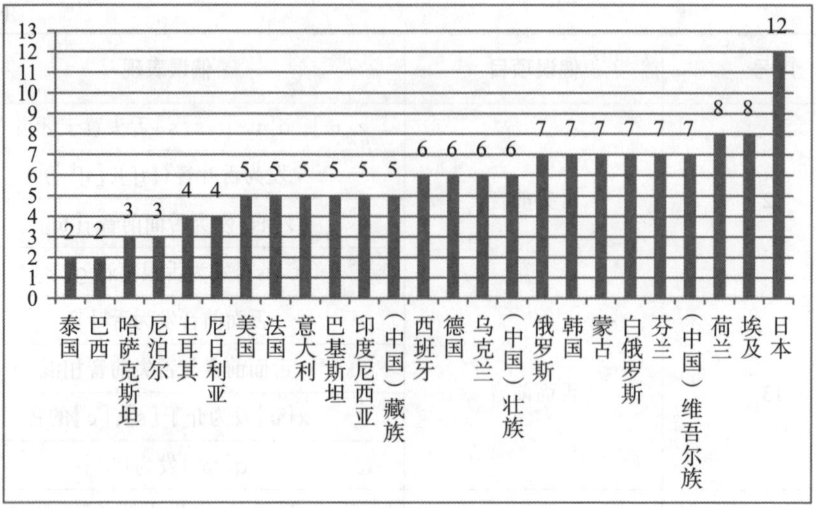

图 2.4　韵母偏误条目数量

从图 2.4 中可以看出：25 个国家（民族）中，有 36% 的国家或民族（俄罗斯、韩国、蒙古、白俄罗斯、芬兰、中国维吾尔族、荷兰、埃及、日本）产生偏误的类别数超过了所有类别的半数，日本的偏误类别甚至达到了 12 个；而 52% 的国家或民族（西班牙、德国、乌克兰、中国壮族、俄罗斯、韩国、蒙古、白俄罗斯、芬兰、中国维吾尔族、荷兰、埃及、日本）在半数左右；76% 的国家（民族）产生偏误的类别数达到了所有种类的三分之一（即多于 4 个类别）。由此可以得出结论，本书所选 25 种母语背景的汉语学习者在学习韵母部分时会遇到更大的困难；相较于声母，对于第二语言学习者标准发出韵母的难度更大。韵母各类别的具体偏误表现总结如下：

表 2.3　韵母部分具体偏误

序号	偏误项目	偏误表现
1	元音 ɑ	开口小
		开口过大
		靠前
		靠后
2	元音 o	发音过展（[ə]）
		开口过小（[u]）

（续表）

<table>
<tr><th>序号</th><th>偏误项目</th><th colspan="2">偏误表现</th></tr>
<tr><td rowspan="3"></td><td rowspan="3"></td><td colspan="2">开口过大（[ɔ]）</td></tr>
<tr><td colspan="2">与[ɑ]相混</td></tr>
<tr><td colspan="2">与[u]相混</td></tr>
<tr><td rowspan="12">3</td><td rowspan="12">元音 e</td><td colspan="2">开口过大</td></tr>
<tr><td colspan="2">开口过小</td></tr>
<tr><td colspan="2">舌位略靠前</td></tr>
<tr><td>[ɤ]</td><td>央化[ə]</td></tr>
<tr><td rowspan="6">[ə]</td><td>发成舌尖前元音（[ɿ]）</td></tr>
<tr><td>发成舌尖后元音（[ʅ]）</td></tr>
<tr><td>发音靠前（[e]/[ɛ]等）</td></tr>
<tr><td>发为[ɯ]</td></tr>
<tr><td>发为[o]</td></tr>
<tr><td>开口度略大（[ɛ]）</td></tr>
<tr><td>[ɛ]</td><td>发为[e]</td></tr>
<tr><td rowspan="5">4</td><td rowspan="5">合口呼韵母</td><td colspan="2">发音靠前（[ʊ]/[ʉ]）</td></tr>
<tr><td colspan="2">与撮口呼相混</td></tr>
<tr><td colspan="2">不圆唇（[ʉ]/[i]）</td></tr>
<tr><td colspan="2">发为[v]</td></tr>
<tr><td colspan="2">发为[o]</td></tr>
<tr><td rowspan="5">5</td><td rowspan="5">撮口呼韵母</td><td colspan="2">口形、舌位发生变化，出现复韵母</td></tr>
<tr><td colspan="2">发为[u]</td></tr>
<tr><td colspan="2">发为[i]</td></tr>
<tr><td colspan="2">与[ə]混淆</td></tr>
<tr><td colspan="2">与[i]混淆</td></tr>
<tr><td>6</td><td>元音 i</td><td colspan="2">开口度稍大（[ɪ]）</td></tr>
</table>

（续表）

<table>
<tr><th>序号</th><th>偏误项目</th><th colspan="2">偏误表现</th></tr>
<tr><td rowspan="4">7</td><td rowspan="4">舌尖元音 -i</td><td colspan="2">发为[i]</td></tr>
<tr><td colspan="2">翘舌不够，央化，发为[ə]</td></tr>
<tr><td colspan="2">[ɿ]、[ʅ]易混</td></tr>
<tr><td>[ɿ]</td><td>发为[ʉ]</td></tr>
<tr><td rowspan="7">8</td><td rowspan="7">卷舌元音 er[ɚ]</td><td colspan="2">发为[ə]</td></tr>
<tr><td colspan="2">发为单元音后加[r]</td></tr>
<tr><td colspan="2">卷舌色彩轻，发音靠后([ɤ])</td></tr>
<tr><td colspan="2">发为单元音后加[l]</td></tr>
<tr><td colspan="2">发为[ɑ]</td></tr>
<tr><td colspan="2">发为[ɘ]</td></tr>
<tr><td colspan="2">发为[e]</td></tr>
<tr><td rowspan="9">9</td><td rowspan="9">鼻韵母</td><td colspan="2">前后鼻韵母相混</td></tr>
<tr><td colspan="2">后鼻音发为前鼻音</td></tr>
<tr><td colspan="2">前鼻音易发为后鼻音</td></tr>
<tr><td colspan="2">韵尾拖长</td></tr>
<tr><td colspan="2">无鼻音韵尾，韵腹鼻化</td></tr>
<tr><td colspan="2">丢失韵尾</td></tr>
<tr><td colspan="2">韵尾除阻，n 后出现[ə]</td></tr>
<tr><td colspan="2">ng[ŋ]韵尾发为[ng]</td></tr>
<tr><td colspan="2">iong[yŋ]和 un[uən]混淆</td></tr>
<tr><td rowspan="2">10</td><td rowspan="2">儿化韵</td><td colspan="2">与前面音节分离</td></tr>
<tr><td colspan="2">发不出，发为无儿化韵音</td></tr>
<tr><td rowspan="5">11</td><td rowspan="5">复韵母</td><td rowspan="3">介音</td><td>介音丢失</td></tr>
<tr><td>介音发音不充分</td></tr>
<tr><td>介音发音不标准([i]→[j])</td></tr>
<tr><td rowspan="2">韵腹</td><td>韵腹发音不到位</td></tr>
<tr><td>韵腹丢失</td></tr>
</table>

（续表）

序号	偏误项目	偏误表现	
		韵尾	韵尾发音过于清晰
			韵尾发音不清，易混淆
			韵尾丢失
			韵尾发音不到位
			韵尾发音有摩擦
			韵尾加其他音（[w]）
		拼读出现间隙	
12	复韵母与单韵母	复韵母与单韵母相混	
13	其他	a[ʌ]、o[o]、uang[uɑŋ]等伴有小舌音音渡[χ]	

具体偏误表现统计详见上篇第三、四章。

2.2.3　声调部分

在声调部分的整理中，偏误条目依据汉语调类或音变方法分为 5 个类别，分别为：第一声问题、第二声问题、第三声问题、第四声问题、轻声问题。25 个国家（民族）中，在以上 5 个声母类别中产生偏误的数量按升序排列如下图所示：

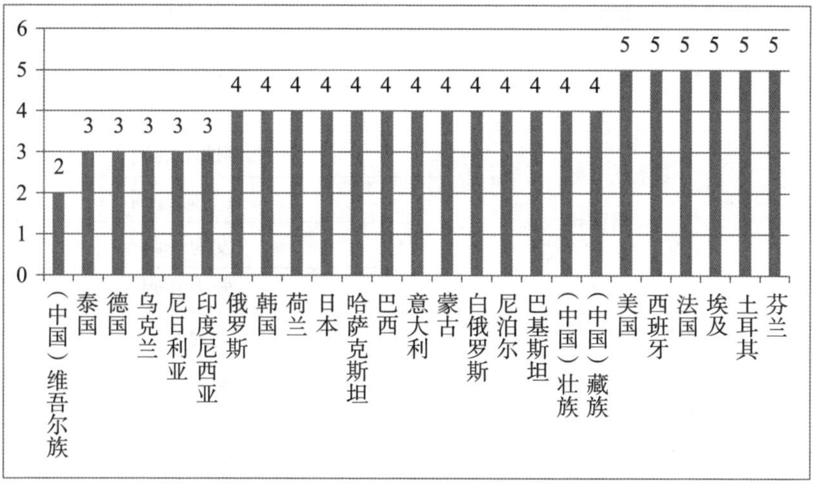

图 2.5　声调偏误条目数量

从图 2.5 中可以看出：25 个国家（民族）中，仅中国维吾尔族汉语学习者的偏误较少——在两个声调上产生偏误；76% 的国家（民族）产生偏误的类别数超过了所有类别的半数；25% 的国家（美国、西班牙、法国、埃及、土耳其、芬兰）产生偏误的类别甚至达到了全部 5 个。对于本书所选 25 种母语背景的汉语学习者来说，声调的学习难度最大。由此也可以推断出，声调对于大多数母语非汉语学习者来说比较容易产生偏误，学习难度较大。声调各类别的具体偏误表现总结如下：

表 2.4　声调部分具体偏误

序号	偏误项目	偏误表现
1	第一声	音值偏低
		发为降调
		发为升调
		发为降升调
2	第二声	调值不够高
		起调拉得太长
		发为降调
		发为平调
		发为降升调
3	第三声	调值不够高
		曲调略平缓
		发为平调
		发为升调
		发为降调
4	第四声	调值不准确
		发为降升调
		发为平调
		发为升调
5	轻声	发为原调
		发为平调
		发为去声［51］
		发为阳平［35］
		发为其他调
		重读

具体偏误表现统计同样详见第三章、第四章。

对比以上声母、韵母、声调三部分的偏误数目可以看出：在产生偏误的几率上，声调＞韵母＞声母。因此，在学习汉语字音时，声调是第二语言学习者最容易产生偏误的部分，可以说是最大的难点。

第三章　高频语音偏误分析

上一章对偏误数据进行了简要的描述，在呈现了声、韵、调三部分各自偏误分类的同时，也给出了相应偏误的具体表现。本章对各部分偏误从偏误类别和具体偏误条目角度进行具体的统计分析，找出发生率最高的偏误类别和表现，分析致误原因，最后阐述汉语作为第二语言习得中的语音偏误共性。

3.1　声母部分

3.1.1　偏误条目统计

上一章将汉语学习者声母方面的偏误类别分为 14 类。下图为各国（民族）在以上 14 类中产生偏误的情况：

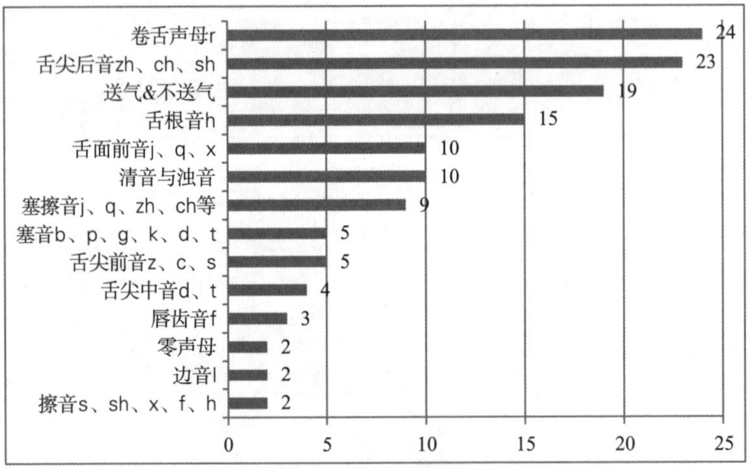

图 3.1　声母部分偏误类别统计

从上图可以看出，产生偏误最频繁的前 5 个类别依次为：卷舌声母 r［ɽ］>舌尖后音 zh［tʂ］、ch［tʂʰ］、sh［ʂ］>送气 & 不送气>h［x］>舌面前音 j［tɕ］、 q[tɕʰ]、x[ɕ]= 清音与浊音。其中，卷舌声母 r[ɽ]的偏误问题出现于 24 个国家（民族），舌尖后音 zh[tʂ]、ch[tʂʰ]、sh[ʂ]的问题出现于 23 个国家（民族）。由此可以推断，卷舌声母 r[ɽ]与舌尖后音 zh[tʂ]、ch[tʂʰ]、sh[ʂ]的发音偏误是汉语学习者发音时存在的最大问题，其次为送气 & 不送气问题，声母 h[x]问题，舌面前音 j[tɕ]、q[tɕʰ]、x[ɕ]问题，清音与浊音问题。

将各个类别具体偏误表现提出，各国家（民族）的具体声母偏误表现统计如下：

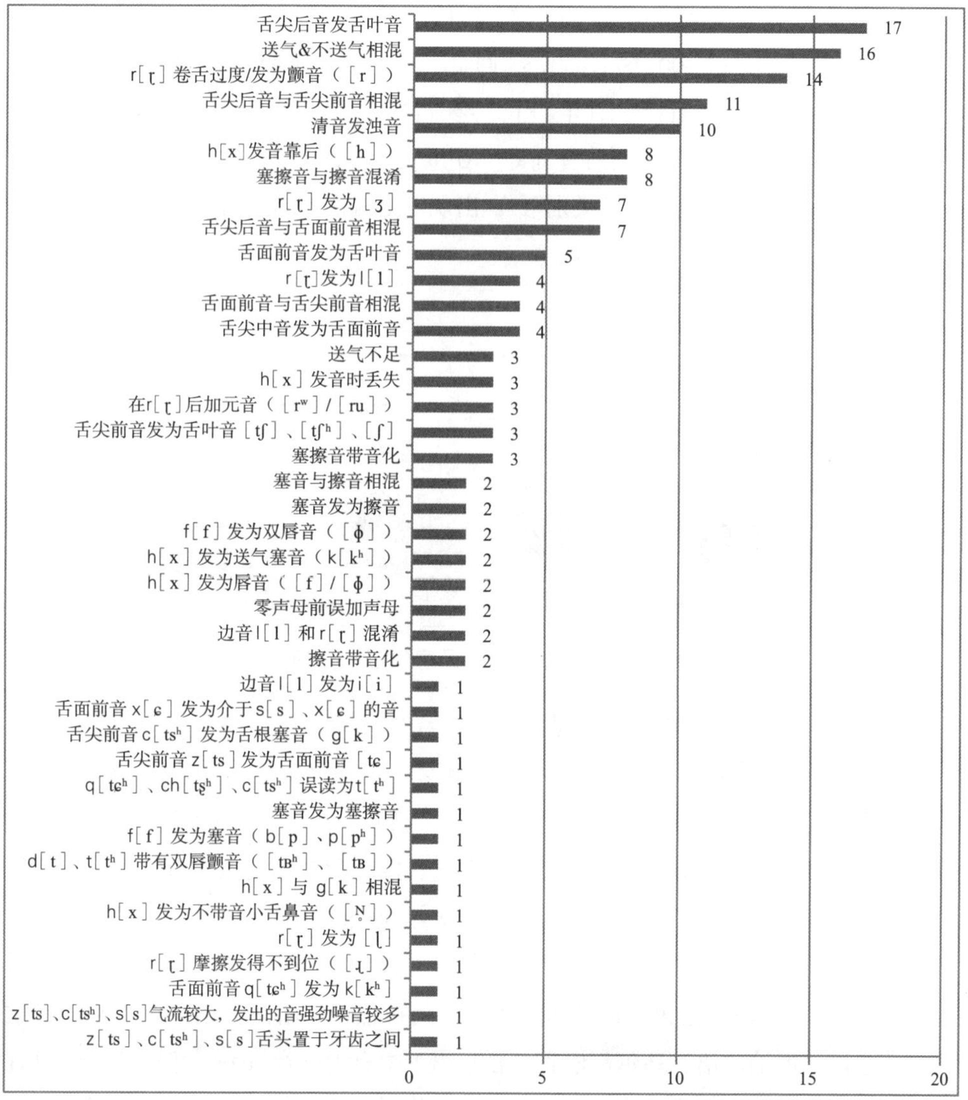

图 3.2　声母部分具体偏误表现统计

如图所示，声母部分超过全部25个国家（民族）三分之一的偏误表现依次为：舌尖后音发为舌叶音>送气&不送气音相混>r[ɻ]卷舌过度或发为颤音（[r]）>舌尖前音与舌尖后音相混>清音发为浊音。声母部分具体偏误表现的统计结果基本与偏误类别角度的统计一致，出现率较高的偏误表现均从属于偏误率较高的声母类别中。

3.1.2 结合语音类型学的偏误分析

（1）舌尖后音、舌面前音、舌尖前音发音偏误分析

1）舌尖后音zh[tʂ]、ch[tʂʰ]、sh[ʂ]的发音偏误

舌尖后音zh[tʂ]、ch[tʂʰ]、sh[ʂ]问题的主要偏误表现有4种，分别为：①舌尖后音发为舌叶音[dʒ]、[tʃ]、[ʃ]；②舌尖后音与舌尖前音z[ts]、c[tsʰ]、s[s]相混；③舌尖后音与舌面前音j[tɕ]、q[tɕʰ]、x[ɕ]相混；④ch[tʂʰ]发为舌尖中音t[tʰ]（此条目在“塞擦音”类别下）。出现以上偏误的国家（民族）数量分别为：

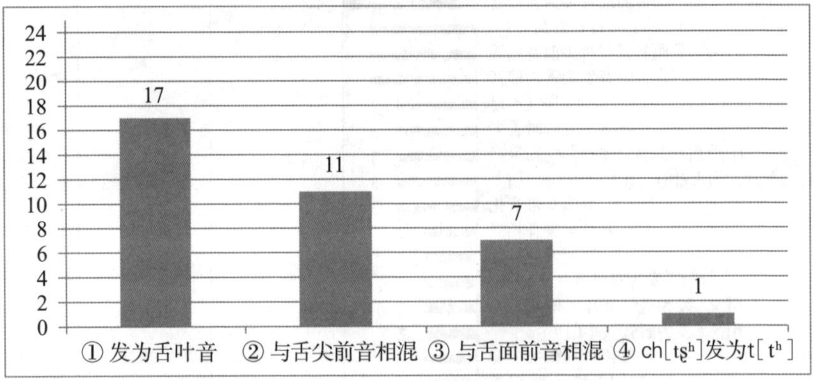

图3.3 舌尖后音偏误国家（民族）数量

此类声母偏误中，最多的表现为舌尖后音“发为舌叶音[dʒ]、[tʃ]、[ʃ]”，共有17个国家或民族（美国、俄罗斯、韩国、西班牙、德国、荷兰、法国、日本、埃及、哈萨克斯坦、意大利、蒙古、芬兰、尼泊尔、巴基斯坦、尼日利亚和中国维吾尔族），占68%。以上17个国家或民族将舌尖后音发为舌叶音的原因有三：第一，舌叶音[dʒ]、[tʃ]、[ʃ]与舌尖后音zh[tʂ]、ch[tʂʰ]、sh[ʂ]听感上相似，如没有教师特别强调和正确引导，学习者很容易认为它们是一样的；第二，大部分学习者的母语（英语、俄语、韩语、德语、荷兰语、法语、阿拉伯语、哈萨克语、意大利语、蒙语、芬兰语、尼泊尔语、乌尔都语和维吾尔语）中有舌叶音[dʒ]、[tʃ]、[ʃ]，而没有卷舌程度较高的音，所以会形成母语负迁移，将舌叶音直接带入汉语舌尖后音的发

音中形成偏误；第三，少部分学习者的母语中既没有舌叶音也没有舌尖翘起程度比较高的音，他们会在发舌尖后音时由于翘舌程度不够而发成舌叶音[dʒ]、[tʃ]、[ʃ]。

其次的偏误表现为舌尖后音“与舌尖前音 z[ts]、c[ts^h]、s[s]相混”，共有 11 个国家或民族（韩国、泰国、荷兰、巴西、蒙古、芬兰、尼泊尔、尼日利亚、印度尼西亚、中国壮族和中国维吾尔族）出现，占 44%。此类偏误在中国各地方的汉语口音中也较为常见，如天津普通话、四川普通话、东北普通话等。由于其母语中没有舌尖后音，学习者很难发出舌尖翘起的音，舌尖反而下垂发成了舌尖前音；相混还存在概念上 zh[tʂ]、ch[$tʂ^h$]、sh[ʂ]与 z[ts]、c[ts^h]、s[s]不分的原因，即分不清何时该卷舌，何时该放松舌尖，这一点国内外汉语普通话学习者存在着共性。

另外，以上两种偏误表现还有一个共同原因：虽然舌叶音、舌尖前音与舌尖后音在听感上有一定差别，但是在交际中基本上不影响意义的传达；学习者使用语言均以交际为目的，因此在不影响交际的情况下很容易忽略舌尖后音发音的标准性，难以改正偏误。

2）舌面前音 j[tɕ]、q[$tɕ^h$]、x[ɕ]的发音偏误

舌面前音 j[tɕ]、q[$tɕ^h$]、x[ɕ]问题的主要偏误表现有 6 种，分别为：① 发为舌叶音[dʒ]、[tʃ]、[ʃ]；② 与舌尖前音 z[ts]、c[ts^h]、s[s]相混；③ x[ɕ]发为介于 s[s]、x[ɕ]的音；④ q[$tɕ^h$]发为 k[k^h]；⑤ 与舌尖后音 zh[tʂ]、ch[$tʂ^h$]、sh[ʂ]相混（此条目在“舌尖后音”类别下）；⑥ q[$tɕ^h$]发为舌尖中音 t[t^h]（此条目在“塞擦音”类别下）。出现以上偏误的国家（民族）数量分别为：

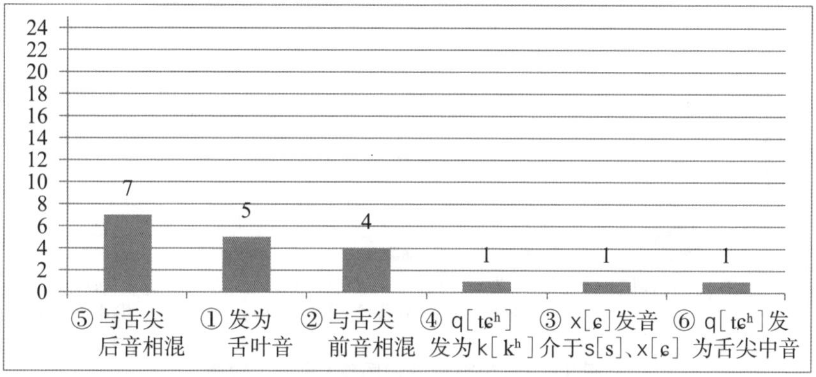

图 3.4　舌面前音偏误国家（民族）数量

如图所示，舌面前音的偏误表现较为分散，“与舌尖后音 zh[tʂ]、ch[$tʂ^h$]、sh[ʂ]相混”为其主要偏误表现。有 7 个国家（西班牙、德国、法国、意大利、

土耳其、蒙古和白俄罗斯）出现，占 28%。主要原因为学习者没有掌握发音时舌尖和舌面的位置，将舌面音过度翘起，造成目的语负迁移，发为舌尖后音。

其次，舌面前音也易“发为舌叶音[ʤ]、[ʧ]、[ʃ]”（5 个国家或民族：美国、俄罗斯、韩国、土耳其和中国维吾尔族），其原因基本与舌尖后音相同：第一，大部分学习者的母语（英语、俄语、韩语、土耳其语和维吾尔语）中有舌叶音[ʤ]、[ʧ]、[ʃ]而无舌面前音，会形成母语负迁移，将舌叶音直接带入汉语舌面前音的发音中形成偏误；第二，舌面后音由于存在着与舌尖后音 zh[tʂ]、ch[tʂʰ]、sh[ʂ]相混的现象，而学习者本身又易将舌尖后音发为舌叶音[ʤ]、[ʧ]、[ʃ]（美国、俄罗斯、韩国、土耳其和中国维吾尔族均有“舌尖后音发为舌叶音”的偏误），因此舌面前音也产生了偏误。

另外，25 个国家或民族中有 5 个出现了“与舌尖前音相混”的现象（韩国、泰国、巴西、印度尼西亚），占比也较大。其偏误原因与发音原理有一定关系。

3）舌尖前音 z[ts]、c[tsʰ]、s[s]的发音偏误

舌尖前音 z[ts]、c[tsʰ]、s[s]问题的主要偏误表现有 5 种，分别为：① 舌头置于牙齿之间，近似[θ]；② 发为舌叶音（[ʧ]、[ʧʰ]、[ʃ]）；③ z[ts]发为舌面前音 j[tɕ]；④ 舌尖前音 c[tsʰ]发为舌根塞音 g[k]；⑤ c[tsʰ]发为舌尖中音 t[tʰ]（此条目在“塞擦音”类别下，另有与舌面前音 j[tɕ]、q[tɕʰ]、x[ɕ]相混的情况前文已提及）。出现以上偏误的国家（民族）数量分别为：

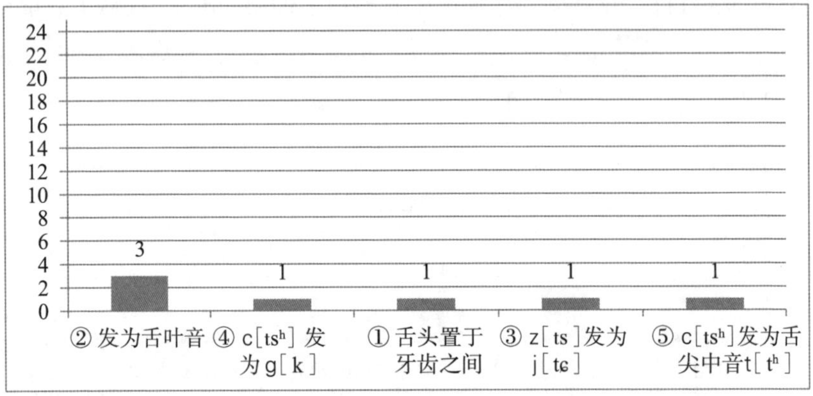

图 3.5　舌尖前音偏误国家（民族）数量

从上图可以看出，舌尖前音的偏误问题不是特别严重，但仍然有 3 个国家（韩国、意大利和尼泊尔）出现了“发为舌叶音[ʧ]、[ʧʰ]、[ʃ]”的偏误。其原因仍与母语负迁移及与舌尖后音相混有关。

4）舌尖后音、舌面前音、舌尖前音发音偏误语音类型学分析

从语音类型学角度看，上述各偏误条目有着一定的联系和规律。

综合上述偏误条目，“发为舌叶音”的各偏误所占比例分别为：

表 3.1　发为舌叶音偏误统计

	国家（民族）数量	所占比例
舌尖后音发为舌叶音	17	68%
舌面前音发为舌叶音	5	20%
舌尖前音发为舌叶音	3	12%
发为舌叶音的总计	18	72%

如上表所示，将三组辅音发为舌叶音的国家（民族）共有 18 个；而本书所选 25 个母语背景中，有舌叶音（[dʒ]、[tʃ]、[tʃʰ]或[ʃ]）的语言也为 18 个，均为产生以上偏误的国家（民族）。由此可以推断出，母语中存在舌叶音而不存在对应的舌尖后音、舌面前音或舌尖前音的汉语学习者，易将以上三组辅音发为舌叶音。在 Ian Maddieson（1984）建立的语音数据库 UPSID 包含的 317 种语言中，所有存在塞擦音的语言中前 6 位的塞擦音依次为：[tʃ]、[ts]、[dʒ]、[dz]、[ts’]、[tʃʰ]；而[ʃ]也为所有擦音中第二多的音素（详见表 3.2a 与表 3.2b）。

表 3.2a　塞擦音前 6 位及占比

序号	国际音标	占比
1	[tʃ]	62.25%
2	[ts]	40.73%
3	[dʒ]	37.41%
4	[dz]	17.88%
5	[ts’]	17.22%
6	[tʃʰ]	16.89%

表 3.2b　擦音前 3 位及占比

序号	国际音标	占比
1	[s]	88.50%
2	[ʃ]	48.56%
3	[f]	44.91%

可以说塞擦音和擦音主要由舌叶音（或称齿槽后音）和舌尖前音（或称齿槽

音）主导，而诸如汉语中舌面前音、舌尖后音等发音部位的塞擦音数量则占比相当小。从语音类型学角度分析，舌叶音相对于舌尖后音、舌面前音来说为无标记性音素；而后两者为标记性音素，对于学习者来说是难点，易产生语音偏误。由以上 25 种母语背景的汉语学习者的偏误情况，以及各发音部位塞擦音在世界语言中的分布情况可以进一步得出结论：其母语中存在舌叶音的汉语学习者均易受母语负迁移影响，将母语中无对应辅音的舌尖后音、舌面前音发为无标记性的舌叶音［dʒ］、［tʃ］、［tʃʰ］或［ʃ］；而舌尖前音在世界语言中存在的比例也较大，因此出现上述偏误的情况较少，但因其他相关偏误（与舌面前音、舌尖后音相混等）影响也会存在。产生偏误的概率依次为：舌尖后音＞舌面前音＞舌尖前音。舌叶音［dʒ］、［tʃ］、［tʃʰ］、［ʃ］等作为语音类型学普遍认定的“无标记性音素”，在第二语言学习者的语音系统中也同样适用。

第二，除了“发为舌叶音的偏误”，本书所涉及的 25 个母语背景中，舌尖前音、舌尖后音、舌面前音之间相混的现象，甚至上述三类辅音发为舌尖中音的偏误现象可能都产生于同一根源。

表 3.3　舌尖前音、舌尖后音、舌面前音之间偏误联系

	国家（民族）数量	所占比例
舌尖后音、舌面前音、舌尖前音发为舌叶音	18	72%
舌尖后音与舌尖前音相混	11	44%
舌面前音与舌尖后音相混	1	4%
舌面前音与舌尖前音相混	4	16%
z［ts］发为舌面前音 j［tɕ］	1	4%
x［ɕ］发为 x［ɕ］、s［s］之间的音	1	4%
q［tɕʰ］、c［tsʰ］、ch［tʂʰ］发为舌尖中音 t［tʰ］	1	4%
产生混淆现象的总计	23	92%

如表 3.3 所示，出现过上述偏误的国家（民族）总共有 23 个，占所调查国家（民族）的 92%，占比也相当大。致误原因上文已有简略分析，在这里将以语音类型学观点进行深入分析：

① 各音系学家通过一系列研究发现——舌冠音是世界语言中最常见的音类，而舌冠音的部位划分却仍存在争议：Keating（1991）的定义较宽，认为舌冠音的发音部位有齿、齿龈（汉语舌尖中音被归为齿 / 齿龈）、腭 – 龈（相当于舌叶音）、

卷舌（对应汉语舌尖后音）和硬腭（对应汉语舌面前音）；T. Alan Hall（1997）认为舌冠音部位包括6个，齿内、齿、齿龈、卷舌、腭－龈与龈－腭；Ladefoged（2001）则将舌冠音划分为4个更细致的部位，即齿、齿龈、卷舌、腭－龈。上述舌冠音的划分中，对于汉语中的舌尖前音、舌尖后音、舌面前音及舌叶音都有或多或少的包括。发音部位的正确与否直接影响辅音发音的标准性，语音类型学对于上述4组发音部位的划分模糊间接导致了上述四个发音部位的音素在发音时出现不准确的现象。学术上划分的不统一，直接影响到教师和教材在教学上的规范性，进而导致了学习者出现两个方面问题：其一，对于舌尖前音、舌尖后音、舌面前音概念不清，甚至认为是差不多的音；其二，不了解发音部位，难以对自身发音进行自查和纠正。这就成了产生偏误的根源。

② 跳出发音位置的界定问题，舌冠音在世界语言中占优势的另一个原因为，舌冠的运动比舌体和双唇等其他发音部位灵活和迅速，它由短而快的内部舌肌以及较小的运动体控制。另外，舌尖部位由于有更丰富的触觉传感和肌肉运动知觉，舌尖在运动上能受到更好的控制（Kohler，1998）。但是，也正因如此，在发音上也存在一个难以固定的问题，正体现于表3.8的偏误现象中。因此总体来说，舌尖前音、舌尖后音、舌面前音之间相混的问题（甚至包括发为舌尖中音的问题）同各塞擦音统一发为舌叶音一样，属于母语非汉语学习者汉语发音中偏误率较高的项目；但具体每种偏误表现却又呈现分散性，其中规律还需进一步研究。

（2）清音 & 浊音、送气音 & 不送气音发音偏误分析

1）清音 & 浊音的发音偏误

清音 & 浊音问题的偏误表现仅有1个——清音易发为浊音，共有10个国家或民族（美国、俄罗斯、荷兰、法国、日本、乌克兰、巴西、白俄罗斯、意大利和中国维吾尔族）出现，占比40%。其产生原因也主要为母语负迁移：第一，以上一些国家（民族）的语言中也存在“b、d、g”等字母表示音位（如英语），但它们在这些语言中代表的是浊音而不是清音，学习者在学习汉语时会在概念上对以上字母产生误解，将“b、d、g”等误读为母语的浊音；第二，汉语作为第二语言学习者在学习送气音 & 不送气音时，易受母语影响，错误地将母语中清音 & 浊音的对应关系迁移到送气音 & 不送气音的对应关系上，将送气音发为清音、将不送气音发为浊音；第三，语流中清音与浊音在听感上差别不大，在交际中也不影响意义的传达，因此注重交际的学习者和教师都很容易忽略这一点，导致这一偏误一直存在。

2）送气音 & 不送气音的发音偏误

送气音 & 不送气音方面的发音偏误表现主要有 2 种：① 送气音 p[p^h]、q[$tɕ^h$]、t[t^h]、ch[$tʂ^h$]、c[ts^h]、k[k^h]与不送气音 b[p]、j[tɕ]、d[t]、zh[tʂ]、z[ts]、g[k]相混；② 送气音 p[p^h]、q[$tɕ^h$]、t[t^h]、ch[$tʂ^h$]、c[ts^h]、k[k^h]送气不足。

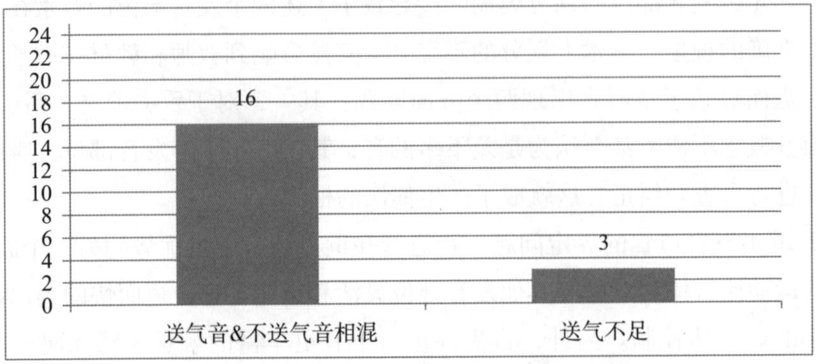

图 3.6　送气音 & 不送气音偏误国家（民族）数量

如图所示，送气音 & 不送气音问题的主要偏误表现为 “送气音与不送气音相混”，共有 16 个国家或民族（西班牙、荷兰、法国、日本、埃及、乌克兰、哈萨克斯坦、蒙古、白俄罗斯、芬兰、尼泊尔、巴基斯坦、尼日利亚、印度尼西亚、中国壮族和中国藏族）出现，占 64%。“相混” 的情况又分为三种：发为送气音、发为不送气音及其他（未提及或持平），所占比例详见图 3.7。

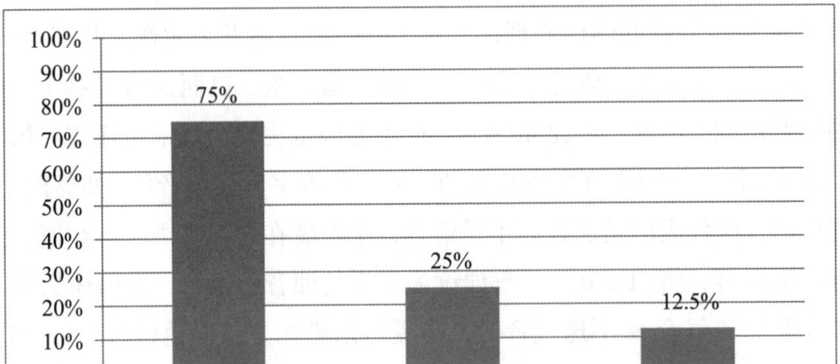

图 3.7　送气音 & 不送气音相混情况的细分

其中，“发为不送气音” 的情况占到了 75%，说明在送气音与不送气音相混时学习者更倾向于均发为不送气音。致误的原因主要也是母语负迁移的作用：其一，上述16个国家（民族）中，有9个国家或民族（西班牙、荷兰、法国、芬兰、印度尼西亚、日本、乌克兰、白俄罗斯和中国壮族）的语言仅有不送气音；6个国家或民族（埃及、哈萨克斯坦、蒙古、尼泊尔、巴基斯坦和中国藏族）的语言中虽有送气音与不送气音，但送气音的数量和种类不同于汉语，或送气音与不送气音在这些语言中不是对立存在的（如藏语中的送气声母，在位于双音节词第二音节时一律变为不送气）；其二，汉语拼音中代表送气音的字母或音位“t”“k”“p”等在以上国家（民族）的语言中也存在，但却发为不送气音，这就造成了汉语学习者概念上会对以上字母产生误解，将“t”“k”“p”等误读为母语的不送气音。

送气音 & 不送气音问题的第二种偏误表现为不送气音“送气不足”，只有3个国家（俄罗斯、巴西、德国）出现，此类偏误与“送气音发为不送气音”产生原因有相近之处。

除此之外，在汉语中，送气音与不送气音还分为塞音（b[p]—p[pʰ]、d[t]—t[tʰ]、g[k]—k[kʰ]）和塞擦音（j[tɕ]—q[tɕʰ]、zh[tʂ]—ch[tʂʰ]、z[ts]—c[tsʰ]）两组。“送气音 & 不送气音”方面两种偏误表现的按照上述分类划分比例如下：

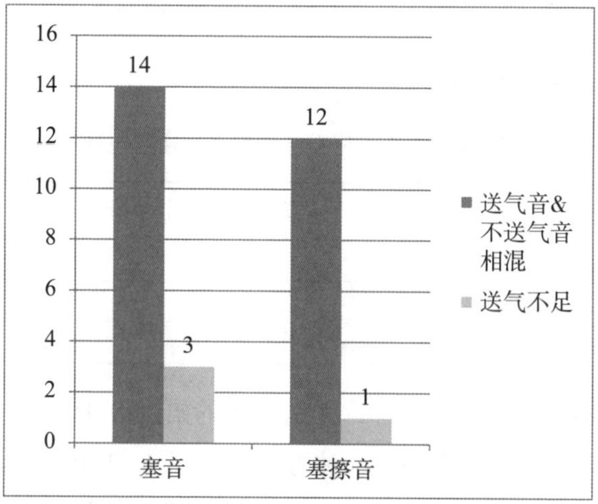

图 3.8 塞音、塞擦音中送气音 & 不送气音偏误统计

两种偏误表现中，塞音偏误比例均略高于塞擦音偏误比例，这说明送气音 & 不送气音的偏误更易发生在塞音方面。其主要原因在于，产生以上两种偏误的19个国家（民族）中，除却大部分语言中本就无送气音的13个国家（民族），余下的语言（阿拉伯语、哈萨克语、蒙古语、尼泊尔语、乌尔都和藏语等）中存在送气音，但多为塞音。因此，塞擦送气音对学习者来说更加陌生、与母语差距更大。

3）清音 & 浊音、送气音 & 不送气音发音偏误分析

从语音类型学角度来看，上述两种偏误现象存在着一定联系。本书所选的25个母语背景的汉语学习者在送气 / 不送气及清 / 浊方面的综合偏误情况如下：

表 3.4　发为浊音与发为不送气音 / 送气不足偏误关系

	国家（民族）数量	所占比例
清音发为浊音	10	40%
送气音发为不送气音 / 送气不足	15	60%
同时具有以上两种偏误	6	24%
总计	19	76%

由上表可以直观看出，语音偏误“清音发为浊音”与“发为不送气音 / 送气不足”有一定的相关性。有 24% 的国家（民族）在将送气音发为不送气音的同时，将清音发为了浊音，即将汉语中拥有“送气 / 不送气”对立关系的一对辅音误发为“浊音 / 清音”的对立关系。这主要源于学习者母语中仅存在浊音与清音的对应，而无送气音与不送气音对应的情况。这一推断可由这 25 个母语背景在送气 / 不送气及清 / 浊方面的情况来印证：

表 3.5　25 个母语存在送气音与浊音统计

	国家（民族）数量	比例
存在送气音	9	36%
存在浊音	23	92%
有浊音 & 无送气音	16	64%

25 个母语中有浊塞音 / 塞擦音、无送气音的语音有 16 个。这 16 个国家（民族）中有 13 个在送气 / 不送气或清 / 浊方面产生了 1~2 个偏误。此外，这 16 个国家（民族）包括了表 3.4 中利用“清 / 浊”代替“送气 / 不送气”的 5 个国家的语言，占到了 16 个“有浊音 & 无送气音”国家（民族）中的 31.25%。虽然产生偏误的比重没有统计前预想的大，但也足以证明当母语中有浊塞音或塞擦音而无送气音时，学习者会产生“送气音 & 不送气音”和“清音发为浊音”的偏误，或者至少产生其中一种偏误。在语音数据库 UPSID 中，塞音与塞擦音中送气音与浊音

各自的占比如下：

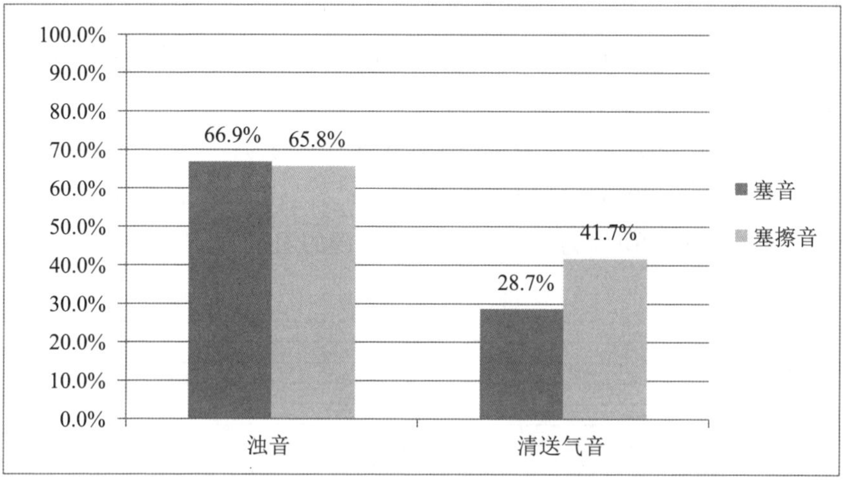

图 3.9　UPSID 送气音 & 浊音占比

从图中可以直观看出，世界语言中浊音占比明显比送气音占比大得多，这也代表着有浊音而无送气音的语言（同本书所选 25 个母语背景一致）也占据着世界语言相当大的比例。因此，对于世界上绝大多数汉语非母语者来说，学习汉语语音时要注意“送气音的发音方法和与不送气的对立”以及“不送气音应发为清音”，因为这是他们易产生偏误的方面。另外，相较于“浊音 & 清音”的对立关系，“送气音 & 不送气音”的对立在世界语言中更具有标记性。

（3）卷舌声母 r［ɽ］的发音偏误分析

1）基于 25 种母语背景的分析

在分析卷舌声母 r 的偏误现象之前，首先要明确汉语卷舌声母 r 音质的问题。普通话卷舌声母 r 的实际音质问题一直存在争议：最早由高本汉提出 r 是清擦音 sh 的浊音，应标作浊擦音［ʐ］；赵元任把 r 标作持续近音［ɹ］；王力把 r 声母比作英语的无擦通音［ɹ］；朱晓农认为是半元音［ɻ］；夏秋认为是一个元音；金有景甚至专门为它创制了一个新的符号［lʐ］（廖荣容、石锋，1987）。《现代汉语》（黄伯荣、廖旭东主编）等一系列汉语教材也一直将 r 作为与清擦音［ʂ］相对的浊擦音［ʐ］对待。而后，施向东和陈希（2009）提出了不同的意见，他们认为把 r 标作浊擦音［ʐ］不符合共时和历时事实，并通过一系列语音实验分析之后将 r 的音质定为了近音［ɻ］。冉启斌、石锋（2008）经过一系列考察提出声母 r 从元音、半元音到浊摩擦音、强浊摩擦音均有分布。卷舌声母 r 之所以成为汉语学习者的较大难点，其音质一直未能明确界定也是其中一个原因。我们认同冉启斌、石锋（2008）的说法，汉语中 r 确实有发为浊擦音[ʐ]的情况，但属于少数情况；汉语卷舌声母 r 更宜定为闪音[ɽ]。因此，本书选择将[ɽ]作为卷舌声母 r 的音位，并将尽量结合 r 的不同变体进行综合的类型学分析。

卷舌声母 r[ɽ]问题的主要偏误表现有 6 种，分别为：① 卷舌过度 / 发为颤音（[r]）；② 发为[l]；③ 在 r 后加元音，发为[rʷ] / [ru]；④ 发为[ʒ]；⑤ 摩擦发得不到位，发为[ɻ]；⑥ 发为[ɭ]。出现以上偏误的国家（民族）数量分别为：

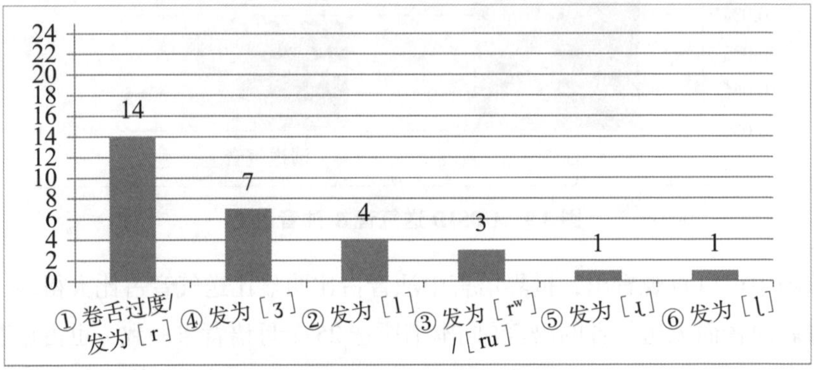

图 3.10　卷舌声母偏误国家（民族）数量

卷舌声母 r[ɽ]的偏误问题中，最多的偏误表现为 r[ɽ]"卷舌过度 / 发为颤音（[r]）"，共有 14 个国家或民族（西班牙、德国、荷兰、法国、日本、埃及、乌克兰、哈萨克斯坦、巴西、意大利、土耳其、蒙古、芬兰和中国藏族），占 56%。据前人研究成果阐述，产生此类偏误的原因主要是学习者母语（西班牙语、日语方言土语、意大利语、蒙古语、芬兰语、藏语、哈萨克语）或者该国家（民族）普遍学习的第二语言（俄语或英语）的负迁移，卷舌过度或将卷舌声母 r[ɽ]发为[r]。针对这一观点，我们将通过语音类型学方法进行求证。本书所选 25 个母语背景中存在齿龈颤音[r]及产生"发为[r]"偏误的国家（民族）数量如下：

表 3.6　母语中存在[r]与卷舌声母产生偏误的关系

	国家（民族）数量
存在齿龈颤音[r]	18
存在齿龈颤音[r]& 产生偏误[r]	9
不存在齿龈颤音[r]& 产生偏误[r]	5

如表所示，25 种语言中的 18 种有齿龈颤音[r]，而其中产生偏误[r]的母语背景有 9 个，占到了有[r]语言的 50%。由此可以看出，母语中存在齿龈颤音[r]的学习者并不一定会直接将它带入汉语中产生偏误。而表中不存在齿龈颤音[r]却同样产生了偏误[r]的国家（民族）还有 5 个，占到了所有产生该偏误的国家（民族）的 35%。由此我们推测，母语负迁移只是卷舌声母 r 产生"卷舌过度 / 发为颤音[r]"偏误的其中一个原因。另一主要原因是目的语规则的过度泛化：针对卷舌声母 r 这一公认的教学难点，教师和教材在教学中通常会强调"将舌头翘起 / 卷起抵住口腔上部 / 硬腭"。而如果过分强调"将舌头翘起 / 卷起"且不能准确说明舌尖指向硬腭的具体位置，则容易造成学生将规则过度泛化，一味向上卷起舌头，导致偏误。

其次易产生的偏误是"发为[ʒ]"，共有 7 个国家或民族（美国、俄罗斯、白俄罗斯、尼泊尔、巴基斯坦、印度尼西亚、中国维吾尔族），占 28%。不同于过度卷舌表现出来的[r]，此类偏误的产生是由卷舌程度不足造成的。上述国家或民族的语言中有 3 个（英语、乌尔都语、维吾尔语）含有舌叶音[ʒ]；另外有 2 个国家（俄罗斯、印度尼西亚）母语中虽没有[ʒ]，但在擦音或塞擦音中有其他的舌叶音（[dʒ]、[tʃ]或[ʃ]），学习者很容易借助同一发音部位发成音近卷舌声母 r[ɽ]的音，因而产生了偏误[ʒ]。

再次，另有 4 个国家或民族（韩国、日本、埃及和中国壮族）将卷舌声母 r"发为[l]"。这些国家（民族）的语言中也许存在字母或者音位为"r"的音，但却不发为卷舌的[ɽ]（如日语中"ら"行的"r"发为[ɾ]或[l]；韩语、壮语中"r"发为[l]），学习者在学习汉语语音时会将母语对应的音带入汉语卷舌声母 r 中，造成偏误。

2）偏误语音类型学分析

在语音类型学中，汉语卷舌声母 r[ɽ]属于一个特别的音类——"r 类音"。不同于其他音类，r 类音的界定不以发音方式和发音部位为依据，而是基于共时历时关系、听感相似性等其他未探明的因素划分出来的。其最典型的音素即为舌尖或舌叶颤音（[r]等），并和闪音、擦音、近音等音素共同组成了这一异质音类。r 类音素共 316 个，最普遍的发音部位为齿槽（44.6%），其次为卷舌（12%）。颤音[r]也正是齿槽音中最普遍的音素，而汉语卷舌声母[ɽ]则属于卷舌音，二者（含汉语声母 r 各变体[ɻ]、[ɹ]、[ʐ]等）在 UPSID 数据库全部语言中的占比如下：

表 3.7　UPSID 数据库 r 类音统计

	数量	占比
[r]	62	19.62%
卷舌近音(如[ɻ])	15	4.73%
[ɽ]	11	3.48%
齿槽近音(如[ɹ])	11	3.48%
卷舌擦音(如[ʐ])	5	1.58%

由表格可以看到，颤音[r]占比明显大于汉语卷舌声母[ɽ]及其各种变体。由此可以得出结论：汉语卷舌声母 r[ɽ]属于标记性音素，学习者在学习语音时易发生偏误，甚至会将其发为无标记的[r]。

出于声学上的相似性和共同的语音模式，r 类音与边音又可以共同组成一个更大音类——流音。从发音上说，r 类音与边音的主要发音部位相同。上文已阐述了 r 类音的主要发音部位(齿槽与卷舌)，根据 UPSID 中的数据，边音的主要发音部位依次为：① 齿 / 齿槽(87%)；② 卷舌(6.7%)——与 r 类音几乎完全相同。学习者在发音过程中如果不注意舌体形状，使气流从舌头两侧或一侧通过，就会将[ɽ]发为[l]。另外从听感上说，r 类音与边音(主要指其中最常见的浊边近音)都是口腔辅音中最响亮的音，它们在听感上差别非常小，在某些语言中某些 r 类音与某些边音甚至是属于同一音位的自由变体(如日语的[ɾ]和[l])。学习者在学习卷舌声母 r 时容易忽视与边音 l 的区别，也很容易在概念上将卷舌声母 r[ɽ]与 l[l]发生混淆。

同样为卷舌程度不足发为舌叶音，我们推测舌尖后音的偏误与卷舌声母的偏误具有一定的相关关系，并对其进行了探究。本书所统计的卷舌声母 r“发为[ʒ]”偏误的 7 个国家(民族)中，出现将舌尖后音 zh[tʂ]、ch[tʂʰ]、sh[ʂ]发为舌叶音[dʒ]、[tʃ]、[ʃ]偏误的有 5 个，占 71.42%(详见表 3.8)。

表 3.8　卷舌声母 r“发为[ʒ]”与舌尖后音发为舌叶音偏误母语背景

	舌尖后音发为舌叶音
美国	√
俄罗斯	√
白俄罗斯	
尼泊尔	√
巴基斯坦	√

（续表）

	舌尖后音发为舌叶音
印度尼西亚	
中国维吾尔族	√

这 5 个国家（民族）占所有产生“舌尖后音 zh［tʂ］、ch［tʂʰ］、sh［ʂ］发为舌叶音［dʒ］、［tʃ］、［ʃ］”偏误的国家（民族）的 29.41%，占比很小。因此，同样是“发为舌叶音”的偏误，舌尖后音的偏误并不一定导致卷舌声母的偏误，而产生卷舌声母此类偏误的国家（民族）有大部分（不是全部）会产生舌尖后音“发为舌叶音”的偏误。由此我们推测，“卷舌声母 r 发为舌叶音”可能蕴含着“舌尖后音发为舌叶音”偏误的存在。鉴于研究样本量仍然比较小，如果想要得到更确切的结果和原因则需要扩大样本量进一步探究。

（4）舌根音 h［x］的发音偏误

1）基于 25 种母语背景的分析

舌根音 h［x］的发音偏误表现有 6 种，分别为：① 发音靠后，发为［h］；② 发为唇音（［f］/［ɸ］）；③ 发为不带音小舌鼻音（［ɴ̥］）；④ 丢失 h［x］；⑤ 发为送气塞音 k［kʰ］；⑥ 与 g［k］相混。出现以上偏误的国家（民族）数量分别为：

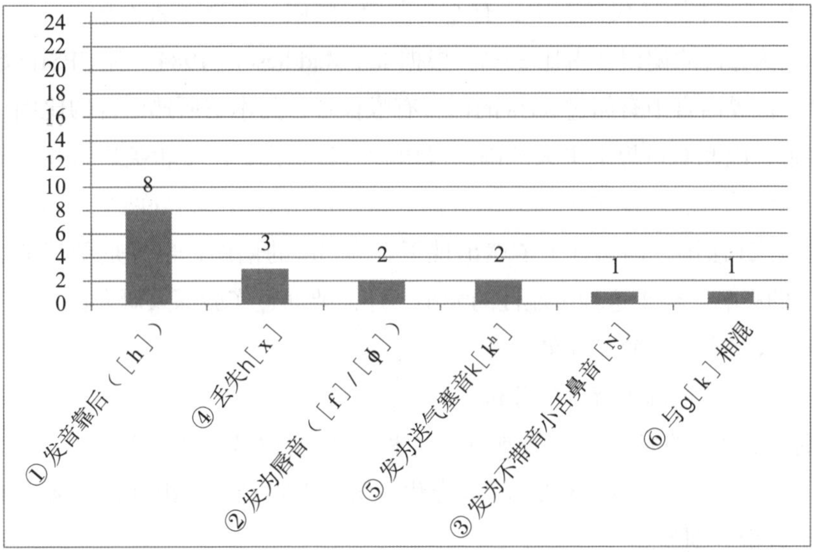

图 3.11　h［x］偏误国家（民族）数量

由图可以看到，虽然在 h［x］这个类别里产生偏误的国家（民族）较多，但偏误表现却比较分散：占比相对较高的偏误表现为“发音靠后，发为[h]”。有8个国家或民族（美国、西班牙、德国、荷兰、法国、埃及、中国藏族和中国维吾尔族）出现，仅占32%。偏误产生原因主要为，以上国家（民族）的语言中绝大部分无舌根擦音[x]，只有喉擦音[h]，学习者容易受母语负迁移而直接将[h]带入汉语声母“h”中；且[x]与[h]在听感上差别较小，交际中也不影响意义的传达，因此容易产生偏误。

其次为“丢失h[x]”，仅有3个国家或民族（巴西、尼泊尔和中国壮族）出现。原因也为母语负迁移，主要是由于以上国家（民族）的语言有“声母h后加韵母省略”的情况。但这种情况只出现在世界少部分语言中，因此此类偏误表现不太普遍。

2）语音类型学分析

本书选定的25种母语背景中，有喉擦音[h]或[ɦ][1]的国家（民族）及占比如下：

表3.9　25种母语背景有喉擦音[h]或[ɦ]的国家（民族）

	国家（民族）数量	占比
有清喉擦音[h]	14	56%
无[h]有浊喉擦音[ɦ]	3	12%
有喉擦音	17	68%

以上17个国家（民族）中，有6个国家（民族）产生了舌面后音h[x]发音靠后、发为[h]的偏误，占比35%。根据Ian Maddieson（1984）对UPSID数据库的统计，世界语言中有超过63%的语言有喉擦音，与本书所选语言的比例（68%）基本接近，因此对世界上更大范围的汉语学习者来说，产生舌尖后音发为靠后的喉擦音偏误的可能性也在35%左右。需要特别提出的是，另外两个母语中没有喉擦音的国家（法国、西班牙）依然出现了发为[h]的偏误，也许是受其第二语言（英语）的影响。至于这种可能性的大小，还需要通过实验深入研究。

（5）塞擦音问题的发音偏误

1）基于25种母语背景的分析

塞擦音问题的发音偏误表现共有4种：① 塞擦音与擦音混淆；② q[tɕʰ]、ch[tʂʰ]、c[tsʰ]误读为t[tʰ]；③ 带音化，听感上噪音大。出现以上偏误的国家（民族）数量分别为：

[1]这里虽将[ɦ]与[h]同归为发音部位相同的喉擦音，但实际上[ɦ]并不是[h]的对应浊音音素，[ɦ]为气化浊音。

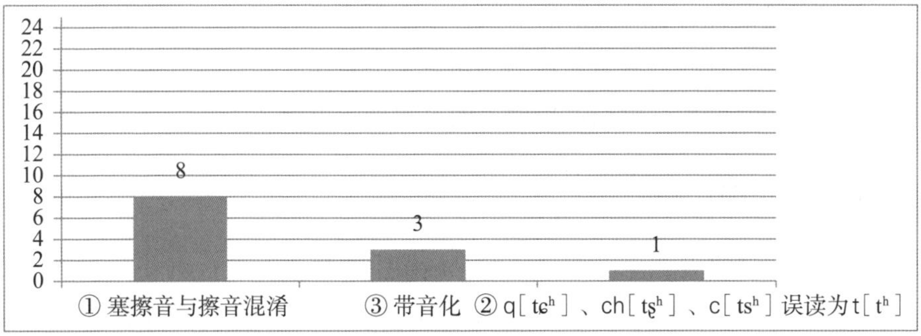

图 3.12　塞擦音问题偏误国家（民族）数量

如图所示，产生“塞擦音与擦音相混”偏误的国家（民族）相对较多，共有8个（泰国、埃及、哈萨克斯坦、芬兰、巴基斯坦、土耳其、中国壮族、中国维吾尔族），占比32%。相混的表现主要为“塞擦音发为擦音”，共有6个国家（民族），占此偏误的75%。其主要原因是汉语塞擦音（如c[tsʰ]、j[tɕ]、q[tɕʰ]等）在以上汉语学习者的母语中没有相同的塞擦音（甚至其中4个国家或民族的语言中完全没有塞擦音），这些声母对他们来说非常陌生，再加之塞擦音的发音过程非常复杂（需要冲破阻碍然后从窄缝中挤出），因此学习者采取了简化策略，简化了前面“冲破阻碍”的过程，直接发为了擦音。

2）语音类型学分析

从语音类型学角度来看，塞擦音这一音类对于学习各种语言的第二语言学习者来说本身就是难点。在世界语言中，塞音是唯一出现于所有语言中的音类，其次常见的为擦音，而塞擦音是分布最少的。根据UPSID（1992）的数据显示，拥有塞擦音的语言仅占所有语言的66.96%。塞音之所以占有绝对的优势，主要是从其发音和听感上的优势决定的。R. Jakobson（1963）认为塞音（爆破音）与元音构成最大限度的对照，符合“最大感知对立”的语音分布原则；冉启斌（2005/2008）认为从发音的角度看塞音（爆发音）的难度也许是最小的。而塞擦音也正是由于具有很多与塞音相反的性质（感知线索不太突出、发音难度较大）而分布较少。相对于塞音、擦音，塞擦音属于标记性音类。学习者的在塞擦音方面出现偏误正是印证了这一点，且产生偏误时将塞擦音（标记性音素）发为了擦音（无标记性音素）也同样符合语音类型学在第二语言习得方面的研究。

另外，汉语的塞擦音是比较丰富的。Janine Berns（2014）通过对UPSID中的数据进行统计发现，世界语言中塞擦音的数量在1~24个之间，且大多数语言普遍仅有2个塞擦音，占比23.06%；而汉语中的塞擦音却多达6个，这样的语言仅占世界语言的4.66%。汉语的塞擦音丰富，这就表明其中会有其他语言中普遍没有的塞擦音，这些塞擦音对汉语学习者来说肯定是陌生的，再加之塞擦音本身发音方法上的复杂性，因而产生偏误的可能性就更大了。

3.1.3 声母部分总结

（1）母语非汉语者在声母部分的发音偏误主要集中在卷舌声母r[ɽ]，舌尖后音zh[tʂ]、ch[tʂʰ]、sh[ʂ]，舌尖前音z[ts]、c[tsʰ]、s[s]，舌面前音j[tɕ]、q[tɕʰ]、x[ɕ]，送气音与不送气音，清音，舌根擦音h[x]，塞擦音等方面。在以上方面学习者最易出现的偏误问题如下：

表3.10 学习者声母方面主要偏误表现

	主要偏误表现
卷舌声母r[ɽ]	卷舌过度或发为颤音[r]
	发为边音
舌尖后音zh[tʂ]、ch[tʂʰ]、sh[ʂ]，舌尖前音z[ts]、c[tsʰ]、s[s]&舌面前音j[tɕ]、q[tɕʰ]、x[ɕ]	发为舌叶音[dʒ]、[tʃ]、[ʃ]
	相混
清送气音p[pʰ]、t[tʰ]、k[kʰ]、ch[tʂʰ]、c[tsʰ]、q[tɕʰ]&清不送气音b[p]、d[t]、g[k]、zh[tʂ]、z[ts]、j[tɕ]	送气音发为不送气音b[p]、d[t]、g[k]、zh[tʂ]、z[ts]、j[tɕ]
	不送气音发为浊音[b]、[d]、[g]、[dʒ]、[dz]
舌根擦音h[x]	发音靠后（[h]）
塞擦音j[tɕ]、q[tɕʰ]、z[ts]、c[tsʰ]、zh[tʂ]、ch[tʂʰ]	发为对应擦音x[ɕ]、s[s]、sh[ʂ]

（2）舌叶音（[dʒ]、[tʃ]、[tʃʰ]、[ʃ]、[ʒ]等）属于无标记性音类。不仅在世界语言中占有较大比重，而且在汉语学习者具有偏误的语音系统中也占有较大比例。

（3）舌冠音（对应汉语舌尖前音、舌尖后音、舌叶音及舌尖中音）是世界语言中最常见的音类，但同时其部位划分的模糊性和活动的灵活性又使其成为汉语学习者最易出现偏误的一类音。

（4）“送气音发为不送气音”与“清音发为浊音”的偏误之间存在一定的相关性，有将近1/3的学习者易将“送气音&不送气音”的对立发为“清音&浊音”的对立，同时产生以上两种偏误。“送气音&不送气音”的对立在世界语言中更具有标记性，应注意避免产生偏误。

（5）颤音［r］的占比远远高于其他 r 类音，属于无标记性音素，在汉语学习者的偏误语音系统中也占有相当大比例。

（6）“卷舌声母 r 发为舌叶音”可能蕴含着“舌尖后音发为舌叶音”偏误的存在。

（7）综合上述分析，汉语声母方面可以归为特色音素的有：r［ɽ］、zh［tʂ］、ch［tʂʰ］、sh［ʂ］、j［tɕ］、q［tɕʰ］、x［ɕ］、p［pʰ］、t［tʰ］、k［kʰ］。拥有以上音素的语言在世界语言中的占比在 10% 以下。

3.2　韵母部分

3.2.1　偏误条目统计

上一章将汉语学习者韵母方面的偏误类别分为 13 类。下图为各国（民族）在以上 13 类中产生偏误的情况：

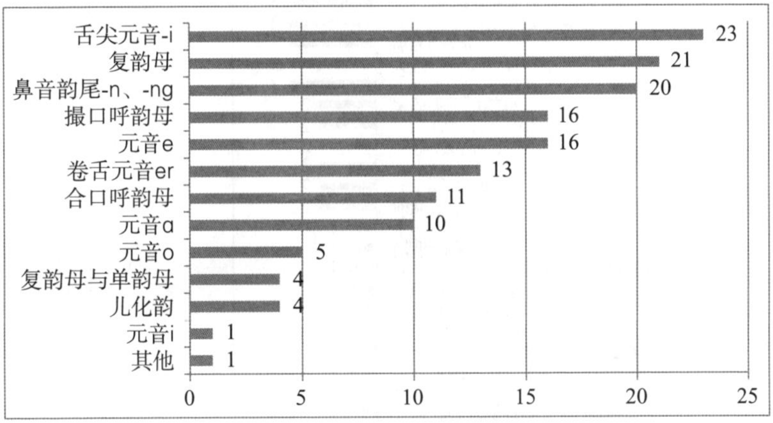

图 3.13　韵母偏误类别统计

如图所示，韵母方面最易产生偏误的类别依次为：舌尖元音 -i［ɿ］/［ʅ］>复韵母>鼻音韵尾 -n［n］/-ng［ŋ］>撮口呼韵母>元音 e>卷舌元音 er［ɚ］>合口呼韵母 = 元音 ɑ 。其中，在舌尖元音 -i［ɿ］/［ʅ］方面产生偏误的国家（民族）多达 23 个，其次为复韵母——21 个，再次为鼻辅音韵尾——20 个；以上类别应成为语音教学中特别关注的重点。平均每类有 11.15 个国家（民族）产生偏误（声母平均每类 9.4 个国家或民族），偏误率比声母部分高。

将各个类别下的具体偏误表现提出，各国家（民族）的具体韵母偏误表现统计如下：

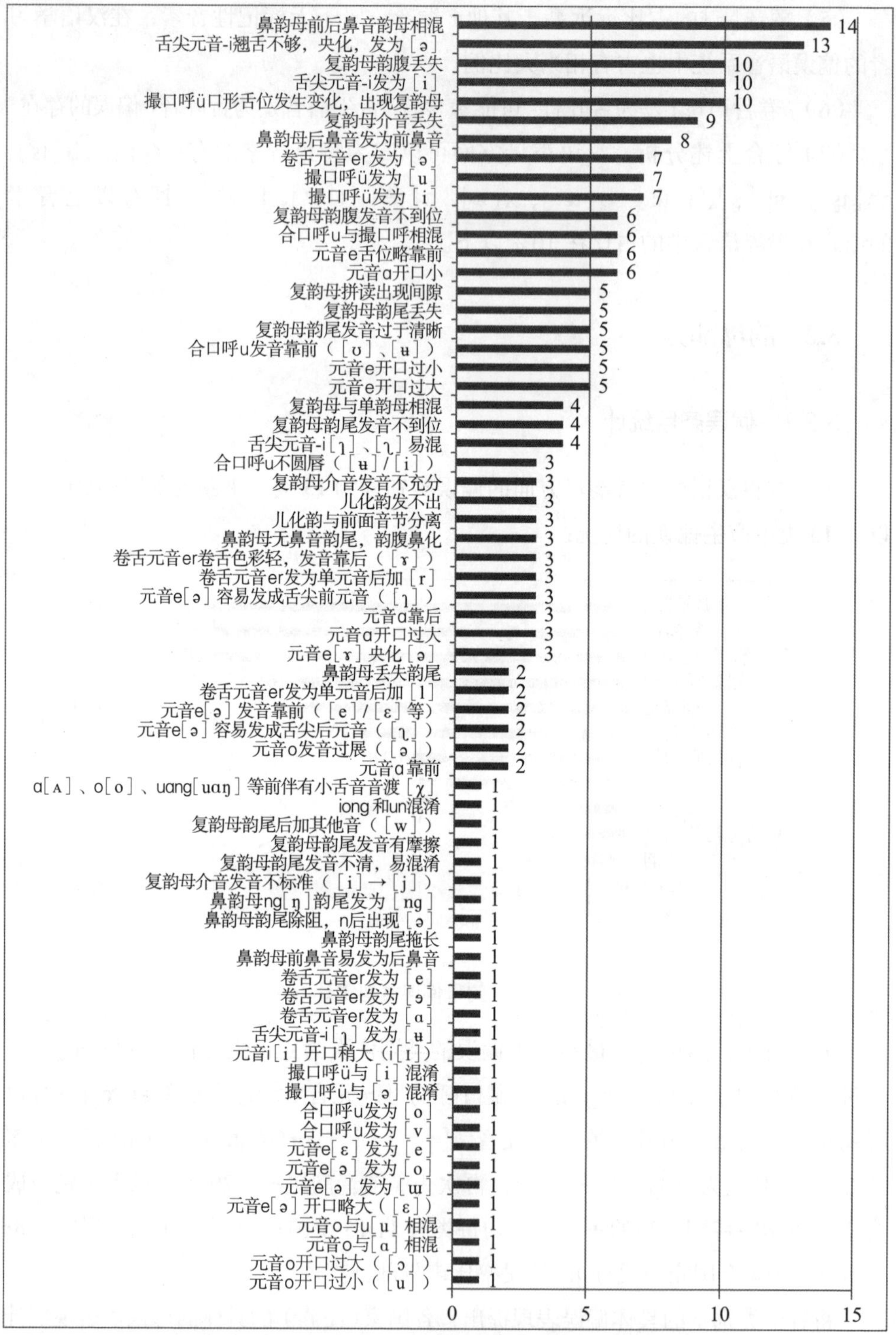

图 3.14　韵母部分具体偏误表现统计

如上图所示，韵母方面的具体偏误表现较分散。虽然偏误表现较多，但对应各偏误表现的国家（民族）数量不大。产生频率较高的偏误表现均属于鼻音韵尾、舌尖后音、复韵母、撮口呼韵母、元音 er 等类别，与图 3.13 所显示数据基本相符。

3.2.2 结合语音类型学的偏误分析

（1）复韵母问题、复韵母 & 单韵母问题发音偏误分析

1）复韵母问题发音偏误分析

复韵母问题的主要偏误表现有：① 介音丢失；② 介音发音不充分；③ 介音发音不标准（如[i]发为[j]）；④ 韵腹发音不到位；⑤ 韵腹丢失；⑥ 韵尾发音过于清晰；⑦ 韵尾发音不清，易混淆；⑧ 韵尾丢失；⑨ 韵尾发音不到位；⑩ 韵尾发音有摩擦；⑪ 韵尾加其他音，如后加[w]；⑫ 拼读出现间隙。出现以上偏误的国家（民族）数量分别为：

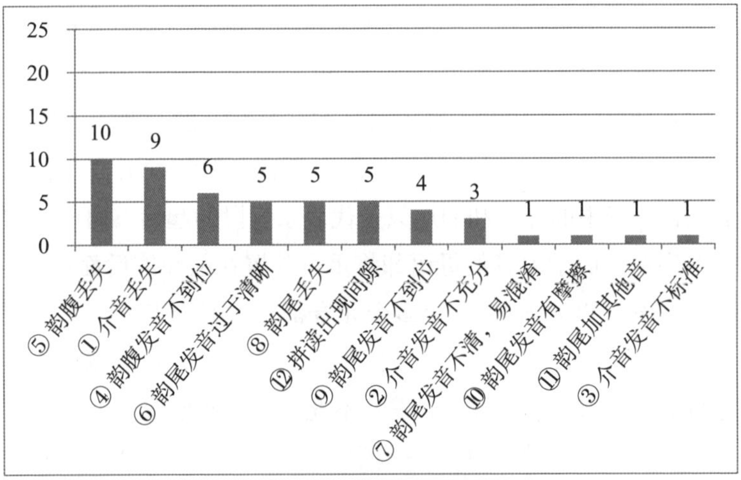

图 3.15 复韵母偏误国家（民族）数量

由图 3.15 可以看出，虽然在复韵母方面出现偏误的国家（民族）数量最多，但具体偏误表现比较分散，平均每个偏误表现仅有 4 个国家或民族会出现。将以上偏误表现按照韵母的介音、韵腹、韵尾以及其他四个方面分类，各方面偏误表现数量如图 3.16 所示。

复韵母方面的偏误中韵尾问题最多，但偏误表现也最分散，每种表现占比较小；介音问题和韵腹问题中分别有一种偏误表现为典型偏误表现，占比较大。图

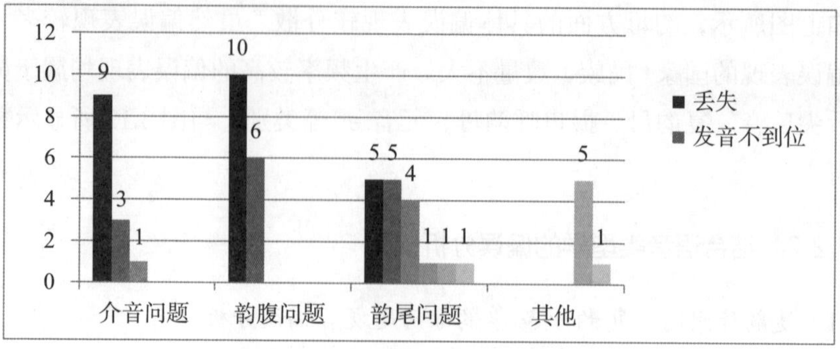

图 3.16　复韵母各类别偏误表现及国家（民族）数量

标中特别标注了介音、韵腹和韵尾问题排在前两位的柱形图，以上三个方面中“丢失”为最主要的偏误表现，分别排在总偏误表现的第 1 位、第 2 位和第 4 位（详见图 3.15）；其次为“发音不到位 / 不充分”，均排在总偏误表现的前 9 位（详见图 3.15）。此外，有 5 个国家或民族在拼读复韵母过程中“出现间隙”。在复韵母方面产生偏误的主要原因如下：

第一，学习者母语负迁移。部分产生上述两类偏误的母语背景中存在与汉语形式类似的二合或三合元音，如英语中的[əʊ]、阿拉伯语中的[aj]、西班牙语的[jei]等。Peeters 和 Barry（1989）曾指出，在二合元音的过渡上，不同语言间存在差异（Ladefoged，1996）。虽然同样是复合元音，但每种语言有着不同的发音方法：汉语复合元音中的介音和韵尾只是代表了音段的起始方向或滑动方向，实际的发音并不到位，而学习者的母语却将重点放置在前面或后面（如英语中均是处于前面的元音发音更清晰），甚至多个元音都是发音重点。学习者很难注意到这样的差别，在遇到与自己母语类似形式的复合元音时，自然就会按照母语的习惯发音，忽略了某一部分的发音或者发音不充分，造成偏误。

第二，目的语规则过度泛化。一些学习者或许没有受到母语影响，甚至自己的母语中根本没有复合元音，他们在发复韵母过程中注意到了韵母各部分（介音、韵腹、韵尾）发音方法不同的规则，但将这种规则过度泛化，使介音和韵尾发音更加不到位、过于松散，甚至连韵腹也会受影响，发音不到位，产生偏误。

第三，除了以上两种主要原因，学习者在发音中“丢失”介音、韵腹或韵尾还有可能是其采取简化的学习策略造成的。由于母语中缺乏三合甚至复合元音，学习者在语流中会顾此失彼，将他们认为冗余的部分省去，因而产生偏误。此外，学习者在拼读复韵母时出现间隙也是由简化策略造成的——学习者将复杂的复韵母当作单元音的简单拼合，将其逐个读出，因而产生间隙。

第四，受汉语拼音拼写规则影响。以上产生偏误的国家或民族中，有一些只在部分复韵母上产生偏误，这一部分复韵母为“iu”“ui”“un”等。以上三个复韵母的实际发音为[iəu]、[uei]、[uən]，但由于汉语拼音的拼写规则需要省略中间的“o”“e”。学习者遇到这类复韵母就容易直接将它们发为[iu]、[ui]、[un]。此类偏误只要在教学和练习中多加强调就可以很快改正。

2）复韵母 & 单韵母问题发音偏误分析

复韵母 & 单韵母方面的偏误主要为复韵母 & 单韵母相混，或将复韵母合并为一个单韵母。产生偏误的国家或民族有 4 个（日本、巴基斯坦、尼日利亚和中国维吾尔族）。相混的复韵母和单韵母一般有着相似的发音特征，如将[yɛ]发为[ø]，实际是[y]的圆唇和[ɛ]舌面前、半高的特点合并而成的。产生此类偏误的主要原因也是对汉语复韵母的发音方法掌握不好，导致发音时动程不足。

本书所选 25 种母语背景中存在二合或三合元音的数量和占比如下：

表 3.11　25 种母语背景中二合或三合元音统计

	国家（民族）数量	占比
无复合元音	6	24%
存在二合元音	17	68%
存在三合元音	4	16%

虽然韵母部分复韵母方面产生偏误国家（民族）数量最多，但本书所选的母语背景中仅有 24%（6 个国家 / 民族）无复合元音，68% 的国家（民族）至少有二合元音。因此，复韵母方面出现各种问题与各母语背景中复合元音发音特点不同有直接的关系。另外，从现有数据来看，复韵母 & 单韵母相混的问题与学习者母语中复合元音的数量也无明显相关关系。Lindau、Norlin 和 Svantesson（1985）曾作过统计，大约 1/3 的世界语言有二合元音（Ladefoged，1996）。这一占比明显小于本书所选母语背景中二合元音的占比，但从目前规模的数据还不能看出学习者母语中存在复韵母的情况与具体偏误表现之间存在的相关关系如何。如想进一步探究，还需进一步扩大样本数量进行统计分析。

（2）鼻音韵尾（-n/-ng）韵母问题发音偏误分析

1）基于 25 种母语背景的分析

鼻音韵尾（-n/-ng）韵母问题主要是指韵母中包含“-n[n]”“-ng[ŋ]”韵尾

的韵母(an、ian、üan、en、in、uen、ün、ang、iang、uang、eng、ing、ueng、ong、iong)产生的偏误。主要偏误表现有:① 前后鼻音韵母相混;② 后鼻音发为前鼻音;③ 前鼻音发为后鼻音;④ 韵尾拖长;⑤ 无鼻音韵尾,韵腹鼻化;⑥ 丢失韵尾;⑦ 韵尾除阻,n 后出现[ə];⑧ ng 韵尾发为[ng];⑨ iong[yŋ]和 un[uən]混淆。

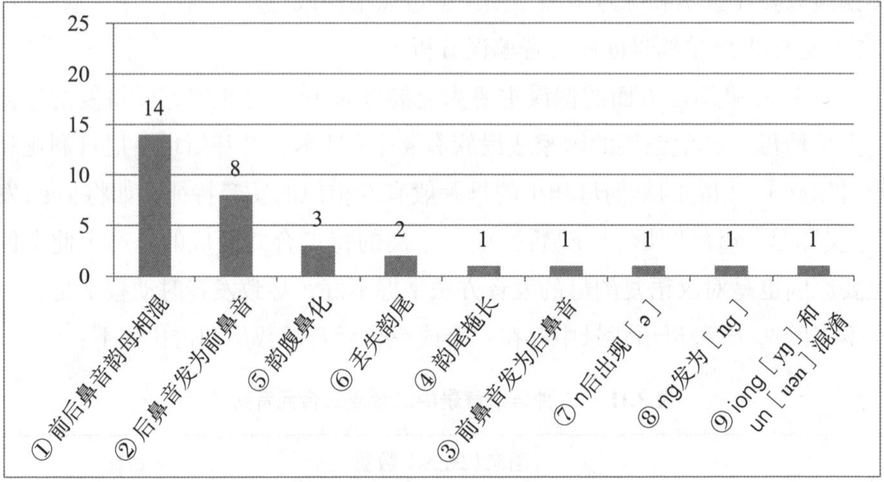

图 3.17　鼻音韵尾韵母偏误国家(民族)数量

鼻音韵尾韵母最容易产生的偏误为“前后鼻音韵母相混”,即韵尾 -n[n]、-ng[ŋ]相混,共有 14 个国家或民族(美国、俄罗斯、西班牙、日本、埃及、乌克兰、哈萨克、土耳其、蒙古、芬兰、尼日利亚、印度尼西亚、中国壮族和中国藏族)产生此偏误,占比 56%。其次为“后鼻音发为前鼻音”,即将韵尾 -ng[ŋ]发为 -n[n],共有 8 个国家或民族(西班牙、德国、法国、巴西、意大利、芬兰、巴基斯坦和中国藏族),占比 32%。此外,还有一个国家(蒙古)出现了“前鼻音发为后鼻音”的偏误。产生以上三种偏误的主要原因之一是对 -n[n],尤其是 -ng[ŋ]的发音掌握不准确,以上产生偏误的国家(民族)中,有 10 个国家的语言中没有[ŋ]这个音素。与[n]相比,[ŋ]作为舌根鼻音,其发音方法和发音部位都较难掌握,因此学习者容易将它们混淆,甚至直接发为易发的[n]。此外,一些语言将作为韵尾的 -n[n]和 -ng[ŋ]划分为了同一音位的自由变体(如日语、英语),以这些语言为母语的学习者受母语影响在概念上会认为其没有区别,因此造成混淆。

另外,还有 3 个国家或民族(荷兰、法国和中国藏族,占比 12%)的学习者发音时“无鼻音韵尾,韵腹鼻化”。其原因是受母语负迁移影响。学习者的母语

（如法语、藏语）中存在鼻化元音，学习者在学习汉语发音时没有主要区别鼻化音与鼻音韵尾，直接将母语鼻化音的发音习惯带入了鼻音韵尾中。此外，在法语中“元音＋鼻音”即发为鼻化元音（如 ɑm 或 ɑn 发为［ɑ̃］），学习者在汉语中看到“元音＋鼻音 n/ng”的组合很容易就按照母语发为鼻化音。

2）语音类型学分析

上文已经提到，在鼻音韵尾（-n/-ng）韵母问题上产生偏误的其中一个原因是学习者对 n［n］、ng［ŋ］的发音掌握不准确。本书所选 25 种母语背景中缺乏鼻音［n］或［ŋ］的国家（民族）数量和占比及与产生偏误数量的关系如下：

表 3.12　25 种母语背景缺乏鼻音［n］或［ŋ］的国家（民族）统计

	国家（民族）数量	占比
语言中无［n］	0	0
语言中无［ŋ］	12	48%
语言中无［ŋ］& 鼻韵尾产生偏误	10	40%

如表所示，语言中没有［ŋ］的国家 83.33% 都产生了偏误，学习者母语系统中缺乏［ŋ］与其在鼻韵尾方面产生偏误（尤其是后鼻音韵尾方面）有很大关系。据 Ian Maddieson（1984）统计，UPSID 数据库的 1 057 个鼻音中，排名第一的为［n］（316，29.90%），第二为［m］（299，28.29%）；而［ŋ］为第三（167，15.80%），数量约为［n］的 1/2。本书所选的 25 种母语背景与世界语言的占比情况完全一致，因此如果学习者的母语系统中如果缺少［ŋ］，则学习者容易在鼻音韵尾方面产生偏误。

除以上原因外，学习者在鼻音韵尾（-n/-ng）韵母问题上产生偏误还另有原因。我们将“前后鼻音韵母相混”的偏误深入细分为了三种情况：更易发为前鼻音、更易发为后鼻音及其他（未提及或持平）（具体占比见图 3.18）。

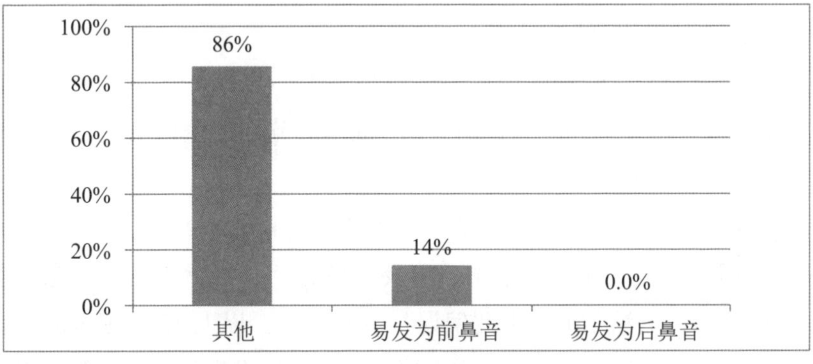

图 3.18　前鼻音 & 后鼻音韵尾相混

与“送气 & 不送气相混”的偏误表现有很大区别，前鼻音与后鼻音韵母相混时，大部分很难表现出明显的倾向性，仅有少部分更易统一发为前鼻音，且几乎没有倾向于统一发为后鼻音的情况。由此可以看出，鼻音韵尾韵母方面的偏误不仅仅是[ŋ]一个音素发音的偏误引起的，鼻音韵尾韵母发生偏误的另一个原因是韵尾 -ng[ŋ]和 -n[n]共同出现问题的结果。汉语中的鼻音韵尾 -n[n]、-ng[ŋ]的发音与处在元音之前的辅音[n]、[ŋ]并不相同，它们缺乏塞音应有的成阻与除阻过程，鼻音已经融入前面的元音中。王志洁（1997）通过实验证明，作为韵尾的鼻音[n]、[ŋ]其鼻音度明显低于其做声母时的鼻音度，可以将其视作“滑音”。冉启斌（2005）也指出，汉语鼻音韵尾不像有些语言元音后加辅音那样完整和充分，属于“弱化”了的鼻音。而以上 25 种母语背景在处理音节中“元音 + 辅音”的结构时都是元音辅音全部完整发音，几乎没有这种将韵尾（尤其是鼻音韵尾）弱化的发音方法，因此学习者会产生偏误。Ian Maddieson（2011）根据复杂程度将世界语言的音节分为简单、适中和复杂三级。简单是指复杂程度在 CV（辅 + 元）型以下的；适中是指音节结构是 CVC（辅 + 元 + 辅），或 C1C2P（C2 为流音或滑音 w、j 等）的；除此以外的音节结构为复杂音节。通过统计，他指出世界上的 486 种语言中，简单音节结构有 61 种（12.6%），适中音节结构有 274 种（56.4%），复杂音节结构占 25.8%。对于汉语中带鼻音韵尾的音节应该如何划分，语言学界还没有准确的定论：Ian Maddieson 将其归为 CVC 结构，而王志洁（1997）则认为应是 CV 结构等。但从 Ian Maddieson 的划分方法来看，汉语的这种韵尾弱化的现象是非常少见的，他并没有将这种发音现象单独划分为一类。因此，对于世界汉语学习者来说，鼻音韵尾独特的发音方法是学习汉语语音的重难点之一，应注意与其母语音节的发音方式加以区别。

（3）舌尖元音[ɿ]/[ʅ]问题发音偏误分析

1）基于 25 种母语背景的分析

舌尖元音[ɿ]/[ʅ]问题的偏误表现较为集中，共有 4 个：① 央化发为[ə]；② 发为[i]；③ [ɿ]发为[ʉ]；④ [ɿ]、[ʅ]混淆。分别产生以上偏误表现的国家（民族）数量如图 3.19 所示。

舌尖元音方面最主要的偏误表现为“央化发为[ə]”，共有 13 个国家（美国、俄罗斯、韩国、德国、荷兰、法国、埃及、乌克兰、哈萨克斯坦、意大利、土耳其、白俄罗斯、尼泊尔）产生此偏误，占比 52%。以上 13 个国家的语言中均没有类似汉语舌尖元音[ɿ]、[ʅ]一样需要将舌头上翘发音的元音，学习者面对这

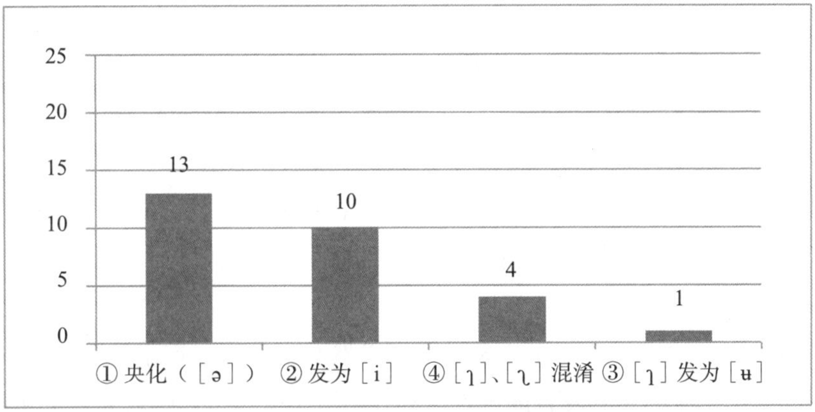

图 3.19　舌尖元音偏误国家（民族）数量

样一类陌生的元音发音会有困难，舌头难以上翘或难以维持上翘的姿势导致央化为[ə]。此外，以上国家的学习者均在舌尖前音、舌尖后音或卷舌声母方面因“卷舌程度不足”产生了偏误，而舌尖元音[ɿ]、[ʅ]分别是为搭配舌尖前音声母 z[ts]、c[tsʰ]、s[s]，舌尖后音声母 zh[tʂ]、ch[tʂʰ]、sh[ʂ]和卷舌声母 r[ɽ]而出现的，拼读中声母发音不当可能会影响到其后韵母发音的标准性，导致声母、韵母同时产生偏误。

其次，有 10 个国家或民族（西班牙、日本、乌克兰、蒙古、巴西、白俄罗斯、尼泊尔、巴基斯坦、印度尼西亚和中国维吾尔族）将舌尖元音发为了舌面前元音[i]，占比 40%。产生此偏误的原因有两种：第一，在书写上，汉语拼音将舌面前元音 i[i]与舌尖元音[ɿ]、[ʅ]均标为字母“i”，加之舌尖元音[ɿ]、[ʅ]属于发音方法比较特殊、比较陌生的元音，学习者在认读的过程中容易统一将其读作[i]；第二，同上一偏误表现相同，受到与其拼读的声母发音偏误的影响，如将 r[ɽ]读作[l]/[ɭ]或将舌尖后音发为舌面前音（西班牙、日本、白俄罗斯等国具有以上偏误）之后，舌位仍处于前伸且扁平的形状无法改变，因此误将其后的韵母[ɿ]、[ʅ]发为了[i]。两种原因共同导致了该偏误表现的出现，而具体哪种原因占主导，下文将借助语音类型学方法进行深入探究。

2）语音类型学分析

本书所选 25 种母语背景中无一存在汉语的舌尖元音[ɿ]、[ʅ]。不仅如此，整个世界语言中也几乎没有其他语言中存在[ɿ]、[ʅ]。在语音类型学领域，Ladefoged & Maddieson（1996）将[ɿ]、[ʅ]称为擦化元音或摩擦元音，归入 9 种带附属特征的元音中，认为它们属于前元音[i]附带擦化的表现；它们在发音性质上与同部位的带声擦音（即齿槽音[ts]、[tsʰ]、[s]，后齿槽音[tʂ]、[tʂʰ]及卷舌音[ʂ]、[ɽ]）比较接近，但摩擦成分要弱。在所有元音的附属特性中，最主要的依次为：长短>鼻化>咽化/喉化/气化，等等。在 Ladefoged & Maddieson 的著作 *The Sounds of the World's Languages* 中仅提到了汉语、凉山彝语、捷克语、古班图语中带有“擦化元音”，凉山彝语、捷克语、古班图语分别具有唇、舌叶等部位的擦化元音，仅有汉语中存在舌面前元音[i]的擦化变体[ɿ]、[ʅ]。因此在世界语言中，[ɿ]、[ʅ]非常少，应归为标记性音素，并可以确定为汉语的特色音素。

当然，陌生的音素并不意味着学习者必然会在发音时产生偏误，[ɿ]、[ʅ]产生偏误的最主要原因是其发音的困难性和在语流中受声母影响较大。上文在分析舌尖后音及卷舌声母偏误时已阐述过，由于舌冠音位置的不确定性和对舌头上翘的音较陌生，学习者在发翘舌/卷舌音时是有困难的。此外，在汉语中舌尖元音[ɿ]、[ʅ]是对应搭配舌尖前音 z[ts]、c[tsʰ]、s[s]和舌尖后音 zh[tʂ]、ch[tʂʰ]、sh[ʂ]，卷舌音 r[ɽ]而出现的，在音节中前面声母发音必然会或多或少地影响韵母发音，因此如果以上声母产生偏误，[ɿ]、[ʅ]发生偏误的可能性会大大增加。上文产生“舌尖元音发为[i]”的 10 个国家（民族）在舌尖后音 zh、ch、sh，卷舌声母 r 和舌尖前音 z、c、s 方面的部分偏误表现如下：

表 3.13　舌尖元音发为［i］偏误与舌尖后音、卷舌声母偏误统计

	国家（民族）数量	占比
舌尖后音发为舌叶音/与舌面前音相混	8	80%
卷舌声母发为[l]或[ʒ]	6	60%
舌尖前音发为舌叶音、与舌面前音相混/发为舌面前音	2	20%
拥有以上任意一组偏误	8	80%

上表所选偏误均是舌尖后音、卷舌声母和舌尖前音中的舌位最接近[i]的三组偏误表现，无一组偏误能够单独致使舌尖元音发为[i]，但是只要三组中任意一组出现偏误则都会导致舌尖元音发为[i]（乌克兰例外）。因此，本书通过数据再次证实了学习者如在声母的发音方面产生偏误确实会影响到其后韵母的发音。对“i”认读错误导致的偏误可以通过教师引导、学习者强化认读等方法练习，后期很快可以改正，但由声母影响导致的偏误更正起来则复杂很多。

在探究偏误产生原因之余，我们又进一步对舌尖前音、舌尖后音、卷舌声母以及舌尖元音的偏误之间的相关关系进行探究，发现以上偏误之间存在着蕴含关系：

表 3.14　舌尖后音、卷舌声母、舌尖前音与舌尖元音偏误统计

	国家（民族）数量	产生[ɿ]、[ʅ]偏误的国家（民族）数量
舌尖后音 zh、ch、sh 偏误	23	23
卷舌声母 r 偏误	23	23
舌尖前音 z、c、s	12	8

如上表所示，在舌尖元音[ɿ]、[ʅ]方面产生偏误的全部 23 个国家（民族）均分别在舌尖后音和卷舌声母方面产生了偏误，两对偏误可以说是 100% 对应；但在舌尖前音方面产生偏误的仅有 8 个国家（民族），占比 66.67%，因此舌尖前音偏误与其相关性不大。以上数据表明，舌尖元音方面的偏误分别与舌尖后音 zh、ch、sh 的偏误、卷舌声母 r 的偏误存在蕴含，甚至对应关系：学习者在舌尖后音或卷舌声母方面产生偏误甚至可以预示着其在舌尖元音的发音上会产生偏误；但如果舌尖元音产生偏误，一定程度上也可以预示舌尖后音和卷舌声母必然产生偏误。由此我们大胆推测，舌尖元音方面的偏误和舌尖后音 zh、ch、sh 及卷舌声母 r 偏误存在着密切的相关性。至于具体何种舌尖元音偏误会导致何种舌尖后音和卷舌声母的偏误还有待进一步探究。

（4）卷舌元音 er[ɚ]问题、儿化韵问题发音偏误分析

1）卷舌元音 er[ɚ]发音偏误分析

卷舌元音 er[ɚ]的主要偏误表现有 7 个，分别为：① 发为[ə]；② 发为单元音后加[r]；③ 发为单元音后加[l]；④ 卷舌色彩轻，发音靠后（[ɤ]）；⑤ 发为[ɑ]；⑥ 发为[ɘ]；⑦ 发为[e]。产生以上偏误的国家（民族）数量如下：

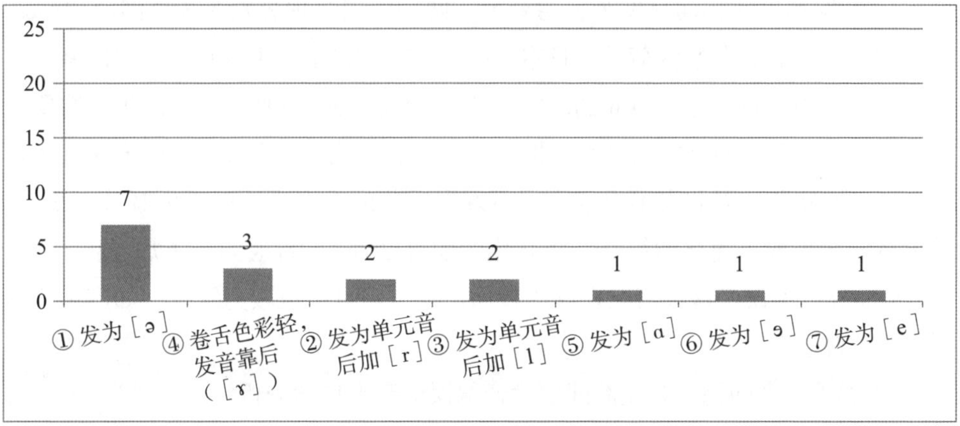

图 3.20　卷舌元音 er 偏误国家（民族）数量

以上偏误表现综合起来为两种：① 发为[ə]及[ə]周围的单元音；② 发为元音后带辅音的组合。最主要的偏误表现为“发为[ə]”，共有7个国家（西班牙、荷兰、法国、日本、埃及、白俄罗斯、尼泊尔）产生偏误，占比28%。另外有3个国家或民族（泰国、芬兰、中国壮族）将er[ɚ]发为了“卷舌色彩轻、发音靠后”的[ɤ]，占比12%。卷舌元音er[ɚ]其实为元音[ə]的卷舌化变体，它要求发音者在发[ə]的同时舌头后缩、舌尖上翘。以上10个国家（民族）的语言中均无带有卷舌色彩的元音，因此不容易掌握卷舌化的发音方法，导致舌头不能卷起（发为本体[ə]）、舌头后缩但卷舌未到位（发为[ɤ]）的偏误。将er[ɚ]发为[ɑ]、[ɘ]或[e]，其实舌位也是围绕[ə]的。

其次有2个国家或民族（德国和中国藏族）将er[ɚ]发为“单元音后加[r]”（[ar]、[ɑr]或[er]），另有2个国家（西班牙和日本）将er[ɚ]发为“单元音后加[l]”（[əl]或[aːl]）。产生此类偏误有两种原因：① 卷舌元音er[ɚ]是由两个字母（e和r）代表一个单元音的，学习者在学习汉语语音初期，可能误将其当作双元音组成的复韵母并将其发为单元音与卷舌声母r的组合；② 随着学习的深入，学习者很快会了解到er[ɚ]其实是一个音素，此时一部分学习者会改正，另一部分学习者则会因为卷舌音难以发出而采用简化的学习策略将er[ɚ]拆分为两个音素以求发成类似的音。元音后面加入不同辅音的（[r]或[l]）的原因主要是受卷舌声母r偏误的影响：将r误发为[r]的学习者（德国和中国藏族）会在元音后加[r]；将r误发为[l]的学习者（如日本）会在元音后加[l]。

2）儿化韵问题发音偏误分析

儿化韵问题的偏误表现只有2个：① 与前面音节分离（即发为普通音节 + 辅音r）；② 发不出儿化而只发为普通音节。两种偏误表现分别有3个国家（民族）产生（见图3.21），分别为荷兰、日本、中国壮族和日本、中国壮族、中国藏族。

在儿化韵方面产生偏误的原因与卷舌元音er[ɚ]相似：第一，儿化韵要求发音者在发音节中韵母的同时舌头根据不同的韵尾翘起或下降，发音方法甚至比er[ɚ]更加复杂，因此发不出或掌握不好卷舌化的发音方法而发生脱节；第二，学习者同样采取了简化的策略，将儿化的韵母处理为“普通韵母 + 加卷舌 / 辅音r”，从而导致偏误。这种情况在汉语普通话地方口音中也较为常见，如广东普通话、福建普通话等。

3）卷舌元音问题、儿化韵问题发音偏误语音类型学分析

在语音类型学中，卷舌元音er[ɚ]与儿化韵同属于元音的一种附带属性——

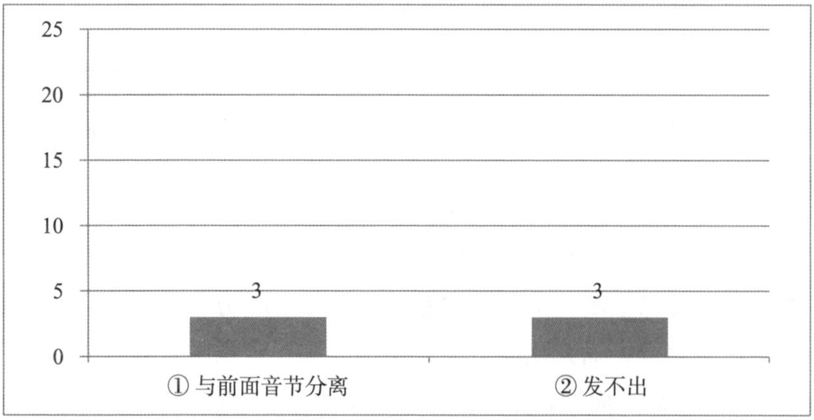

图 3.21　儿化韵偏误国家（民族）数量

卷舌化。本书所选 25 种母语背景中，仅有英语中存在卷舌化元音，占比 4%。在余下 24 个国家（民族）中，在卷舌元音 er[ɚ]与儿化韵方面产生偏误的国家数量及占比如下：

表 3.15　卷舌元音与儿化韵偏误统计

	国家（民族）数量	24 国（民族）中占比
卷舌元音 er 产生偏误	13	54.17%
儿化韵产生偏误	4	16.67%

在母语无卷舌化元音的学习者中，有超过半数的学习者会在卷舌元音 er[ɚ]方面产生偏误，还有少部分（16.67%）学习者会在儿化韵方面产生偏误。而放宽到全世界的汉语学习者中，这一占比还有增加的可能。据 Ladefoged & Maddieson（1996）统计，世界语言中有此类音的语言不超过 1%；人们之所以对它们不是特别陌生，也许就是因为英语（尤其是美式英语）中存在这类音。从语音类型学观点来看，元音卷舌化属于不折不扣的标记性音素，对于第二语言学习者来说是一个难点。

此外，卷舌元音 er[ɚ]与儿化韵的偏误还可能存在相关关系。本书在卷舌元音 er[ɚ]与儿化韵方面产生偏误的国家（民族）及相关关系如下：

表 3.16　卷舌元音与儿化韵偏误相关关系

	国家（民族）数量	24 国（民族）中占比
卷舌元音 er 产生偏误	13	54.17%

（续表）

	国家（民族）数量	24 国（民族）中占比
儿化韵产生偏误	4	16.67%
同时产生以上两种偏误	4	16.67%

表中“同时产生以上两种偏误”的 4 个国家（民族）正是在儿化韵方面产生偏误的 4 个，由此可以推断：学习者在卷舌元音 er[ɚ]方面产生偏误不一定意味着儿化韵会产生偏误，而儿化韵方面产生偏误则一定意味着卷舌元音 er[ɚ]会产生偏误——儿化韵方面的偏误蕴含着卷舌元音 er[ɚ]偏误的存在。

（5）元音 ɑ、e、o 及合口呼韵母问题发音偏误分析

元音 ɑ、e、o 及元音 u 属于舌面元音。学习者在元音 ɑ、e、o 及合口呼韵母方面的偏误主要是在发音时对舌面元音三个基本方面——唇形的圆展、舌位的高低、舌位的前后三个方面把握不准引起的，下文将围绕这一偏误原因对元音 ɑ、e、o 及合口呼韵母的偏误表现进行一一统计，并结合语音类型学方法对偏误表现的三个基本方面进行综合分析。

1）元音 ɑ 问题发音偏误分析

元音 ɑ 的偏误问题较前面两元音相比更加复杂。汉语元音 ɑ 共有[a]、[ʌ]、[ɑ]、[ε]四个变体。元音 ɑ 问题发音偏误包括了以上 4 个变体存在的偏误。主要的偏误表现有：① 开口偏小；② 开口过大；③ 舌位靠前；④ 舌位靠后。元音 ɑ 各音位变体产生偏误数量如下：

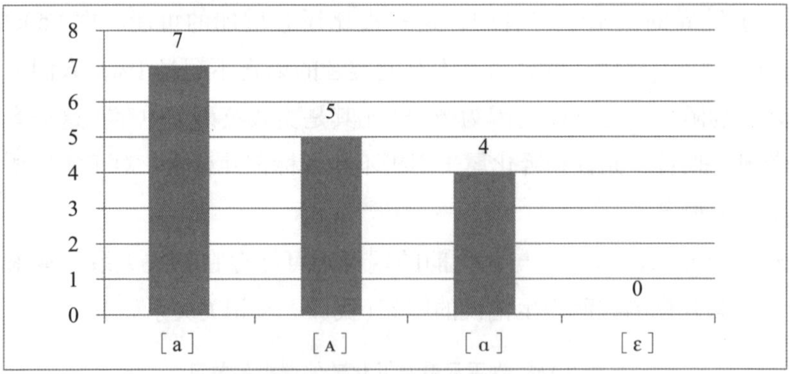

图 3.22　元音 ɑ 各变体偏误数量

如图所示，元音 ɑ 各音位变体产生偏误频率较高的依次为：[a]＞[ʌ]＞

[ɑ]>[ε]。其中,[ε]无偏误表现的原因可能与其仅出现于 ian 一个韵母当中有关。由于 ɑ 不同变体的舌位、开口度有一定差别，具体偏误表现也应按不同变体分别统计。按照元音系统三个基本方面，上述各变体的偏误表现对应的国家(民族)数量如下：

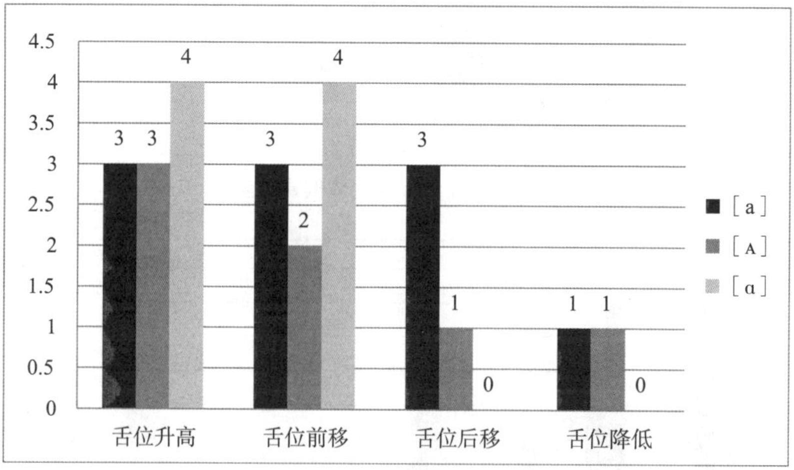

图 3.23　元音 ɑ 各变体偏误表现

除去无偏误表现的[ε]，其他三个音位变体易产生的偏误为“舌位升高(开口度偏小)”“舌位前移”。此外,[a]还会出现“舌位后移”的问题。由图表可见，各变体的偏误表现有所不同，下文将对其原因进行深入探讨。

2）元音 e 问题发音偏误分析

与元音 ɑ 相同，元音 e 也有多个音位变体——[ɤ]、[ə]、[e]、[ε]。元音 e 的发音偏误问题既有整个音位 e 的问题，也有个别变体存在的偏误，主要的偏误表现有：① 开口过大；② [ɤ]央化；③ e[ε]发为[e]；④ 舌位略靠前；⑤ 开口过小；⑥ [ə]容易发成舌尖前元音[ɿ]；⑦ [ə]容易发成舌尖后元音[ʅ]；⑧ [ə]发音靠前，发为[e]/[ε]等；⑨ [ə]开口度略大，发为[ε]；⑩ [ə]发为[ɯ]；⑪ [ə]发为[o]。元音 e 各音位变体产生偏误数量见图 3.24。

如图 3.24 所示，元音 e 各变体偏误数量由多到少依次为：[ə]>[ɤ]>[ε]>[e]，其中[ə]的偏误数量明显多于其他变体,[e]无偏误。将各偏误表现按照元音系统三个基本方面归类(偏误“发为舌尖元音[ʅ]/[ɿ]”单独列为一类)，各变体偏误表现对应的国家(民族)数量如图 3.25。

如图3.25所见，各音位变体偏误表现差别较大，最主要的偏误表现依次有：舌

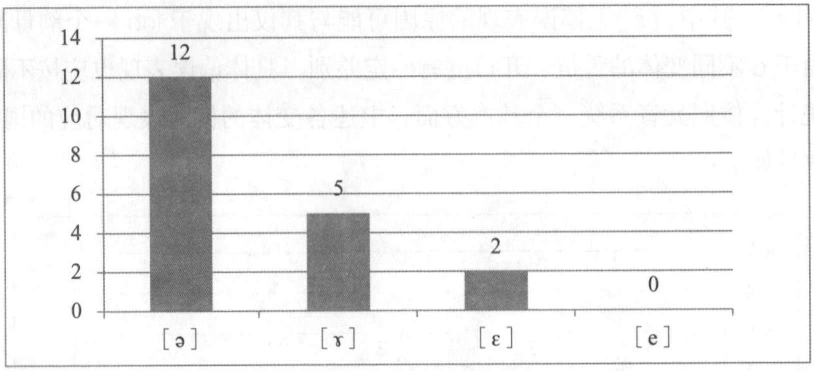

图 3.24 元音 e 各变体偏误数量

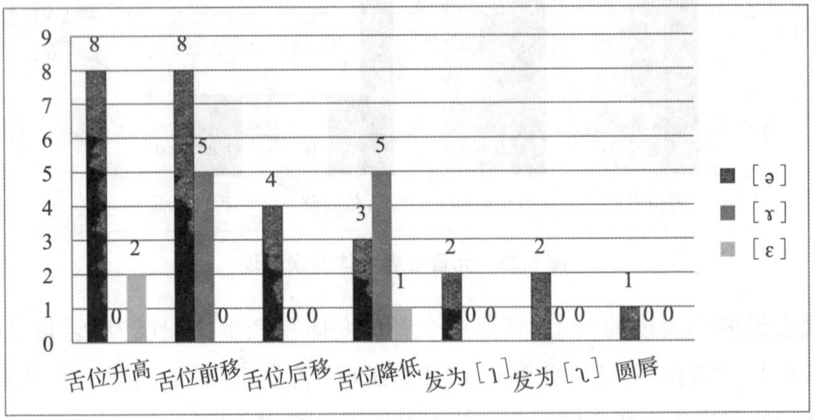

图 3.25 元音 e 各变体偏误表现

位前移>舌位升高(开口度变小)>舌位降低(开口度变大)>舌位后移。出现偏误"发为舌尖元音[ʅ]/[ɿ]"的国家(民族)数量最少,且仅出现在[ə]单独与声母舌尖前音、舌尖后音或卷舌声母相拼时,属于较例外的情况。仅有一个民族(中国维吾尔族)将[ə]发为[o],也应算作例外情况。

3)元音 o[o]问题发音偏误分析

元音 o 的具体偏误表现有:① 发音易发得过展,发为[ə];② 开口过小,发为[u];③ 开口过大,发为[ɔ];④ 与[a]相混;⑤ 与 u[u]相混。按照元音系统三个基本方面——唇形的圆展、舌位的高低、舌位的前后归类,上述偏误表现占比如图 3.26 所示。

元音 o[o]方面产生偏误的学习者并不多(仅有 5 个国家或民族),综合上述偏误表现,在发音时出现的主要问题有开口度变大、唇形放松未拢圆。仅有两个

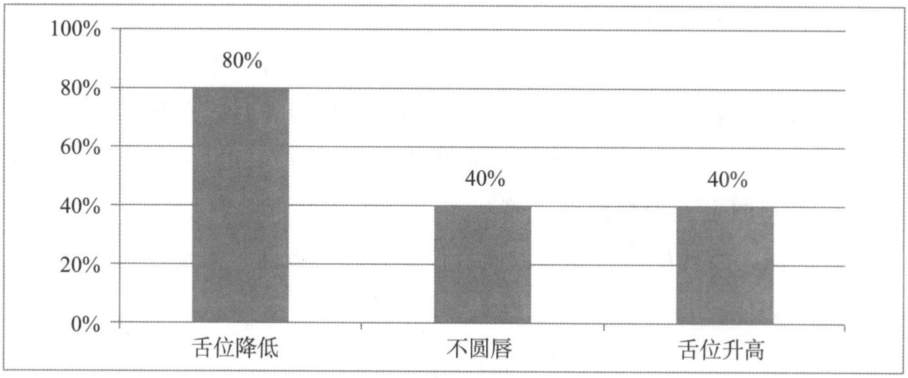

图 3.26　元音 o 偏误表现国家（民族）数量

国家或民族（乌克兰和中国维吾尔族）将 o[o]与 u[u]混淆或直接发为 u[u]，属于少数情况。

4）合口呼韵母问题发音偏误分析

合口呼韵母包括韵母是 u 或以 u 开头的韵母，即 u、ua、uo、uai、uei、un、uan、uang、ueng 等。合口呼韵母部分的偏误主要为由元音 u[u]的发音偏误引起。主要偏误表现有：① u 发音靠前，发为[ʊ]或[ʉ]；② u 与撮口呼ü[y]相混；③ u 发音时不圆唇；④ u 发为[v]；⑤ u 发为[o]。其中产生"②与撮口呼ü[y]相混"偏误一部分是由发音时舌位、唇形把握不准引起的（本段仅就此原因进行深入分析）。至于此偏误表现的其他原因将在下文"撮口呼偏误"部分继续进行分析。按照元音系统三个基本方面归类（将 u"发为[v]"的单归一类"擦化 + 咬唇"），上述偏误表现对应的国家（民族）数量如下：

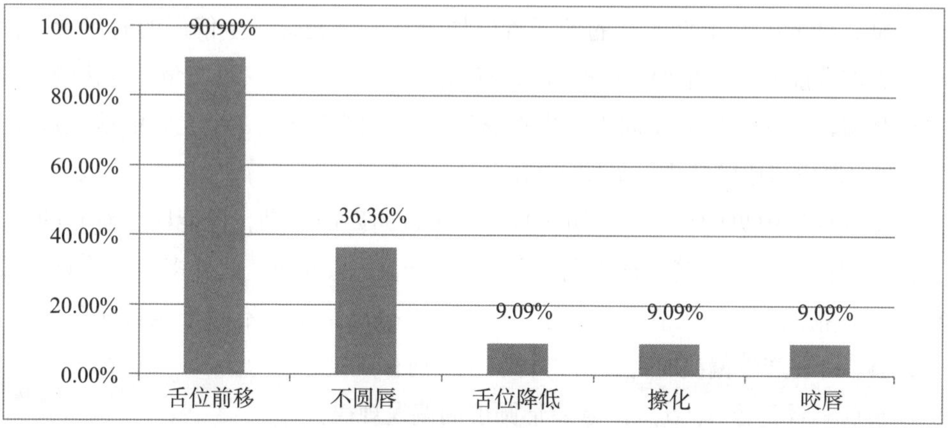

图 3.27　合口呼韵母偏误国家（民族）数量

合口呼韵母方面主要的偏误表现有舌位前移、不圆唇，另有少数学习者发音时舌位降低。将“u 发为[v]”的仅有 1 个民族(中国维吾尔族)，归入例外情况。

5) 元音 ɑ、e、o 及合口呼韵母问题发音偏误语音类型学分析

综合元音 ɑ、e、o 及合口呼韵母的所有偏误表现，问题主要集中在舌位的高低、前后问题上，少数圆唇元音([o]、[u]) 还有部分唇形圆展问题。上述舌面元音的偏误表现虽然并非一致使舌位指向同一方向，但也存在着较明显的规律：

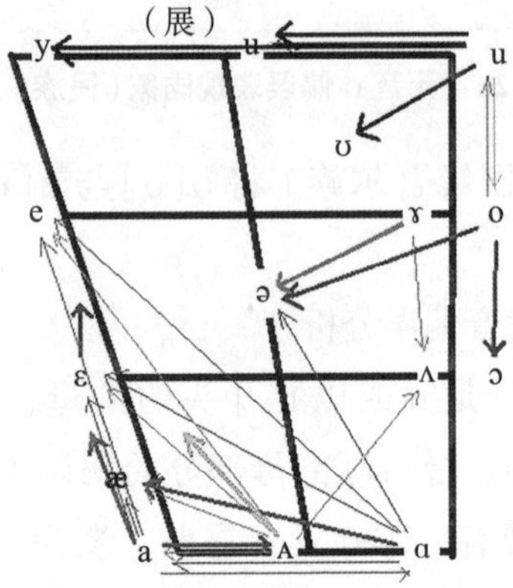

图 3.28　元音[u]、[o]、[ɑ]、[a]、[ʌ]、[ɛ]、[ɤ]偏误图

上图为汉语四角及四边元音[u]、[o]、[ɑ]、[a]、[ʌ]、[ɛ]、[ɤ]的偏误图。图中不同线条代表元音的偏误，箭头即为产生偏误的方向，粗体箭头即为主要偏误的方向。通过偏误图可以直观地看出，虽然以上偏误元音的舌位并没有一致靠前靠后或偏高偏低，但以央元音[ə]为中线，高元音、半高元音的偏误均倾向于舌位偏低，低元音、半低元音的偏误舌位均偏高，后元音产生偏误的时候舌位前移、大部分前元音产生偏误的时候舌位后移。也就是说，汉语四角、四边的元音在产生偏误的时候倾向于向舌位中央靠近。而不同于上述 7 个元音的偏误规律，[ə]的偏误规律比较特别，见图 3.29。

已经处于中央的[ə]产生偏误时舌位可以向四面滑动，但能明显看到的是，无论是粗箭头还是细箭头均指向的是“舌位升高”的方向，此外多数箭头且三根粗箭头均指向“舌位靠前”的方向。由此可以得出结论，不同于四边四角元音，央元音[ə]在产生偏误时舌位易“升高”且“前移”。

最后再看元音 ɑ、o、u、e 唇形圆展的偏误规律：

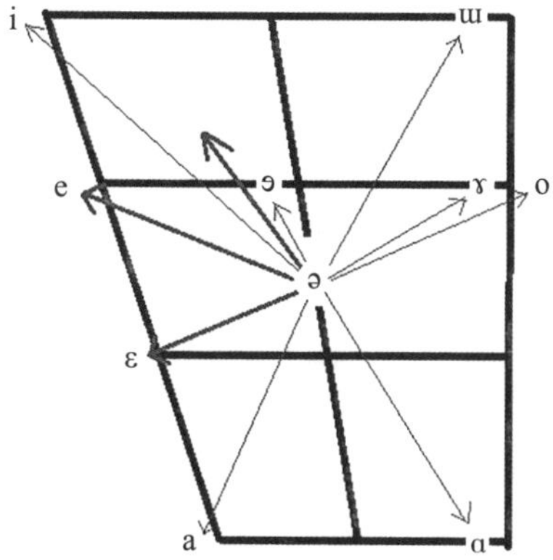

图 3.29　元音[ə]偏误图

表 3.17　ɑ、o、u、e 唇形圆展的偏误规律

	元音（包括变体）数量	占比	附注
不圆唇元音 ɑ、e 发为圆唇	1	12.5%	仅 1 个民族产生
圆唇元音 u、o 发为不圆唇	2	100%	u—4 个国家； o—3 个国家

如上表所示，两个圆唇元音均产生了“发为不圆唇”的偏误，而不圆唇元音仅有 1 个民族产生了“发为圆唇”的偏误。由此可以得出结论，在唇形圆展方面，学习者更倾向于发为唇形放松（即不圆唇）元音。

（6）撮口呼韵母问题发音偏误分析

1）基于 25 种母语背景的分析

撮口呼韵母包括韵母是 ü 或以 ü 开头的韵母，即 ü、üe、üɑn、ün、iong。撮口呼韵母部分的偏误主要为由元音 ü[y]的发音偏误引起的撮口呼偏误。具体偏误表现如下：① ü[y]口形舌位发生变化，发为复元音；② ü 发为[u]；③ ü 发为[i]；④ ü 与[ə]混淆；⑤ ü 与 i[i]混淆；⑥ ü与 u[u]相混（此条目在“合口呼韵母”类别下），产生偏误的国家（民族）数量见图 3.30。

大部分（共 10 个国家或民族——美国、俄罗斯、韩国、西班牙、日本、乌克兰、白俄罗斯、尼泊尔、泰国和中国壮族占比 40%）的学习者将元音 ü[y]“发为复元音”。其中，7 个国家（美国、俄罗斯、西班牙、乌克兰、白俄罗斯、尼泊尔、泰国）发为[iu]，2 个国家或民族（韩国、中国壮族）发为[ɯi]，1 个国家（日本）发为[iəu]。将单元音 ü [y]发为复元音主要是由于发音时舌位和唇形发生了变化。

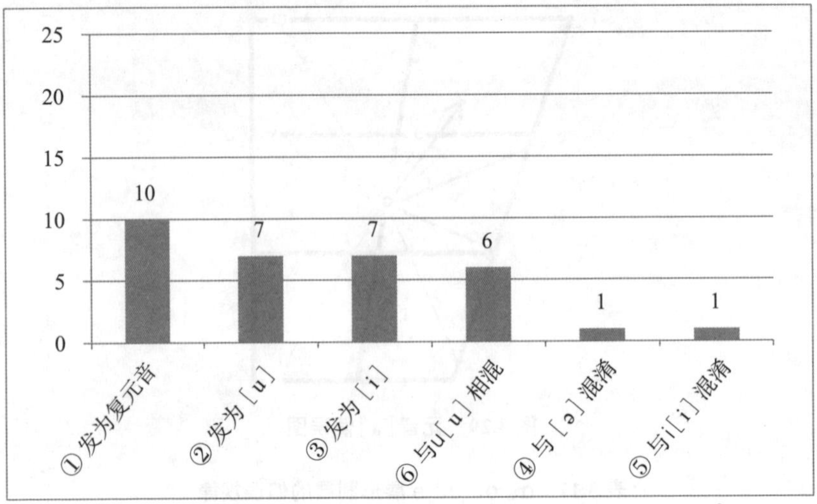

图 3.30 撮口呼偏误国家(民族)数量

其次，有6个国家(美国、埃及、蒙古、巴基斯坦、尼日利亚和埃及)将“ü与u相混”，且有7个国家直接将“ü发为[u]”(俄罗斯、法国、西班牙、意大利、土耳其、尼泊尔和泰国)。产生以上两类偏误的原因比较复杂：一部分学习者在发元音ü时舌头后缩，因此发为了圆唇、舌位高但是靠后的[u]；汉语拼音拼写过程中元音ü在舌面前音j、q、x后出现时需要去掉上面的两点，另一部分学习者会将舌面后音后面的“u”错发为合口呼u[u]，他们对于ü的发音也许没有困难(法语中甚至有元音[y])，只是由于错认“u”而产生偏误。

同时，有7个国家或民族(泰国、韩国、日本、蒙古、尼泊尔、印度尼西亚和中国壮族)将“ü发为[i]”，占比28%。主要是由发音时唇形不圆导致的。以上国家的语言中均有元音[i]，而且在发音上唇形放松的[i]也比嘴唇必须拢圆的ü[y]要容易得多。因此在发音时，学习者容易放松唇形将[y]发为[i]。

以上四种偏误表现主要是由于元音ü[y]本身的发音姿势较难造成的。元音ü[y]属于舌面前、高的圆唇元音，以上16个产生偏误的国家(民族)的语言中有13个没有该部位的元音，这说明元音ü[y]的发音对他们来说很陌生。因此学习者受母语负迁移或简化的学习策略的影响，将ü发为更易发音的[i]、[u]，甚至将元音拼合，产生发音偏误。

2）语音类型学分析

25种母语中，拥有舌面前、高、圆唇元音[y]的语言的国家(民族)及产生偏误的国家的比例如下：

表 3.18　25 种母语中有［y］的国家（民族）及相关偏误统计

	国家（民族）数量	占比
语言中存在［y(ː)］	9	36%
元音ü［y］产生偏误	16	64%
语言中无［y］且产生偏误	14	56%

25 种母语中不存在元音［y］的语言共 16 个，其中有 14 个国家（民族）产生了偏误，占比 87.5%。因此，除去舌面前音后 "u" 字母的错误认读，学习者的母语中如果没有元音［y］则非常容易在 ü 的发音上产生偏误。不仅如此，ü［y］的偏误比例在世界上更大范围的汉语学习者中还会增大。Ian Maddieson（1984）在对 UPSID 数据库中所有语言的单元音进行统计后得出结论，世界大部分的元音在唇形圆展和舌位前后之间是存在固定关系的——前元音通常是不圆唇的（94%），而［y］就是 6% 之一。在 UPSID（451 版）的数据库中，仅有 26 种语言（占 5.76%）中存在元音［y］，占比远远小于本书所选 25 种母语背景。因此，［y］也属于标记性音素，且世界上超过 70% 的汉语学习者都会产生偏误。

（7）汉语普通舌面元音发音偏误语音类型学分析

汉语普通舌面元音（即 ɑ、o、e、i、u、ü及各变体）在本书所选 25 种母语中的存在情况占比及相应偏误情况如下：

表 3.19　25 种母语中元音存在情况及相应偏误数量

序号		国家（民族）数量	占比	产生偏误的国家（民族）数量
1	［i］	25	100%	1
2	［u］	23	92%	11
3	［a］	22	88%	7
4	［e］	21	84%	0
5	［o］	20	80%	5
6	［ɛ］	14	56%	2
7	［ə］	7	28%	12
8	［y］	7	28%	13
9	［ɑ］	6	24%	4
10	［ɤ］	2	8%	5

如上表所示，以上元音产生偏误的数量与其在25种母语中存在的情况并不成反比（尤其是元音[u]）。也就是说，学习者在学习汉语元音过程中遇到其母语中存在的元音时也会产生偏误，这一点与学习辅音的规律是不同的。但以上数据还是可以解释部分元音偏误现象的：元音i[i]在25种母语中均存在，因此只有一个国家产生了偏误；元音[ɛ]、[e]、[o]在25种母语中的存在占比超过50%，产生偏误的相对较少；而[ə]和[y]在25种母语中的存在占比小于30%，而偏误占比在55%左右，可以说明其产生偏误的原因与学习者对其发音较陌生是有比较大的关系的。

据Ian Maddieson（1984）对UPSID的说明，所有语言均有元音，共2 632个，其中单元音2 549个，双元音83个。在单元音系统中外围元音（[u]、[i]、[ɑ]等）又通常会多于内部元音。UPSID中占比大于30%的元音排行如下：

表3.20　UPSID（317版）单元音排行

序号	国际音标	占比
1	[i]	91.5%
2	[a]	88%
3	[u]	83.9%
4	[o]	43.8%
5	[e]	37.2%
6	[ɛ]	37.2%

本书所选25种母语元音情况与上表所显示的元音前六位排行基本相符，因此对于世界汉语学习者来说[i]、[o]、[ɛ]、[e]属于无标记音素，产生偏误的可能性比较小。而在25种语言和世界语言中占比非常小的元音[ɤ]、[y]（上文提及），则可以认定为属于汉语特色的元音。

3.2.3　韵母部分总结

（1）母语非汉语者在韵母部分的发音偏误主要集中在复韵母、鼻韵母（-n[n]、-ng[ŋ]）、舌尖元音（[ɿ]、[ʅ]）、卷舌化元音（er[ɚ]及儿化韵母）、舌面元音u、e、ɑ、ü等方面。在以上方面学习者最易出现的偏误问题如下：

表 3.21　学习者韵母方面主要偏误表现

<table>
<tr><td colspan="2"></td><td colspan="2">主要偏误表现</td></tr>
<tr><td colspan="2" rowspan="4">复韵母</td><td>介音</td><td rowspan="3">丢失 / 发音不充分</td></tr>
<tr><td>韵腹</td></tr>
<tr><td>韵尾</td></tr>
<tr><td colspan="2">拼读出现间隙</td></tr>
<tr><td colspan="2" rowspan="2">鼻韵母（-n[n]、-ng[ŋ]）</td><td colspan="2">前鼻音 & 后鼻音韵尾相混</td></tr>
<tr><td colspan="2">后鼻音韵尾发为前鼻音韵尾</td></tr>
<tr><td colspan="2" rowspan="2">舌尖元音（[ɿ]、[ʅ]）</td><td colspan="2">央化发为[ə]</td></tr>
<tr><td colspan="2">发为[i]</td></tr>
<tr><td rowspan="4">卷舌化元音</td><td rowspan="2">er[ɚ]</td><td rowspan="4">缺少卷舌色彩</td><td>发为本体[ə]</td></tr>
<tr><td>发为本体[ə]+ 卷舌辅音</td></tr>
<tr><td rowspan="2">儿化韵母</td><td>发为原音节</td></tr>
<tr><td>发为原音节 + 卷舌辅音</td></tr>
<tr><td colspan="2" rowspan="3">元音 ü[y]</td><td colspan="2">舌位滑动，发为复合元音</td></tr>
<tr><td colspan="2">舌位后移，发为[u]</td></tr>
<tr><td colspan="2">唇形未拢圆，发为[i]</td></tr>
<tr><td colspan="2">元音 u[u]</td><td colspan="2">舌位前移 & 开口度变大</td></tr>
<tr><td colspan="2" rowspan="2">元音 ɑ（[a]、[ʌ]、[ɑ]）</td><td rowspan="2">开口度不足</td><td>[a]舌位后移</td></tr>
<tr><td>[ɑ]、[ʌ]舌位前移</td></tr>
<tr><td colspan="2" rowspan="3">元音 ɑ（[ə]>[ɤ]>[ɛ]）</td><td colspan="2">[ə]开口度不足 & 舌位前移</td></tr>
<tr><td colspan="2">[ɤ]开口度过大 & 舌位前移</td></tr>
<tr><td colspan="2">[ɛ]开口度不足 & 舌位后移</td></tr>
</table>

（2）汉语鼻韵母发音偏误的原因有二：第一，学习者的母语系统中如果缺少[ŋ]则容易在鼻音韵尾方面（尤其是后鼻音韵尾方面）产生偏误；第二，由于鼻音韵尾 -n[n]、ng[ŋ]在韵母中弱化是世界语言少有的发音现象，汉语鼻音韵尾韵母的发音方法对于汉语非母语学习者来说是较大的难点。

（3）舌尖元音[ɿ]、[ʅ]在语音类型学中属于元音 i[i]的擦化元音，且在世界语言中比较罕见，属于标记性音素。

（4）舌尖元音[ɿ]、[ʅ]方面的偏误与舌尖后音 zh[tʂ]、ch[tʂʰ]、sh[ʂ]及卷舌声母 r[ʐ]偏误存在密切的相关性，甚至其中一种偏误的存在可以预示对应的声母 / 韵母存在偏误。

（5）学习者如在声母的发音方面产生偏误会影响到其后韵母发音的准确性。

（6）元音卷舌化属于标记性音素，因此其类别下的卷舌元音 er[ɚ]和儿化韵母是汉语学习者的难点。

（7）儿化韵方面的偏误蕴含着卷舌元音 er[ɚ]偏误的存在。

（8）元音 ü[y]在世界语言中占比非常小，属于标记性音素，世界上超过 70% 的汉语学习者都会在这一方面产生偏误。

（9）汉语学习者在发汉语的四角、四边的元音（如[u]、[o]、[ɑ]、[a]、[ʌ]、[ɛ]、[ɤ]等）时，舌位易向中央靠近；发央元音[ə]时舌位易“升高”且“前移”；唇形方面各元音均倾向于发为唇形放松的不圆唇元音，因而产生偏误。

（10）不同于辅音，学习者在学习汉语元音过程中遇到其母语中存在的元音时也会产生偏误。

（11）汉语中存在的[i]、[o]、[ɛ]、[e]，在世界语言中排名前 6 位，属于无标记音素，产生偏误的可能性较小。

（12）世界语言中拥有 e[ɤ]、ü[y]、[ɿ]、[ʅ]及卷舌化元音的语言占比在 10% 以下，汉语复韵母和鼻韵母具有特殊的发音特点。因此，汉语韵母方面可以归为特色的有：e[ɤ]、ü[y]、[ɿ]、[ʅ]、er[ɚ]、儿化韵母、复韵母、鼻韵母。

3.3 声调部分

3.3.1 偏误条目统计

上一章已提及，汉语学习者声调方面的共有 5 个类别的偏误。下图为各国（民族）在 5 个类别中产生偏误的情况：

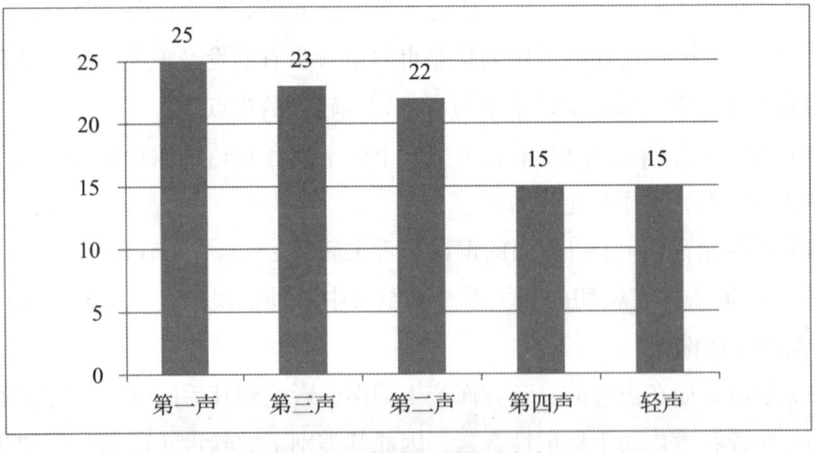

图 3.31 声调偏误类别统计

如图所示，声调方面产生偏误国家（民族）数为：第一声＞第三声＞第二声＞第四声＞轻声。其中，25 个国家（民族）在第一声方面全部出现了偏误，其次仅有两个国家（民族）未在第三声方面产生偏误，再次仅有三个国家（民族）未在第二声方面产生偏误。由以上数据可以直观看出，学习者在声调方面产生偏误的几率远远高于声母、韵母，平均每类有 20 个国家（民族）产生偏误，超过了本书所选母语背景的 2/3。

各声调所产生的偏误条目数量也不尽相同。将各个类别下的具体偏误表现提取出来，具体声调偏误表现统计如下：

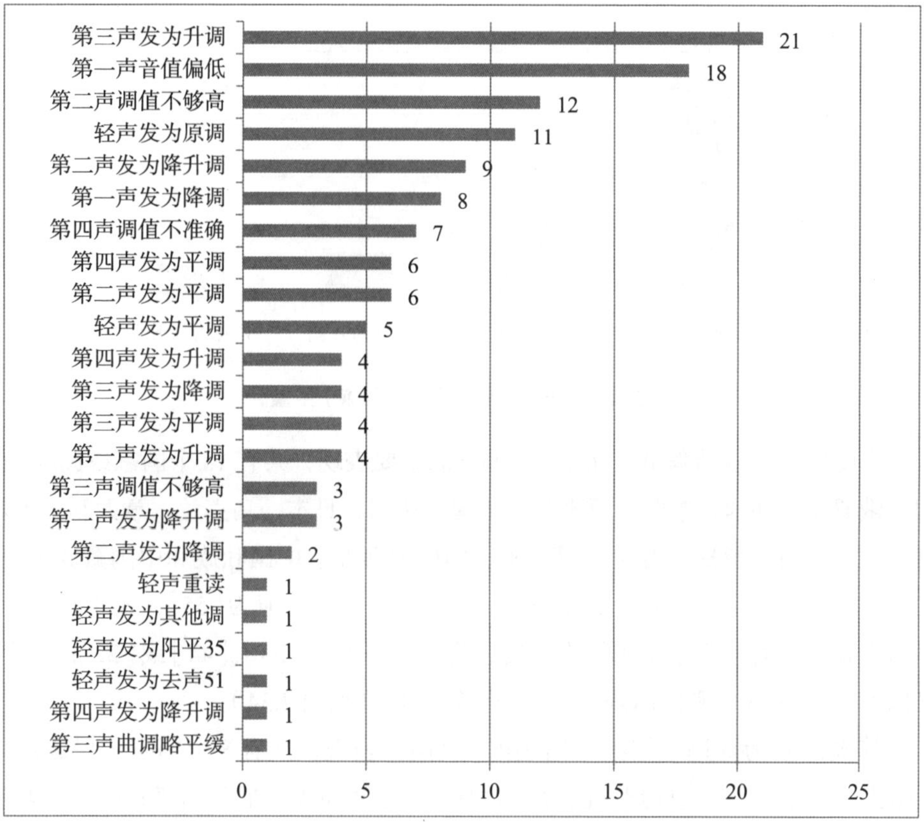

图 3.32　声调部分具体偏误表现统计

声调方面的具体偏误表现较集中，排名前三位的分别为第三声、第一声、第二声的偏误表现，与其所属类别排名（详见图 3.31）基本相符。值得注意的是，偏误表现“轻声发为原调”超过了其他第一声、第二声、第三声的偏误表现，排在了第四位，因此这一偏误表现需要特别注意分析和纠正。

3.3.2 结合语音类型学的偏误分析

（1）第一声（阴平）问题发音偏误分析

1）基于 25 种母语背景的分析

本书所选 25 种母语背景的学习者在第一声（阴平）方面全部产生了偏误，具体偏误表现主要分为 4 种：① 音值偏低；② 发为降调；③ 发为升调；④ 发为降升调。产生以上此类偏误表现的国家（民族）数量如下：

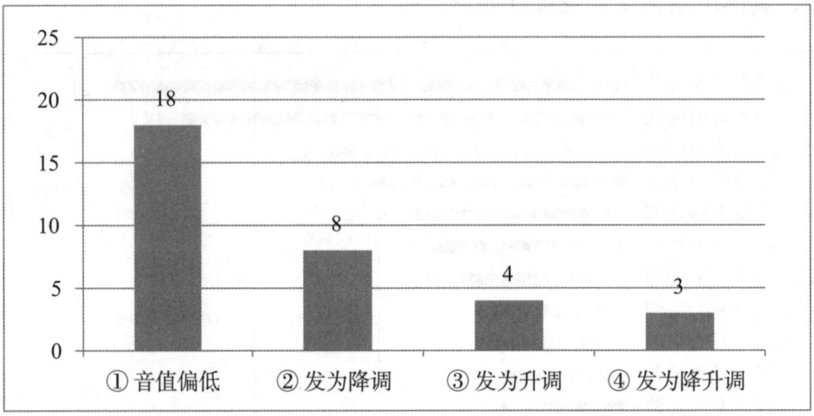

图 3.33　第一声偏误国家（民族）数量

由图可见，“音值偏低”为第一声偏误的主要表现，共有 18 个国家或民族（美国、俄罗斯、韩国、泰国、西班牙、德国、法国、日本、乌克兰、意大利、土耳其、蒙古、白俄罗斯、芬兰、尼泊尔、印度尼西亚、中国壮族和中国藏族），占 72%。按照五度标记法划分，汉语第一声（阴平）的调值为[55]，属于高平调。学习者在发音时常常达不到标准高度，将第一声发为[33]、[44]或[22]；其中，又以发为中调[33]和次高调[44]为最多（占比详见图 3.34）。

其次，“发为降调”为第一声的第二大偏误表现，共有 8 个国家或民族产生（美国、荷兰、哈萨克斯坦、巴西、尼泊尔、巴基斯坦、尼日利亚和中国维吾尔族），占比 32%。学习者在发音过程中（尤其是语流中）难以维持高平的高度，调高会在发音的后段降下来，发成第四声[51]或[31]、[21]等降调（占比详见图 3.35）。

再次，还有 4 个国家（埃及、白俄罗斯、芬兰、尼泊尔）将第一声“发为升调”，占比 16%。与发为降调的元音相似，学习者在发第一声的开始没有达到

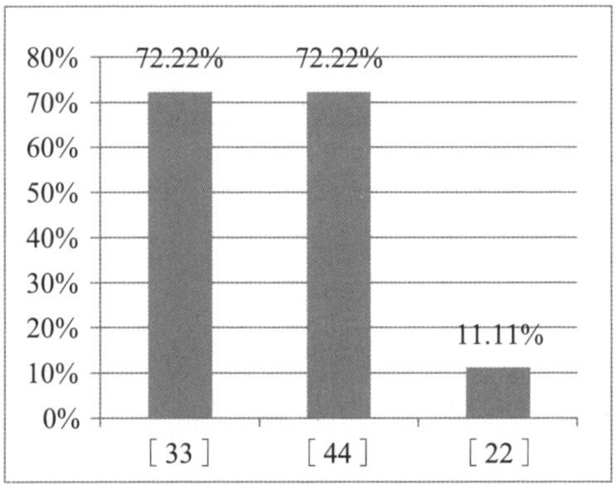

图 3.34 ① 音值偏低占比

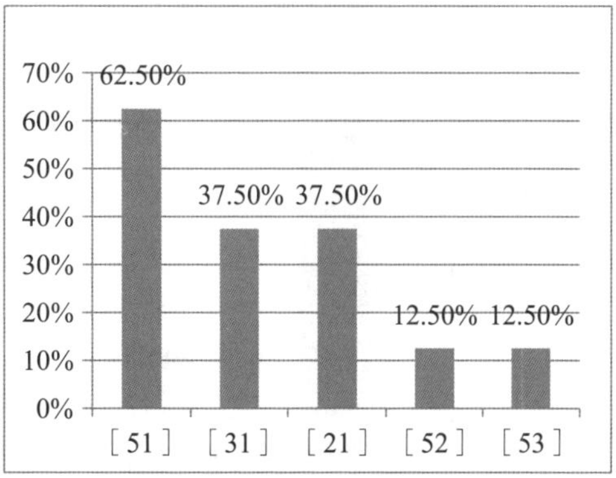

图 3.35 ② 发为降调占比

标准调高，在发音后段才达到或者接近高调，因而发成了第二声[35]、[25]或[34]（占比均在 50%）。

2）语音类型学分析

Ian Maddieson（1978）在他的系列博士论文其中一篇 *Universals of Tone* 中提出了关于声调的 14 条共性。其中第四条共性为“语音上的中调是无标记的，两极的声调标记程度高”，因为过高或过低的音高比较不适合于声带的发音。而汉语的第一声达到了五度的最高调[55]，这恰恰说明了汉语第一声高偏误率的原因，也证明了汉语第一声[55]是标记程度较高的类型。同时，由于声带不容易发出过高的音，学习者在发汉语第一声时才会出现调值不足、中途降调（发为降调）或者起点过低中途再升高（发为升调）的偏误表现。

（2）第三声（上声）问题发音偏误分析

1）基于 25 种母语背景的分析

第三声（上声）问题的偏误具体表现分为5类：① 调值不够高；② 曲调略平缓；③ 发为平调；④ 发为升调；⑤ 发为降调。对应的国家（民族）数量如图 3.36 所示。

如图 3.36 所示，第三声最易“发为升调”，共有 21 个国家或民族（美国、俄罗斯、韩国、德国、荷兰、法国、日本、乌克兰、哈萨克斯坦、巴西、意大利、土耳其、蒙古、白俄罗斯、芬兰、尼泊尔、巴基斯坦、尼日利亚、印度尼西亚、中国壮族和中国藏族）产生偏误，占比 84%，远远超过了其他偏误表现。这里的“升调”主要是第二声[35]、[24]等（占比详见图 3.37）。

汉语第三声的调值为[214]，属于先降后升的曲折调，是汉语声调中相对最复杂的声调。对于大多数学习者，尤其是未接触过声调的学习者来说，在一个音

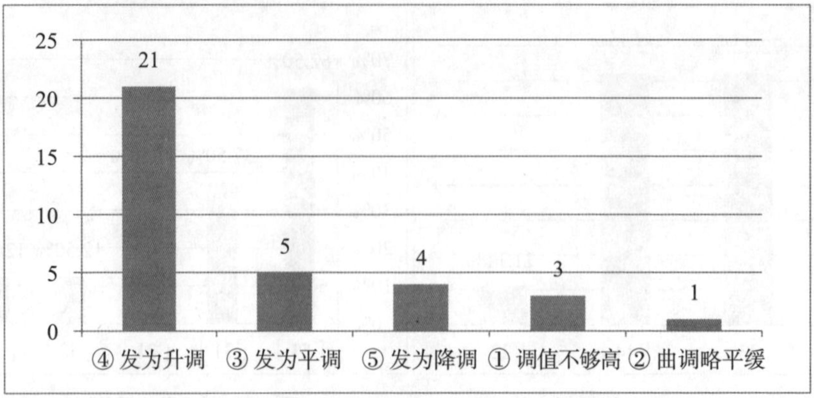

图 3.36　第三声偏误国家（民族）数量

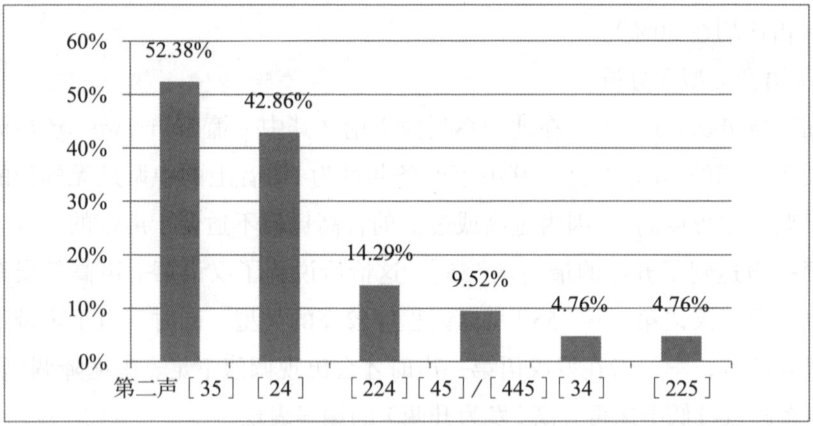

图 3.37　④ 发为升调占比

节中完成先降到最低、再上升到次高高度的音高转变是比较困难的。因此，学习者会简化发音过程，只发较容易发出的后段升调；其次，从听感上来说，2→1 由于比较短促且频率较低所以不易辨别，最容易辨别的是后段 1→4 上升的过程，学习者在学习第三声时很容易将［214］听成升调，因此发音时也会发为升调。

2）语音类型学分析

上文已经阐述，Ian Maddieson（1978）总结出的第四条共性为“语音上的中调是无标记的，两极的声调标记程度高”。“两极”声调除最高调 5 之外还指最低调 1。汉语第三声［214］的发音要求声调先要从次低音降到最低音，这对于声带来说是比较难的。学习者在发标记性声调时出现了困难，因此将第三声简化为了［24］或者其他升调。

（3）第二声（阳平）问题发音偏误分析

1）基于 25 种母语背景的分析

第二声（阳平）问题的偏误具体表现也分为 5 类：① 调值不够高；② 起调拉得太长；③ 发为降调；④ 发为平调；⑤ 发为降升调。对应产生偏误的国家（民族）数量如下：

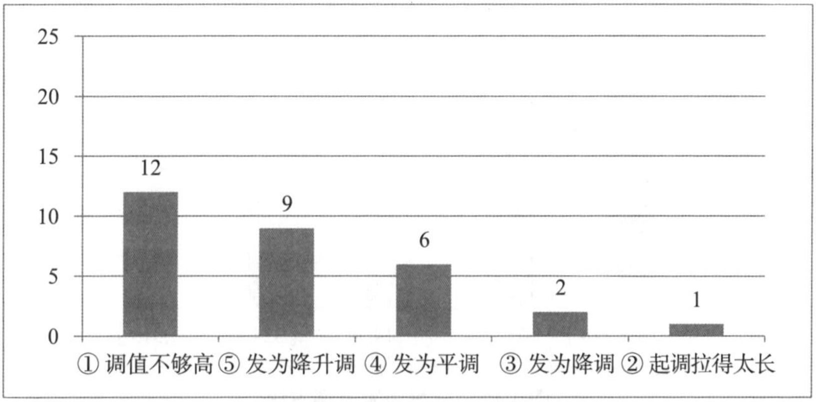

图 3.38　第二声偏误国家（民族）数量

偏误表现最多的是"调值不够高"，共有 12 个国家或民族（俄罗斯、韩国、乌克兰、哈萨克斯坦、巴西、意大利、蒙古、白俄罗斯、巴基斯坦、印度尼西亚、中国壮族和中国藏族），占比 48%，主要表现是将第二声［35］发为［34］或［24］等，即将中调→高调的第二声，发为比较居中的中调→次高或次低→次高（见图 3.39）。致误原因也是发音上的困难，声带要从中调 3 快速升到最高调 5 是有难度的，学习者通常会改为升到次高［34］或者从起点到终点整体降一个调高［24］。

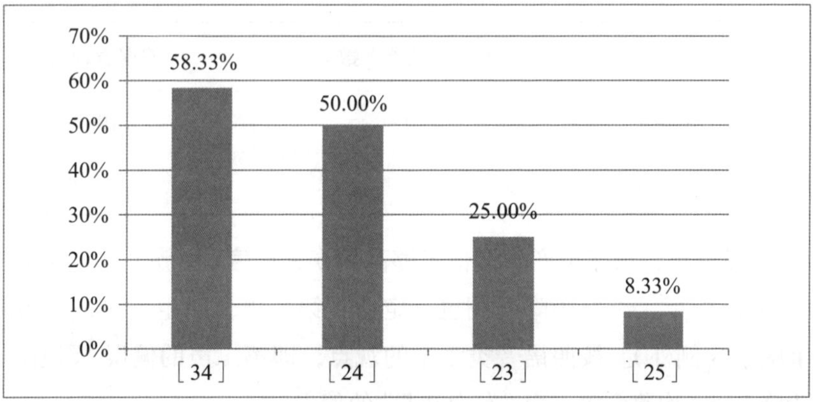

图 3.39　① 调值不够高占比

其次，有9个国家（韩国、德国、荷兰、法国、埃及、土耳其、白俄罗斯、尼泊尔和巴基斯坦）将第二声“发为降升调”，占比36%。此类表现的调值较分散，分别有第三声[214]、[314]、[324]、[213]、[313]（占比见图3.40）。发为第三声[214]的占半数左右。

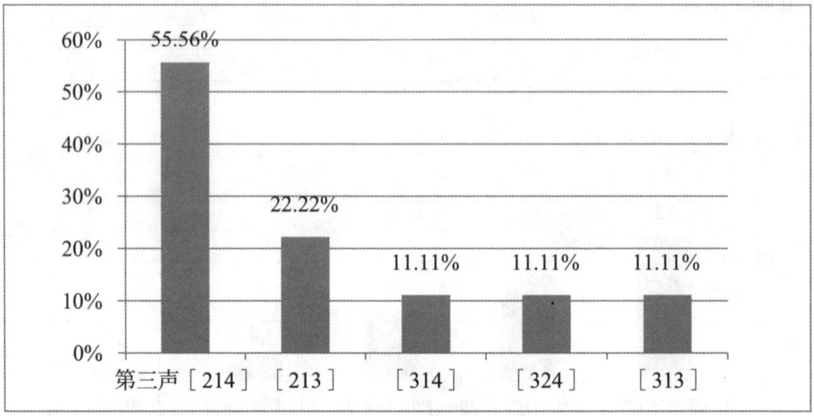

图3.40 ⑤发为降升调占比

再次，有6个国家（西班牙、埃及、土耳其、蒙古、芬兰和印度尼西亚）的学习者将第二声“发为平调”，最主要的表现为阴平[55]。

2）语音类型学分析

经统计发现，第三声与第二声的偏误表现存在一定的相关关系。25个国家（民族）中，有20个的学习者将第三声发为了升调，而这20个国家（民族）均在二声“发为降升调”和“调值不够高”两方面产生偏误（详见表3.22）：

表3.22 第三声发为升调偏误与第二声发为降升调/调值不够高偏误关系

	国家（民族）数	偏误表现占比
第二声调值不够高	12	100%
第二声发为降升调	8	88.89%

由此可以得出，第二声产生调值不够高偏误的国家（民族）一定在第三声上发为降升调；而第二声发为降升调也一定会在第三声上产生偏误，发为降升调（仅一个国家为例外）。按照语音类型学的观点，即第二声的偏误“调值不够高”与“发为降升调”均蕴含第三声“发为升调”的偏误。

（4）第四声（去声）问题发音偏误分析

1）基于 25 种母语背景的分析

相比第一、二、三声，第四声（去声）的偏误率明显降低，但偏误表现同样分为了 4 类：① 调值不准确；② 发为降升调；③ 发为平调；④ 发为升调。下图为产生偏误的国家（民族）数量：

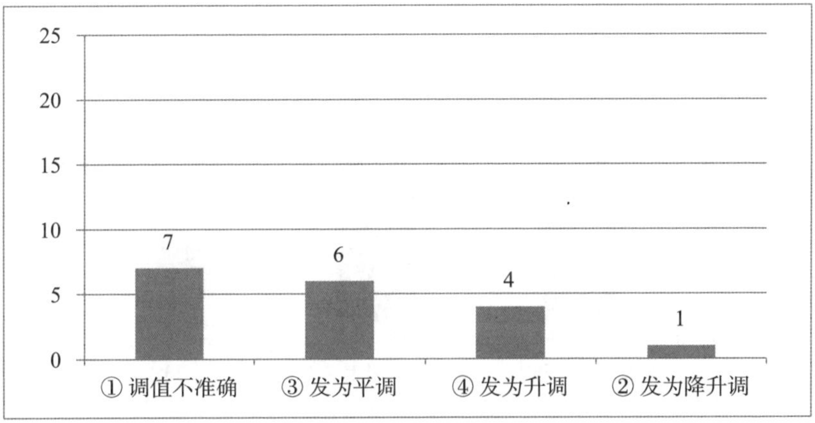

图 3.41　第四声偏误国家（民族）数量

第四声的主要偏误表现首先为“调值不准确”，共有 7 个国家（泰国、法国、日本、乌克兰、意大利、尼泊尔和巴基斯坦）产生，占比 28%。主要的表现为声调降不到底，发为［53］；或起点较低，发为［31］（详见图 3.42）。

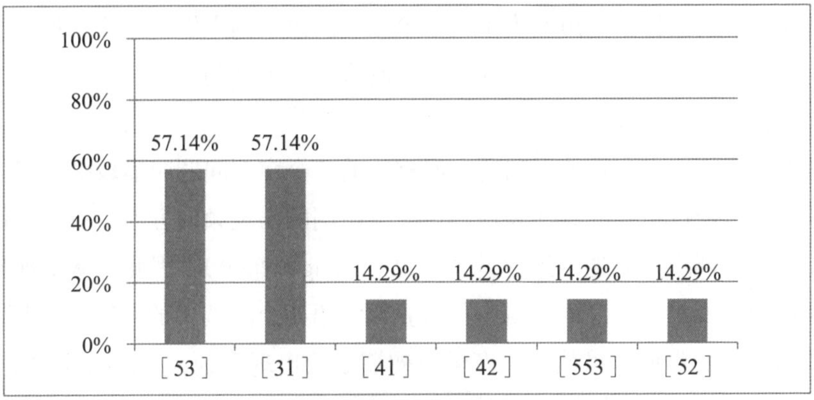

图 3.42　① 调值不准确占比

汉语第四声的难度在于发音时需要从最高调 5 快速降到最低调 1，跨度大、音程短，学习者在学习初期不易把握在一个字音的时间内声调跨度的快速变化，容易出现未达“终点”（发为53/553/52等）或“起点”偏低（发为31/41等）的问题。

其次，有6个国家（西班牙、哈萨克斯坦、巴西、土耳其、蒙古和芬兰）的学习者将第四声“发为平调”，占比24%。主要是发为第一声［55］、［44］和［33］（占比详见图3.43）。

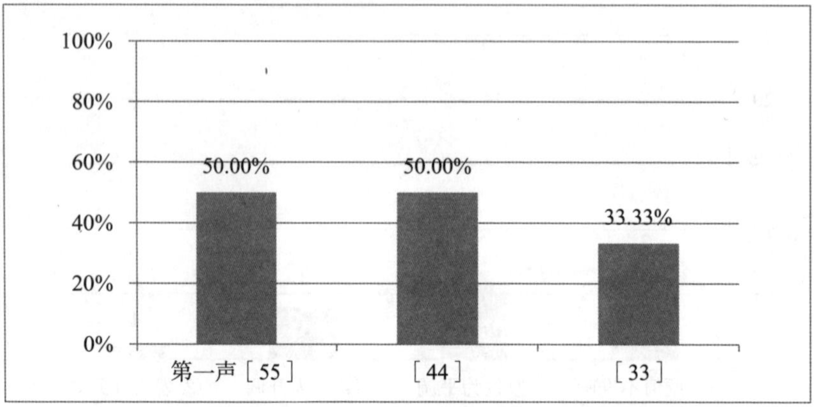

图3.43　③发为平调占比

将第四声发为平调时主要表现为第一声或半高平调，其产生原因有三种：第一，汉语第四声降调类似于学习者母语的重音（如土耳其语），学习者受母语负迁移影响将汉语第四声当作重音对待，因此忽略了音调的下降；第二，学习者产生平调偏误的字音主要为带有语流音变的“一”“不”等字，学习者因未掌握好语流音变的规则而将第四声发为平调；第三，汉语第四声发音时要求快速且调值“落差大”，学习者发音时却会因拖沓将降调拖长为了平调。

2）语音类型学分析

虽然汉语第四声存在偏误问题，但相比前三个声调问题明显较少。很多语音类型学家曾讨论过声调的共性表现，在涉及声调的出现频率方面，有学者指出汉语所属的曲拱调中降调通常远比升调常见（Zhang，2000）。因此，从出现频率和产生偏误的多少来看，汉语第四声可以算作汉语四个声调中的“无标记性”声调，属于较易掌握的声调。虽然在语音学习初期也会出现问题，但随着学习的深入，第四声的准确率会慢慢提高。

（5）轻声问题发音偏误分析

轻声与汉语四个声调不同，不属于一个固定的调类，应归为变调。轻声在发音时表现为音长缩短、音强减小、音高受前一音节影响等。汉语学习者轻声的偏误表现同样分为 6 类：① 发为原调；② 发为平调；③ 发为去声［51］；④ 发为阳平［35］；⑤ 发为其他调；⑥ 重读。下图为对应产生偏误的国家（民族）数量：

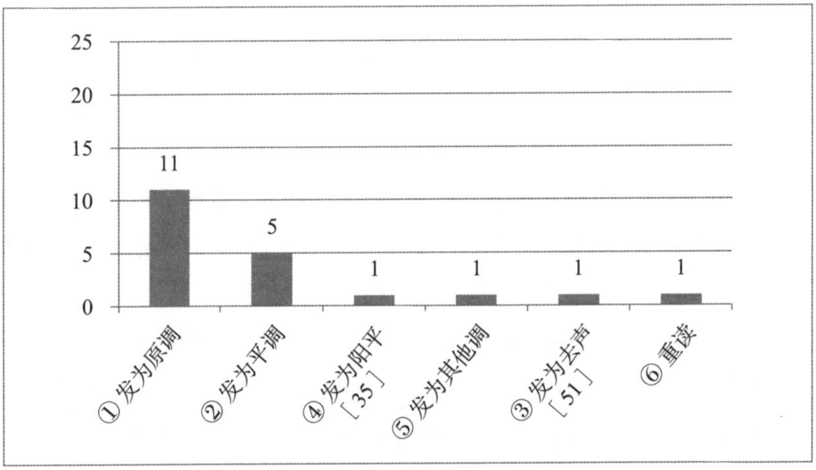

图 3.44　轻声偏误国家（民族）数量

轻声方面的偏误表现集中表现在“发为原调”，共有 11 个国家或民族（美国、俄罗斯、泰国、西班牙、荷兰、法国、日本、白俄罗斯、尼日利亚、中国壮族和中国藏族）产生，占比 44%。产生这一偏误表现的原因有两种：其一，汉语轻声属于汉语独特的音变现象，绝大部分发为轻声的音节原本都有各自的声调，汉语学习者在单独认读汉字时（即没有汉语拼音标明时）不易分辨词语中是否有轻声音节，因此易读为原调；其二，以上国家（民族）的语言中原本就没有声调，因而更不会有轻声的变调现象，学习者刚刚掌握了四个声调，面对轻声这种稍微复杂一些的音变则选择了回避策略，发为原调。

其次，有 5 个国家（韩国、法国、土耳其、白俄罗斯和芬兰）将轻声“发为平调”，占比 20%。这一部分学习者能够认识到音节是轻声，且有轻读的意识，但却没有注意到轻声在四声调之后显示为不同的调值，因而统一发为了平调，且多是调值较低（［33］、［44］）的平调。

（6）第一声、第二声、第三声、第四声偏误语音类型学综合分析

本书所选 25 种母语背景中，有 20 个国家（民族）的语言是完全没有声调的（占比 80%），4 个国家（民族）的语言属于与汉语性质相同的声调语言（占比仅

16%），另有日本一个国家属于介于以上两种之间的音高重音语言。语音类型学从韵律的角度对语言进行了划分，指出世界上的语言通常分为重音语言、音高重音语言和声调语言三种：英语、西班牙语、俄语等在音节中有重音非重音对比的属于重音语言；越南语、泰语、汉语在音段相同的情况下则借助不同的音高变化来区别词义，属于声调语言；日语、挪威语、约鲁巴语等语言不同音节之间具有一定的音高差别，在词中不同位置似乎又存在重音的不同，这样的语言属于音高重音语言，但是这类音高重音语言在实际的处理上通常被归入声调语言（冉启斌，2012）。Ian Maddieson（2011）也将挪威语、日语等视为声调语言。依此分类，Ian Maddieson（2013）对 526 种语言作了统计，其中 306 种没有声调，占比 58.2%（但这并不完全代表世界语言中声调和非声调语言的比例），汉语则处于另外的 41.8% 之中。本书所选 25 种母语背景中，非声调语言占比相对世界语言占比高出一些（76%），但所统计出的产生偏误的比例和偏误表现仍有很大参考价值。在统计声调与非声调语言之外，Ian Maddieson（2011）还对声调系统进行了分类：如果将主要是两种对立（常常是高 VS 低）的声调视为简单声调系统，两种对立以上的视为复杂声调系统，则在这 526 种语言中，有简单声调系统的有 132 种（25.1%），有复杂声调系统的有 88 种（16.7%）（Ian Maddieson，2011），其中汉语又属于占比较少的有复杂声调系统的语言。依此分类，本书所选 25 个母语背景中仅有泰语和壮语属于复杂声调系统语言，占比仅 8%，也低于世界语言的比例。因此本书给出的偏误比例和偏误表现虽有参考价值，但仍需扩大样本量进行更精确的统计。通过上述对本书 25 种母语背景和对世界语言的统计可以得出如下结论：汉语的声调系统虽不能说"独一无二"，但也能够说明大部分汉语初学者缺乏声调意识；加之上文已经阐述，汉语的四声中每个调类都含有两极（高调 5，低调 1）声调，汉语四声的标记性也较高，因此造成了汉语声调发音的高偏误率现象。

我们对本书四个调类的偏误表现作了综合的统计，见图 3.45。

图中深色线为正确调值，浅色线为偏误表现，其中粗线为主要偏误表现。由图所见，学习者在产生偏误时多倾向于中调：起点或终点为低调 1，偏误则高一到两度（2 或 3）；起点或终点为 5，偏误则低一到两度（4 或 3）。另外，第三声曲调被学习者去掉曲折，直接发为升调或平调。这一偏误表现再次证明了 Ian Maddieson（1978）"语音上的中调是无标记的，两极的声调标记程度高"的声调共性总结。

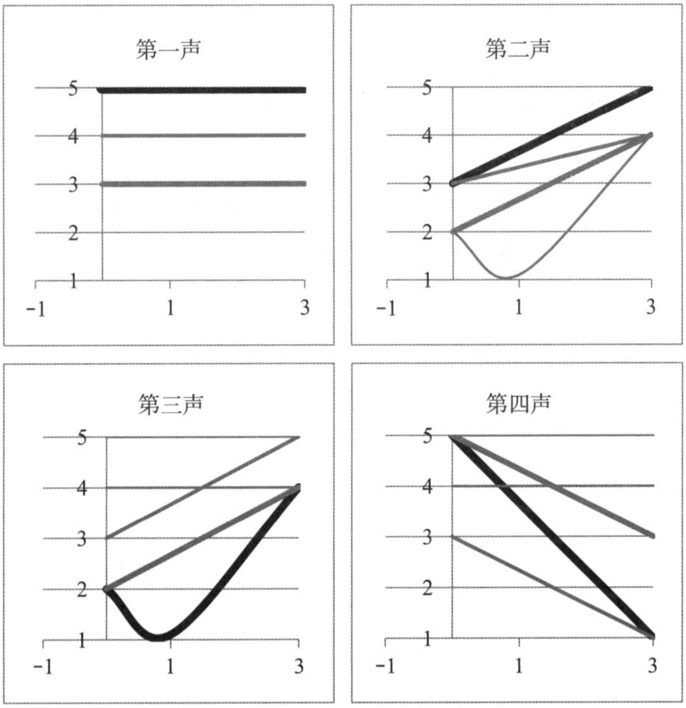

图 3.45　25 个母语背景声调偏误

3.3.3　声调部分总结

（1）母语非汉语者在汉语的四个声调上均易产生偏误。主要偏误表现如下：

表 3.23　学习者声调方面主要偏误表现

	主要偏误表现	
第一声（阴平[55]）	调值偏低	[33]
		[44]
第二声（阳平[35]）	调值不够高	[34]
		[24]
第三声（上声[214]）	发为升调	阳平[35]
		[24]
第四声（去声[51]）	调值不准确	[53]
		[31]
轻声	发为原调	

（2）汉语第一声（阴平）属于高平调，两极声调标记性较高，因此汉语学习者容易产生偏误。

（3）第二声的偏误"调值不够高"与"发为降升调"均蕴含第三声"发为升调"的偏误。

（4）据语音类型学家统计，汉语属于带有复杂声调系统的声调语言，在世界语言中占比非常小，所以绝大部分汉语初学者没有声调意识；加之汉语四声均属于标记性相对较高的声调，因此导致了汉语声调的高偏误率。

（5）学习者在产生声调偏误时多倾向于发为中调，这再次证明了语音的中调无标记、两极声调标记程度高的语音共性。

第四章　低频语音偏误分析

上一章阐述了汉语声母、韵母和声调方面出现率较高的偏误类别及偏误表现，并结合语音类型学进行了偏误分析。但汉语学习者的语音偏误在整体呈现共性的同时，也存在着仅属于某一个或某一类母语背景的学习者的偏误，这类偏误就自然而然地被认定为该母语背景的代表性“口音”。本章将对来自25种母语背景的汉语学习者中具有个性的偏误进行呈现和适当分析，并揭示其成为代表性“口音”的原因。

4.1　声母部分

4.1.1　舌面前音 q[tɕʰ]发为[kʰ]——法国学习者

本书所选25个母语背景的学习者中，仅有法国一个国家的学习者将舌面前音 q[tɕʰ]误发为[kʰ]，如将“泉[tɕʰyɛn]”“去[tɕʰy]”“群[tɕʰyn]”读为[kʰuɑn]、[kʰu]、[kʰun]。出现这一偏误主要是受母语负迁移的影响：法语中同样有q音位，但其所代表的变体与汉语中的q不同，法语中q后接元音字母时不单独出现，而只出现在qu组合中，这时这一字母组合发为[ku]（郭行方，2015；张冰，2012）；以法语为母语背景的汉语初学者在看到音节“qu-”时，易将法语的拼读规则引用到汉语拼音的拼读规则上（张冰，2012），加之汉语中的声母 q[tɕʰ]本身为送气音，学习者最终将其发为了既接近法语规则又带有送气特点的[kʰ]。这一偏误属正字法方面的偏误，随着学习者对汉语语音知识的深入学习，会逐渐克服。

4.1.2　擦音 h[x]发为鼻音[ŋ̥]——泰国学习者

本书所选25个母语背景中，仅有泰国学习者将擦音 h[x]发为了鼻音[ŋ̥]。

泰国汉语学习者发音的一大特点为鼻音较重，这是由于母语（泰语）鼻音方面的负迁移造成的。泰语与汉语相同，有三个鼻辅音[m]、[n]、[ŋ]，但泰语的鼻辅音与韵母拼读时则带有浓重的鼻音。泰语中的h实际与汉语不同，为喉擦音[h]；此外，泰语h还有另外一个发音特点——在与元音[ɑ]、[ɑː]及以它们开头的复元音拼合时，也带有较明显的鼻音，近似[ŋ̥]（李红印，1995）。这一发音规律被泰国的汉语学习者带入汉语发音规律中，将汉语的擦音h[x]发为了鼻音[ŋ̥]，如："你好[ni xɑu]"发为[ni ŋ̥ɑu]或[ni ŋ̥ɑːu]。

4.1.3　擦音和塞擦音带音化，引起听感上噪音过大——阿拉伯语背景的学习者

本书所选样本中，仅有埃及学习者出现了擦音和塞擦音带音化的偏误。不带音的擦音和塞擦音一旦出现带音化，就会引起听感上噪音过大，给人"摩擦过大"的错觉。这类偏误不仅属于埃及一个国家的学习者，而是以阿拉伯语为母语的汉语学习者都会存在的问题。李凤（2015）经过声学分析，发现阿拉伯留学生在发"家[tɕiɑ]"音节时，声母j[tɕ]测量部分出现了蓝色音高线，这是由于阿拉伯留学生把j[tɕ]发成了浊音，引起了声带振动，产生了音高。而且语音波形图谱上阿拉伯学习者的擦音波形图面积大且杂乱。李凤认为，图谱上出现的浊音以及杂乱波形均由摩擦过度引起。但我们认为，单纯的摩擦过度并不会引起声带振动，相反，发音时声带振动则可以给听感上带来摩擦过度的错觉；且声带振动在波形图上的表现正是出现了音高线。这类偏误同样是受母语负迁移的影响：阿拉伯语中擦音和塞擦音声母数量较多（塞擦音14个，擦音1个），其中属于带音的声母也较汉语多；阿拉伯语中，与汉语s[s]、h[x]发音部位相同的音有对应的带音[z]和[ɣ]，且还有与汉语zh[tʂ]、ch[tʂʰ]、j[tɕ]、q[tɕʰ]位置相近的带音[dʒ]。因此，在发音部位相同或相似的情况下，学习者易受母语影响发出轻微带音化的擦音及塞擦音。

4.1.4　塞擦音c[tsʰ]与擦音s[s]相混——土耳其学习者

土耳其学习者常将塞擦音c[tsʰ]误发为擦音s[s]，主要是由于母语语音系统的干扰。土耳其语中有与汉语s类似的音s[se]（阿里·爱登，2012；吴小俊，2013），对于学习者来说较易习得。但土耳其语中该发音部位上并没有对应的送气清塞擦音，经上一章论证，发音方法复杂的音标记性更强、学习者更难习

得，因此 c[tsʰ]对土耳其学习者来说就是一个难点。汉语 c[tsʰ]与 s[s]属于同一发音部位不同发音方法的对立，而土耳其语中不存在这一对立(阿里・爱登，2012)。在土耳其语中只用[s]来读的音在汉语中却要分成两套音来读，这对学习者来说又是有难度的，学习者在感官上难以注意 c[tsʰ]与 s[s]在发音方法上的区别，因此在汉语发音中易将 c[tsʰ]发为 s[s]，如：存[suən]在、催[suəi]促[su]、从[suŋ]来。

4.1.5　擦音 f[f]易发成塞音 b[p]、p[pʰ]，且三音混淆——韩国学习者

本书所统计的偏误中，有一项偏误为"擦音 f[f]发成塞音[p]、[pʰ]"，此偏误仅有一个国家的学习者产生，这就是韩国学习者。产生这一偏误的原因也与学习者母语影响有关：在韩语中，唇音仅有双唇音[p]、[pʰ]、[b]而没有唇齿音[f](王秀珍，1996；屠爱萍，2008；何沐，2016)。韩国学习者在汉语语音学习中难以注意到发音位置的不同，以至于模仿不当，以韩语中发音部位相似的双唇音直接代替汉语中的唇齿音(王秀珍，1996；屠爱萍，2008)。此外，现代韩语保持了"古无轻唇音"的传统，其双唇音 /p/ 音位有三个条件变体，它们的分布位置各不相同——在音节组合中受前面音节影响而发成双唇浊塞音[b]，充当音节辅音韵尾的是[pʰ]；而当 /p/ 处于与汉语相同的音节开头位置时则发为双唇清塞音[p](王秀珍，1996)。这就造成了学习者在发 f 时为双唇发声，而且还会发为清塞音[p]或[pʰ]，如：夫妇[pʊ pʊ]、访问[pʰæŋ ʊn]、部分[pʊ pʊn]等。

4.1.6　日韩汉语学习者个性偏误

在整理个性偏误过程中，日韩汉语学习者在声母的偏误方面呈现出一定的一致性，下文将集中进行呈现：

(1) 卷舌声母 r[ɽ]发为边音[ɭ]或[l]——日韩学习者

将卷舌声母 r[ɽ]发为边音[ɭ]或[l]是日本汉语学习者的典型偏误，很多研究日本汉语语音偏误的学者都提出过这一问题，尤其是会将"日[ɽʅ]本"发为近似"力[li]本"的音。与此同时，经过统计分析发现，虽频率略低于日本学习者，韩国学习者在这一方面也常常产生偏误，如："如[lu]果""人[lən]民币"等。上一章已进行了语音类型学分析，汉语卷舌声母 r[ɽ]属于一个特殊的音类，且属于标记性音素，对学习者来说本身就易产生偏误，对于母语背景为日语、韩语的学习者也不例外。在日语、韩语中并没有与之发音部位完全相同的音：从发

音部位划分，日语分为双唇音、边音、舌冠音、喉音、舌根音、小舌音，但没有卷舌音（汤玲，2010）；韩语也只有双唇音、边音、舌冠音、喉音，没有卷舌音（屠爱萍，2008）。与上述几个母语背景的学习者相同，日韩学习者在学习汉语语音的过程中，会以自己所熟悉的音来代替目的语中难以掌握的音（羌婷娣，2009）：在日语中，字母“r”代表的是ら行的罗马音，其发音为闪音[ɾ]，且ら行本来就有很多语音变体（陈慧琳，2013），在元音[i]前就会发为类似边音[ɭ]或[l]的音，因此在学习汉语时学习者会将“r”发为近似母语的音；韩语中同样存在闪音[ɾ]，韩国学习者在学习卷舌声母时也将其发为近似母语的音，虽然能让舌尖卷起，但不能持久，只能在前硬腭上轻弹一下，发为近似[l]的音（屠爱萍，2008）。

（2）舌面后音 h[x]发为唇音[f]或[ɸ]

在“舌面后音 h[x]发为唇音[f]或[ɸ]”这一偏误中，日韩的留学生也显示出了一致的表现，但具体产生偏误的原因有一定的区别。

日语中は行的声母为喉擦音[h]，但也存在变体——ふ是双唇擦音声母[ɸ]和元音[u]的组合；而日语中也没有相当于汉语音节 hu[xu]或近似于[xu]的音节（陈慧琳，2013）。一部分日本学习者在汉语学习的初级阶段遇到声母 h[x]与合口呼相拼的音节时因母语负迁移影响，会将“hu[xu]”用日语“ふ”的发音规则对应（王志芳，1999；羌婷娣，2009），因而发成了[ɸu]或[fu]，如将“呼[xu]人”念成“夫[ɸu]人”，把“护[xu]照”念成“复[ɸu]照”；甚至将“灰[xuei]”念成“飞[ɸuei]”，将“活”念成“佛[ɸuo]”。其偏误原因与日语的发音规则有关系。

韩语中也没有舌根音 h[x]，但是有和其非常相似的喉音[h]。韩语学习者一般会借助母语中相近的音来发汉语中的音，将 h[x]发为[h]，这也属于母语负迁移。但这一发音在声母 h[x]与合口呼相拼时会发生一定的变化：韩语喉音[h]发音时气流较强，类似于用力呼气，与非圆唇的韵母相拼时一般不会发生变化；但当与合口呼相拼时，口形变圆，其摩擦的部位就变成双唇部分、改变了成阻部位，因而就出现了双唇擦音[ɸ]的效果（屠爱萍，2008；王安红、具旼炯，2014）。因此，其偏误原因与日本学习者有一定区别，是将母语辅音直接带入汉语后再发生音变造成的。

（3）唇齿擦音 f[f]发为双唇音[ɸ]

在声母 f[f]方面产生偏误的原因上，日韩学习者是比较一致的。汉语的擦音 f[f]是唇齿音，而在日语与韩语中均没有与其相同发音部位的音，在这两种语言中最接近 f[f]的音仅有双唇音[ɸ]。日韩学习者在学习汉语语音时再次以母语发音代替汉语 f[f]，将声母 f[f]发为了[ɸ]（王志芳，1999；汤玲，2010），如将“方法”读成[ɸaŋ ɸa]。此外，日语中发为双唇音的为は行的ふ，为辅音 h[h]行的变体，气流较大，在带入汉语 f[f]的发音时也显示出较大的气流，有时甚至像吹气声（羌婷娣，2009）。

在本书所选 25 个母语背景的学习者中，除日韩学习者外，哈萨克斯坦的汉语学习者也出现了“f[f]发为双唇音[ɸ]”的偏误，但目前参考文献与语音实验样本还不足以说明其产生此类偏误的稳定性和原因，仍需后续扩大样本量进行探究。

4.1.7　舌尖中音 d[t]、t[tʰ]与齐齿呼相拼时发为舌面音 j[tɕ]、q[tɕʰ]——俄语国家普遍偏误

本书所选 25 个国家（民族）中，包括 4 个以俄语为母语或官方语言的国家——俄罗斯、乌克兰、哈萨克斯坦、白俄罗斯，4 个国家均出现了“舌尖中音 d[t]、t[tʰ]与齐齿呼相拼时发为舌面音 j[tɕ]、q[tɕʰ]”的偏误。哈萨克斯坦、吉尔吉斯斯坦等中亚国家以及乌克兰、白俄罗斯等欧洲国家现虽不以俄语为母语，但俄语作为官方语言仍然产生着一定的影响，因此这些国家同俄罗斯一起被统称为俄语国家。在学习汉语语音时，俄语国家的学习者或多或少会受到俄语的影响，产生偏误；对于俄罗斯学习者来说，此偏误原因属于母语负迁移，对于其他俄语国家来说，可以归为第二外语产生的影响。在俄语的发音规则中，当辅音 д[d]、т[t]与 и[i]以及 я[iɑ]、ё[io]、ю[iu]、е[iɛ]相拼或其后有软音符号“ь”时辅音要读成对应的软音，即发音时将舌面抬起、前部接触或接近硬腭前部。俄语国家学习者在学习汉语语音初期易受到俄语发音规则影响，读汉语中舌尖中音 d[t]、t[tʰ]与齐齿呼韵母相拼的音节时舌面也会抬起，误发为舌面音 j[tɕ]、q[tɕʰ]，如：星期天[tɕʰiɛn]、打电[tɕiɛn]话、一定[tɕiŋ]、听[tɕʰiŋ]音乐、去迪[tɕi]厅[tɕʰiŋ]跳[tɕʰiɑu]舞等。

4.1.8　声母部分其他个性偏误

除上述偏误外，声母方面另有 8 条仅属于某一国家或民族的语音偏误，但限于前人研究不足，我们尚不能确定其产生偏误的原因，需进一步针对这些国家

（民族）进行进一步语音偏误研究。这 8 条偏误及相应国家（民族）如下：

（1）发 z[ts]、c[tsʰ]、s[s]时舌头置于牙齿之间——乌克兰；

（2）卷舌声母 r[ʐ]摩擦发得不到位，发为[ɻ]——泰国；

（3）舌根擦音 h[x]与舌根塞音 g[k]相混——尼日利亚；

（4）舌尖中音 d[t]、t[tʰ]与合口呼相拼时带有双唇颤音，发为[tʙʰ]、[tʙ]——哈萨克斯坦；

（5）q[tɕʰ]、ch[tʂʰ]、c[tsʰ]与合口呼相拼时误读为 t[tʰ]——哈萨克斯坦；

（6）塞音 t[tʰ]发为塞擦音 c[tsʰ]——土耳其；

（7）舌尖前音 c[tsʰ]发为舌根塞音 g[k]——意大利；

（8）舌面前音 x[ɕ]发为介于 s[s]、x[ɕ]的音——德国。

4.2 韵母部分

4.2.1 复韵母中元音韵尾有摩擦，发为半元音——中国维吾尔族学习者

中国维吾尔族汉语学习者在发汉语复韵母尤其是前响复韵母（ai[ai]、ei[ei]、ao[ɑu]、ou[əu]）时，易将后面韵尾的音[i]、[u]发为带有摩擦的半元音[j]、[v]，如将“带[tai]”发为“[taj]”，将“配[pʰei]”发为“[pʰej]”，“刀[tɑu]”发为“[tav]”（董广枫，1993）。汉语语音要求在发复韵母时，韵腹要发得清晰且相对韵头和韵尾稍长一些，而韵尾仅表示发音滑动的方向，且发音要短。学习者在发音时注意到了韵尾的发音特点，但受到目的语规则过度泛化的影响，在发韵尾时出现了摩擦。此外，维吾尔语的语音系统中也存在半元音[j]、[v]，因此维吾尔族学习者在发音出现偏误时更易表现为与母语中相近的音，将韵尾[i]、[u]发为了半元音[j]、[v]。

4.2.2 撮口呼韵母 ü[y]发为[ɯi]——韩国学习者

根据第三章的分析可知，汉语韵母[y]属于标记性音素，是较易产生偏误的音。韩国学习者更易将撮口呼韵母 ü[y]发为复元音[ɯi]，如将“吃鱼[y]”发为[ɯi]，将“居[tɕy]住”发为[tɕɯi]等。将单元音发为复元音主要是由于学习者发音时舌位、唇形发生了变化——先舌头后缩，然后为求发音近似[y]而将舌头前移，但整个过程唇形都未达到完全拢圆，即发为了[ɯi]。而出现此偏误表现

的原因主要是受母语负迁移影响，韩语中没有汉语中的元音［y］，与之相近的音有舌面前高不圆唇元音“ㅣ［i］”和“ㅜ［ɯ］”；［ɯi］是“ㅜ”和“ㅣ”的结合（屠爱萍，2008）。学习者在学习汉语撮口呼韵母［y］遇到困难的时候，选择以母语近似的复元音代替，因此造成了此偏误表现。

4.2.3　复韵母 uɑ［uɑ］与 uo［uo］、iɑ［ia］与 ie［iɛ］易混淆——泰国学习者

泰国学习者在学习汉语时常将 uɑ［uɑ］与 uo［uo］混读，有时把 uɑ［uɑ］读成 uo［uo］，有时又把 uo［uo］读成 uɑ［uɑ］，混读几率为 50%（陈娥，2006），如将“华［xuɑ］侨”读成“活［xuo］侨”、“中国［kuo］”又读成“中瓜［kuɑ］”等；与此同时，泰国学习者在韵母 iɑ［ia］与 ie［iɛ］方面也出现混读，如将“假［tɕia］”发为“姐［tɕiɛ］”，又将“姐［tɕiɛ］”发为“假［tɕia］”等。产生此类偏误的原因，除了对处于后一位置的［ɑ］、［a］、［o］或［ɛ］的发音掌握不准确外，主要还是由于母语对学习者的负迁移。在泰语中存在与汉语近似的 uɑ［uːɑ］音，但在实际使用中，当其与声母拼合时实际发音有两个——［uːɑ］和［uo］；但在泰语中［uːɑ］和［uo］属于同一音位的自由变体，并不区别意义（李红印，1995；陈娥，2006）。这就导致泰国汉语学习者对于二者的差别没有区分的意识，在学习汉语语音的时候自然形成了混淆。与［uːɑ］和［uo］相同，与汉语发音相近的［iːa］和［iɛ］在泰语中也是不区别意义的一对自由变体（李红印，1995；陈娥，2006），其产生偏误的原因与 uɑ［uɑ］、uo［uo］混读的原因相同。

4.2.4　日本汉语学习者个性偏误

（1）将单韵母 e［ə］发为［ɯ］

日本汉语学习者在发汉语韵母时具有一个普遍的特征，即唇形变化较小，不能放松地展开或拢圆，也就是该拢圆的时候没有拢圆，该放展的时候又没有放展（羌婷娣，2009）。这一问题体现在其在各个汉语单元音的发音上，但根据本书统计，偏误“将单韵母 e［ə］发为［ɯ］”的偏误仅有日语一个母语背景的学习者出现，可以归作日本学习者的个性偏误。当声母与单韵母 e［ə］组合为音节时，日本学习者易将［ə］发为［ɯ］，如：将“色［sə］”发为“［sɯ］”，将“喝［xə］”发成“呼［xɯ］”，“得［tə］到”发音近似于“夺［tɯ］到”。产生此偏误的原因也与母语负迁移有关，日语中没有与汉语同一位置的元音［ə］，最接近的音仅有え［ɛ］和う［ɯ］（陈慧琳，2013），且受日语口形变化较小的影响，日本汉语学习者在发

韵母时口型容易受前一声母的影响而难以到位。在带有单韵母 e[ə]的音节中，s[s]、h[x]等声母的发音通道本身狭窄，学习者如在发音时舌位与唇形变化不及时，就很容易将 e[ə]发为了他们母语中熟悉的[ɯ]音。

（2）撮口呼单元音 ü[y]发为复元音[iəu]

与韩国学习者的偏误相似，日本学习者在发单元音 ü[y]时舌位唇形也发生了变化，表现为复元音（羌婥娣，2009）。但与韩国学习者不同，日本学习者易将 ü[y]发为一个近似三合元音[iəu]音，如“居[tɕy]”发为“[tɕiəu]”。ü[y]作为标记性元音，在日语中很难找到对应的元音，日语学习者受到母语影响，开始从母语中寻找音近的音来代替或者过渡。日语中与之音近的仅有い[i]，因此学习者往往误发为[i]；后经过监控，学习者会注意唇形拢圆，但这样一来唇形就发生了变化，加之音程过长，偏误便表现为了三合元音[iəu]。

（3）卷舌元音 er[ɚ]发为[aːl]或[ə]

经上一章分析，元音卷舌化属于标记性音素，因此其类别下的卷舌元音 er[ɚ]和儿化韵母是汉语学习者的难点。日本学习者在学习和发卷舌元音 er[ɚ]时也易出现偏误，发为不卷舌的[ə]，或在元音后面加辅音发为[aːl]，如将“而[ɚ]”发为“[aːl]”。此偏误表现主要是受母语的影响，在日语中存在很多英语音译词，音译过程中通常把英语语音中的卷舌音[ɚ]直接用平假名ル[l]/[lɯ]代替（陈慧琳，2013），日本汉语学习者受此影响，也会用ル来代替汉语的卷舌音 er[ɚ]。

4.2.5 蒙古汉语学习者个性偏误

（1）前鼻音韵母与后鼻音韵母混淆，且前鼻音韵母更易发为后鼻音韵母

经上一章对偏误共性的分析得知，前后鼻音韵尾韵母易混淆也是汉语学习者偏误率较高的偏误，但在本书所选母语背景的学习者中，将前鼻音韵母发为后鼻音韵母的国家仅有蒙古，如将“站[tʂan]”读成“账[dʒɑŋ]”，把“男[nan]”读成“囊[nɑŋ]”，把“眼[iɛn]”读成“仰[iɑŋ]”。产生此偏误表现与学习者母语有密切关系：蒙古语中只有一个舌根鼻音 H[ŋ]，发音与汉语后鼻音韵尾相近，因此学习者更易发出[ŋ]（张瑞芳，2008）；而学习者对于汉语的[n]韵尾的发音较陌生，因此他们依然会借助母语来发汉语语音，造成了两种韵尾听起来都像[ŋ]的偏误。

（2）以［u］为韵尾的复韵母后加半元音［w］

蒙古学习者在发汉语中以［u］为韵尾的复韵母时，易在韵母后加上半元音［w］，如“朝［tʂʰɑu］”发为“［tʂʰɑuw］”、“走［tsəu］”发为“［tsəuw］”。产生偏误的原因也与母语负迁移有关，蒙古语中没有类似汉语 ɑo［ɑu］、ou［əu］、iɑo［iɑu］等复合元音，且大多数音节都以辅音结尾（宝乐儿，2010）。韵尾［u］发音时口形变小，蒙古汉语学习者虽然掌握了汉语复韵母的发音，但受到母语影响，在发韵尾之后气流与嘴唇发生了摩擦，听感上就表现在音节后出现了半元音［w］。

4.2.6　韵母部分其他个性偏误

不同于声母偏误，汉语学习者在韵母方面产生偏误的原因较少属于发音部位，唇形或舌位的稍加改变都会影响汉语发音的准确性，因此很多在韵母方面产生偏误的原因就更难以探究。上述偏误仅为少数能确定其偏误原因的部分，除上述偏误外，韵母方面另有 8 条仅属于某一特定国家或民族的语音偏误，还需进一步探究其产生的原因和依据。这 8 条偏误及相应国家（民族）如下：

（1）ɑ［ʌ］、o［o］、uɑng［uɑŋ］等韵母前伴有小舌音音渡［χ］——中国维吾尔族；

（2）e［ə］在舌根辅音后发为［o］——中国维吾尔族；

（3）üe［yɛ］发为舌面前圆唇元音［ø］——中国维吾尔族；

（4）舌尖元音 -i［ʅ］发为［ʉ］——日本；

（5）ü［y］与［ə］、［i］、［u］混淆——埃及；

（6）鼻音韵尾拖长——埃及；

（7）复韵母 iong［yŋ］与 ün［yn］混淆——白俄罗斯；

（8）o［o］发音开口过大发为［ɔ］——白俄罗斯。

4.3　声调部分

根据第三章的分析可知，汉语属于带有复杂声调系统的声调语言，这种复杂声调语言在世界语言中的占比非常小，因此绝大部分的汉语初学者没有声调意识。此外，汉语四声均属于标记性相对较高的声调，因此导致了汉语声调的高偏误率。在偏误表现方面，由于绝大部分初学者缺乏声调意识，声调学习几乎从零开始，声调的偏误表现也呈现出诸多相同点。因此，仅属于个别母语背景的个性偏误较少。

4.3.1　第二声[35]起调拉得太长——荷兰学习者

谢小飞（2011）对荷兰汉语学习者的声调偏误进行了实验，发现无论是在母语背景、还是目的语背景下，荷兰学生都存在将第二声发成调值为[335]的问题（少数学生还发为[224]），即将起调拉得过长（当然同时也会存在调值不足的问题），如：将“人[35]”发为“人[335]”、“国[35]”发为近似“锅[224]”。这一偏误的原因与非声调语言的母语没有关系，属于目的语过度迁移。他们在发第二声阳平时只注意到了应该由中调高升到高调，而没有注意音长分配，造成起调拉得太长、没有直接升上去，因此造成了起调趋平的现象。

4.3.2　第三声[214]曲调略平缓——西班牙语母语背景学习者

贺晨吟（2009）与周博（2014）分别对西班牙和秘鲁的汉语学习者的汉语声调发音进行了语音实验，最终得出了相近的结果：汉语第三声[214]的调型特征为“凹”和“低”，西班牙学习者的第三声为[324]，体现了“凹”的特点，但“低”的特征不明（贺晨吟，2009）。汉语学习者的第三声调型尚可，但存在降得不够，调型过于平缓的问题。其主要原因也为西班牙语属于非声调语言，本身也缺乏声调变化，因此学习者调域也普遍偏窄（周博，2014）；且第三章已提及，最低调1属于具有标记性的“两极”音调之一，对于声带来说是比较难的。综上所述，学生易降不到最低调就转而上声，形成偏平缓的调。

4.3.3　第四声[51]发为降升调——埃及学习者

埃及学习者易将第四声[51]发为降升调，如将“问[51]”发成是一声[55]至三声[214]的滑音。埃及汉语学习者以带有埃及方言的阿拉伯语为母语，阿拉伯语没有声调，只有表现在短语及句子中的语调，因此初级埃及学习者在没有建立起清晰的声调概念时声调的偏误率会相对比较高，其偏误表现的形式也比较多（张伟，2015）。“将四声[51]发为降升调”的偏误表现在本书所选25个母语背景的汉语学习者中仅出现在了埃及学习者身上，因此暂将其归为埃及学习者的个性偏误，但其偏误原因还需进一步调查。

4.4 总结

通过对上述个性语音偏误表现和产生原因的分析可以看出，学习者的个性语音偏误绝大部分与其母语负迁移有关。学习者在最初接触汉语中新的语音音素时，有两种倾向：第一，以易学（或已知）来替代难学，以自己所熟悉并掌握的音来替代目的语中难以掌握的音；第二，将母语的语音规则误带入目的语语音系统中。这两种是学习者形成各自母语背景个性偏误的重要原因。

第五章　基于编辑距离的偏误语音计算分类测试

5.1　语言分类与偏误语音 / 中介语分类

语言的分类方法繁多，例如由历史比较语言学发展出来的语言亲缘关系分类（或称语言谱系分类、语言的发生学分类等），分类的结果包括印欧语系、汉藏语系、闪－含语系、高加索语系等；按照词的语法结构类型进行分类，分出来的类别包括屈折语、黏着语、孤立语、多式复综语等；按照句子成分（主谓宾）的顺序进行的分类，分出来的结果包括 SVO 型语言、SOV 型语言、OSV 型语言等；按照语言的韵律类型可以划分出重音语言、声调语言、音高－重音语言等。

在这些分类方法中，最有影响且最能体现语言之间距离远近关系的分类方法应该是语言亲缘关系分类。从本研究的角度来看，不同语言之间具有不同的亲缘远近关系，那么，当说不同语言的人在学习另一种相同的第二语言（目的语）时，他们所说出来的带有偏误的语言是否也具有一定的距离远近关系，并且这种距离远近关系是否能够反映他们母语之间的亲缘关系呢？或者简单地说，不同母语者说相同的第二语言，对他们说出来的第二语言进行分类，分类的结果是否能在一定程度上反映他们母语之间的亲缘关系呢？

这是一个十分有意思的问题，我们决定对这一问题进行研究。从原则上说，学习者所说出来的目的语是有可能反映其母语之间的关系的。因为从实际情况来看，从事对外汉语教学的教师会有这样的经验：来自欧洲以印欧语系为母语的学习者说汉语时会带有一些共同的口音；而来自中东说阿拉伯语的学习者说汉语时会带有另一些共同的口音，等等。从理论上讲，这应该是由于学习者具有近似的母语背景，从而造成他们在学习第二语言时产生了相近的负迁移，并产生了相近的语音偏误，而这些相近的偏误有可能反映出他们母语之间的远近距离关系。

然而，采用怎样的方法可以对多种母语背景说同一种语言的偏误语音进行分类，这是一个十分关键的问题。就我们所见，以往还没有进行过这方面的研究。这里我们打算借鉴 ASJP（Automated Similarity Judgement Program，相似性自动判断程序数据库）模式的语档距离计算方法，以及由此计算得出的语档相似度，对学习者的偏误语音进行分类。由于此前相关研究十分缺乏，语料准备也存在很大的难度，我们目前还只能进行初步的测试。我们首先以英语、俄语、日语、韩语、泰语等 5 种母语背景并加上目的语——汉语为例进行计算分类测试。

按照 ASJP 的距离及相似度计算方法，我们的做法是这样的：首先设计出能够充分反映汉语音系特点的 40 个词；然后按照偏误条目对不同母语背景学习者语音的描述，采用国际音标将前述 40 个词转写为带有 5 种母语背景偏误的音标；再使用 ASJP 软件工具计算 5 种带有偏误语音的音标转写之间的距离或相似度；最后根据距离矩阵进行聚类或发生学分类。也就是说，我们对偏误语音进行距离计算得到的是词的语音形式之间的距离。

上面所描述的是我们将采用的对以汉语为目的语的学习者的偏误语音进行分类的方法，这种分类实际上也是对以汉语为目的语的中介语进行的分类。中介语是指在第二语言学习过程中学习者形成的既不同于其第一语言也不同于目的语的一种过渡状态的语言。这种过渡状态的语言往往带有不同程度的偏误，当偏误越来越少时也就越接近目的语。因此，对偏误语音的分类实际上也可以认为是以语音表现为基础对中介语进行的分类。

从更宏观的角度来说，在人类历史上出现了第二语言的学习现象以后，世界上的语言从性质上可以分为两大类，第一类为人类自然习得的母语，第二类即为除母语（第一语言）之外学习第二语言时产生的语言，而学习者所说的第二语言几乎都是中介语。中介语的特点一是十分复杂，二是其数量可能超过我们的想象。从理论上说，如果世界上有 n 种语言，这些语言相互作为第二语言进行学习，则会产生 $n*(n-1)$ 种中介语。当然事实上由于十分复杂的原因，并不是任意两种语言都会两两产生中介语。不过由于中介语的复杂程度，且其数量难以确切估计，各种各样的中介语仍然是人类语言研究中最缺乏研究的一个巨大领域。

回到本研究进行的偏误语音或中介语分类上面，下面我们首先对研究方法进行具体说明。

5.2 ASJP模式的语档相似度计算

5.2.1 ASJP模式及其语档相似度计算

我们主要从偏误语音形成的词的语音形式来计算不同中介语之间的距离和相似度。依据词的语音形式之间的距离计算进而获得相似度有很多不同的方法，其中影响很大的一种方法是“ASJP”模式的语档（doculect）相似度计算。下面对“ASJP”模式的相似度计算进行介绍说明。

“相似性自动判断程序数据库（Automated Similarity Judgement Program，简称ASJP。网址：https://asjp.clld.org/）”是马普研究院建立的十余个大型“跨语言关联（Cross Linguistic Linked Database）”在线数据库之一。该数据库不仅收集的数据量十分庞大（第19版数据库收录世界语言中的9 788个语档，按ISO639-3编码，这些语档涉及世界范围内的5 499种语言），更重要的是项目团队在该数据库基础上发展出一套完备的相似度计算方法并开放提供计算所需的软件程序。除此以外，项目团队在该数据库基础上还探索出不少重要的语言学研究课题（后文会有涉及）。

“ASJP数据库”以“斯瓦迪士100核心词”为内容，尽量多地收集世界上各种语言或方言中不少于斯瓦迪士核心词表中40个词的语音形式。这40个词是经过检测和论证得到的用于距离和相似度计算最稳定的词，40个词的具体词项参见该网址（https://asjp.clld.org/parameters）。Holman et al.（2008）看到，当用于计算的词汇数量达到40个时计算结果趋于稳定，选取40个词与选取100个词得到的结果没有实质性差异。在ASJP数据库中，将一种语言或方言不低于40个词的音标转写数据称为一个“语档（doculect）”。

“ASJP”模式的语档相似度计算过程如下：

（1）转码。为使计算得到的语档距离和相似度更加符合语言之间的实际距离和相似度，首先需要将语档由国际音标转写的形式转换为ASJP码转写的形式。

（2）距离计算。采用“莱文斯坦编辑距离（Levenshtein Distance，简称LD）”方法计算转写为ASJP码的词汇之间的距离。莱文斯坦编辑距离计算只允许插入、删除、替换三种操作。由一个字符串转换为另一个字符串所需的最少操作次数即为莱文斯坦编辑距离。

ASJP模式的距离计算中有LDN、LDND等不同的距离计算方法。“归一化莱文斯坦距离”（Levenshtein Distance Normalized，简称LDN）可以消除距离计算中不同词长带来的影响。“归一化莱文斯坦距离商”（Levenshtein Distance Normalized Divided，简称LDND）不仅可以消除不同词长的影响，还可以消除不同语言或方言中因某些词的偶然相似带来的影响。本书计算语档之间的距离均采用LDND距离计算方法。LDND距离计算的公式如下：

$$\mathrm{LDND} = \frac{\sum_i (d_{ii})/n}{\sum i \neq j(dij)/n(n-1)} \qquad \text{（公式 5.1）}$$

ASJP模式的语言距离及相似度计算在很多方面产生了广泛影响，Müller et al.（2013）通过对第16版数据库资源进行距离计算制作了6 895个语档的世界语言分类树图，Wichmann et al.（2010）研究了不同语系语言的发源地，Holman et al.（2011）考察了不同语言的分化年代，Schillaci et al.（2017）通过语言学线索考察伊洛魁人（Iroquoian）的史前状况等。此外，依据ASJP数据库进行讨论的话题还包括音系密度（phonological density）、词长与语言使用的人口数量之间的关系、语言迁移速率研究等。

在汉藏语言研究方面，江荻（2017）采用莱文斯坦编辑距离计算的方法，以斯瓦迪士100核心词为材料，对195种藏缅语族语言或方言进行了自动分类。维希曼等（2019a）对65个汉语方言语档作过系统发生学分析。赵志靖、江荻（2020）通过计算元、辅音间的距离，再计算编辑距离从而对数种藏语方言进行分类。

基于ASJP数据库的距离与相似度计算还应用于语言学领域之外的其他领域，例如语言经济学（崔萌等2018）、遗传生物学、人类学与社会学、双边贸易与投资等方面，这里不再一一说明。

5.2.2　五种偏误语档 / 中介语的转写

ASJP模式距离计算依据的是斯瓦迪士核心词表中的40个核心词。我们认为，在第二语言学习中这40个词可能需要进行适当的调整，原因在于40个核心词不一定能够全面、准确地反映某种母语背景学习者的汉语语音偏误。按照我们的研究（参看前文第四章和附录4），汉语的21个声母、39个韵母在作为第二语言学习中发生偏误的情形并不是均衡的，例如跨母语背景下最容易发生偏误的前5种语音或特征是：舌尖后音 r，舌尖后音 zh、ch、sh，舌尖元音 -i[ʅ]、-i[ʅ]，等等。因此，在选择适当的词汇进行偏误语音距离计算时有必要根据汉语语音的实际情况单独设计适合于以汉语为目的语的中介语词表。

在这样的前提下我们制订了设计中介语词表的原则。设计中介语词表的总体原则是两个：① 汉语语音的所有音位（音素）和特征都包括进去，做到全覆盖；② 容易发生偏误的音素或特征多设计，不容易发生偏误的音素或特征少设计。在这样的原则下，我们设计出了以汉语为目的语的 40 个中介语词表如下：

1. 春天	2. 大学	3. 这样	4. 中秋	5. 下次	6. 快车	7. 老翁	8. 日期
9. 穷人	10. 黄花	11. 竹笋	12. 复杂	13. 但是	14. 抽测	15. 草鱼	16. 日食
17. 二手	18. 儿女	19. 一生	20. 不对	21. 柔软	22. 波浪	23. 创造	24. 开票
25. 平时	26. 姐妹	27. 托运	28. 送您	29. 餐厅	30. 补足	31. 桌子	32. 出来
33. 朋友	34. 饭馆儿	35. 赶明儿	36. 看画儿	37. 选举	38. 雨伞	39. 心情	40. 真正

上述词表涵盖了汉语普通话语音的全部音位（音素），对语流音变中学习者经常发生的诸如轻声、儿化等也有足够的涉及，同时对学习者易于发生偏误的语音也有很好的倾斜。

按照我们整理的某种母语背景的偏误条目，对上述 40 个词进行国际音标转写。例如，泰语背景学习者的常见偏误包括将舌面擦音 x[ɕ]发为[s]，将舌尖后音发为舌尖前音，将送气塞擦音发为同部位的擦音等，因此“大学”一词的国际音标转写为[tʌ suɛ]，“中秋”一词的国际音标转写为[tsuŋ ɕiəu]，等等。对其他 4 种母语背景的学习者各 40 个词按照类似的方法全部进行转写，形成带有学习者偏误发音的中介语国际音标标音形式。按照 ASJP 模式的词汇语音形式的距离计算原则，还需要将上述国际音标标音形式转换为 ASJP 码的标写形式，形成汉语普通话和 5 个中介语共 6 个语档备用。使用 ASJP 的工具软件计算 6 个语档的 LDND 距离形成距离矩阵，然后依据距离矩阵进行计算分类。本研究使用统计分析中的系统聚类和分子生物学中的邻接树法等两种方法来进行计算分类。

5.3 目的语和 5 种中介语的初步计算分类结果

5.3.1 依据统计系统聚类方法的偏误语音 / 中介语聚类分析

使用 SPSS 软件对 6 个语档的距离数据进行分析，采用平均联接（组间）的方法进行系统聚类，度量标准为平方欧氏距离。这样得到的汉语普通话和 5 种中介语的分类树形图如图 5.1 所示。

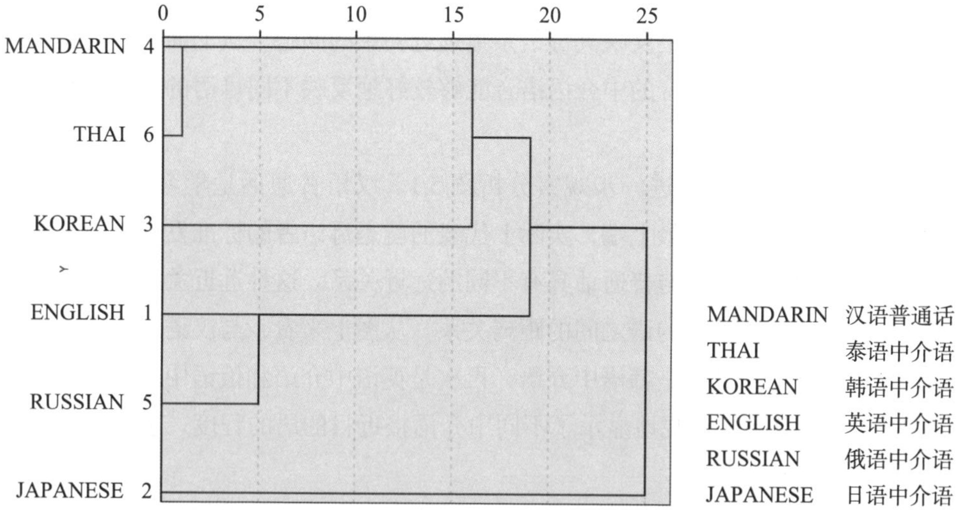

图 5.1　采用统计系统聚类方法得到的 6 个语档聚类结果

如图 5.1 所示，距离最近的两个语档是普通话和泰语背景学习者所说的汉语中介语(后文省称为泰语中介语，其他中介语与此类似，不再说明)，二者处在最末端的节点上，其次与普通话和泰语中介语分在同一个节点下的是韩语中介语。英语中介语和俄语中介语分在另一个节点之下，二者距离也比较近。距离最远的是日语中介语，它与其他 5 种语言在总体上分属两大类，单独形成一支。这一分类结果比较有意思，同时也是可以解释的。泰语通常认为属于汉藏语系壮侗语族壮傣语支，与汉语存在亲缘关系，同时在地理上与使用汉语的区域也很近。泰语中介语与汉语普通话的距离最近是完全可以理解的。韩语中介语与普通话、泰语中介语分在一支之下应该也具有合理性。韩语通常认为系属未定，它与汉藏语系不具有亲缘关系，但是它在地理上与中国比较接近。相比于欧美等其他国家的学习者，韩国学习者所说的汉语听起来似乎和母语者的汉语稍近一些，差距没有那么大。英语中介语和俄语中介语聚在一个节点之下似乎显得更顺理成章。英语和俄语虽然差异比较大，但它们都属于印欧语系。以英语和俄语为母语的学习者的汉语中介语具有较高相似性是符合他们的发音实际情况的。最后是日语，日语通常认为也是系属未定的语言，日本与中国的距离并不遥远。不过日本学习者的汉语发音通常很不好，这在对外汉语教师中是有突出印象的。日语学习者的汉语发音偏误比较严重，问题很多。日语中介语单独形成一支应该说很好地反映了日语学习者的发音情况。

在引言里我们提到不同母语背景学习者学习相同第二语言时形成的中介语语音是否能够在一定程度上反映其母语亲疏远近关系的问题。从上面我们的分析也可以看出，带有偏误语音的中介语语音能够较好地反映不同母语的远近关系以及母语的发生学性质。

从另一个角度可以进一步观察分析图 5.1。汉语普通话是学习者的目的语，在图中普通话正好位于最上端，实际上代表的就是母语者的标准发音。而其他中介语位于普通话之下，与普通话具有不同的远近关系。这种远近关系其实正反映了不同中介语与标准目的语之间的距离关系。从图上来看，与汉语普通话最接近的是泰语中介语，其次是韩语中介语，再次是英语中介语和俄语中介语，最后是日语中介语。图 5.1 直观地显示了不同中介语接近目的语的程度，也反映了不同中介语发音的标准程度。

实际上，我们也将 5 种中介语与普通话的 LDND 距离数据单独提取出来，见表 5.1 所示。表中数据更加具体准确，清楚地显示了 5 种中介语与目的语的距离关系。泰语背景学习者的汉语发音与标准普通话的发音距离最近，为 29.35，相似度则为 70.65%；日语背景学习者的汉语发音与标准普通话的发音距离最远，为 54.19，相似度则为 45.81%。其他 3 种母语背景的中介语居于泰语和日语之间。

表 5.1　5 种中介语与目的语（汉语普通话）的 LDND 距离及相似度（%）

中介语	目的语	LDND 距离	相似度（1−LDND）
泰语中介语	汉语普通话	29.35	70.65
韩语中介语	汉语普通话	47.01	52.99
英语中介语	汉语普通话	49.15	50.85
俄语中介语	汉语普通话	50.31	49.69
日语中介语	汉语普通话	54.19	45.81

维希曼、冉启斌（2019）以若干世界语言语档为例，考察了语言变体之间的关系层级问题，给出了不同关系层级的参考指标。其中，如果两种语言的相似度低于 2.37%，则这两种语言属于不同语系的语言；相似度在 2.37%~18.64% 的两种语言属于相同语系不同语族的语言；相似度在 18.64%~50.90% 的属于相同

语族的语言；相似度大于 50.90% 的则属于相同方言的变体。从这些参考指标来看，泰国人所说的汉语中介语与标准的普通话显然属于相同方言的变体，二者的距离是很近的。按照上面的数据，韩国人所说的汉语中介语也属于同一方言的变体。英语中介语、俄语中介语和日语中介语则与标准普通话的关系则都属于相同语族之间的语言。这一结果显示了不同中介语与标准目的语之间的不同层级关系。

另外，我们也使用主成分分析法，提取 2 个主成分，形成的 6 个语档主成分分析如图 5.2 所示。图上能够比较直观地观察到 1 个母语语档和 5 个中介语语档之间的分布关系。不过由于语档数量总体不太多，两个成分各自所代表的语音成分或因素一时不容易分析出来。在有更多语档的情况下应该能够分析出造成中介语分布模式的语音成分或因素。影响中介语分布模式的语音成分或因素对于揭示中介语的内在模式应该具有重要的意义，这一研究只能留待将来进一步完成。

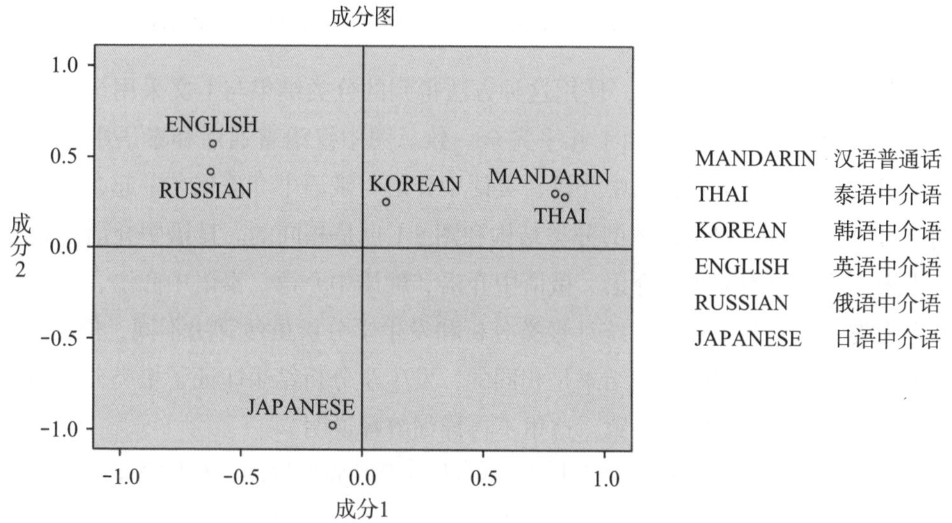

图 5.2 采用主成分分析法得到的 6 个语档二维分布图

5.3.2 依据系统发生学邻接法的偏误语音 / 中介语分类分析

除上文使用统计分析的方法对中介语语档进行聚类分析外，我们还使用分子生物学中的发生学分类法对中介语语档进行分类。中介语之间不具有任何发生学关系，不过这里我们只是借鉴发生学分类方法提供一个分类的参照。对 6 个语档进行发生学分类的具体方法是：我们依据语档之间的 LDND 距离数据，使用分子生物学软件 MEGA7（Molecular Evolutionary Genetics Analysis），采用邻接树法（Neighbor-Joining Tree）来构建 6 个语档的分类关系。这样得到的 6 个语档的有根分类树如图 5.3 所示。

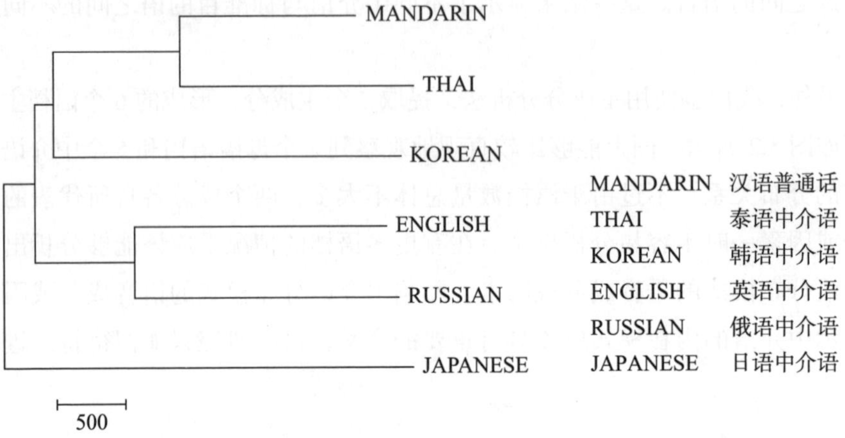

图 5.3　采用分子生物学方法得到的 6 个语档聚类结果（一般树形图）

从图 5.3 可以清楚看到，使用这种方法得到的分类结果与上文采用统计聚类分析方法得到的结果（图 5.1）几乎完全一致。图中汉语普通话和泰语中介语的距离仍然最近，其次为韩语中介语，英语中介语与俄语中介语聚在一起，最外围则是日语中介语。整个树图的分类结构和图 5.1 也是相同的。日语中介语首先分化出来，其次分为英语中介语、俄语中介语和韩语中介语、泰语中介语、普通话两个大类。这实际上表明，统计聚类分析和发生学分析虽然算法不同，但在这 6 个语档的基础上得到的分类结果是相同的，发生学分析结果印证了聚类分析的结果。由于二者基本上完全一致，这里不再详细解释说明。

另外，我们在 MEGA7 中绘制了放射状的无根分类树图，如图 5.4 所示。汉语普通话和泰语中介语连接在一个分支上，英语中介语和俄语中介语连接在一个分支上，韩语中介语和日语中介语则没有连接在其他分支上，而是各自形成单独的连接。这种状况应该说中介语更好地体现了其母语的亲缘关系。泰语和汉语均属于汉藏语系，连接在了一起；英语和俄语均属于印欧语系，二者连在一个分支上；而韩语和日语均为系属未定的独立语言，各自独立为一支。相比于图 5.3 的有根分类树图，5.4 的放射状无根树图是对这些中介语其母语亲缘关系更好的反映。

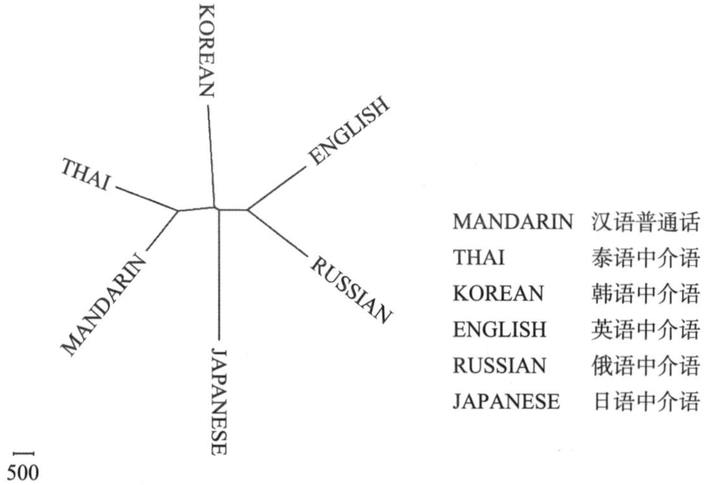

图 5.4　采用分子生物学方法得到的 6 个语档聚类结果（放射状树图）

5.4　小结

通过以 5 种中介语和目的语——汉语普通话为例，可以看到对偏误语音 / 中介语进行的分类，其结果在一定程度上能够反映其母语之间的亲缘远近关系。这是一个非常有意思的结果。它反映出一种语言的特征不仅体现在该语言本身，也可能体现在学习第二语言时产生的中介语上。中介语状态和性质都很复杂，在当今世界数量也非常大。由于转写工作量巨大，本研究仅以 5 种中介语为例作了一个初步的测试。本研究收集了 25 种母语背景的偏误描写条目，在后续研究中我们将使用类似的方法对更多中介语语档进行计算分析，相信将会对中介语的语音状态有更多的认识。

第六章　结语

在全书上篇部分，我们借助语言类型学方法，针对 25 种不同母语背景的汉语学习者的语音偏误表现进行了不同于前人的横向统计，且从宏观角度探究了汉语作为第二语言学习者的语音偏误特点和模式。

首先，本书从声母、韵母、声调三方面统计了来自 25 个国家或民族的汉语学习者的共性偏误表现，从偏误来源方面分析其产生共性原因的同时，又借助语音类型学的思路对偏误共性进行了深入剖析，并对偏误表现之间的关系进行了一些推测。下面从声母、韵母、声调等 3 个方面进行简要总结。

（1）*声母方面*

母语非汉语者在声母部分的发音偏误主要集中在卷舌声母 r[ɻ]，舌尖后音 zh[tʂ]、ch[tʂʰ]、sh[ʂ]，舌尖前音 z[ts]、c[tsʰ]、s[s]，舌面前音 j[tɕ]、q[tɕʰ]、x[ɕ]，送气音与不送气音，清音，舌面后擦音 h[x]，塞擦音等方面，并且不同母语背景的汉语学习者显示出了相对一致的偏误表现，如舌尖后音 zh[tʂ]、ch[tʂʰ]、sh[ʂ]易误发为舌叶音[dʒ]、[tʃ]、[ʃ]，卷舌声母 r[ɻ]易卷舌过度或误发为颤音[r]，等等。通过对上述偏误共性的分析，我们发现，除了从母语负迁移、目的语过度泛化等方面来分析偏误来源之外，汉语学习者的偏误共性原因还可以从语音类型学的角度找到依据。诸如汉语卷舌声母 r[ɻ]、塞擦音、“送气音 & 不送气音”的对立等在语言学上属于“标记性”的音素或语音现象，较其他音素更易产生偏误，而其对应的高频偏误表现一般为位置相近或发音方法相近的带有“无标记”属性音素或语音现象（如 r[ɻ]→[r]、塞擦音→擦音、送气音 & 不送气音→清音 & 浊音等）。此外，卷舌声母 r[ɻ]的偏误表现还与舌尖后音 zh[tʂ]、ch[tʂʰ]、sh[ʂ]的偏误表现有着相关关系，即“卷舌声母 r[ɻ]发为舌叶音”蕴含着“舌尖后音发为舌叶音”。最后，由 25 种母语背景的汉语学习者偏误共性以及语音类型学分析可以得知，汉语声母方面的特色音素主要为 r[ɻ]、zh[tʂ]、ch[tʂʰ]、sh[ʂ]、j[tɕ]、q[tɕʰ]、x[ɕ]、p[pʰ]、t[tʰ]、k[kʰ]。

（2）韵母方面

母语非汉语者的发音偏误主要集中在复韵母、鼻韵母、舌尖元音（[ɿ]、[ʅ]）、卷舌化元音（er[ɚ]及儿化韵母）、舌面元音 u/e/ɑ/ü 等方面。学习者韵母方面的偏误表现相比声母方面的分散一些，但仍有共性和规律可循：复韵母、鼻韵母和舌尖元音的偏误共性规律与声母部分相同，汉语复韵母与鼻音韵尾发音方法的“无标记性”是造成学习者高偏误率的主要原因。而单韵母方面，由于其自身的发音特点，学习者在这一方面围绕唇形、舌位表现出较分散的偏误表现，但也不是完全无规律可循——汉语学习者在发汉语的四角、四边的元音（如[u]、[o]、[ɑ]、[a]、[ʌ]、[ɛ]、[ɤ]等）时，易将舌位向中央靠近；发央元音[ə]时舌位易“升高”且“前移”；唇形方面各元音均倾向于发为唇形放松的不圆唇元音等。不同于辅音，学习者在学习汉语元音过程中遇到其母语中存在的元音时也会产生偏误。此外，通过对声母、韵母两部分的偏误共性进行分析，我们发现学习者的声母语音偏误与韵母语音偏误之间也是存在相关关系的：① 学习者在声母的发音方面产生偏误会影响到其后韵母发音的准确性；② 偏误表现之间的蕴含关系在声韵两领域之间同样适用。儿化韵方面的偏误蕴含着卷舌元音 er[ɚ]偏误的存在。元音 e[ɤ]、ü[y]、-i[ɿ]、-i[ʅ]、er[ɚ]以及儿化韵母、复韵母、鼻韵母应被视为汉语特色音素。

（3）声调方面

汉语学习者在声调方面产生偏误的频率：第一声＞第三声＞第二声＞第四声＞轻声。且声调方面产生的偏误在 25 个母语背景的统计数据中均在 60% 及以上。根据语音类型学观点，汉语属于带有复杂声调系统的声调语言，而声调语言在世界语言中占比非常小，因此绝大部分汉语初学者没有声调意识。且汉语的四声全部都含有两极（高调 5，低调 1）声调，故汉语四声的标记性均较高。偏误表现方面，虽然学习者的偏误表现较多样，但多倾向于发为中调，这再次证明了语音的中调无标记、两极的声调标记程度高的语音共性。

通过对偏误共性的分析发现，即使来自不同母语背景，汉语作为第二语言，学习者也会出现共同的语音偏误。这种语音偏误或来源于汉语音素的“有标记”属性，或受第一语言语音方面的相同点影响，这正好印证了前人从语音类型学角度对汉语作为第二语言习得的研究——语言标记性可以预测学习中的难点和可能出现的偏误。在此基础上本书还发现了相对于“有标记”音素或语音现象，“无标记”音素或现象更易出现在学习者的偏误表现或中介语语音系统中。此外，语音类型学家通过一系列研究证明了世界语言（此处指第一语言）之间蕴含着共性，这种蕴含共性揭示了人类语言中的普遍共性。本书更进一步，在汉语学习者的偏误表现之间也发现了蕴含关系，如“卷舌声母 r[ɽ]发为舌叶音”蕴含着“舌尖后音发为舌叶音”的偏误、儿化韵方面的偏误蕴含着卷舌元音 er[ɚ]偏误的存在，等等，从而进一步证实了不同母语背景学习者的偏误表现（或称中介语系统）中也存在着普遍共性，“蕴含共性”理论在第二语言习得中同样适用。

然后，我们又针对在统计中出现的、仅一个国家或民族的学习者出现的语音偏误进行了个性偏误的分析。通过对个性语音偏误表现和产生原因的分析得出了“学习者的个性语音偏误绝大部分与其母语负迁移有关”的结论。学习者在最初接触汉语中新的语音音素时，有两种倾向：第一，以易学（或已知）来替代难学，以自己所熟悉掌握的音来替代目的语中难以掌握的音；第二，将母语的语音规则误带入目的语语音系统中。这两种是学习者形成各自母语背景个性偏误的重要原因。如果说学习者的偏误共性是人类语言（此处包括第一语言和第二语言）的普遍共性的作用和证明，那么偏误个性即为各母语背景的学习者的母语个性的表现。正因其为学习者的母语个性的表现，我们经过统计、分析得出的个性偏误特征便可以作为他们各自母语背景的个性口音进行标记，从而为汉语作为第二语言的发音者语音识别的研究提供参考。

另外，我们还使用编辑距离计算分析的方法，专门设计汉语词表，采用 ASJP 模式的词的语音形式计算方法，通过统计分析软件和分子生物学软件研究语音偏误 / 中介语的分类。初步结果显示：一是偏误语音 / 中介语分类本身能够显示中介语自身的特点，二是中介语的分类在一定程度上能够反映其母语的亲缘远近关系。

最后需要指出的是，由于研究收集的难度以及时间上的限制，本研究还存在不少不足之处，主要有以下几个方面。

第一，我们以 25 种母语背景的汉语学习者发音为研究对象，相比于世界上的所有语言来说，这一样本数量是很少的；此外，我们对于偏误共性方面存在的共性例外现象、蕴含共性现象等出现的原因仍有不确切之处，这关系到我们所作出分析的可信程度。以上问题都需通过进一步扩大研究样本才能进一步探究清楚。

第二，我们所选 25 种母语背景的汉语学习者的语音偏误分析参考了大量前人的研究，但前人对于这 25 种母语背景的汉语学习者的语音偏误研究成果数量并不相近，如尼日利亚等国家的偏误分析能参考的文献较少。针对这样母语背景的学习者偏误仍需要再进行深入的实验语音学研究，以做到将定量与定性分析相结合。

第三，我们仅对汉语学习者单字方面的声母、韵母和声调的偏误进行了语音偏误的个性与共性分析，汉语停顿、语调等其他方面语音偏误尚未涉及。这可以作为今后的研究方向。

总之，本研究尽量从创新性的角度出发，借助不同于前人的方法和角度，从整体上探讨汉语学习者的语音偏误特点和模式，为汉语教学多国别化、“联合国”化的教学对象统计出了比较客观和典型的语音教学重难点；为教师、教材编写者和学习者展现了比较全面和宏观的偏误统计结果和偏误产生原因。另外，我们还在学习者的偏误系统中，试图寻找第二语言学习者中介语语音系统中同样符合语言类型学提出的世界语言的规律，并将语音类型学研究与第二语言习得研究相结合。除此以外，本研究也探讨了 25 个母语背景中各母语背景学习者的个性语音偏误，这是与带有普遍性的共性偏误完全相反的另一端，是对独特语音偏误研究的初步探索。

上篇附录

25个母语背景汉语学习者语音偏误概览

一、美国汉语学习者语音偏误

（一）声母方面

1. 清音b[p]、d[t]、g[k]、z[ts]分别发为浊音[b]、[d]、[g]、[z]或[dz]。

例："爸"发为近似于[bʌ]，"组"发为近似于[zʊ]、[dzʊ]。

2. 翘舌音zh[tʂ]、ch[tʂʰ]、sh[ʂ]发为舌叶音[dʒ]、[tʃ]、[ʃ]。

例："扎"发为[dʒʌ]，"吃"发为[tʃə]。

3. j[tɕ]、q[tɕʰ]、x[ɕ]发为舌叶音[dʒ]、[tʃ]、[ʃ]，且初学者易将其与zh[tʂ]、ch[tʂʰ]、sh[ʂ]相混淆。

例："去"发为近似[tʃiu]，"先"发为近似[ʃiɛn]。

4. 卷舌声母r[ʐ]发为[rʷ]或[ʒ]。

例："然"发为[rʷan]或[ʒan]。

5. 舌根音h[x]发为部位更靠后的喉音[h]。

例："好"发为[hɑu]，"喝"发为[hə]。

● 将美国学生的典型声母偏误（口音）表现整理如下表：

汉语普通话声母	口音汉语声母
b[p]	[b]
d[t]	[d]
g[k]	[g]
z[ts]	[z]、[dz]

（续表）

汉语普通话声母	口音汉语声母
zh[tʂ]	[dʒ]
ch[tʂʰ]	[tʃ]
sh[ʂ]	[ʃ]
j[tɕ]	[dʒ]
q[tɕʰ]	[tʃ]
x[ɕ]	[ʃ]
r[ɽ]	[rʷ]或[ʒ]
h[x]	[h]

（二）韵母方面

6. ɑ[ɑ]开口度不够大、靠后，且含 ɑ 的复韵母发音也受到影响。

例："方" 发为近似[fæŋ]，"两" 发为[liæŋ]。

7. u[u]发音较靠前，接近英语的[ʊ]。

例："故" 发为近似[gʊ]，"书" 发为近似[ʃʊ]，像英语的 "shoe"。

8. ü[y]常发为[iu]。

例："鱼" 发为[iu]，"女" 发为近似[niu]。

9. -i[ɿ]、-i[ʅ]易央化，常和[ə]混淆，也会受书写字母影响，发成[i]。

例："市" 发成近似[ʃə]，"子" 发成近似[zə]；初学者常常分不清 zi[tsɿ]、ci[tsʰɿ]、si[sɿ]和 ze[tsə]、ce[tsʰə]、se[sə]，以及 zhi[tʂʅ]、chi[tʂʰʅ]、shi[ʂʅ]、ri[ɽʅ]和 zhe[tʂə]、che[tʂʰə]、she[ʂə]、re[ɽə]。

10. e[ɤ]发音动程不够，易央化发为[ə]。

例：鹅[ɤ]发为[ə]。

11. 三对合口呼和撮口呼易混：u—ü，uan—üan，uen—üen，尤其是 "zh/ch/sh+ 合口呼" 与 "j/q/x+ 撮口呼"。

例："路" 和 "绿"，"奴" 和 "女"，"住" 和 "句"。

12. 前后鼻韵母易混。

例："新" 和 "星"，"跟" 和 "更"。

● 将美国学生的典型韵母偏误（口音）表现整理如下表：

汉语普通话韵母	口音汉语韵母
ɑ[ɑ]	[æ]
u[u]	[ʊ]
ü[y]	[iu]
-i[ɿ]、-i[ʅ]	[ə]、[i]
e[ɤ]	[ə]
合口呼与撮口呼	易混
前后鼻韵母	易混

（三）声调方面

13. 第一声（阴平）整体音高偏低且常为降调。

例："阳光" 发为 "阳[guæŋ33]" 或 "阳[guæŋ31]"。

14. 第二声（阳平）常发为降调，近似第四声。

例："词典" 发为 "[tsʰə41]典"。

15. 第三声（上声）往往发为升调，近似第二声。

例："雨" 发为 "于[iu35]"。

16. 第四声（去声）常发为升调，近似第二声。

例："例" 发为 "梨[li35]"。

17. 轻声发不好，往往发同原调。

例："知识" 发为 "知[ʃə41]"。

● 将美国学生的典型声调偏误（口音）表现整理如下表：

汉语普通话声调	口音汉语声调
第一声	整体音高偏低且常为降调，音值近似[33]/[31]
第二声	常发为降调，近似第四声[41]
第三声	往往发为升调，近似第二声[35]
第四声	常发为升调，近似第二声[35]
轻声	轻声发不好，往往发同原调

（杨盼盼、冉启斌整理）

二、俄罗斯汉语学习者语音偏误

（一）声母方面

1. 不带音的 b[p]、d[t]、g[k]、z[ts]分别发为带音的[b]、[d]、[g]、[z]或[dz]。

例："更"发为近似于[gəŋ]，"奔"发为近似于[bən]，"怎"发为近似于[zən]或[dzən]，"砸"发为近似于[zᴀ]或[dzᴀ]。

2. 发汉语声母 d[t]或者 t[tʰ]的时候发得比较软，尤其是声母后面有韵母 i[i]时，声母 d[t]容易变成舌面音 j[tɕ]。

例："底[ti]"发为近似于[tɕi]。

3. 卷舌声母 r[ɽ]发为[ʒ]。

例："然"发为近似于[ʒan]，"日"发为近似于[ʒə]。

4. 翘舌音 zh[tʂ]、ch[tʂʰ]、sh[ʂ]发为平舌音，分别接近[dʒ]或[tj]、[tʃj]、[ʃ]或[ʃj]。

例："周"发为近似于[dʒou]，"查"发为近似于[tʃjᴀ]，"树"发为近似于[ʃʊ]或[ʃjʊ]。

5. j[tɕ]、q[tɕʰ]、x[ɕ]分别发为[dʒ]或[tj]、[tʃj]、[ʃ]或[ʃj]，且初学者易将其与 zh[tʂ]、ch[tʂʰ]、sh[ʂ]相混淆。

例："巨"发为近似[dʒu]或[tju]，初学者发"住"的偏误口音与此近似；"需"发为近似[ʃu]，初学者发"书"的偏误口音与此近似。

6. 汉语的塞音 p[pʰ]、t[tʰ]、k[kʰ]为送气比较强的塞音，但俄语塞音无送气不送气的对立，发 p[pʰ]、t[tʰ]、k[kʰ]时，送气不足。

7. 初学者易将 z[ts]与 j[tɕ]相混。

例："自"发音近似于"记"。

● 将俄罗斯学生的典型声母偏误（口音）表现整理如下表：

汉语普通话声母	口音汉语声母
b[p]	[b]
d[t]	[d]、[tɕ]
g[k]	[g]

（续表）

汉语普通话声母	口音汉语声母
z[ts]	[z]或[dz]
r[ɽ]	[ʒ]
zh[tʂ]	接近[dʒ]或[tj]
ch[tʂʰ]	接近[tʃj]
sh[ʂ]	接近[ʃ]或[ʃj]
j[tɕ]	[dʒ]或[tj]
q[tɕʰ]	[tʃj]
x[ɕ]	[ʃ]或[ʃj]
送气较强的塞音 p[pʰ]、t[tʰ]、k[kʰ]	送气不足
z[ts]、j[tɕ]	易混

（二）韵母方面

8. ü[y]常发为[iu]或[u]，含 ü [y]的复韵母üe、üan、ün(üen)、iong的发音都受到影响。

例："吕" 发为近似于鲁[lu]，"取" 发为近似于[tʃjiu]，"捐" 发为近似于[dʒuæn]，"军" 发为近似于[dʒuən]。

9. 舌尖元音 -i[ɿ]、-i[ʅ]发为[ə]，初学者常常分不清 zi[tsɿ]、ci[tsʰɿ]、si[sɿ]和 ze[tsə]、ce[tsʰə]、se[sə]，zhi[tʂʅ]、chi[tʂʰʅ]、shi[ʂʅ]、ri[ɽʅ]和 zhe[tʂə]、che[tʂʰə]、she[ʂə]、re[ɽə]。

例："日" 发为近似于 "热[ʒə]"，"词" 发为近似于[tsʰə]。

初学者常将 "指" 发为近似 "者"，将 "石" 发为近似 "舌"。

10. er[ɚ]发为近似于[ɘ]。

例："儿子" 发为近似于 "[ɘ]子"。

11. ou[əu]发为[o]或[ou]，含 ou 的复韵母 iu(iou) 的发音也受到影响。

例："口" 发为近似于[kʰo]或[kʰou]，"狗" 发为近似于[ko]或[kou]。

12. ao[ɑu]发为近似于[ɑo]，且韵尾发音过于明显。

例："高考" 发为近似于[gɑo kʰɑo]。

13. 前后鼻韵母易混，尤其是 en—eng、in—ing(ien—ieng) 两组。

例："请" 发为近似于 "秦"，"门" 发为近似于 "萌"，"近况" 发为近似于 "镜框"。

14. 受拼音简写的影响，复韵母 iu（iou）、ui（uei）、un（uen）、ün（üen）的韵腹发音不够充分。

● 将俄罗斯学生的典型韵母偏误（口音）表现整理如下表：

汉语普通话韵母	口音汉语韵母
ü[y]	[iu]或[u]
-i[ɿ]、-i[ʅ]	[ə]
er[ɚ]	[ɘ]
ou[əu]	[o]或[ou]
ɑo[ɑu]	[ɑo]
前后鼻韵母（尤其 en—eng、in—ing）	易混
iu（iou）、ui（uei）、un（uen）、ün（üen）	韵腹发音不充分

（三）声调方面

15. 第一声（阴平）整体音高偏低，音值近似[44]/[33]。

例："晶[tɕiŋ55]"发为[dʒiŋ33]。

16. 第二声（阳平）调值不够高，音值近似[23]/[34]。

例："头[tʰəu35]"发为[tʰou23]或[tʰou34]。

17. 第三声（上声）常常发为近似第二声阳平，音值近似[23]/[34]。

例："请"发为近似"晴"，"吕"发为近似"驴"，"虎"发为近似"湖"。

18. 轻声发不好，往往发同原调。

例："知识"发为"知[ʃə34]"。

● 将俄罗斯学生的典型声调偏误（口音）表现整理如下表：

汉语普通话声调	口音汉语声调
第一声	整体音高偏低，音值近似[44]/[33]
第二声	调值不够高，音值近似[23]/[34]
第三声	似第二声，音值近似[23]/[34]
轻声	发不好，往往发同原调

（杨盼盼、冉启斌整理）

三、韩国汉语学习者语音偏误

(一) 声母方面

1. 唇齿音 f[f]发为双唇音[ɸ]、[p]或[p^h]，且[f]、[p]、[p^h]这三个音初学者常常相混淆。

例："方便" 发为近似于 "乓[p^{h}æŋ]便"，"发布" 发为近似于 "巴[pʌ]布"，"办法" 发为近似于 "犯[fan]法"，"培养" 发为近似 "肥[fei]养"。

2. 舌尖后音 r[ɽ]发为近似于舌尖中边音 l[l]。

例："热" 发为近似于[lə]，"扰" 发为近似于[læʊ]。

3. 舌尖前音 z[ts]、c[ts^h]发为舌叶音[tʃ]、[tʃ^h]。

例："足" 发为近似于[tʃʊ]，"层" 发为近似于[tʃ^{h}əŋ]。

4. 翘舌音 zh[tʂ]、ch[tʂ^h]、sh[ʂ]发为舌叶音[tʃ]、[tʃ^h]、[ʃ]或近似 z[ts]、c[ts^h]、s[s]。

例："智" 发为近似于[tsə]，"长" 发为近似于[ts^{h}æŋ]。

5. j[tɕ]、q[tɕ^h]、x[ɕ]常常和 zh[tʂ]、z[ts]，ch[tʂ^h]、c[ts^h]，sh[ʂ]、s[s]相混。

例："杂志" 发为近似于 "杂技"，"笔记" 发为近似于 "鼻子"，"鞋" 发为近似于[ʃiɛ]，"三" 发为近似于[ʃan]。

6. h[x]发为很虚的、如吹气一样的[ɸ]或近似[f]。

例："哈" 发为近似于[ɸʌ]，"呼" 发为近似于[fʊ]。

● 将韩国学生的典型声母偏误(口音)表现整理如下表：

汉语普通话声母	口音汉语声母
f[f]	[ɸ]、[p]或[p^h]
f[f]、b[p]、p[p^h]	易混
r[ɽ]	l[l]
z[ts]	[tʃ]
c[ts^h]	[tʃ^h]
zh[tʂ]	[tʃ]、[ts]
ch[tʂ^h]	[tʃ^h]、[ts^h]

（续表）

汉语普通话声母	口音汉语声母
sh[ʂ]	[ʃ]、[s]
z[ts]/c[tsʰ]/s[s] zh[tʂ]/ch[tʂʰ]/sh[ʂ] j[tɕ]/q[tɕʰ]/x[ɕ]	易混
h[x]	[ɸ]或近似[f]

（二）韵母方面

7. ɑ[ɑ]开口度不够大且靠前，且含ɑ的复韵母 ɑo 的发音也受到影响。

例："良"发为近似于[liæŋ]，"毛"发为近似于[mæʊ]。

8. ü[y]的发音接近[ɯi]或不圆唇的[i]。

例："鱼"发为近似于[ɯi]，"去"近似"气[tʃʰi]"，"去不去"近似"气不气"。

9. u[u]发音较靠前，接近[ʊ]。

例："足"发为近似于[tʃʊ]，"出"发为近似于[tʃʰʊ]。

10. e 的发音动程不够，接近[ʌ]，或将[ɤ]发为[ə]。

例："舍"发为近似于[ʃʌ]，"鹅"发为近似于[ə]。

11. -i[ɿ]、-i[ʅ]易发为[ə]，也会受书写字母影响，发成[i]。

例："资"发为近似于[tʃə]，"吃"发为近似于[tʃʰi]。

12. 复韵母 ou[əu]发为近似于[ou]。

例："口"发为近似于[kʰou]，"狗"发为近似于[kou]。

13. 复韵母 uo 发为实际的两个元音[u]、[o]。

例："国"发为近似于[kuo]，"错"发为近似于[tʃʰuo]。

14. 复韵母 ui[uei]发为近似于[ue]。

例："退"发为近似于[tʰue]。

15. 复韵母 un[uən]发为近似于[ʊn]。

例："问"发为近似于[ʊn]，"昏"发为近似于[ɸʊn]。

16. 复韵母 iu[iəu]发为近似于[iʊ]。

例："六"发为近似于[liʊ]，"求"发为近似于[tʃʰiʊ]。

17. 复韵母 en[ən]发为近似于[ɑn]。

例："粉"发为近似于[pɑn]，"人"发为近似于[lan]。

● 将韩国学生的典型韵母偏误（口音）表现整理如下表：

汉语普通话韵母	口音汉语韵母
ɑ[ɑ]	[æ]
ü[y]	[ɯi]或[i]
u[u]	[ʊ]
e([ɤ]等)	[ʌ]或[ə]
-i[ɿ]、-i[ʅ]	[ə]或[i]
ou[əu]	[ou]
uo[uo]	实际的两个元音[u]、[o]
ui[uei]	[ue]
un[uən]	[ʊn]
iu[iəu]	[iʊ]
en[ən]	[ɑn]

（三）声调方面

18. 第一声（阴平）整体音高偏低，音值近似[44]或[33]。

例："封面"发为"[pəŋ33]面"。

19. 第二声（阳平）常发为曲折调，近似第三声；或调值不够高，发为[24]/[34]。

例："才"发为[tʃʰai214]，接近"彩"。

20. 第三声（上声）常和第二声相混。

例："反"发为[pan24]，接近"烦"。

21. 轻声发不好，常发为平调。

例："猴子"发为"猴[tʃə33]"。

● 将韩国学生的典型声调偏误（口音）表现整理如下表：

汉语普通话声调	口音汉语声调
第一声	整体音高偏低，音值近似[44]或[33]
第二声	常发为曲折调，近似第三声； 调值不够高，发为[24]/[34]
第三声	常和第二声相混，发为[24]
轻声	轻声发不好，常发为平调

（杨盼盼整理）

四、泰国汉语学习者语音偏误

（一）声母方面

1. 送气塞音 k[kʰ]、送气塞擦音 q[tɕʰ]、ch[tʂʰ]等，分别发为相应部位不带阻塞的擦音 h[x]、x[ɕ]、sh[ʂ]。

例："考试" 发为近似于 "好[xɑu]试"，"车" 发为近似于 "赊[ʂə]"。

2. 舌面擦音 x[ɕ]大部分发为舌尖擦音[s]。

例："学" 发为[siɛ]，"校" 发为[siɑu]。

3. 舌根擦音 h[x]往往发为鼻化色彩很重的不带音小舌鼻音[ɴ̥]。

例："好" 发为[ɴ̥ɑu]，"会" 发为[ɴ̥uəi]。

4. 卷舌声母 r[ʐ]摩擦发得不到位，发为无擦通音的[ɻ]。

例："人" 发为[ɻən]。

5. zh[tʂ]、sh[ʂ]卷舌不到位，有时与 z[ts]、s[s]相混。

例："知" 发为[tsɿ]，"中" 发为[tsoŋ]。

● 将泰国学生的典型声母偏误（口音）表现整理如下表：

汉语普通话声母	口音汉语声母
k[kʰ]	h[x]
q[tɕʰ]	x[ɕ]
ch[tʂʰ]	sh[ʂ]
x[ɕ]	s[s]
h[x]	[ɴ̥]
r[ʐ]	[ɻ]
zh[tʂ]、sh[ʂ]	卷舌不到位，与 z[ts]、s[s]相混

（二）韵母方面

6. 韵母 uɑ[uɑ]与 uo[uo]不能区分，发音介于两者之间。

例："我" "瓦" 等不能很好地区分，发音近似。

7. 韵母 iɑ[ia]与 ie[iɛ]不能区分，发音介于两者之间。

例："假" "姐" 等不能很好地区分，发音近似。

8. er［ər］的舌位很靠后，卷舌色彩过轻，发为［ɤ］。

例："二"发为［ɤ］，"儿"发为［ɤ］。

9. ü［y］的发为不圆唇的［i］，或舌位后移发为［u］，也有发为［iːu］或［uːi］的情况。

例："全［tɕʰyɛn］"发为"咸［ɕiɛn］"等。

10. 舌尖元音 -i［ɿ］和 -i［ʅ］相混。

例："智［tʂʅ］"发为"字［tsɿ］"。

● 将泰国学生的典型韵母偏误（口音）表现整理如下表：

汉语普通话韵母	口音汉语韵母
uɑ［uɑ］、uo［uo］	二者相混，不能区分
iɑ［ia］、ie［iɛ］	二者相混，不能区分
er［ɚ］	［ɤ］
ü［y］	［i］
	［u］
	［iːu］或［uːi］
-i［ɿ］和 -i［ʅ］	相混

（三）声调方面

11. 第一声（阴平）整体音高偏低，有的发音近似东北话音值［33］。

例："自行车"发为"自行车［ʂə33］"。

12. 第四声（去声）开始时持续较高的音高，后面下降的幅度比较小，在连读更明显。

例："看见"发为［xan553 tɕiɛn553］。

13. 轻声基本上不能正确发出，往往发为原调。

例："事情"发为［ʂʅ553 ɕiŋ35］。

● 将泰国学生的典型声调偏误（口音）表现整理如下表：

汉语普通话声调	口音汉语声调
第一声［55］	整体音高偏低，音值近似［33］
第四声［51］	开始时持续较高的音高，后面下降的幅度比较小
轻声	词语里的轻声往往发为原调

（冉启斌整理）

五、西班牙汉语学习者语音偏误

（一）声母方面

1. 送气音与不送气音易混淆，送气音更易发为不送气音，将 p[pʰ]误发为 b[p]最典型；不送气音也会发为送气音，如：j[tɕ]误发为 q[tɕʰ]。

例："瀑[pʰu]布"发为"布[pu]布"，"继[tɕi]续"发为"气[tɕʰi]续"。

2. 舌尖后音 zh[tʂ]、ch[tʂʰ]、sh[ʂ]易发为舌面音 j[tɕ]、q[tɕʰ]、x[ɕ]。

例："十[ʂʅ]"发为"习[ɕi]"。

3. 舌尖后音 zh[tʂ]、ch[tʂʰ]、sh[ʂ]还因翘舌不够，易发为舌叶音[dʒ]、[tʃ]、[ʃ]。

例："是[ʂʅ]"发为[ʃi]。

4. r[ɽ]卷舌过度，易发为[r]。

例："热[ɽə]"发为[rə]。

5. 舌根音 h[x]发为部位更靠后的喉擦音[h]。

例："喝[xə]"发为[hə]。

● 将西班牙学生的典型声母偏误（口音）表现整理如下表：

汉语普通话声母	口音汉语声母
送气音与不送气音	易混；送气音更易发为不送气音
zh[tʂ]	j[tɕ]/[dʒ]
ch[tʂʰ]	q[tɕʰ]/[tʃ]
sh[ʂ]	x[ɕ]/[ʃ]
r[ɽ]	[r]
h[x]	[h]

（二）韵母方面

6. ɑ开口偏小，发音近似[ʌ]。

例："他[tʰA]"发为[tʰʌ]。

7. 卷舌韵母 er[ɚ]发音困难，常发为[ə]，或在后面加[l]发为[əl]。

8. ü[y]发音困难，常发为[u]或[iu]。

例：“去[tɕʰy]”发为[tɕʰu]。

9. 复韵母 iu[iəu]韵腹被忽略，常误发为[iu]或[iy]。

例：“丢[tiəu]”发为[tiu]或[tiy]。

10. e[ɤ]舌位略靠前，易发为[e]。

例：“饿[ɤ]”发为[e]。

11. 复韵母 un[uən]韵腹被忽略，常误发为[un]。

例：“尊[tsuən]”发为[tsun]。

12. 前后鼻音韵母易混，后鼻音韵母[-ŋ]更易发为前鼻音韵母[-n]。

例：“风[fəŋ]景区”发为“分[fən]景区”。

13. -i[ʅ]、-i[ʅ]都读为[i]。

例：“吃[tʂʰʅ]”发为“七[tʃi]”。

● 将西班牙学生的典型韵母偏误（口音）表现整理如下表：

汉语普通话韵母	口音汉语韵母
ɑ[a]/[ɑ]/[ʌ]	近似[ʌ]
er[ɚ]	[ə]/[əl]
ü[y]	[u]/[iu]
iu[iəu]	[iu]/[iy]
e[ɤ]	[e]
un[uən]	[un]
前后鼻音韵母	易混
-i[ɿ]、-i[ʅ]	[i]

（三）声调方面

14. 第一声（阴平）整体音高偏低，约为[33]或[44]。

15. 第二声（阳平）调值偏低，且常误发为低平调。

例：“牛[niəu35]”发为“牛[niy33]”。

16. 第三声（上声）曲调略平缓。

例：“找[tʂɑu214]”发为[dʒɑu212]。

17. 第四声（去声）降不到底，且常误发为低平调[33]/[44]。

例：“现[ɕiɛn51]在[tsai51]”发为“先[ɕiɛn44]在[tsai33]”。

18. 轻声发不好，往往发同原调。

例："知识"发为"知[ʃʅ33]"。

● 将西班牙学生的典型声调偏误（口音）表现整理如下表：

汉语普通话声调	口音汉语声调
第一声	偏低，约为[33]或[44]
第二声	调值偏低，且常误发为低平调
第三声	曲调略平缓
第四声	降不到底，且常误发为低平调[33]/[44]
轻声	往往发同原调

（安杰娜整理）

六、德国汉语学习者语音偏误

（一）声母方面

1. 翘舌音 zh[tʂ]、ch[tʂʰ]、sh[ʂ]发为舌叶音[dʒ]、[tʃ]、[ʃ]。

例："直[tʂʅ]"发为[dʒə]。

2. 翘舌音 zh[tʂ]、ch[tʂʰ]、sh[ʂ]与舌面音 j[tɕ]、q[tɕʰ]、x[ɕ]易混。

3. 舌根擦音 h[x]发成靠后的喉擦音[h]。

例："画[xuɑ]"发为[huɑ]。

4. r[ʐ]卷舌过度，发为[ɾ]。

例："人[ʐən]"发为[ɾən]。

5. x[ɕ]易发为介于[ɕ]和[s]之间的音。

6. 送气音 k[kʰ]、p[pʰ]、t[tʰ]、q[tɕʰ]等送气不足，有时发为相应的不送气音[k]、[p]、[t]、[tɕ]。

● 将德国学生的典型声母偏误（口音）表现整理如下表：

汉语普通话声母	口音汉语声母
zh[tʂ]、ch[tʂʰ]、sh[ʂ]	[dʒ]、[tʃ]、[ʃ]
zh[tʂ]、ch[tʂʰ]、sh[ʂ]与 j[tɕ]、q[tɕʰ]、x[ɕ]	易混
h[x]	[h]
r[ʐ]	[ɾ]

（续表）

汉语普通话声母	口音汉语声母
x［ɕ］	介于［ɕ］和［s］之间的音
送气音 k［kʰ］、p［pʰ］、t［tʰ］、q［tɕʰ］等	送气不足

（二）韵母方面

7. 元音 e［ɛ］开口度过大，发为［æ］。

例："列［liɛ］"发为［liæ］。

8. 舌尖元音 -i［ɿ］、-i［ʅ］容易发为舌面央元音［ə］。

例："直［tʂʅ］"发为［dʒə］，"词［tsʰɿ］"发为［tsʰə］。

9. ui［uei］、un［uən］易丢失韵腹发为［ui］、［un］。

例："准［tʂuən］"发为［dʒun］。

10. ɑ［a］韵母开口度过大，发为［ᴀ］。

例："关［kuan］"发为［kuᴀn］。

11. 后鼻音韵母［ŋ］易发为前鼻音韵母［n］，典型偏误为 ing［iŋ］发为［in］。

例："英［iŋ］语"发为"因［in］语"。

12. 卷舌元音 er［ɚ］卷舌力度不够，发为［ɑr］。

例："耳［ɚ］"发为［ɑr］。

● 将德国学生的典型韵母偏误（口音）表现整理如下表：

汉语普通话韵母	口音汉语韵母
e［ɛ］	［æ］
-i［ɿ］、-i［ʅ］	［ə］
ui［uei］、un［uən］	［ui］、［un］
ɑ［a］	［ᴀ］
后鼻音韵母［ŋ］	前鼻音韵母［n］
er［ɚ］	［ɑr］

（三）声调方面

13. 第一声（阴平）整体音高偏低，发为［44］。

例："他［tʰᴀ55］"发为［tᴀ44］。

14. 第二声（阳平）常发为降升调，近似第三声［314］/［324］。

例："菊［tɕy35］"发为"举［tɕy324］"。

15. 第三声（上声）起点略高，中间很难降下，升调略低，发为［313］/［324］，有时近似第二声。

例："耳［ɚ214］"发为［ɑr313］。

● 将德国学生的典型声调偏误（口音）表现整理如下表：

汉语普通话声调	口音汉语声调
第一声	音高偏低，发为［44］
第二声	常发为降升调，近似第三声［314］/［324］
第三声	起点略高，中间很难降下，升调略低，发为［313］/［324］

（赵婧整理）

七、荷兰汉语学习者语音偏误

（一）声母方面

1. 舌根擦音 h［x］发为靠后的喉擦音［h］。

例："和"发为［hɘ］。

2. 舌尖后音 zh［tʂ］、ch［tʂʰ］、sh［ʂ］发为：

（1）舌尖前音［ts］、［tsʰ］、［s］或接近舌尖前音（介于舌尖前音和舌尖后音之间）的［ts］和［tʂ］之间、［tsʰ］和［tʂʰ］之间、［s］或［s］和［ʂ］之间的音。

例："中"发为或近似为"宗［tsuŋ］"，"成"发为或近似为"层［tsʰəŋ］"。

（2）发为舌叶音［dʒ］、［tʃ］、［ʃ］。

例："上"发为［ʃɑŋ］，"摘"发为［dʒai］。

3. 送气音 k［kʰ］、p［pʰ］、t［tʰ］、c［tsʰ］、q［tɕʰ］发成不送气的［k］、［p］、［t］、［ts］、［tɕ］，而且辅音"p、t、k"和"b、d、g"的发音依靠声带振动来完成区分，而不是需要依靠送气、不送气来区分。

例："课"发为［kɘ］，"区"发为［tɕu］。

4. r［ɽ］卷舌过度，发为［ʐ］。

例："友人［ɽən］"发为［ʐɛn］。

● 将荷兰学生的典型声母偏误（口音）表现整理如下表：

汉语普通话声母	口音汉语声母
h[x]	[h]
zh[tʂ]	[ts]或[ts]和[tʂ]之间； 或[dʒ]（舌叶音）
ch[tʂʰ]	[tsʰ]、[tsʰ]和[tʂʰ]之间； 或[tʃ]（舌叶音）
sh[ʂ]	[s]，[s]和[ʂ]之间； 或[ʃ]（舌叶音）
k[kʰ]	[k]
p[pʰ]	[p]
t[tʰ]	[t]
c[tsʰ]	[ts]
q[tɕʰ]	[tɕ]
r[ɽ]	[ʐ]

（二）韵母方面

5. 圆唇元音 o[o]发音时易发得过展 e[ə]。

例："玻" 发为[pə]。

6. er[ɚ]容易发成[ə]。

例："儿" 发为[ə]。

7. 舌面元音在发音时，有前后央中等位置的变化：

（1）舌面后元音 u[u]发成舌面前、高、圆唇元音 ü[y]或接近中间一些的央、高、圆唇元音[ʉ]。

例："住" 发成[dʒʉ]。

（2）舌面前元音 ü[y]发成舌面后元音 u[u]。

例："泉" 发成[tɕuan]，"女" 发成[nu]。

（3）舌尖元音 -i[ɿ]、-i[ʅ]容易发成舌面央元音[ə]。

例："吃" 发成[tʃə]，"师" 读成近似[ʃə]。

（4）元音 e[ə]容易发成舌尖前元音 -i[ɿ]或舌面、前、半高元音[ɘ]。

例："册[tsʰə]"读成[tsɿ]，"舌"发成[ʃə]。

8. 复元音韵母 uen[uən]、iou[iəu]、uei[uei]在发音时易造成介音的残缺，发成[un]、[iu]、[i]/[u]/[ui]。

例如："春"发成[tʃun]，"队"易发成[tu]/[ti]。

9. 复元音韵母 ao[ɑu]、ei[ei]、ou[əu]、ie[iɛ]发音动程不足，易分别发成[ɑ]、[i]、[o]、[e]。

例："州"的韵母圆唇度没有变化，一直是[o]这个音的圆唇程度；

"桃"的韵母圆唇度没有变化，一直是[ɑ]这个音的圆唇程度。

10. 复元音韵母 üe[yɛ]、en[ən]、uo[uo]、ou[əu]、iou[iəu]以及 iao[iɑu]（发音时韵腹靠前些），由于发音时音值不到位，易分别发成[yə]、[ɛn]、[uə]、[ɤu]、[iɤu]/[iu]以及[iɑ]。

例："仁"发成[ʐɛn]，"秀"发成[ɕiɤu]。

11. 鼻韵母 ian[iɛn]、uan[uan]、eng[əŋ]由于归韵不到位，容易造成韵腹鼻化，在发音时丢失鼻韵尾，分别发成[iã]、[uã]和接近[ə]的音。

例："间"发成[tɕiã]，"正"发成[dʒə]。

12. 儿化韵发音困难，或者与前面的音节分离。

例："面条儿"发为"面[tiɑ ə]"。

● 将荷兰学生的典型韵母偏误（口音）表现整理如下表：

汉语普通话韵母	口音汉语韵母
o[o]	e[ə]
er[ɚ]	[ə]
u[u]	[y]/[ʉ]
ü[y]	[u]
-i[ɿ]、-i[ʅ]	[ə]
e[ə]	[ɿ]/[ɘ]
uen[uən]	[un]
iou[iəu]	[iɤu]/[iu]
ui(uei)[uei]	[i]/[u]/[ui]
ian[iɛn]	[iã]
uan[uan]	[uã]
eng[əŋ]	接近[ə]

（续表）

汉语普通话韵母	口音汉语韵母
ɑo［ɑu］、ei［ei］、ou［əu］、ie［iɛ］	［ɑ］、［i］、［o］、［e］
üe［yɛ］、en［ən］、uo［uo］、iɑo［iɑu］、ou［əu］	［yə］、［ɛn］、［uə］、［iɑ］、［ɤu］
儿化韵	发音困难，或者与前面的音节分离

（三）声调方面

13. 第一声（阴平）整体音高偏低，有时会误读成第四声（去声）。

例："升"发为［ʃə51］（类似于"圣"的音）。

14. 第二声（阳平）音长分配不正确，起调拉得太长，没有直接升上去，有趋平的倾向，或者发成［335］或［213］（接近于上声的调值特点）的调值。

例："涂抹"发为"［tɯ335］抹"。

15. 第三声，几乎所有的目的语环境荷兰学生都在不同程度上存在将上声发成［224］调值的倾向，有时会误读成［221］的调值或者第二声（阳平）。

例："土改"发成"［tɯ221］改"。

16. 第四声，一般情况下都比较正确，少数情况下会误读成第二声（阳平）。

例："滋润"发成"滋［zɰn51］"。

17. 轻声发不好，往往发为原调或其他声调。

例："哥哥"读成"［kə55 kə55］"，"队伍"读成"队［wu51］"。

● 将荷兰学生的典型声调偏误（口音）表现整理如下表：

汉语普通话声调	口音汉语声调
第一声	整体音高偏低，有时会误读成去第四声［51］
第二声	音长分配不正确，起调拉得太长，没有直接升上去，有趋平的倾向，或者发成［335］/［213］的调值
第三声	存在将上声发成［224］调值的倾向，有时会误读成［221］的调值或者第二声［35］
第四声	一般情况下都比较正确，少数情况下会误读成第二声［35］
轻声	发不好，往往发为原调或其他声调

（李聪聪整理）

八、法国汉语学习者语音偏误

（一）声母方面

1. 清音 b[p]、d[t]、g[k]、z[ts]发为浊音[b]、[d]、[g]、[z]/[dz]。

例：“爸”发为近似于[bᴀ]，“组”发为近似于[zu]/[dzu]。

2. 舌根音 h[x]喉音化，发为[h]。

例：“好”的发音部位靠后，将声母发为[h]。

3. 翘舌音 zh[tʂ]、ch[tʂʰ]、sh[ʂ]发为舌叶音[dʒ]、[tʃʰ]、[ʃ]。

例：“扎”发为[dʒᴀ]，“吃”发为[tʃʰi]。

4. 将 j[tɕ]、q[tɕʰ]与 zh[tʂ]、ch[tʂʰ]混淆。

例：发“局[tɕy]”时，大多会读成“竹[dʒu]”。

6. q[tɕʰ]发成舌根音 k[kʰ]。

例：“期[tɕʰi]”发成[kʰi]。

7. 送气音 p[pʰ]、t[tʰ]、k[kʰ]发为不送气音[p]、[t]、[k]。

例：“咖[kʰᴀ]啡”发为“嘎[kᴀ]啡”，“啤[pʰi]酒”发为“鼻[pi]酒”。

8. r[ɽ]卷舌过度，发为[ʐ]。

例：“热[ɽɤ]”发为[ʐɨ]。

● 将法国学生的典型声母偏误（口音）表现整理如下表：

汉语普通话声母	口音汉语声母
b[p]	[b]
d[t]	[d]
g[k]	[g]
z[ts]	[z]/[dz]
h[x]	[h]
zh[tʂ]	[dʒ]
ch[tʂʰ]	[tʃʰ]
sh[ʂ]	[ʃ]
q[tɕʰ]	k[kʰ]

（续表）

汉语普通话声母	口音汉语声母
j[tɕ]、q[tɕʰ]和 zh[tʂ]、ch[tʂʰ]	易混
送气音 p[pʰ]、t[tʰ]、k[kʰ]	易发为不送气音[p]、[t]、[k]
r[ɽ]	[ʐ]

（二）韵母方面

9. 三合元音拼读时易出现间隙，且往往出现在零声母音节上。

例：如“问（wen）”和“远（yuan）”易读成 wu+en 和 yu+an。

10. 发后鼻音韵母有困难，发为[n]韵尾，或用法语中的鼻化元音替代。

例：“房[fɑŋ]间”发为“[fɑ̃]间”。

11. 发卷舌音 er[ɚ]有困难，常发为[ə]或[ɑ]。

12. 舌尖元音 -i[ɿ]、-i[ʅ]发为[ə]，常常分不清 zi[tsɿ]、ci[tsʰɿ]、si[sɿ]和 ze[tsə]、ce[tsʰə]、se[sə]，分不清 zhi[tʂʅ]、chi[tʂʰʅ]、shi[ʂʅ]、ri[ɽʅ]和 zhe[tʂə]、che[tʂʰə]、she[ʂə]、re[ɽə]。

例：“是[ʂʅ]”发为[ʃə]。

13. 在舌尖音 zh[tʂ]、ch[tʂʰ]、sh[ʂ]和 z[ts]、c[tsʰ]、s[s]之后的 e[ə]常发成对应的[ʅ]和[ɿ]。

例：将“堵车[tʂʰə]发为“堵[tʃʰʅ]”。

14. ü[y]发音困难，常发为[u]。

例：“鱼[y]”发为[u]。

● 将法国学生的典型韵母偏误（口音）表现整理如下表：

汉语普通话韵母	口音汉语韵母
三合元音拼读	易出现间隙
后鼻韵母	易发为前鼻音韵母
-i[ɿ]、-i[ʅ]	[ə]
er[ɚ]	[ə]或[ɑ]
zh[tʂ]、ch[tʂʰ]、sh[ʂ]后的 e[ə]	[ʅ]
z[ts]、c[tsʰ]、s[s]后的 e[ə]	[ɿ]
ü[y]	[u]

（三）声调方面

15. 第一声（阴平）整体音高偏低，音值近似［44］/［33］。

例："经［tɕiŋ55］常"发为"［tɕiŋ44］常"。

16. 第二声（阳平）偏向降升调，音值近似［313］。

例："阳"发为［iɑn313］。

17. 第三声（上声）与阳平混淆，音值近似［24］。

例："反"发为［fan24］，接近"烦"。

18. 第四声（去声）起点略低，下降速度缓慢且降幅小，约为［43］。

例："去"发为［kʰu43］。

19. 轻声发不好，往往发为原调或第一声［55］。

● 将法国学生的典型声调偏误（口音）表现整理如下表：

汉语普通话声调	口音汉语声调
第一声	整体音高偏低，音值近似［44］/［33］
第二声	偏向降升调，音值近似［313］
第三声	似第二声，音值近似［24］
第四声	起点略低，下降速度缓慢且降幅小，约为［43］
轻声	发不好，往往发为原调或第一声［55］

（林宴同整理）

九、日本汉语学习者语音偏误

（一）声母方面

1. b［p］—p［pʰ］，d［t］—t［tʰ］，g［k］—k［kʰ］，zh［tʂ］—ch［tʂʰ］，z［ts］—c［tsʰ］，j［tɕ］—q［tɕʰ］这六对以送气为区别的音常易相混。

例："肚子饱了"发为近似"兔子跑了"，"太好"发为近似"带好"。

2. 不送气清辅音易发为浊辅音。

例："钢"发为［gɑŋ］，"备"发为［bei］。

3. f［f］发为双唇音［ɸ］。

例：“饭”发为近似[ɸan]。

4. h[x]与合口呼、以o为韵腹的韵母、e及以e为韵腹的韵母相拼易发为吹气音[ɸ]。

例：“欢”发为近似[ɸuan]。

5. 舌尖后音zh[tʂ]发为舌面音j[tɕ]，舌尖后音ch[tʂʰ]、sh[ʂ]发为舌叶音[tʃ]、[ʃ]。

例：“志”发为近似[tɕi]，“沙”发为近似[ʃja]。

6. 卷舌声母r[ʐ]发为[l]/[ɭ]。

例：“日”发为[li]/[ɭi]。

● 将日本学生的典型声母偏误（口音）表现整理如下表：

汉语普通话声母	口音汉语声母
送气音与不送气音	易混，且送气不足
不送气清辅音	易发为浊辅音
f[f]	[ɸ]
h[x]	[ɸ]
zh[tʂ]	[tɕ]
ch[tʂʰ]	[tʃ]
sh[ʂ]	[ʃ]
r[ʐ]	[l]/[ɭ]

（二）韵母方面

7. ɑ[ʌ]、[a]易发成舌位靠后的[ɑ]。

例：“大”发为近似[dɑ]，“欢”发为[ɸuɑn]。

8. u[u]易发成母语中圆唇且舌位较靠前的[ʉ]。

例：“木”发为近似[mʉ]。

9. ü[y]圆唇度不够，易发成不圆唇的[i]；为了将嘴唇拢圆，不自觉将舌头后移，又容易发成[iəu]。

例：“雨”发为近似[i]，“居”发为近似[tɕiəu]。

10. -i[ʅ]常发为[i]，-i[ɿ]受母语影响发成[ʉ]。

例：“师”发为[ʃi]，“子”发为近似[tsʉ]。

11. e[ə]常发为[ɯ]。

例："色" 发为[sɯ]。

12. üe[yɛ]中的 e[ɛ]易丢，发成[y]。

例："学" 发成近似[ɕy]。

13. 发 ɑi[ai]音时缺乏[a]向[i]的滑动过渡，两个元音中间有明显界限，且各占一拍。

14. iou[iəu]简写为 iu 时韵腹易丢。

例："九" 发成近似[tɕiu]。

15. ou[əu]和 uo[uo]容易统一发成[o]。

例："肉[ɽəu]" 发成[lo]，"说[ʂuo]话" 发成 "[ʃo]话"。

16. 卷舌韵母 er[ɚ]发音困难，常发为[aːl]/[ə]。

例："而" 易发为[aːl]或[ə]。

17. 儿化韵发音困难，或者与前面的音节分离，或者舌尖卷不起来，儿化不明显。

例："花儿" 发为近似[ɸuɑ ə]或[ɸuɑ]。

18. 前后鼻韵母易混。

例："新" 和 "星"，"跟" 和 "更"。

将日本学生的典型韵母偏误（口音）表现整理如下表：

汉语普通话韵母	口音汉语韵母
ɑ[a]/[ʌ]	[ɑ]
u[u]	[ʉ]
ü[y]	[i]、[iəu]
-i[ʅ]	[i]
-i[ɿ]	发为[ʉ]
e[ə]	[ɯ]
üe[yɛ]	e[ɛ]易丢，发为[y]
ɑi[ai]	缺少滑动过渡，元音各占一拍
iou[iəu]	韵腹易丢，发为[iu]
ou[əu]、uo[uo]	[o]
er[ɚ]	[ɑːl]/[ə]
儿化韵	儿化韵与前面的音节分离或儿化不明显
前后鼻韵母	易混

（三）声调方面

19. 第一声（阴平）整体音高偏低，音值近似［44］或更低。

例："阳光"发为"阳［guaŋ44］"。

20. 第三声（上声）常发为升调，近似第二声（阳平）［35］；或者起点太高，中间降不到底，音值近似［324］。

例："请人"发为"［tɕiŋ35］人"。

21. 第四声（去声）降调起点偏低或降不到底，音值近似［31］或［52］。

例："坐车"发为"［tso31］车"或"［tso52］车"。

22. 轻声发不好，往往发为原调。

例："爷爷"发为近似［iɛ35 iɛ35］。

● 将日本学生的典型声调偏误（口音）表现整理如下表：

汉语普通话声调	口音汉语声调
第一声（阴平）	整体音高偏低，音值近似［44］或更低
第三声（上声）	发为升调，近似阳平［35］； 或者起点太高，中间降不到底，音值近似［324］
第四声（去声）	降调起点偏低或降不到底，音值近似［31］或［52］
轻声	发不好，往往发为原调

（杨喆、冉启斌整理）

十、埃及汉语学习者语音偏误

（一）声母方面

1. 送气音不送气混淆，如［p^h］和［p］混淆，［t^h］和［t］混淆，［ts^h］和［ts］混淆，［k^h］和［k］混淆，［$tɕ^h$］和［tɕ］混淆，［$tʂ^h$］、［tʂ］和［ʂ］混淆，最容易出错的是送气音发为不送气音。

例："朋［p^həŋ］"发为"甭［pəŋ］"。

2. l［l］和 r［ɻ］互相混淆是第二大出错点，有 10% 左右出现错误。

3. 擦音和塞擦音带音化，导致发音时噪音过大，10% 左右的擦音和塞擦音出现错误：其中大部分是塞擦音 j[tɕ]、q[tɕʰ]、z[ts]、c[tsʰ]出现问题（zh[tʂ]、zh[tʂʰ]没有问题），少量擦音 s[s]、x[ɕ]、sh[ʂ]出现问题（h[x]、f[f]一般没有问题）。

4. r[ɽ]卷舌过度、发音靠后，发为[r]。

例："入[ɽu]"发为[ru]。

5. h[x]发音部位靠后。

6. 翘舌音 zh[tʂ]、ch[tʂʰ]、sh[ʂ]发为舌叶音[dʒ]、[tʃ]、[ʃ]。

例："是[ʂʅ]"发为[ʃə]。

● 将埃及学生的典型声母偏误（口音）表现整理如下表：

汉语普通话声母	口音汉语声母
p[pʰ]和 b[p]、t[tʰ]和 d[t]、k[kʰ]和 g[k]、c[tsʰ]和 z[ts]、q[tɕʰ]和 j[tɕ]	易混；送气音容易发为不送气音
r[ɽ]	[r]或卷舌过度、发音靠后
l[l]和 r[ɽ]	混淆
j[tɕ]、q[tɕʰ]、z[ts]、c[tsʰ]、s[s]、x[ɕ]、sh[ʂ]	带音化
h[x]	发音靠后
zh[tʂ]、ch[tʂʰ]、sh[ʂ]	[dʒ]、[tʃ]、[ʃ]

（二）韵母方面

7. 前后鼻音容易混淆，尤其是在词语和句子中，有 40% 的前后鼻音念错；-ng[ŋ]韵尾有拖长现象。

例："冰[piŋ]"发成[pin]。

8. -i[ɿ]、-i[ʅ]容易读成[ə]。

例："字[tsɿ]"发成[tsə]。

9. ü[y]容易读成[ə]，与[ə]、[i]、[u]混淆，尤其是在复韵母中。

例：[yɛn]读成[uɑn]，ü[y]读成[iu]，[iəu]读成[y]。

10. [ə]的发音不好把握，容易读成[ɑ]、[o]、[e]、[ei]、[i]，尤其是在复韵母和鼻韵母中。

例：[əŋ]读成[ɑŋ]，[əu]读成[o]或[uo]，[iəu]读成[io]，[uən]读成

[uan],[ən]读成[in]。

11. ɑ的口形太小，因此与ɑ相关的复韵母和鼻韵母也容易出现错误。如将ɑn[an]发成[ɛn]，ɑi[ai]读成[ei]等。

例：“在[tsai]”发成[tsei]。

12. [ɛ]口形太小，发为介于[i]和[ɛ]的音。

13. 一些复韵母中的问题：

（1）介音脱落，如[iɛn]中[i]脱落。

（2）发音动程长，将复韵母中的每个元音都要发出来。

（3）鼻音辅音丢失的问题，如[iŋ]中[ŋ]脱落。

14. er[ɚ]卷舌音不明显，近似[ə]。

● 将埃及学生的典型韵母偏误（口音）表现整理如下表：

汉语普通话韵母	口音汉语韵母
前后鼻音韵尾	易混； -ng[ŋ]韵尾拖长； 韵尾丢失
-i[ɿ]、-i[ʅ]	[ə]
ü[y]	[ə]
ü[y]与 [ə]、[i]、[u]	混淆
[ə]	[ɑ]、[o]、[e]、[ei]、[i]
ɑ[a]	口形太小
ɑn[an]	[ɛn]
ɑi[ai]	[ei]
[ɛ]	口形太小，发为介于[i]和[ɛ]的音
复韵母	介音易脱落；发音动程长
er[ɚ]	近似[ə]

（三）声调方面

15. 第一声（阴平）容易发成第三声和第二声。

例：“多[tuo55]少”发为“夺[tuo35]少”。

16. 第二声（阳平）容易读成第三声和第一声，开头太高，中间有降调，末尾太高，声调略平。

例：“仍[ɽəŋ35]然”发为“[rən44]然”，“还是”发为“海是”。

17. 第三声（上声）容易误读成第四声和第一声，起头太低，中间太低，中间没有低下去，末尾太高，在不恰当的时候读成短促的低调。

例：“减肥”发成“见肥”。

18. 第四声（去声）容易误读成第三声，太短促、调略高、中间升高、下降不平稳；有时还会误读为第一声、第二声。

例：“看见”发为“砍见”。

19. 轻声最容易误读成第四声和第二声。

● 将埃及学生的典型声调偏误（口音）表现整理如下表：

汉语普通话声调	口音汉语声调
第一声	容易发成第三声和第二声
第二声	容易读成第三声和第一声
第三声	容易误读成第四声和第一声
第四声	容易误读成第三声； 有时还会误读为第一声、第二声
轻声	容易误读成第四声和第二声

（南开大学汉语言文化学院 2015 级“汉语语音教学”选课本科生整理）

十一、乌克兰汉语学习者语音偏误

（一）声母方面

1. 送气音 p[pʰ]、t[tʰ]、k[kʰ]易发为不送气音 b[p]、d[t]、g[k]。

2. 不带音的 b[p]、d[t]、g[k]、z[ts]分别发为带音的[b]、[d]、[g]、[z]或[dz]。

例：“更”发为近似于[gəŋ]，“奔”发为近似于[bən]，“组”发为近似于[zu]或[dzu]。

3. r[ɽ]受母语影响，发音近似于母语中的颤音 P[ʀ]。

4. z[ts]、c[tsʰ]、s[s]受母语影响发为母语中的[ð]和[θ]；另外 c[tsʰ]

发音时带音化，发出的噪音较多。

5. d[t]、t[tʰ]发 di[ti]音和 ti[tʰi]音时，易发成 ji[tɕi]音和 qi[tɕʰi]音。

例："肯定[tiŋ]"发为"肯[tɕiŋ]"。

6. j[tɕ]、q[tɕʰ]、x[ɕ]与 zh[tʂ]、ch[tʂʰ]、sh[ʂ]相混，尤其是在舌面音与[i]相拼合时。

7. 不送气音 zh[tʂ]易发为送气 ch[tʂʰ]。

例："居住[tʂu]"发为"居处[tʂʰu]"。

● 将乌克兰学生的典型声母偏误（口音）表现整理如下表：

汉语普通话声母	口音汉语声母
p[pʰ]	b[p]
k[kʰ]	g[k]
t[tʰ]	[t]/[tɕʰ]
b[p]	[b]
d[t]	[d]、[tɕ]
g[k]	[g]
z[ts]	[z]/[dz]
r[ɽ]	[ʀ]
z[ts]	[ð]
s[s]	[θ]
c[tsʰ]	带音化，发出的噪音较多
zh[tʂ]	[tʂʰ]
j[tɕ]、q[tɕʰ]、x[ɕ]与 zh[tʂ]、ch[tʂʰ]、sh[ʂ]	混淆

（二）韵母方面

8. ɑ[ɑ]发音受母语影响，位置偏前偏高。

9. 由于舌位的偏差，o[o]误读为 u[u]。

10. [ɿ]、[ʅ]都读为[i]，将 zi[tsɿ]、ci[tsʰɿ]、si[sɿ]、zhi[tʂʅ]、chi[tʂʰʅ]、shi[ʂʅ]、ri[ɽʅ]发为近似[tsi]、[tsʰi]、[si]、[tʂi]、[tʂʰi]、[ʂi]、[ɽi]。

11. 舌尖元音 -i[ɿ]、-i[ʅ]发为[ə]。

如："是[ʂʅ]"发为[ʂə]，"四[sɿ]"发为"色[θə]"。

12. ou［əu］、uo［uo］在拼读的时候会出现“脱节”的情况，在听感上觉得把一个音节断开了，或介音发音过于明显。

13. ü［y］常发为［iu］，含 ü［y］的复韵母üe、üan、ün（üen）、iong［yŋ］的发音都受到影响。

例：“云［yn］”发为近似［iun］。

14. 前后鼻韵母易混。

例：“应［iŋ］”发为“因［in］”，“天安门［mən］”发为“天安萌［məŋ］”。

15. ui［uei］、iu［iəu］发音时将韵尾拉长，忽略韵腹。

16. en［ən］发音时，末尾带［ə］音。

● 将乌克兰学生的典型韵母偏误（口音）表现整理如下表：

汉语普通话韵母	口音汉语韵母
ɑ［ɑ］	位置偏前偏高，发音时口腔很大
o［o］	u［u］
-i［ɿ］、-i［ʅ］	［ə］/［i］
ou［əu］、uo［uo］	出现脱节情况 / 介音发音过于明显
ü［y］	［iu］
前后鼻韵母	易混
ui［uei］、iu［iəu］	韵尾拉长，忽略韵腹
en［ən］	发音时末尾带［ə］音

（三）声调方面

17. 第一声（阴平）往往发成低平调［33］或［22］，若放到具体语境中有时会变为第三声或接近第三声。

例：“歌［kə55］”发为［gə33］。

18. 第二声（阳平）收尾较低，只发到［34］。

例：“脾［p^hi35］”发为［pi34］。

19. 第三声（上声）往往发成第二声，即［35］。

例：“丑［$tʂ^h$əu214］”发成［tʂəu35］。

20. 第四声（去声）降不到底，发成了高降调［53］，或起点过低，发成了低降调［31］。

例：“丑陋［ləu51］”发成“丑陋［ləu53］”。

● 将乌克兰学生的典型声调偏误（口音）表现整理如下表：

汉语普通话声调	口音汉语声调
第一声	低平调［33］或［22］，若放到具体语境中有时会变为第三声或接近第三声
第二声	收尾较低，音值近似［34］
第三声	似第二声，音值近似［35］
第四声	降不到底，发成了高降调［53］或低降调［31］

（南开大学汉语言文化学院 2015 级“汉语语音教学”选课本科生整理）

十二、哈萨克斯坦汉语学习者语音偏误

（一）声母方面

1. zh［tʂ］、ch［tʂʰ］、sh［ʂ］发音部位略前，易发为［tʃ］、［tʃʰ］、［ʃ］。

例：“水［ʂuei］”易发成［ʃuei］。

2. t［tʰ］、d［t］与合口韵相拼时常带有双唇颤音，实际读为［tʙʰ］、［tʙ］。

3. 发汉语声母 d［t］或者 t［tʰ］的时候发得比较软，尤其是声母后面有韵母 i［i］时，声母 d［t］容易变成舌面音 j［tɕ］。

例：“电［tiɛn］”发为［tɕiɛn］。

4. 送气不送气音：

（1）p［pʰ］易发成 b［p］，尤其是当与舌位靠后的元音韵母 o［o］和 ɑo［ɑu］相拼时，就可能把 po［pʰo］和 pɑo［pʰɑu］分别发成［po］和［pɑu］。

例：“泼水［pʰo］”发为“薄［po］水”。

（2）t［tʰ］易发成 d［t］，尤其在遇到开口呼韵母或鼻音韵母时，如 tai［tʰai］、teng［tʰəŋ］、tong［tʰuŋ］，就可能把 t［tʰ］发成 d［t］。

例：“抬［tʰai］”发为［tai］。

（3）k［kʰ］易发成 g［k］，尤其是当与舌位在后或者舌位偏高的元音韵母相拼时，可能把 k［kʰ］发成 g［k］，产生偏误的是 kuo［kʰuo］音节。

例：“阔［kʰuo］绰”发为“过［kuo］绰”。

5. c[tsʰ]易发为 z[ts]，当与开口呼韵母尤其是鼻韵母相拼时，可能容易产生这样的偏误，如 cai[tsʰai]、cang[tsʰɑŋ]、ce[tsʰə]，可能发为[tsai]、[tsɑŋ]、[tsə]。

6. z[ts]被误读为擦音 s[s]，在和鼻韵母相拼时很容易产生。

7. 唇齿音 f[f]在 fu[fu]这一音节中有明显被误读为双唇音[ɸu]的现象。

例："腐[fu]" 发为[ɸu]。

8. j[tɕ]易发为 zh[tʂ]，与撮口呼韵母相拼时，就很容易出现这样的偏误。

例："捐[tɕyɛn]" 发为[tʂuɑn]。

9. q[tɕʰ]和 ch[tʂʰ]相混，读成介于 ch[tʂʰ]和 q[tɕʰ]之间的音。

例："琪[tɕʰ]" 发为[tʃʰi]。

10. q[tɕʰ]、ch[tʂʰ]、c[tsʰ]三个声母在与韵头为 u 的韵母相拼时有误读为声母 t[tʰ]的情况。

11. 舌尖后音 zh[tʂ]、ch[tʂʰ]、sh[ʂ]带音化。

12. r[ɻ]卷舌过度，发为[ʐ]。

例："人[ɻən]" 发为[ʐən]。

● 将哈萨克斯坦学生的典型声母偏误（口音）表现整理如下表：

汉语普通话声母	口音汉语声母
zh[tʂ]	[tʃ] / 带音化
ch[tʂʰ]	[tʃʰ] / 带音化
sh[ʂ]	[ʃ] / [ʒ] / 带音化
r[ɻ]	[ʐ]
t[tʰ]	[tʁʰ] / [t]
d[t]	[tʁ] / [tɕ]
p[pʰ]	b[p]
k[kʰ]	g[k]
c[tsʰ]	z[ts]
z[ts]	s[s]
f[f]	[ɸ]
j[tɕ]	zh[tʂ]
q[tɕʰ]、ch[tʂʰ]	混淆，读为介于[tɕʰ]、[tʂʰ]之间的音
q[tɕʰ]	t[tʰ]

（续表）

汉语普通话声母	口音汉语声母
ch［tʂʰ］	t［tʰ］
c［tsʰ］	t［tʰ］

（二）韵母方面

13. ɑi［ai］、uɑi［uai］、ɑo［ɑu］、iɑo［iɑu］发音动程短，韵尾发音过于明显。

14. -i［ɿ］、-i［ʅ］易央化，常和［ə］混淆。初学者常常分不清 zi［tsɿ］、ci［tsʰɿ］、si［sɿ］和 ze［tsə］、ce［tsʰə］、se［sə］，以及 zhi［tʂʅ］、chi［tʂʰʅ］、shi［ʂʅ］、ri［ɽʅ］和 zhe［tʂə］、che［tʂʰə］、she［ʂə］、re［ɽə］。

例："市"发成近似［ʃə］，"子"发成近似［tsə］。

15. 前后鼻韵母易混。

例："软［ɽuan］"发成［ʐuaŋ］。

● 将哈萨克斯坦学生的典型韵母偏误（口音）表现整理如下表：

汉语普通话韵母	口音汉语韵母
ɑi［ai］、uɑi［uai］、ɑo［ɑu］、iɑo［iɑu］	发音动程短，韵尾发音过于明显
-i［ɿ］、-i［ʅ］	［ə］
前后鼻韵母	易混

（三）声调方面

16. 第一声（阴平）为略降调［21］。

例："天［tʰiɛn55］"发为［tiɛn21］。

17. 第二声（阳平）调值不够高，音值近似［24］/［34］。

例："头［tʰəu35］"发为［təu23］或［təu34］。

18. 第三声（上声）往往发为升调，近似第二声，发为［34］。

例："很［xən214］"发为"痕［xən34］"。

19. 第四声（去声）常发为平调或升调，近似普通话的第一声［44］或第二声［45］。

例："赤道［tʂʰʅ51 tɑu51］"发为"赤道［tʃʰə45 tɑu45］"。

● 将哈萨克斯坦学生的典型声调偏误（口音）表现整理如下表：

汉语普通话声调	口音汉语声调
第一声	略降调[21]
第二声	调值不够高，音值近似[24]/[34]
第三声	往往发为升调，近似第二声[34]
第四声	常发为平调[44]或升调[45]

（南开大学汉语言文化学院2015级“汉语语音教学”选课本科生整理）

十三、巴西汉语学习者语音偏误

（一）声母方面

1. 发声母 h[x]比较困难，通常将拼音中带 h 的声母略读。

例：把“黑[xei]”发为[ei]。

2. 常把送气音 k[kʰ]、p[pʰ]、t[tʰ]送气时气息不够，没有掌握发音要领，常发成不送气音[k]、[p]、[t]。

例：“开[kʰai]”发为[kai]。

3. 平舌音 z[ts]、c[tsʰ]、s[s]和翘舌音 zh[tʂ]、ch[tʂʰ]、sh[ʂ]以及塞擦音 j[tɕʰ]、q[tɕʰ]、x[ɕ]易混淆。

例：“自[tsɿ]己”发成“寄[tɕi]几”，将“擦[tsʰA]”发成“叉[tʂʰA]”。

4. zh[tʂ]、ch[tʂʰ]、sh[ʂ]清浊不明显，声母的翘舌程度不够。

5. 不送气音 g[k]、b[p]、d[t]易发为相应的浊化音[g]、[b]、[d]。

例：“班[pan]”发成[ban]。

6. 发 r[ʐ]时卷舌过度，或者常在声母后不自觉加入一个[u]。

例：“认[ʐən]”会误读成“润[ʐuən]”。

● 将巴西学生的典型声母偏误（口音）表现整理如下表：

汉语普通话声母	口音汉语声母
h[x]	不发音
送气音 k[kʰ]、p[pʰ]、t[tʰ]	送气时气息不够，发为[k]、[p]、[t]

（续表）

汉语普通话声母	口音汉语声母
平舌音 z[ts]、c[tsʰ]、s[s] 翘舌音 zh[tʂ]、ch[tʂʰ]、sh[ʂ] 塞擦音 j[tɕ]、q[tɕʰ]、x[ɕ]	易混
不送气音 g[k]、b[p]、d[t]	浊化，发为[g]、[b]、[d]
r[ɽ]	卷舌过度发为[ʐ]或在声母后加[u]
翘舌音 zh[tʂ]、ch[tʂʰ]、sh[ʂ]	清、浊不明显；声母的翘舌程度不够

（二）韵母方面

7. 复韵母中 ɑ[ɑ]开口度不够，常发为[ə]。

例："胖[pʰɑŋ]"发为[pəŋ]。

8. 韵母 ɑ [a]和 ɑ [ɑ]在 ɑn、ɑo 韵母中开口度过大。

9. 后鼻音韵母 -ng[ŋ]与前鼻音韵母 -n[n]混淆，特别表现在韵母 in[in]与 ing[iŋ]上。

例："亲[tɕʰin]"发为"清[tɕʰiŋ]"。

10. 舌尖元音 -i[ɿ]、-i[ʅ]均发为齐齿呼元音 i[i]。

例："自[tsɿ]己"发成"寄[tɕi]几"。

● 将巴西学生的典型韵母偏误（口音）表现整理如下表：

汉语普通话韵母	口音汉语韵母
ɑ[ɑ]	开口度不够，常发为[ə]
ɑ[a]、ɑ[ɑ]	（ɑo、ɑn 音节中）开口度过大
后鼻音韵母 -ng[ŋ]& 前鼻音韵母 -n[n]	混淆
-i[ɿ]、-i[ʅ]	[i]

（三）声调方面

11. 第一声（阴平）易与第四声（去声）相混。

例："书[ʂu55]"发为"书[ʂu51]"。

12. 第二声（阳平）上扬不够，常发为[34]。

例："床[tʂʰuɑŋ35]" 发为 "床[tʂʰuəŋ34]"。

13. 第三声(上声)易发为二声[35]。

例："椅[i214]子" 发为 "胰[i35]子"。

● 将巴西学生的典型声调偏误(口音)表现整理如下表：

汉语普通话声调	口音汉语声调
第一声 & 第四声	易混
第二声	上扬不够，常发为[34]
第三声	易发为二声[35]

(南开大学汉语言文化学院 2015 级 "汉语语音教学" 选课本科生整理)

十四、意大利汉语学习者语音偏误

(一)声母方面

1. 舌尖后音 r[ʐ]发为近似[r]。

例："若[ʐuo]" 发为[ruo]。

2. 舌尖前音 z[ts]发为浊音[dz]。

例："租[tsu]" 发为[dzu]。

3. 舌尖前音 c[tsʰ]发为齿龈塞擦音[tʃ]或舌根塞音 g[k]。

4. 翘舌音 zh[tʂ]、ch[tʂʰ]、sh[ʂ]常发为[tʃ]、[tʃʰ]、[ʃ]。

例："吃[tʂʰʅ]" 发为[tʃʰə]。

5. j[tɕ]、q[tɕʰ]、x[ɕ]常发为[tʃ]、[tʃʰ]、[ʃ]。

例："缺[tɕʰyɛ]" 发为[tʃʰuɛ]。

● 将意大利学生的典型声母偏误(口音)表现整理如下表：

汉语普通话声母	口音汉语声母
r[ʐ]	[r]
z[ts]	[dz]
c[tsʰ]	[tʃ]/[k]
zh[tʂ]	[tʃ]

（续表）

汉语普通话声母	口音汉语声母
ch［tʂʰ］	［tʃʰ］
sh［ʂ］	［ʃ］
j［tɕ］	［tʃ］
q［tɕʰ］	［tʃʰ］
x［ɕ］	［ʃ］

（二）韵母方面

6. ɑ［ɑ］、e 及其复韵母的开口度不够，近似［a］和［e］/［ε］。

7. 意大利语中没有 ü［y］的发音，因此，学习者将 ü 发为［u］。

8. 后鼻韵母易发为前鼻音韵母，-ng 韵尾有时会出现没有韵尾、辅音 n 和辅音 g 会清晰地发出来的现象。

例："脏［tsɑŋ］" 发为［dzɑn］。

9. 舌尖元音 -i［ɿ］、-i［ʅ］发为［ə］，初学者常常将 zi［tsɿ］、ci［tsʰɿ］、si［sɿ］发为近似 ze、ce、se，将 zhi［tʂʅ］、chi［tʂʰʅ］、shi［ʂʅ］、ri［ɽʅ］发为近似 zhe、che、she、re。

例："日" 发为近似于 "热［rə］"，"词" 发为近似于［tʃə］。

● 将意大利学生的典型韵母偏误（口音）表现整理如下表：

汉语普通话韵母	口音汉语韵母
ɑ［ɑ］	［a］
ü［y］	［u］
e［ə］	［e］/［ε］
后鼻韵母 -ng	易发为前鼻音韵母，［n］和［g］清晰发出
-i［ɿ］、-i［ʅ］	［ə］

（三）声调方面

10. 第一声（阴平）整体音高偏低，音值近似［33］。

例："知［tʂʅ55］" 发为［tʃə33］。

11. 第二声（阳平）整体音高偏低，音值近似[24]。

例："不[pu35]变"发为"[pu24]变"。

12. 第三声（上声）被简化为拖长了的[24]，或者发为第二声或第四声。

例："雨"发为"于[u24]"。

13. 第四声（去声）整体音高偏低，音值近似[41]或[31]。

例："不变[piɛn51]"发为"不[piɛn41]"。

● 将意大利学生的典型声调偏误（口音）表现整理如下表：

汉语普通话声调	口音汉语声调
第一声	整体音高偏低，音值近似[33]
第二声	整体音高偏低，音值近似[24]
第三声	被简化为拖长了的[24]， 或者发为第二声或第四声
第四声	整体音高偏低，音值近似[41]或[31]

（南开大学汉语言文化学院2015级"汉语语音教学"选课本科生整理）

十五、土耳其汉语学习者语音偏误

（一）声母方面

1. 舌尖前送气清塞擦音 c[tsʰ]误发音为舌尖前清擦音 s[s]，且两音易混淆。

例："菜"发音近似于"赛"。

2. 舌尖后音 zh[tʂ]、ch[tʂʰ]、sh[ʂ]发为舌面音 j[tɕ]、q[tɕʰ]、x[ɕ]。

例："张[tʂaŋ]"发音近似于"将[tɕiaŋ]"，"重[tʂʰuŋ]"发音近似于"穷[tɕʰyŋ]"，"是[ʂʅ]"发音近似于"系[ɕi]"。

3. 舌尖后音 r[ɽ]，误发为土耳其母语中的持续颤音[r]。

例："让[ɽaŋ]"发为[raŋ]。

4. x[ɕ]发音近似于[ʃ]。

例："学[ɕyɛ]"易发为"水[ʃuei]"（该字韵母发音也有偏误）。

5. j[tɕ]易发为[dʒ]。

例："就[tɕiəu]"发音近似于[dʒou]。

6. q[tɕʰ]易发为[tʃ]。

例："去[tɕʰy]"发音近似于[tʃy]。

7. t[tʰ]发音近似于c[tsʰ]。

例："她"误发为"擦"音。

● 将土耳其学生的典型声母偏误(口音)表现整理如下表:

汉语普通话声母	口音汉语声母
c[tsʰ]	s[s]
c[tsʰ]、s[s]	易混
zh[tʂ]	j[tɕ]
ch[tʂʰ]	q[tɕʰ]
sh[ʂ]	x[ɕ]
r[ʐ]	r[r](持续颤音)
x[ɕ]	近似于[ʃ]
j[tɕ]	[dʒ]
q[tɕʰ]	[tʃ]
t[tʰ]	近似于c[tsʰ]

(二)韵母方面

8. 开口呼单韵母e[ə]发音时误使舌面靠前,发为[e]。

例："这[tʂə]"易发为"至[tʂe]","个[kə]"发为[ke]。

9. 前后鼻音混淆。

例："崩[pəŋ]"误发为[pən]。

10. 土耳其母语口音中没有复韵母,复韵母发音是一大难题:

(1)复韵母易跳跃式发音,使音节脱节,发成一个个的单元音。

例："怪"易发音为"[kuai]"。

(2)复韵母eng发音近似于ang。

例："成"近似于"长"。

(3)复韵母üe发音近似于ui。

例："学"类似"水"(此字声母发音也有偏误)。

（4）齐齿呼音 ian、iang 音易丢音[i]。

例："电" 发音为 "但" [tan]，"量" 发音为 "浪[lɑŋ]"。

（5）合口呼 ua、uo、uan 易丢音[u]。

例："过" 发音为[ko]，"花" 发音为 "哈[xɑ]"。

（6）复元音开口呼韵母 ou[əu]易发成[o]。

例："够[kəu]" 发音为[ko]，"口[kʰəu]味" 发音为 "[kʰo]味"。

11. -i[ʅ]、-i[ʅ]发音近似于 e[ə]。

例："四" 易发为 "色"，"日" 发音为 "热"，等等。

12. 撮口呼 ü[y]发为[u]，尤其是在舌面前音 j、q、x 之后。

例："句[tɕy]" 发为[dʒu]。

● 将土耳其学生的典型韵母偏误（口音）表现整理如下表：

汉语普通话韵母	口音汉语韵母
e[ə]	[e]
前后鼻音韵母	易混
复韵母	发音时音节脱节
eng	[ɑŋ]
üe	[ui]
ian、iang	易丢介音[i]
ua、uo、uan	易丢介音[u]
ou[əu]	[o]
-i[ʅ]、-i[ʅ]	[ə]
ü[y]	[u]

（三）声调方面

13. 第一声（阴平）整体音高偏低，近似[33]。

例："封面" 发为 "[fɑŋ33]面"。

14. 第二声（阳平）常发为低平调[33]或曲折调，近似第三声。

例："才[tsʰai35]" 发为[sai214]，接近 "彩"。

15. 第三声（上声）发为第二声，近似[24]。

例："反" 发为[fan24]，接近 "烦"。

16. 第四声（去声）发为平调［33］。

例："够"发为［ko33］，接近"孤"。

17. 轻声发不好，常发为平调，或重读。

例："猴子"发为"猴［tsɿ33］"。

18. 音变不易掌握，如"一"的变调、上声连读变调等。

● 将土耳其学生的典型声调偏误（口音）表现整理如下表：

汉语普通话声调	口音汉语声调
第一声	整体音高偏低，音值近似［33］
第二声	低平调［33］或曲折调，近似第三声
第三声	发为第二声，近似［24］
第四声	发为平调［33］
轻声	常发为平调，或重读

（南开大学汉语言文化学院 2015 级"汉语语音教学"选课本科生整理）

十六、蒙古汉语学习者语音偏误

（一）声母方面

1. zh［tʂ］、ch［tʂʰ］、sh［ʂ］常发为［dʒ］、［tʃ］、［ʃ］。

2. j［tɕ］、q［tɕʰ］、x［ɕ］与 zh［tʂ］、ch［tʂʰ］、sh［ʂ］相混。

例："智［tʂʅ］"发为［tsi］/［dʒi］，"山［ʂan］水"发为近似于"仙水"。

3. 将 c［tsʰ］读成 z［ts］。

例："草"读为"早"。

4. 边音 l［l］发得不好，常误读为 r［ɻ］或［l］丢失。

例："聆［liŋ］"发为"营［iŋ］"。

5. w［w］误读为 h［xw］。

例："玩"误读为"环"。

6. zh［tʂ］误读为 z［ts］。

例："砖"读成"钻"。

7. i[i]受前字韵尾影响，易读成 ni[ni]。

例：“电影”读成“电[niŋ]”。

8. 舌尖后音 r[ɽ]发为近似[r]。

● 将蒙古学生的典型声母偏误（口音）表现整理如下表：

汉语普通话声母	口音汉语声母
l[l]	读为 r[ɽ]或丢失
zh[tʂ]、ch[tʂʰ]、sh[ʂ]	[dʒ]、[tʃ]、[ʃ]
j[tɕ]、q[tɕʰ]、x[ɕ]与 zh[tʂ]、ch[tʂʰ]、sh[ʂ]	混淆
c[tsʰ]	z[ts]
w[w]	h[xw]
zh[tʂ]	z[ts]
i[i]	受前字韵尾影响
r[ɽ]	近似[r]

（二）韵母方面

9. 将单韵母“e[ɤ]”发成了[ə]，发音不洪亮。

例：“饿[ɤ]”发为[ə]。

10. 将前后鼻音 n[n]、ng[ŋ]混淆。

例：把“站”读成“账”，把“男”读成“囊”，把“眼”读成“仰”。

11. 用舌位相同的不圆唇元音 i[i]取代 ü[y]，在复韵母中把ü读成 i，把üe读成 ian，把ün 读成 in。

例：“急剧[tɕy]”发为“急既[tɕi]”。

12. 齐齿呼韵母拼读时复韵母元音丢漏或混用，如“dian”读为“dan”。

13. ou[əu]误读为[ɔ]、[u]，[uo]或[ɑu]。

例：“猴子”误读为“毫子”，“宙[tʂəu]”发为[dʒuo]。

14. 将汉语单元音 o[o]读成了[ɤ]。

例：“哦[o]”读成“鹅[ɤ]”。

15. 卷舌元音 er[ɚ]卷舌力度不够，发音近似[ɑr]。

16. 儿化韵发音困难，常在音节后面单独发“[ɚ]”。

例：“女孩儿”发为“女孩[xai]儿[ɚ]”。

17. u[u]和ü[y]难以区分，如“小路”读成“小绿”。

18. ɑ[a]韵母开口度过大，发为[ʌ]。

例：“才[tsʰai]”发为[tsʌi]。

19. e[ɛ]发为[e]。

20. ui[uei]、un[uən]易丢失韵腹发为[ui]、[un]。

例：“损[suən]”发为[sun]。

21. ɑo[ɑu]易在后面加一个[w]，发为[ɑuw]。

例：“朝[tʂʰɑu]”发为[tʃɑuw]。

22. 舌尖元音 -i[ɿ]、-i[ʅ]均发为齐齿呼元音 i[i]。

例：“是[ʂʅ]”发为“细[ʃi]”。

● 将蒙古学生的典型韵母偏误（口音）表现整理如下表：

汉语普通话韵母	口音汉语韵母
e[ɤ]	发音不到位，易发成[ə]
齐齿呼韵母	拼读时复韵母元音丢漏或混用
儿化韵	在音节后面单独发“[ɚ]”
前鼻音韵尾 n[n]	发为后鼻音韵尾[ŋ]
u[u]、ü[y]	易混
e[ɛ]	发为[e]
un[uən]	[un]
iɑn[iɛn]	[iɑŋ]
ü[y]	[i]
ou[əu]	[ɔ]、[u]，[uo]或[ɑu]
o[o]	[ɤ]
ɑ[a]	[ʌ]
er[ɚ]	卷舌力度不够，近似[ɑr]
ui[uei]	[ui]
ɑo[ɑu]	[ɑuw]
-i[ɿ]、-i[ʅ]	i[i]

（三）声调方面

23. 第一声（阴平）整体音高偏低，近似［44］丢失或［33］；偶尔发成低阳平。

例："封面"发为"［fəŋ33］面"。

24. 第二声（阳平）起音不够高，升调也不够高，近似［24］；有时发为阴平。

例："白［pai35］"发为"百［pʌi214］"。

25. 第三声（上声）中间降不到底，发成［324］；或直接发成阳平［24］。

例："反［fan214］"发为接近"烦［fʌŋ24］"。

26. 第四声（去声）掌握得较好，但是发音相对要短促一点，降调的起点过低或者降调降不到底；读得快的时候会发成阴平。

● 将蒙古学生的典型声调偏误（口音）表现整理如下表：

汉语普通话声调	口音汉语声调
第一声	整体音高偏低，近似［44］或［33］；偶尔发成低阳平
第二声	起音不够高，升调也不够高，近似［24］；有时发成阴平
第三声	中间降不到底，发成［324］；或直接发成阳平［24］
第四声	掌握得较好，但发音相对要短促一点，降调的起点过低或者降调降不到底；读得快的时候会发成阴平

（南开大学汉语言文化学院 2015 级"汉语语音教学"选课本科生整理）

十七、白俄罗斯汉语学习者语音偏误

（一）声母方面

1. di［ti］和 ti［tʰi］分别读成 ji［tɕi］和 qi［tɕʰi］。

例："电［tiɛn］"误发成［tɕiɛn］，"天［tʰiɛn］"误发成［tɕʰiɛn］。

2. sh［ʂ］发成［ʃ］和［ʃj］。

例："树"发为近似于［ʃu］或［ʃju］。

3. 卷舌声母 r［ʐ］发为［ʒ］。

例："日"发为近似于［ʒə］。

4. 清音与浊音的偏误：

（1）清音发成浊音：将汉语中不送气清音 b、d、g 发成浊音［b］、［d］、［g］；将 z［ts］发为［z］或［dz］。

例："更"发为近似于［gəŋ］。

（2）浊音发成了清音：将汉语中的浊音 r［ʐ］发成清音 sh［ʂ］。

（3）送气音发成不送气音：ch［tʂʰ］读成 zh［tʂ］。

例："吃［tʂʰʅ］"误发成［tʂʅ］，"充［tʂʰuŋ］"发成［tʂuŋ］。

● 将白俄罗斯学生的典型声母偏误（口音）表现整理如下表：

汉语普通话声母	口音汉语声母
b［p］	［b］
d［t］	［d］、［tɕ］
ti［tʰi］	qi［tɕʰi］
g［k］	［g］
z［ts］	［z］、［dz］
r［ʐ］	［ʒ］/［ʂ］
sh［ʂ］	［ʃ］或［ʃj］
ch［tʂʰ］	zh［tʂ］

（二）韵母方面

5. 俄语音的误带：

（1）ü［y］常发为［iu］，或发音时舌位不够高，没有足够的时间去带出［y］，主要出现在舌面音 j［tɕ］、x［ɕ］与 ü［y］的拼读中。

例："女［ny］"发为［niu］，"略［lyɛ］"变成了［liɛ］，"月［yɛ］"变成了［iɛ］。

（2）o［o］常发为［ɔ］。

6. er［ɚ］的卷舌不够，发音接近央元音［ə］。通常来说，这样的学生有卷舌意识，但卷舌幅度不够，所以听起来声音是从咽部发出来的，与汉语的 er［ɚ］相差甚远。

例："儿［ɚ］"发为［ə］。

7. [ə]读为[ʅ]，受声母 zh 的影响，一部分学生将“遮住”中的“遮”读成了类似“知”的音。

例：“这[tʂə]”发为[tʂʅ]。

8. [i]、[ɿ]、[ʅ]：

（1）[ɿ]、[ʅ]都读为[i]，将 zi[tsɿ]、ci[tsʰɿ]、si[sɿ]、[tʂʅ]、[tʂʰʅ]、[ʂʅ]、[ʐʅ]误读。

（2）zh、sh、r 后的[ʅ]和 z、c、s 后的[ɿ]读为 e[ə]：

例：“治[tʂʅ]”“是[ʂʅ]”“日[ʐʅ]”听起来更像“这[tʂə]”“社[ʃə]”“热[ʒə]”，“字[tsɿ]”“似[sɿ]”听起来更像“仄[dzə]”“色[sə]”。

9. iong 和 ün 混淆。

例：将“群”读作“穷”。

● 将白俄罗斯学生的典型韵母偏误（口音）表现整理如下表：

汉语普通话韵母	口音汉语韵母
ü[y]	[iu]/[i]
o[o]	[ɔ]
-i[ɿ]、-i[ʅ]	[ə]/[i]
er[ɚ]	接近央元音[ə]
zh 后面的 e[ə]	[ʅ]
iong[yŋ]、ün[yn]	混淆

（三）声调方面

10. 第一声（阴平）比较标准，但不够高，[55]可能会读成[44]、[45]、[33]，偏误相对较小。

11. 第二声（阳平）升得不够高，可能发为[24]，或与第三声相混。

例：儿子（儿字读成[213]），浑身（浑字读成[213]）。

12. 第三声（上声）有升有降，升调升不上去，且常和第二声相混，[214]可能会读成[45]、[44]、[35]、[24]，有时为[42]。

例：警察（警字读成[35]），请大家（请字读成[24]）。

13. 第四声发音比较标准，有时降的幅度不够，比较短促，[51]可能会读成

[42]；或读成[45]、[24]。

14. 轻声或发为平调，或不发轻声，发为原调。

例："儿子"的"子"会发成[33]或[215]，"姐姐"发成[33 31]或[24 52]。

15. 在句子中，声调问题比较明显，第一声读成第三声，第二声读成第一声，第四声读成第一声、第三声，第三声读成第四声。句子的音调比较混乱。

● 将白俄罗斯学生的典型声调偏误（口音）表现整理如下表：

汉语普通话声调	口音汉语声调
第一声	偏低，音值近似[44]/[45]/[33]
第二声	调值不够高，音值近似[23]； 易发成第三声，音值近似[213]
第二声、第三声	相混
第三声	易发成第二声，音值近似[45]、[44]、[35]、[24]
第四声	发音比较标准，有时发成[42]； 或读成[45]、[24]
轻声	或发为平调，或发为原调

（杨雯雨、白泽若、胡荣荣整理）

十八、芬兰汉语学习者语音偏误

（一）声母方面

1. 送气音与不送气音相混：不送气音易发为送气音，如z[ts]发为c[tsʰ]，j[tɕ]发为q[tɕʰ]，zh[tʂ]发为ch[tʂʰ]；送气音也有发为不送气音的现象，如q[tɕʰ]发为j[tɕ]。

例："找[tʂɑu]"发为"炒[tʂʰɑu]"，"七[tɕʰi]"发为"鸡[tɕi]"。

2. 舌面音j[tɕ]、q[tɕʰ]、x[ɕ]易发为舌尖后音zh[tʂ]、ch[tʂʰ]、sh[ʂ]。

例："下[ɕia]"发音为[ʂia]。

3. 舌尖前音z[ts]、c[tsʰ]、s[s]易与舌尖后音zh[tʂ]、ch[tʂʰ]、sh[ʂ]混淆。

例："穿[tʂʰuɑn]"发音近似于[tsʰuɑn]。

4. 舌尖后音 zh[tʂ]、ch[tʂʰ]、sh[ʂ]翘舌不到位，发为类似[dʒ]、[tʃ]、[ʃ]的音。

例："字[tsɿ]"发音近似于[dʒi]。

5. 舌尖后音 zh[tʂ]易发为 sh[ʂ]。

例："知[tʂʅ]"发音近似于[ʂʅ]。

6. 舌尖后音 ch[tʂʰ]易发为 sh[ʂ]。

例："吃[tʂʰʅ]"发音近似于[ʂʅ]。

7. 卷舌声母 r[ɽ]卷舌过度，发为[ʐ]。

例："惹[ɽə]"发为[ʐə]。

● 将芬兰学生的典型声母偏误（口音）表现整理如下表：

汉语普通话声母	口音汉语声母
送气音与不送气音	易混
舌面音 j[tɕ]、q[tɕʰ]、x[ɕ]	舌尖后音 zh[tʂ]、ch[tʂʰ]、sh[ʂ]
舌尖前音 z[ts]、c[tsʰ]、s[s] 舌尖后音 zh[tʂ]、ch[tʂʰ]、sh[ʂ]	易混
舌尖后音 zh[tʂ]、ch[tʂʰ]、sh[ʂ]	发为近似[dʒ]、[tʃ]、[ʃ]的音
zh[tʂ]	sh[ʂ]
ch[tʂʰ]	sh[ʂ]
r[ɽ]	[ʐ]

（二）韵母方面

8. -i[ɿ]、-i[ʅ]易混。

例："字[tsɿ]"发音近似于[tʂʅ]，"吃[tʂʰʅ]"发音近似[tsʰɿ]。

9. i[i]开口度稍大易发为 i[ɪ]，发音较短较轻。

例："衣[i]"发音近似[ɪ]。

10. u[u]易发成 u[ʉ]，舌位较高且靠前，发音时间长。

例："裤[kʰu]"发音近似[kʰʉ]。

11. er[ɚ]易发成 e[ɤ]缺少卷舌音。

例："儿[ɚ]"发音近似[ɤ]。

12. 前后鼻音韵尾易混，如：后鼻音 eng[əŋ]易发成前鼻音 en[ən]，后鼻音ang[ɑŋ]易发成前鼻音an[an]，后鼻音 ing[iŋ]易发成 in[in]。

例："层[$ts^hə$ŋ]"发音近似[ts^hən]，"兵[piŋ]"发音近似[pin]。

13. ian[iɛn]易发成an[an]，韵腹发音不清，有吞音现象。

例："闲[ɕiɛn]"发音近似[ʂan]。

14. uan[uan]易发成 an[an]，韵腹发音不清，有吞音现象。

例："欢[xuan]"发音近似[xan]。

●将芬兰学生的典型韵母偏误（口音）表现整理如下表：

汉语普通话韵母	口音汉语韵母
-i[ɿ]、-i[ʅ]	易混
i[i]	[ɪ]
u[u]	[ʉ]
er[ɚ]	易发成 e[ɤ]缺少卷舌音
前后鼻音韵尾	易混
ian[iɛn]	an[an]
uan[uan]	an[an]

（三）声调方面

15. 第一声（阴平）音高不足，有时还会发成近似第二声[24]。

例："生[ʂəŋ55]"发为[ʃən24]。

16. 第二声（阳平）易发为近似第一声[55]。

例："从[ts^huŋ35]"发为[ts^hun55]。

17. 第三声（上声）常常发为近似第二声，音值近似[24]；有时还会发成第一声或第四声。

例："请"发为近似"晴"，"吕"发为近似"驴"，"虎"发为近似"湖"。

18. 第四声（去声）初始音高较高，降调不明显，且常常发为第一声[55]。

例："份[fən51]"发为[fən55]。

19. 原调为第一声的轻声发不好，往往发同原调。

例："哥哥[kə]"发为[kə24]。

● 将芬兰学生的典型声调偏误（口音）表现整理如下表：

汉语普通话声调	口音汉语声调
第一声	音高不足；有时还会发成近似第二声［24］
第二声	易发为近似第一声［55］
第三声	似第二声，音值近似［24］；有时会发成第一声或第四声
第四声	初始音高较高，降调不明显，且常常发为第一声［55］
原调为第一声的轻声	发不好，往往发同原调

（康可意、张睿整理）

十九、尼泊尔汉语学习者语音偏误

（一）声母方面

1. 送气音 p［pʰ］、t［tʰ］、k［kʰ］、q［tɕʰ］、c［tsʰ］、ch［tʂʰ］发音近似于不送气音 b［p］、d［t］、g［k］、q［tɕ］、z［ts］、zh［tʂ］。

例：“兔［tʰu］子跑［pʰɑu］了”发为近似于“肚［tu］子饱［pɑu］了”，“跑步”发为近似于“宝步”，“通知”发为近似于“东知”，“考试”发为近似于“搞是”，“吃饭”发为近似于“知饭”。

2. 舌尖后音 zh［tʂ］、ch［tʂʰ］、sh［ʂ］与舌尖前音 z［ts］、c［tsʰ］、s［s］区分不明显，均接近于舌叶音［dʒ］、［tʃ］、［ʃ］。

例：“字词、自持、致辞、至迟”均发为［dʒi tʃi］。

3. 擦音 f［f］与 p［pʰ］相混。

例：“复杂”发为近似于“铺杂”，“朋友”发为近似于“缝友”。

4. h［x］位于词语第二个辅音处时易丢失，或强化为舌面后塞音 k［kʰ］。

例：“说话”发为近似于“说袜”，“大海”发为近似于“大矮”，“喝水”发为近似于“科水”。

5. 卷舌声母 r［ɽ］发为［ʒ］，或发为圆唇［rʷ］。

例：“然”发为［ʒan］或［rʷan］。

● 将尼泊尔学生的典型声母偏误（口音）表现整理如下表：

汉语普通话声母	口音汉语声母
z[ts]、c[tsʰ]、s[s]	与舌尖后音 zh[tʂ]、ch[tʂʰ]、sh[ʂ]相混，发音接近于舌叶音[dʒ]、[tʃ]、[ʃ]
送气音	发为不送气音
f[f]与 p[pʰ]	相混
h[x]	位于词语第二个辅音处时易丢失，或强化为 k[kʰ]
r[ɽ]	发为[ʒ]，或发为圆唇[rʷ]

（二）韵母方面

6. ü[y]的发音，容易误发为[i]、[u]或[iu]。

7. er[ɚ]发为央化元音[ə]。

8. ei、uei、en、eng、uen、ueng 中[ə]往往都发为[ɛ]。

9. 舌尖元音 -i[ɿ]、-i[ʅ]偏误率较高：初级阶段易发为齐齿呼元音 i[i]，后期易央化发为[e]、[ə]或[ɚ]；受声母偏误影响也易相混。

例："老师[ʂʅ]"发为"老丝[ʃi]"，"吃[tʂʰʅ]"发为"车[tʃə]"。

● 将尼泊尔学生的典型韵母偏误（口音）表现整理如下表：

汉语普通话韵母	口音汉语韵母
ü[y]	发为[i]、[u]或[iu]
er[ɚ]	发为央化元音[ə]
ei、uei、en、eng、uen、ueng 中[ə]	往往都发为[ɛ]
-i[ɿ]、-i[ʅ]	i[i]；[e]/[ə]/[ɚ]；相混

（三）声调方面

10. 第一声（阴平）音高偏低，音值近似[44]；或变为其他声调（读成升调或降调）。

11. 第二声（阳平）与上声混淆。

例："移"发为"已"，"豪车"发为"好车"。

12. 第三声（上声）曲折不明显，与阳平相混。

13. 第四声（去声）起点不够高，调域狭窄，音值近似［31］或［42］。

● 将尼泊尔学生的典型声调偏误（口音）表现整理如下表：

汉语普通话声调	口音汉语声调
第一声	音高偏低，音值近似［44］；或变为其他声调（读成升调或降调）
第二声	与上声混淆
第三声	曲折不明显，与阳平相混
第四声	起点不够高，调域狭窄，音值近似［31］或［42］

（李欢 2013，《尼泊尔初中生语音偏误分析及教学方案探索——以尼泊尔中学汉语语音教学为例》，河北大学汉语国际教育专业硕士学位论文）

二十、巴基斯坦汉语学习者语音偏误

（一）声母方面

1. 舌尖前音 c［tsʰ］与 z［ts］、s［s］相混。

例："厕所" 发为近似于 "色所"，"村" 发为近似于 "尊"，"迷藏" 发为近似于 "迷桑" 或 "迷赃"。

2. 翘舌音 zh［tʂ］、ch［tʂʰ］、sh［ʂ］卷舌不到位，近似舌叶音［dʒ］、［tʃ］、［ʃ］。

例："知道" 发为近似于 "这道"，"吃饭" 发为近似于 "车饭"，"老师" 发为近似于 "老奢"。

3. 卷舌声母 r［ʐ］发为［ʒ］。

例："日" 发为近似于［ʒə］。

4. 舌面音 j［tɕ］、q［tɕʰ］、x［ɕ］发为舌叶音［dʒ］、［tʃʰ］、［ʃ］，尤其与 u［u］相拼时。

例："军" 发为近似于 "谆"，"群" 发为近似于 "纯"，"宣" 发为近似于 "栓"。

5. 舌根送气音 k［kʰ］与舌根不送气音 g［k］相混。

例："歌" 发为近似于 "颗"。

● 将巴基斯坦学生的典型声母偏误（口音）表现整理如下表：

汉语普通话声母	口音汉语声母
c[tsʰ]	与 z[ts]、s[s]相混
zh[tʂ]	[dʒ]
ch[tʂʰ]	[tʃ]
sh[ʂ]	[ʃ]
r[ɽ]	[ʒ]
j[tɕ]	[dʒ]
q[tɕʰ]	[tʃʰ]
x[ɕ]	[ʃ]
k[kʰ]	g[k]

（二）韵母方面

6. u[u]发为[o]。

例："路" 发为近似于 "落"。

7. ü[y]与 u[u]相混。

例："吕" 发为 "鲁[lu]"。

8. 复韵母 iɑ[ia]接近英语的[jɛə]。

例："家" 发为[dʒjɛə]。

9. 复韵母 uo[uo]接近[ʊ]。

例："火" 发为[xʊ]。

10. -i[ɿ]、-i[ʅ]初级阶段易发为[i]。

例："志" 发为[dʒi]，"师" 发为[ʃi]。

11. 后鼻音韵母发为前鼻韵母。

例："北京" 发为 "北今"。

● 将巴基斯坦学生的典型韵母偏误（口音）表现整理如下表：

汉语普通话韵母	口音汉语韵母
u[u]	[o]

（续表）

汉语普通话韵母	口音汉语韵母
iɑ[ia]	[jɛə]
uo[uo]	[ʊ]
-i[ɿ]、-i[ʅ]	[i]
u[u]与ü[y]	易混
后鼻韵母	近似前鼻韵母

（三）声调方面

12. 第一声（阴平）整体不能保持高平，音值近似[52]/[53]，且不稳定。

例："星期"发为[ʃin53 tʃʰi52]。

13. 第二声（阳平）调值不够高，音值近似[23]/[34]；有时发为曲折调，近似第三声。

例："人[ɽən35]"发为[ʒən23]或[ʒən34]，"难[nan35]"发为[nan213]。

14. 第三声（上声）曲折不够，音值近似[224]/[225]；或起点高，近似[44]/[445]。

例："可[kʰə214]"发为[kə224]或[kə225]，"喜[ɕi214]"发为[ʃi44]。

15. 第四声（去声）下降不够，发音短，音值近似[53]/[52]。

● 将巴基斯坦学生的典型声调偏误（口音）表现整理如下表：

汉语普通话声调	口音汉语声调
第一声	整体不能保持高平，音值近似[53]/[52]
第二声	调值不够高，音值近似[23]/[34]；有时发为曲折调，近似第三声
第三声	曲折不够，音值近似[224]/[225]；或起点高，近似[44]/[445]
第四声	下降不够，发音短，音值近似[53]/[52]

（南开大学汉语言文化学院2016级"汉语语音教学"选课本科生）

二十一、尼日利亚汉语学习者语音偏误

（一）声母方面

1. 舌尖前音 d[t]与 t[tʰ]相混。

例：“通[tʰoŋ]”发为近似于“东[toŋ]”。

2. 翘舌音 zh[tʂ]、ch[tʂʰ]、sh[ʂ]卷舌不到位，与 z[ts]、c[tsʰ]、s[s]/x[ɕ]相混。

例：“州”发为近似于[tsəu]，“作”发为近似于[tʂuo]，“是”发为近似于[ɕi]。

3. 舌根音 h[x]与 g[k]相混。

例：“好”发为近似于[kɑu]。

● 将尼日利亚学生的典型声母偏误（口音）表现整理如下表：

汉语普通话声母	口音汉语声母
t[tʰ]	与 d[t]相混
zh[tʂ]	z[ts]
ch[tʂʰ]	c[tsʰ]
sh[ʂ]	s[s]/x[ɕ]
h[x]	g[k]

（二）韵母方面

4. 鼻韵母 an[an]与 ang[ɑŋ]易混，发音介于两者之间。

例：“三”发为近似于“桑”，“让”发为近似于[ɽan]。

5. 韵母 e[ə]与 ie[iɛ]、ei[ei]不能区分，发音介于两者之间。

例：“的[tə]”发为近似于[tei]。

6. 韵母 ui[uei]发音近似于 ei[ei]。

例：“最[tsuei]”发为近似于[tsei]。

7. ü[y]与 u[u]相混。

例：“虑”发为“路”。

● 将尼日利亚学生的典型韵母偏误（口音）表现整理如下表：

汉语普通话韵母	口音汉语韵母
an[an]、ang[ɑŋ]	易混
e[ə]	ie[iɛ]、ei[ei]
ui[uei]	ei[ei]
ü[y]	u[u]

（三）声调方面

8. 第一声（阴平）常发为降调，近似第四声[51]。
例："他"发为"踏"。
9. 第三声（上声）往往发为升调，近似第二声[35]。
例："友"发为"由"。
10. 轻声发不好，往往发为原调。
例："爸爸"发为近似[pA51 pA51]。
● 将尼日利亚学生的典型声调偏误（口音）表现整理如下表：

汉语普通话声调	口音汉语声调
第一声	常发为降调，近似第四声[51]
第三声	常发为升调，近似第二声[35]
轻声	轻声发不好，往往发为原调

（南开大学汉语言文化学院 2016 级"汉语语音教学"选课本科生）

二十二、印度尼西亚汉语学习者语音偏误

（一）声母方面

1. 塞音易将送气音 p[pʰ]、t[tʰ]、k[kʰ]发为不送气音 b[p]、d[t]、g[k]。
例："爬"发为"拔"。
2. 翘舌音 zh[tʂ]、ch[tʂʰ]、sh[ʂ]与舌尖前音 z[ts]、c[tsʰ]、s[s]相混。
例："是"发为"四"，"少"发为"扫"。

3. 卷舌声母 r[ɽ]发为[ʒ]。

例："人"发为[ʒən]。

4. 舌面音不送气 j[tɕ]发为送气音 q[tɕʰ]。

例："卷"发为"全"。

5. 舌面音 x[ɕ]发为舌尖前音 s[s]。

例："心里"发为[sin li]。

● 将印度尼西亚学生的典型声母偏误（口音）表现整理如下表：

汉语普通话声母	口音汉语声母
p[pʰ]、t[tʰ]、k[kʰ]	b[p]、d[t]、g[k]
zh[tʂ]、ch[tʂʰ]、sh[ʂ]	z[ts]、c[tsʰ]、s[s]
r[ɽ]	[ʒ]
j[tɕ]	q[tɕʰ]
x[ɕ]	s[s]

（二）韵母方面

6. ü[y]常发为[i]，üan[yɛn]、ün[yn]发音近似[iɛn]、[in]。

7. -i[ɿ]、-i[ʅ]易发为[i]。

8. 前后鼻韵母易混，且 ang[ɑŋ]、eng[əŋ]、ing[iŋ]发音不清晰。

9. 合口呼和撮口呼易混：u—ü，uan—üan，uen—üen。

10. 复合元音韵母 iou[iəu]、uei[uei]与非零声母相拼，丢失韵腹[o]、[e]。

● 将印度尼西亚学生的典型韵母偏误（口音）表现整理如下表：

汉语普通话韵母	口音汉语韵母
ü[y]	[i]
-i[ɿ]、-i[ʅ]	[i]
前后鼻韵母	易混，ang[ɑŋ]、eng[əŋ]、ing[iŋ]发音不清晰
合口呼和撮口呼	易混
üan[yɛn]、ün[yn]	[iɛn]、[in]
iou[iəu]、uei[uei]	与非零声母相拼，丢失韵腹[o]、[e]

（三）声调方面

11. 第一声（阴平）整体音高偏低，音值近似［44］/［33］，持续时间长。

12. 第二声（阳平）起点低，音值近似［25］，持续时间短。

13. 第三声（上声）曲折不明显，音值近似［224］，甚至与阴平相混。

例：“卡片”发为“咖片”。

● 将印度尼西亚学生的典型声调偏误（口音）表现整理如下表：

汉语普通话声调	口音汉语声调
第一声	整体音高偏低，音值近似［44］/［33］
第二声	起点低，音值近似［25］，持续时间短
第三声	曲折不明显，音值近似［224］

（南开大学汉语言文化学院 2016 级“汉语语音教学”选课本科生）

二十三、中国壮族汉语学习者语音偏误

（一）声母方面

1. 送气音 p［pʰ］、t［tʰ］、k［kʰ］、c［tsʰ］、ch［tʂʰ］、q［tɕʰ］发为不送气音 b［p］、d［t］、g［k］、z［ts］、zh［tʂ］、j［tɕ］，个别送气音与不送气音相混淆，将不送气音发成送气音。

例：“破”发音近似于“簸［po］”，“田”发音近似于“［tiɛn］”，“丘”发音近似于“究”，“闯”发音近似于［tʂuɑŋ］，“此”发音近似于“子”，“除”发音近似于“逐”，“透”发音近似于“豆”，“夸”发音近似于“瓜”，“太”发音近似于“带”，“品”发音近似于［pin］，“铁”发音近似于［tiɛ］，“挺”发音近似于“顶”，“腿”发音近似于“怼”，“扯”发音近似于“者”，“尺”发音近似于“只”，“巧”发音近似于“脚”，“找”发音近似于“炒”，“追”发音近似于“吹”。

2. 塞擦音与擦音相混淆。塞擦音 z［ts］、c［tsʰ］、zh［tʂ］、ch［tʂʰ］、j［tɕ］、q［tɕʰ］读为擦音 s［s］、x［ɕ］；擦音有时发为塞擦音。

例：“窘”发音近似于［ɕyŋ］，“尊”发音近似于“孙”，“左”发音近似于“所”，“朽”发音近似于“九”，“铅”发音近似于“先”，“齐”发音近似于“习”，“晒”发音

近似于“在”，“使”发音近似于“子”，“剩”发音近似于“正”。

3. 翘舌音 zh[tʂ]、ch[tʂʰ]、sh[ʂ]与平舌音 z[ts]、c[tsʰ]、s[s]相混淆。

例：“森”发音近似于“深”，“站”发音近似于“赞”，“顺”发音近似于[suən]，“社”发音近似于“色”。

4. r[ɻ]发为 l[l]。

例：“嚷”发音近似于“朗”。

5. h[x]丢失，发为零声母音节。

例：“婚”发音近似于“温”。

6. 零声母字读成有声母字，读为 h[x]。

例：“外”发音近似于“坏”。

● 将壮族学生的典型声母偏误（口音）表现整理如下表：

汉语普通话声母	口音汉语声母
p[pʰ]、t[tʰ]、k[kʰ]、c[tsʰ]、ch[tʂʰ]、q[tɕʰ]	b[p]、d[t]、g[k]、z[ts]、zh[tʂ]、j[tɕ]
z[ts]、c[tsʰ]、zh[tʂ]、ch[tʂʰ]、j[tɕ]、q[tɕʰ]	s[s]、x[ɕ]
zh[tʂ]、ch[tʂʰ]、sh[ʂ]与z[ts]、c[tsʰ]、s[s]	相混
r[ɻ]	l[l]
h[x]	零声母
零声母	h[x]

（二）韵母方面

7. ü[y]的发音接近[ɯi]或不圆唇的[i]。

例：“女”发音近似于“你”，“冤”发音近似于“烟”，“雨”发音近似于“以”，“需”发音近似于“西”，“举”发音近似于“几”，“虐[nyɛ]”发音近似于“聂[niɛ]”，“决”发音近似于“节”。

8. un[uən]的介音易丢失，发音近似于 en[ən]。

例：“论”发音近似于[lən]。

9. er[ɚ]的发音不准确，发音近似于[ɤ]。

例：“儿[ɚ]”发音近似于“鹅[ɤ]”。

10. -i[ʅ]发为 -i[ɿ]。

例："指使" 发音近似于 "子死"。

11. 前鼻音韵母和后鼻音韵母相混，集中体现在 eng、ing、iong、en、in 几个韵母上。

例："英" 发音近似于 "因"。

12. 在舌尖后音读为舌面音的同时，伴随着增加介音 i 的问题。

例："找[tʂɑu]" 发为 "脚[tɕiɑu]"。

13. 儿化韵发不出，或在音节后加[ɚ]。

例："小孩儿" 发为 "小孩" 或 "小孩 + 儿"。

● 将壮族学生的典型韵母偏误（口音）表现整理如下表：

汉语普通话韵母	口音汉语韵母
ü[y]	[ɯi]、[i]
un[uən]	en[ən]
-i[ʅ]	-i[ɿ]
前后鼻音韵母	相混
er[ɚ]	[ɤ]
增加介音	在舌尖后音读为舌面音的同时，伴随着增加介音 i 的问题
儿化韵	发不出，或在音节后加[ɚ]

（三）声调方面

14. 第一声（阴平）调值略低，发为[44]。

15. 第二声（阳平）升调略低，没有升到位，发为[34]/[24]。

16. 第三声（上声）发为阳平[35]。

17. 轻声发不好，常发为原调。

● 将壮族学生的典型声调偏误（口音）表现整理如下表：

汉语普通话声调	口音汉语声调
第一声	调值略低，发为[44]
第二声	升调略低，没有升到位，发为[34]/[24]

（续表）

汉语普通话声调	口音汉语声调
第三声	发为阳平［35］
轻声	轻声发不好，常发为原调

（王旭整理）

二十四、中国藏族汉语学习者语音偏误

（一）声母方面

1. 在第二音节中，送气音 p［pʰ］、t［tʰ］、k［kʰ］、q［tɕʰ］、c［tsʰ］、ch［tʂʰ］发成不送气音 b［p］、d［t］、g［k］、j［tɕ］、z［ts］、zh［tʂ］。

例："爆破"的"破"发为近似于"簸［po］"，"估测"的"测"发为近似于"仄［tsə］"，"争吵"的"吵"发成近似于"找"。

2. r［ɽ］容易发成颤音［r］。

3. h［x］读成舌位靠后的喉清擦音［h］，或发成相应部位的送气塞音［kʰ］。

例："很"读成［hən］，"黄"读成"狂［kʰuɑŋ］"。

● 将藏族人的典型声母偏误（口音）表现整理如下表：

汉语普通话声母	口音汉语声母
p［pʰ］	［p］
t［tʰ］	［t］
k［kʰ］	［k］
q［tɕʰ］	［tɕ］
c［tsʰ］	［ts］
ch［tʂʰ］	［tʂ］
r［ɽ］	［r］
h［x］	［h］/［kʰ］

（二）韵母方面

4. e［ɤ］发音央化，发成［ə］。

例："鹅［ɤ］"发成［ə］。

5. er［ɚ］的舌位靠前，且易发成带颤音的音节［er］/［ar］/［e］。

例："儿［ɚ］"发成［er］/［ar］/［e］。

6. 复韵母 iu［iəu］的发音易错，丢失韵腹，发为［iu］。

例："久［tɕiəu］"发为［tɕiu］。

7. 复韵母 uo［uo］，发成近似于［ue］。

例："括"发成近似于［kue］，"挪"发成近似于［nue］。

8. üan［yɛn］，介音不圆唇发成［iɛn］。

例："美元"发成近似于"美［iɛn］"，"竞选"发成近似于"竞［ɕiɛn］"。

9. 鼻音韵尾韵母前后鼻音易混：

（1）eng［əŋ］与 en［ən］相互混淆。

例："冯"发成近似于［fən］，"本"发成近似于［pəŋ］。

（2）in［in］，韵尾丢失或与［iŋ］相混淆，读成［iŋ］。

例："扶贫"发成近似于"扶［piŋ］"，"今"发成近似于［tɕiŋ］，"品"发成近似于［piŋ］。

（3）后鼻音 ing［iŋ］发成前鼻音 in［in］。

例："京"发成近似于"今［tɕin］"。

10. 鼻音韵母韵尾易丢失。如 uang［uɑŋ］，丢失韵尾发成［uɑ］或者鼻化为［uɑ̃］，或将韵尾［ŋ］发成［n］。

例："狂"发成近似于［kuɑ̃］，"闯"发成近似于［tʂuɑn］。

11. 复韵母拼合有问题。

例：欢［huɑ-n］，两［li-ɑn］，简［tɕiɛ-n］。

12. 不能自主发出儿化音，往往发为无儿化音节。

例："电影儿"发成"电影［in］"。

● 将藏族学生的典型韵母偏误（口音）表现整理如下表：

汉语普通话声母	口音汉语韵母
e［ɤ］	［ə］

（续表）

汉语普通话声母	口音汉语韵母
er[ɚ]	[er]/[ar]/[e]
iu[iəu]	易丢失韵腹，发为[iu]
uo[uo]	[ue]
üan[yɛn]	[iɛn]
前后鼻音韵尾	易混
uang[uaŋ]	[ua]/[uã]/[uan]
复韵母	拼合有问题
儿化音	不能自主发出

（三）声调方面

13. 第一声（阴平）基本一致，调值略低为[44]。

例：“晶”读成[tɕin44]，“约”读成[yɛ44]。

14. 第二声（阳平），调型基本一致，调值前后均比普通话低1度，一般为[24]。

例：“才”读成[tsai24]，“成”读成[tʂən24]。

15. 第三声（上声），与普通话差异较大，常与第二声（阳平）相混，亦发成[24]。

例：“有”读成[iu24]，“扯”读成[tʂə24]。

16. 轻声常发为原调。

例：“扁担”发成“扁[tan51]”。

● 将藏族人的典型声调偏误（口音）表现整理如下表：

汉语普通话声调	口音汉语声调
第一声	调值略低，通常为[44]
第二声	整体音值偏低，为[24]
第三声	常与第二声（阳平）相混，发为[24]
轻声	常发为原调

（张丽娜整理）

二十五、中国维吾尔族汉语学习者语音偏误

（一）声母方面

1. b[p]、d[t]、g[k]发为浊音[b]、[d]、[g]。

例："被[pei]"发音近似于[bi]，"到[tɑu]"发音近似于[dav]，"够[kəu]"发音近似于[gu]。

2. 舌面清塞擦音 j[tɕ]、q[tɕʰ]、x[ɕ]，近似清舌叶音[dʒ]、[tʃʰ]、[ʃ]。

例："九[tɕiəu]"发音近似于[dʒiu]，"前[tɕʰiɛn]"发音近似于[tʃʰɛn]，"西[ɕi]"发音近似于[ʃi]。

3. 舌根音 h[x]发为部位更靠后的喉音[h]。

例："好[xɑu]"发音近似于[hɑv]。

4. 翘舌音 zh[tʂ]、ch[tʂʰ]、sh[ʂ]发为[z]、c[tsʰ]、s[s]，或近似舌叶音[dʒ]、[tʃʰ]、[ʃ]。

例："抓[tʂuɑ]"发音近似于[zɑ]，"这[tʂə]"发音近似于[dʒɛ]，"产[tʂʰan]"发音近似于[tsʰan]或[san]，"处[tʂʰu]"发音近似于[tʃʰv]，"生[ʂəŋ]"发音近似于[səŋ]，"少[ʂɑu]"发音近似于[ʃav]。

5. 卷舌声母 r[ʐ]发为浊擦音[ʒ]。

例："人"发音近似于[ʒən]。

6. 舌尖前音 z[ts]发为浊音[z]，c[tsʰ]与 s[s]相混。

例："族[tsu]"发为近似于[zv]，"错[tsʰuo]"发为近似于[so]。

7. 擦音 f[f]发音近似 p[pʰ]。

例："发"发为近似于[pʰχᴀ]，"翻[fan]"发为近似于[pʰan]。

● 将维吾尔人的典型声母偏误（口音）表现整理如下表：

汉语普通话声母	口音汉语声母
b[p]	浊音[b]
d[t]	浊音[d]
g[k]	浊音[g]
j[tɕ]	浊舌叶音[dʒ]

（续表）

汉语普通话声母	口音汉语声母
q[tɕʰ]	清舌叶音[tʃʰ]
x[ɕ]	清舌叶音[ʃ]
h[x]	喉音[h]
zh[tʂ]	[z]或浊舌叶音[dʒ]
ch[tʂʰ]	c[tsʰ]或清舌叶音[tʃʰ]
sh[ʂ]	s[s]或清舌叶音[ʃ]
r[ɽ]	[ʒ]
z[ts]	浊音[z]
c[tsʰ]	与s[s]相混
f[f]	p[pʰ]

（二）韵母方面

8. u[u]发为[v]。

例："补[pu]"发音近似于[pv]。

9. [o]与[ɑ]、[u]相混。

例："我"发为[wɑ]。

10. e[ə]在舌根辅音后发为[o]，或发为前不圆唇元音[e]，有时发为前半低元音[ɛ]。

例："科[kʰə]"发音近似于[kʰo]，"合[xə]"发音近似于[he]，"策[tsʰə]"发音近似于[sɛ]。

11. -i[ɿ]、-i[ʅ]常常发为[i]。

12. 复韵母 ɑi[ai]发为[aj]或[ɛj]。

例："带[tai]"发音近似于[daj]。

13. ɑ[ʌ]、o[o]、uɑng[uɑŋ]等伴有小舌音音渡[χ]。

例："怕[pʰʌ]"发音近似于[pʰχʌ]，"破[pʰo]"发音近似于[pʰχə]。

14. 复韵母 ɑo[ɑu]发为[av]。

例："刀[tɑu]"发音近似于[dav]。

15. iɑ、uɑ、ie、uo、iɑo 丢失韵头，发为[a]、[ɑ]、[ɛ]、[o]、[av]。

16. 前响元音韵母 ei［ei］、ou［əu］，丢失韵腹，保留韵尾，发为［i］、［u］。

17. 韵母 üe［yɛ］发为［ø］。

18. iu［iəu］、uai［uai］、uei［uei］发为［iu］、［uaj］、［uej］。

19. ian［iɛn］、uan［uan］、üan［yɛn］、un［uən］、iang［iaŋ］、ueng［uəŋ］、uang［uaŋ］丢失韵头，保留韵腹、韵尾。

● 将维吾尔人的典型韵母偏误（口音）表现整理如下表：

汉语普通话韵母	口音汉语韵母
u［u］	［v］
［o］	与［ɑ］、［u］相混
e［ə］	［o］、［e］、［ɛ］
-i［ɿ］、-i［ʅ］	［i］
ai［ai］	发为［aj］或［ɛj］
a［ᴀ］、o［o］、uang［uaŋ］	伴有小舌音音渡［χ］
ao［ɑu］	发为［av］
ia、ua、ie、uo、iao	丢失韵头
ei［ei］、ou［əu］	丢失韵腹，保留韵尾，发为［i］、［u］
üe［yɛ］	发为［ø］
iu［iəu］、uai［uai］、uei［uei］	发为［iu］、［uaj］、［uej］
ian、uan、üan、un、iang、ueng、uang	丢失韵头，保留韵腹、韵尾

（三）声调方面

20. 单音节词一律读成降调。

21. 双音节词，第一个音节读成降升调，第二个音节读成降调。

● 将维吾尔人的典型声调偏误（口音）表现整理如下表：

汉语普通话声调	口音汉语声调
四声	单音节词一律读成降调；双音节词，第一个音节读成降升调，第二个音节读成降调。

（林宴同整理）

下　篇

汉语语音偏误的声学实验分析

第一章　引言

1.1　研究背景

随着中国国际地位的提升，“汉语热”正在全球迅速蔓延，并呈持续增长之势。“一带一路”等国际交流政策的推行更是吸引了越来越多的外国友人来中国学习、工作。但是无论是学习还是工作，都离不开使用汉语。然而，汉语作为第二语言的学习对于外国留学生来说却绝非易事。语音、词汇和语法是学习一门语言必须掌握的基本要素。从以往的汉语教学经验来看，相比于词汇和语法，语音的教学和习得确实有其特殊性。例如词汇、语法大多可以依靠记忆、在目的语环境下交流得到有效改善，但语音的习得很难通过记忆完成，在目的语环境中也很难得到不自觉的提高。

第二语言的习得很容易受到母语的影响而产生负迁移，母语的影响有时是根深蒂固的。在第二语言学习过程中，留学生面对自己不容易掌握的知识常常采用回避策略。不会的词语、不懂的语法尚且可以“回避”，但是语音却很难使用回避的策略。这在某种程度上也使语音学习成为受母语负迁移影响最严重的部分。负迁移现象自20世纪50年代以来已经得到详细描述和广泛关注（Weinreich，1953；Jarvis & Pav-lenko，2008）。同时，在中介语发展过程中停滞不前、难以改善的语音化石化（Selinker，1972；Hyltenstam & Abrahamsson，2003）问题是学习者十分常见的语音偏误现象。这些因素导致学习者在学习汉语时会出现“洋腔洋调”。

我们学习一门语言，首先应该掌握这种语言的语音，尤其是汉语的声调还具有区别意义的功能。学好语音是推进继续学习的基础。然而现实情况是，在汉语作为第二语言的学习中，学习者受到母语负迁移的影响，掌握程度并不好。而且常常由于初期语音学习不扎实，出现“化石化”现象。即便是以后随着学习时长的增加，汉语水平显著提高，也仍然很难纠正学习初期的语音错误。

本研究拟从“口音汉语在线数据库”所收录的不同母语背景的男女学习者带有偏误的有声语料（口音语料）中选取音频作为研究对象，以实验语音学的研究方法，分析单元音、时长、声调、语调、韵律边界停延等的声学特征并将其与母语者进行对比分析，同时基于DTW算法对第二语言学习者语音进行自动评分与分类，探索不同母语背景的汉语学习者在第二语言习得过程中产生的不同偏误，从而对语音教学提出有针对性的意见。以往的语音研究中无论在研究方法上还是研究对象上都越来越细化，但依然有一些不平衡的地方。其中以个案研究居多，即使有以两个或三个国家汉语学习者一起作为研究对象的，也是混合在一起进行分析，并没有对其进行国别化整理，缺少从更宏观的角度进行共性特性对比的研究。并且研究对象大量集中在某几个国家，忽略了国与国之间的对比，这些都有待于我们进一步探索和改进。

本研究期望通过国别化的整理，以统一语篇为发音材料分析不同母语背景的汉语学习者在汉语学习中产生的偏误，进而将其与汉语标准语音进行对比说明。通过对不同母语背景的汉语语音偏误进行声学语音学分析，并与母语标准音进行对比，从中考察其异同和规律。这在实践上可以帮助不同母语背景的汉语学习者比较全面地认识自己母语背景的发音难点，提高其对标准发音的辨识能力，进而努力克服，并改善自己的发音；同时在教学上也可以为教学者、研究者提供针对性的意见，提供更加实用的教学策略，尽最大可能帮助汉语学习者提高学习效率。

1.2　相关研究概述

1.2.1　关于汉语单元音的研究概述

国内外对元音的声学研究多针对元音的结构，利用声学元音图考察元音的层次、分布及变体，直观性较强。传统的元音分类方法是用舌位的高低、前后和唇形的圆展来描述元音的传统生理元音舌位图。在后来的元音研究中，学者们又将生理参数与声学参数进行了对照。1948年，Joos在对舌位模型和元音共振峰数据进行研究后指出，舌位高度与第一共振峰（F1）有关，舌的前后位置与第二共振峰（F2）有关。1951年，Delattre对舌位和共振峰关系进行了更深入的研究，他指出F1与F2不仅分别同开口度和舌位前后相关，F2还同圆唇有关——唇越圆，F2越低，反之F2越高。1952年，Gordon E. Peterson和Harold L. Bamey最早借助F1、F2的共振峰数据将美国英语中10个元音使用元音声学图表现了出来。此后，Chomsky 1968年在其著作*Sound Pattern of English*中还提出了“语音格局”的概念。

国内对于元音结构的研究始于20世纪60年代。吴宗济、石锋、曹剑芬等人均在元音的二维结构中从不同的层面和角度研究元音空间结构的系统性（赵茜，2014）。1986年，吴宗济先生绘制了10个发音人的10个普通话单元音的声学图。2002年，石锋教授在分析北京话主要元音的声学元音图时首次提出了元音格局的研究方法。此后，学者们针对元音的声学特征分别对汉语普通话、方言及各国语言元音进行了研究：石锋（2002）、刘艺（2005）、周德才（2005）、易斌（2006）等就曾对北京话、汉语普通话、苏州话、广州话、维吾尔语的元音进行声学研究，并形成了各自的元音格局图，从而发现了各方言语言元音的定位特征及分布，对各语言方言的元音进行了更为客观、量化的研究。此外，时秀娟（2007）用实验分析的方法研究了汉语40个方言点的元音声学分布，得出汉语方言元音的类型特点。孙雪（2009）通过考察人类26种自然语言中的元音以及11位学者根据元音图所发的国际音标声学特征，发现了世界语言中元音隐含的一些规律。

除为自然语言规律的研究作出巨大贡献外，元音的声学分析还广泛应用于第二语言习得研究。众多学者都曾借助声学元音图分析学习者所发的母语和目的语的声学特征，然后进行比较、找出差异，用于更好地指导第二语言的学习，避免母语负迁移。在此领域，石锋教授也是率先垂范，分别与温宝莹（2004）、时秀娟（2005）、曹巧玲（2008）合作，利用声学元音图先后对比分析了日、俄、韩二语学习者母语和目的语的元音特征，分别找出了各国学习者的偏误表现，以发现并更好地消除母语的负迁移。此后越来越多的专家学者及学生将各国语言与汉语的元音格局进行了对比分析，范围涉及德国、英国苏格兰、法国、秘鲁、格鲁吉亚、巴基斯坦、越南、泰国、缅甸、美国、坦桑尼亚等国家及维吾尔、东干等民族的语言。

除对汉外元音格局进行对比、发现差异之外，学者们同时也开始借助元音声学特点分析学习者中介语的元音发音特点，以揭示第二语言习得规律。石锋、温宝莹（2004）系统地考察了母语为英语、日语的两种汉语学习者的元音发音特点，分析其中相似元音、相混元音、相异元音的不同表现，得出结论：二语语音学习是逐一进行的，发音常常缺乏系统性；此外，负迁移有双向也有单向。高玉娟、石锋（2006）通过对中国学生学习法语时所发的元音进行实验分析，研究出第二语言习得顺序大体是：非常相似元音＞相似元音＞新元音。温宝莹（2007）也再次对日语学习者的汉语元音特点进行分析，又从动态的角度分析了日本学习者在初级、中级、高级不同的学习阶段元音发音的特点，给出了日语学习者汉语元音习得过程的特点。李晶、石锋（2008）从分析发音离散度入手，考察了中国学习者学习法语时建构各元音语音范畴的次序，探讨了中介语元音系统建构次序的一般规律，并进一步讨论了一些中介语系统次序建构的显规则和潜规则及其关系。夏全胜（2009）则更进一步对母语是汉语、第一外语是英语的学生在学习第二外语西班牙语时元音的发音进行试验分析，考察了母语和第一外语对学习第二外语的影响。赵茜、刘亚丽、谢凌云（2014）收集了京畿地区和新疆少数民族群体的普通话元音共振峰数据，建立起了元音的三维空间，更立体地展现了汉语元音的结构特点。

纵观前人成果，借助元音的语音学研究已非常成熟，且后人还在借助这种研究方法不断拓展研究语种。但值得注意的是，元音格局方法的使用还大有空间：第一，在形成元音共振峰数据和元音图的实验中，研究者往往选择一定数量的单音节词或双音节词，而很少尝试研究自然语流中学习者的语音表现；第二，曾有前人对汉语 40 个方言点或世界 26 种自然语言的元音进行研究，但在二语习得领域，前人多进行汉外两种或三种语言的元音对比研究，而从宏观、基于大规模数据揭示汉语习得者中介语中元音特点及偏误模式的研究还相对较少。

为此，本研究将以埃及、德国、美国、日本、俄罗斯、哈萨克斯坦等 28 个母语背景的汉语学习者朗读的语段中的单元音为实验研究对象，提取单元音 /a/、/o/、/ɤ/、/e/、/i/、/ɿ/、/ʅ/、/u/、/y/、/ɚ/ 的共振峰数据，形成各母语背景的元音图，进而从较为宏观的角度对各国汉语学习者的单元音发音偏误以及汉语学习者单元音普遍发音偏误进行分析和探索。

1.2.2　关于汉语音节时长的研究概述

关于音节时长，研究学者们对其定义相对较为统一，比如叶蜚声、徐通锵（1997），骆小所（2001），黄伯荣、廖序东（2002），罗常培、王均（2004）等都曾对音节时长的概念进行界定。他们一致认为音节时长就是音长，指的是音节的长短。它决定于声带振动时间的长短，声带振动时间持续久，音长就长，反之则短。

根据目前已查到的相关文献，最早对汉语音节时长展开的专门研究大约始于20世纪40年代，至今已有七十多年。1943年，白涤洲最早利用浪纹计测算汉语各声调的音节时长，得出上声时长最长为483 ms、阴平436 ms、阳平455 ms、去声425 ms。其后自50年代末期开始，研究者逐渐开始利用实验方法对普通话声韵调时长进行专门研究。

研究初期主要集中在对声韵调具体音长的测算，从中找出声韵调音长特征上的共性。扎多延柯（1958）同样利用浪纹计对轻声音节时长进行测算，实验结果表明，轻声音节时长比与其相应读四声时的字音缩短了至少一半，并且韵母时长较声母时长缩短更加明显，由此认为轻声是弱读字音。在这之后的声学研究中，学者们普遍认可轻声音节时长比其相应读四声时的时长短，但是具体缩短数值尚未统一，有的学者认为大概为一半，也有人认为这一数值可达到60%左右。林茂灿、颜景助（1980）利用实验方法对选用的29对两字词进行音长、振幅、音高及音色等声学性质的研究，同样发现在两字词中，若后字读轻声时，其音长较重读时明显缩短，且所用能量显著减弱。之后齐士铃、张家騄（1982）对汉语普通话辅音作了音长分析，测出22个辅音平均音节时长及标准偏差，指出：不送气塞音音长最短，送气塞擦音音长最长；不同发音方法的辅音，存在一定音长比值；送气塞擦音往往会受到元音开口度的影响，元音开口度大，音长则短。廖荣容、石锋（1987）在对汉语普通话r声母音质的研究中，参照强度曲线和宽带语图，大致测量了含r声母的平均音节时长，发现r声母时长相对稳定，语速及发音人其他个体差异都未对其音长产生较大影响。宋雅男、何伟（2005）通过对男女性单音节时长的统计分析，发现女性各声调总体时长均小于男性，但男女性各声调音节时长存在一定比例，其中男性四声时长比值为阴平∶阳平∶上声∶去声=1.143∶1.024∶1.115∶1.00，女性这一比值为1.065∶1.205∶1.132∶1.00。

之后，考虑到音节时长作为重要韵律特征之一，在语音合成领域中，若能模仿自然语音的时长变化将会极大提高合成语音的自然程度。研究者也在不断探索影响音节时长的因素，并期望建立有效的时长模型。许洁萍、初敏、贺琳、吕士楠（2000）通过对不同重音条件下音长和音高的变化，探索重音是否对音长和音高产生影响及其相互关系，最终发现，在连续语流中，有些词的音长受重音影响，他们在重读时音长增加，在轻读时音长缩短。冯勇强、初敏、贺林、吕士楠（2001）则分别讨论了不同声韵调结构、停顿边界、词中位置对音节时长的影响。高玉娟（2005）考察了大连方言声调调长，得出大连方言单字调调长与调型有关，上声曲折调的调长最长，阴平和去声的调长最短；阴平和去声的调长差别随着发音人的年轻化而越来越小。邓丹、石锋、吕士楠（2007）从400个单句中切分出1 003个四音节词。针对语流中普通话四音节词的时长变化，探讨停延边界、组合结构及句法结构等与词内各音节时长的关系。结果表明，第四音节的时长受停延边界的影响，第二音节的时长同时受到组合结构及句法结合的影响，而第三音节的时长则主要受到组合结构的影响。

另外，从实验语料来看，以上研究涉及类型涵盖了汉语普通话单音节词（宋雅男、何伟2005）、双音节词（林茂灿、颜景助，1980；齐士铃、张家騄，1982）、多音节韵律词（王晶、王理嘉，1993；贾媛、李爱军、陈轶亚，2008）等，其中以双音节词作为研究对象的文章较多，研究成果集中于对孤立词语或者实验室语料的分析。相比而言，基于实际语流的研究较少。冯隆（1985）是目前查到的最早一篇基于汉语语流作声韵调时长研究的文章。他通过实验方法，测出普通话连续语句中声韵调的时长，最终发现，发音方法主要影响辅音声母的音节时长，发音部位及韵母的舌位也会对时长产生一定影响；而单元音韵母的时长与声母时长是补偿关系，并与舌位的高低有直接关系；另外，不同声调的时长在句中和句末明显不同：句中阳平最长，其他声调基本相似；句末则是上声＞阳平＞阴平＞去声。此外，冯勇强、初敏、贺林、吕士楠（2001）也将研究目光投向实际语流，基于大规模语料库对自然语流中近19万个音节时长进行统计分析，最终测出汉语音节音长的均值为245 ms，标准偏差为67 ms，绝大部分音节时长在100 ms到500 ms之间。虽然还有一些以实际语流为研究对象的文章，但整体数量较少。冯隆（1985）和冯勇强等（2001）是相对比较典型的两篇文章。

在对声调时长的研究中，轻声音节感知也是学者们的关注重点之一。林焘（1985）指出时长是分辨汉语轻重音的一个主要影响要素。王韫佳（2004）利用心理—声学的实验方法，探索影响普通话轻声感知的因素，结果表明音高和时长对于普通话轻声感知均有显著作用。曹剑芬（1986）认为音长较短是构成轻声的一个重要因素，而且轻声音节时长与前一音节的比值大概为3∶5，但并不固定，比值变化幅度较大。林茂灿、颜景助（1980）测出轻声音节时长较其重读时有所缩短，大概为重读时音长的一半。杨顺安（1989）发现后轻音节与前重音节的时长比值为0.513，如此合成的双音节轻声词听感较为清晰自然。

综上所述，目前国内对汉语音节时长的研究历史较长，研究成果也较为丰富，但是在自然语流中研究汉语音节时长的文章数量较少，仍需进一步探索。另外，近几年的文献资料对音节时长的专门研究相对较少，往往是在讨论音高特征时偶有提及，有待进一步深入研究。

1.2.3　关于汉语作为第二语言声调偏误的相关研究综述

第二语言习得研究一般认为开始于 S. P. Corder（1967）提出“偏误”概念后。之后 Selinker（1972）提出“中介语”概念，建构起第二语言习得研究这一学科的基本理论框架。国内对第二语言习得研究起步较晚，直到 20 世纪 80 年代，鲁健骥（1984）才首次引进“偏误”与“中介语”两个概念，并开始了一系列在 Selinker 中介语理论框架影响下的偏误分析研究。

在国外第二语言习得研究理论引进国内后，学者们开始致力于汉语作为第二语言习得的偏误分析研究，并作出一系列探索。梅立崇（1984）对 32 名留学生在汉语语法和词汇习得方面的偏误进行分析，探讨其偏误性质及成因。鲁健骥（1984、1987）分别围绕语音、词汇偏误的形成原因进行讨论，逐步将偏误分析扩展至现代汉语各系统。吕文华、鲁健骥（1993）从语言—语用和社交—语用角度入手，对学习者语用层面偏误进行全面剖析，并在教学上提出相应指导意见。之后鲁健骥（1994）又将研究目光投向语法偏误研究，通过探究语法偏误在形式上的不同表现，找出了学习策略对语法偏误产生的影响。至此，偏误分析已全面扩展至语音、词汇、语法、语用等各系统，为之后深入探讨奠定了基础。

随着研究不断推进，研究者们越来越倾向于针对汉语语音的偏误研究，尤其是汉语声调偏误研究，并在该方面取得了长足进步。在声调偏误类型描写方面，根据学习者母语背景有无声调，学者们对声调偏误类型分别作了研究。对母语为有声调语言学习者的偏误分析研究主要集中泰国和越南学生。李红印（1995），蔡整莹、曹文（2002），任广玉（2015）普遍认为泰国学习者声调偏误类型为阴平调值低，阳平和去声太长。吴门吉、胡明光（2004）发现去声是越南学生的主要偏误，阴平发音相对最好，但调值偏低。杨娜（2005）提出越南学生在学习静态声调和动态声调时出现的偏误略有不同，并分别描写其偏误类型。李璨（2007）发现越南学生声调偏误主要表现在上声和去声，其中上声有间断，去声太短。对母语为非声调语言学习者的声调偏误研究涉及包括美国、韩国、俄罗斯、尼泊尔等在内的多个国家。沈晓楠（1989），王韫佳（1995），桂明超（2000），彭玉康、胡袁圆（2006）对美国学习者声调偏误分析后发现，美国学生上声最难掌握，并且常与阳平相混。高玉娟、李宝贵（2006）认为对韩国学生来说，去声最易习得，而阳平则容易发成低曲折调。刘艺（1998）、徐瑾（2006）则分别对日韩和俄罗斯学生进行了声调偏误研究。通过对以上母语非声调语言学习者声调偏误的研究，毛丽（2007）和魏李迎（2017）总结后得出结论：非声调语言国家学习者主要声调偏误类型为阳平和上声不分，去声和阴平相混。综上所知，对声调偏误类型的研究由来已久，但研究对象主要集中在美、日、韩、俄、泰、越等有限的几个国家，覆盖范围有待进一步扩展。

除了根据学习者母语背景有无声调归纳声调偏误类型外，也有研究者（如易斌、梁洁 2010）基于汉语声调音区和曲拱两个基本特征，将声调偏误类型总结为调型偏误、调域偏误以及调型调域偏误兼有三种类型。赵元任（1980）、赵金铭（1988）、孙晓楠（1989）认为学习者学习汉语的过程中主要是调域而非调型造成了学习的困难。但是对于不同母语背景学习者，声调偏误表现也略有不同。王韫佳（1995）对美国学生声调偏误分析发现，掌握较好的阴平和去声其偏误主要是调型，而掌握较差的阳平和上声则在调型和调域方面都出现了偏误。李红印（1995）认为泰国学生声调偏误主要集中在调域上。刘艺（1998）发现日韩学生调域偏误较调型偏误更多。姜晓红（2001）对日本学生各调类的调型和调域进行分析后得出，日本学生调型方面主要表现为错误，而调域方面则主要表现为缺陷。吴门吉、胡明光（2004）认为越南学生声调学习中存在调型错误，但调域错误更常见。高春燕（2007）通过对俄罗斯学生声调偏误分析发现，阳平和上声是俄罗斯学生学习难点，且调域偏误更明显。

除了对偏误类型作描述分析外，学者们还在此基础上得出了声调习得难易程度顺序。余霭芹（1986）根据儿童习得声调时平调最易掌握，其次曲调，升调难于降调的规律，得出汉语声调学习中上声最难，其次阳平、去声，阴平最易的难度顺序。沈晓楠（1989）通过分析学生朗读的一篇课文，发现对美国学生而言，阳平和上声明显难于阴平和去声。而王韫佳（1995）同样对美国学生展开研究，结果却发现阳平和上声比去声和阴平更难，这与沈晓楠（1989）的研究结果差异较大。其后姜晓红（2001）对日本学习者的研究发现，去声最易，阴平次之，其次是上声，最难的是阳平。肖莉（2005）认为墨西哥学生声调习得难易顺序为阴平、阳平难于上声和去声。此外，薛东梅（2009）还通过听辨测试得出泰国学生声调难易顺序为阳平＞上声＞去声＞阴平。由此，根据对不同母语背景学习者声调难易程度的研究发现，对于学习者而言并没有共同的声调难易顺序。喻江（2007）认为，目前学界关于汉语声调难易顺序比较一致的观点是，上声最难、其次阳平和去声，阴平最易。

此外，对于声调偏误产生的原因，学者们看法相对比较一致，认为母语负迁移是造成声调偏误的主要原因，如李红印（1995），蔡整莹、曹文（2002），杨娜（2005）等。姜晓红（2001）从调域和调型两个角度对日本学生汉语声调偏误作了全面分析，并从日汉两种语言声调性质不同、语言的羡余特征、学习者语音知识不足、声调的模糊性等方面系统阐释了日本学生声调偏误的原因。冯丽萍、胡秀梅（2005）从汉语自身出发，认为汉语声调本身的发音生理及声学特征也是学习者产生偏误的原因之一。吴门吉、胡明光（2004）在对越南学生声调偏误成因的分析中认为，母语声调的迁移以及目的语规则的泛化都会造成声调偏误。魏李迎（2017）通过对近二十年声调偏误研究总结，发现除了母语负迁移、羡余特征等可能引发声调偏误外，学习者自身心理因素、汉语教材、汉语教师、学习环境和学习方式等对偏误产生也有一定的影响。总之，从整体来看，关于母语负迁移对声调偏误造成影响的研究比较充分，但是对其他声调偏误产生原因的研究略显不足，可以进一步深入探索。

在研究对象选择方面，整体趋势是越来越精细化，但仍然存在不平衡的地方。贺妮娜（2018）通过对 CNKI 数据库中 231 篇关于汉语声调偏误研究及教学的文章统计发现，学习者母语背景地域差异明显，围绕亚洲地区母语背景的研究占绝大多数，针对欧美地区母语背景学习者的研究较少；研究对象大量局限在某几个国家，而且以个案分析为主，即针对某一国家或某一母语背景的学习者从声调偏误类型、成因及教学策略进行系统分析，缺少国别化的对比，甚至以两个或三个国家汉语学习者一起作为研究对象的也比较少，如冯丽萍（1996）对英日两国、刘艺（1998）对日韩两国声调偏误的分析。近几年研究生同学对多国学习者声调偏误的研究逐渐增多，但大部分仍然是以两到三个国家学习者为研究对象。如陈子悠（2007）对日韩泰、高秀娟（2011）对越南和阿拉伯语两个语种、刘璐茜（2016）对西班牙及韩泰三国、王燕（2016）对韩美日等学习者声调偏误进行研究。另外，针对研究对象汉语水平的不同，研究者们也分别进行了讨论，如马燕华（1994），冯丽萍、胡秀梅（2005），刘珊珊（2008），郑琪（2012）等曾对零起点、初级、中级学生声调偏误分别展开讨论。

综上所述，目前汉语声调偏误研究已经取得了一定成果，但是研究对象稍显局限，缺少国别化的对比分析。从研究思路上看，一般都是从偏误类型入手，分析偏误产生原因，最后提出教学策略。整体来看研究思路有模式化倾向，亟待出现新视角和新思路。

1.2.4 关于汉语语调习得的研究概述

关于语调的定义，学界尚未有统一定论，一般认为语调有狭义和广义之分。

狭义的语调，也可称作句调。吴宗济（1982）、沈炯（1985）认为狭义的语调指的是话语整体的音高变化。而广义的语调除了包括狭义语调中的音高外，还包括音长、音强、停顿、节奏等其他韵律成分。

国内关于语调的研究普遍认为开始于赵元任先生，他在20世纪30年代提出了一系列关于汉语语调的重要观点，为后续研究者奠定了理论基础。赵元任（1929、1933）主张区分字调和语调，并将二者关系概括为"代数和"，即声调平均音高可与语调音高叠加，并提出"声调音域"概念。在此基础上，学者就汉语语调问题作了更深入的研究。吴宗济（1982）认为字调和语调的"代数和"指的是基调调阶之和，而非调型曲线的叠加。沈炯（1985）关注了整个句子高音线和低音线的走向，即"双线变化模式"，发现在语流中，声调音域的高低宽窄会不断发生变化，同时其上下限还会受到句调的影响。胡明扬（1987）主张句末语调说法，认为汉语语调变化体现在句末音节的音高变化。石锋（1999）提出语调格局的想法，认为语调格局是指语句调型曲线的起伏及其所表现的各调群调域本身的宽窄和相互之间的位置关系。曹剑芬（2002）对声调语调关系作了系统描述，认为在语流中两者相互依存，彼此制约：声调受语调的调节，保持调型的稳定，语调则通过声调各音阶的变化得以实现。此外，疑问句平均音高总是高于陈述句，且疑问句音阶整体走势都是上升或相对趋平，而陈述句则都是下降的。林茂灿（2004）则提出音高重音和边界调是影响语调的两大关键要素，认为主要依靠韵律词最后的非轻读音节来区分不同语调。

基于汉语语调研究的相关理论，一些学者逐渐将视角投向汉语语调习得研究。研究方法上由最初的传统研究过渡到实验研究，并取得了一定成果。所谓传统研究指的是依靠研究者和母语使用者的语感及经验找到学习者语调习得方面的偏误，进而提出相应的教学建议。张朋朋、徐鲁民（1981）就曾对汉语语调及印欧语作过对比分析，指出汉语语调的四个特点。孟国（1990）通过对日常口语会话分析发现，日常交际中最常使用的是平调，但在教学中过分强调疑问句升调、陈述句降调，一定程度上会导致学生无法正确掌握汉语语调。黄明晔（1992）以电视剧人物对白为研究资料，分析发现疑问句句尾语调并非都是升调，而是升调、降调兼有。王幼敏（1998）基于自身经验归纳了日本学生语调偏误包括语流中的声调偏误，停顿和重音的偏误，句末和句首的语调偏误等三种情况。其后杨叶华（2003），王敏、孙凤波（2003）分别对缅甸和俄罗斯学生语调习得偏误作了相关介绍。传统研究以研究者的经验为基础，虽然提出的语调教学建议具有较强的现实意义，但带有明显主观性，缺少客观数据支撑，有较大局限性。

随着科学技术的发展，越来越多的研究者开始使用声学实验研究的方法开展汉语句调习得研究。根据目前查到的文献资料，陈文芷（1994）最早利用声学实验方法对比汉语和日语疑问句语调。张燕春（2006）以泰国学生自然口语和朗读语料为研究对象，通过听辨实验发现对于泰国学生来说，语调偏误主要体现在句末词，且偏误产生主要是受母语语调影响。陈翠珠（2006）从全调域、调群调域、语调起伏度等方面入手，研究越南语语调对汉语语调的影响。孙鹏飞、裴蓓（2007）以语气副词和语气词为切入点，通过提取相关音高数据，对比留学生和母语者语调图找出留学生汉语习得过程中与母语者的语调差异。其后石林、石锋等（2010）利用语调格局研究思路，提出声调对于语调调域的负担量；通过对美国学生汉语语调的分析，初步发现其调群内部单字调的调型和调阶，字调域在群调域内部的相对位置以及各个调群调域在语句调域中的高低起伏等不同层次上的表现均与母语者有较大差异。李晓朋（2012）的硕士论文，以48个符合韵律要求的同文异焦陈述句和48个同文异焦疑问句为语料，通过对比英汉母语者音高及时长数据，分析他们在汉语语调韵律表现上的差异。

综上所述，利用实验方法已经成为汉语语调习得研究的主流。但是目前针对留学生汉语语调习得的专门研究也是以单一国家为主，缺少国别间的对比研究，且提出的教学策略尚不具普遍性，仍可进一步探讨。

1.2.5　关于汉语习得停延的相关研究综述

最近几年停延越来越受到关注，已成为研究韵律问题的重要特征之一。随着对外汉语教学的发展，学者们对留学生汉语产出中的停延开展了一系列研究：陈默（2006、2007）分析了初、中级韩国留学生汉语动词谓语句停延和韩国留学生汉语句子停延；周庆、陈默（2014）结合声调与韵律等级考察了初级汉语水平欧美留学生汉语朗读时长特征；刘凤鸣、陈默（2016）发现不同语言水平的韩语母语者，其韵律边界无声段时长特征中，汉语中级水平者表现最好，初级和高级水平者表现较差；李雪娇（2016）研究了韩国留学生在汉语古诗朗诵中的停延；阎锦婷(2016)研究了泰国学生汉语疑问句语调的停延率；等等。

可以看到，目前对留学生汉语习得的停延研究主要集中在句子层面。吴洁敏(2002)指出外国人朗读中文的洋腔洋调，主要原因是没有处理好停延和句调。本研究从语篇的层面分析留学生汉语产出中的停延情况，目的主要在三方面：① 语篇朗读中汉语母语者与印欧留学生在韵律方面(停顿 & 音节延长)是否有差别？② 如果存在不同，原因是什么？③ 为帮助外国学生二语习得更流利和准确，我们有何建议？

1.2.6 研究意义

纵观国内关于汉语音节时长，汉语作为第二语言单元音、声调、语调、停延偏误研究发现：研究者大多是从微观角度入手，进行深入探讨，缺少宏观角度的规律探究。另外，针对某一母语背景国家的研究较多，普遍忽视了国别间的对比分析。为数不多的几篇涉及国别间对比分析的文章，也仅选用两到三种不同母语背景，研究规模较小。同时，研究语料集中于单字和双音节词，对语流中学习者偏误分析稍显不足。因此，我们收集了 8~28 种不同母语背景汉语学习者基于统一语篇的口音语料，以母语者标准音为参照标准，通过对这 8~28 种不同母语背景汉语学习者语音偏误表现的对比分析，从宏观角度入手探究不同母语背景汉语学习者语音学习的共性及个性特征。

从实践层面讲，本研究可以帮助汉语学习者比较全面地认识自己母语背景的发音难点，提高其对汉语标准发音的辨识能力，及时预防和自我纠正语音偏误，进而改善自己的发音。同时，也可以使教学者、研究者更便捷地了解不同母语背景学习者汉语学习的重难点，方便其制定更有针对性、更加实用的教学策略。此外，本研究对语音教学教材编写也有一定参考价值，可以尽最大可能帮助汉语学习者高效学习汉语。

第二章　偏误语料的来源与描述

2.1　语料选取

本研究以“口音汉语在线——世界典型汉语语音偏误数据库”[1]（Global Accent Chinese）中 8~28 个国家（包括母语）的男女口音作为实验对象对其单元音、时长、声调、语调进行声学分析。“口音汉语在线——世界典型汉语语音偏误数据库”由南开大学冉启斌教授等发起建立，收录了世界范围内不同母语背景学习者说汉语时的口音表现（包括文字描述与有声语料），并提供与口音汉语有关的资源。数据库预计收录世界 50 个国家以上的汉语语音偏误语料。但是，由于数据库中涉及的国家和地区数量较多，考虑到现实情况，找到相应国家和地区符合条件的发音人确实比较困难。截至 2018 年 8 月，数据库已收录了 25 个国家，24 种语言背景的口音文字描述与有声语料，目前数据库仍在不断完善中。本研究针对不同的研究内容选取了数据库中偏误口音语料比较全面的 8~28 个国家（包括母语）的男女口音语料进行声学实验分析。

“口音汉语在线——世界典型汉语语音偏误数据库”收录的偏误有声语料分为单字、词语、句子和语篇等四类。单字主要反映汉语非母语学习者在汉语普通话声母、韵母、声调等方面存在的问题；词语主要反映汉语非母语学习者在声母、韵母、声调以及连读音变等方面存在的问题；句子主要反映汉语非母语学习者在声母、韵母、声调、连读音变以及句调等方面存在的问题。单字、词语、句子这三类语料是根据不同母语学习者的典型音偏误逐一专门设计的。语篇则为一篇统一的 215 字的语料（《姐姐的电话》）。本研究选取的正是以统一语篇为发音材料录制的汉语偏误口音材料。附《姐姐的电话》语篇文本：

[1] 口音汉语在线——世界典型汉语语音偏误数据库：http://www.globalaccentchinese.com/。

喂，弟啊，现在忙吗？不忙的话我就多说两句。你的生日是什么时候啊？哦，一九九二年四月，快三十五了。姐姐有一儿一女了，你还没有女朋友。因为什么呢？你离家远，一天总是忙工作。光挣钱有用吗？不知道的还以为你有问题呢。你不小了，难道没有喜欢的女孩儿吗？去年见了一个小李，你说有点儿高；今年见的姓翁的那个，你也说哪儿不对。诶，我就奇怪了。我问你你到底想找怎样的？听姐姐的话好不好？你是我们的希望，爸爸妈妈都等着，要不他们不放心啊。早点儿找好了一块儿回来，你觉得呢？注意吃饭，也要多运动运动。就这样吧，下次再聊。

这篇设计为姐姐给弟弟的电话口语对话文本（与实际情形无关）中包含 215 个汉字（不包括标题），其中实际读音 210 个音节（1 个音节带有儿化只算 1 个音节），并包含了汉语普通话中的多个语言成分。具体如下：4 个单字调，22 个声母（含零声母），39 个韵母，多种类型的轻声，5 个儿化音，三声变调（第三声后接第一至第四声），“一”的变调（后接第一至第四声），“不”的变调（后接第一至第四声），语气词“啊”的变读（前接 4 种韵母），多种感叹词（喂，哦，诶），陈述句以及多种类型的疑问句。总体来说，《姐姐的电话》囊括了汉语普通话中声母、韵母、声调、主要的连读音变及主要的句调等。以此为录音文本，能比较全面地反映汉语学习者的语音偏误。

2.2 实验情况

2.2.1 实验对象

本研究针对单元音、时长、声调、语调、韵律停延等不同的研究内容分别选择了来自俄罗斯、美国、日本、泰国、芬兰、土耳其、意大利、哈萨克斯坦、蒙古、印度等 8~28 个国家（包括母语）不等的汉语初、中级水平的留学生为对象（各研究内容选取国家详见表 2.1）。除亚美尼亚、印度尼西亚、荷兰等个别国家（包括母语）外，每个国家的发音人均为一男一女，青年，无口咽喉疾病，具有比较典型的口音。

表 2.1 各研究内容对应发音人国别情况

	国家	男	女	国家	男	女	国家	男	女
第三章 单元音部分 （28 个国家）	埃及	+	+	美国	+	+	印度	+	+
	巴西	+	+	蒙古	+	+	巴基斯坦	+	+

（续表）

	国家	男	女	国家	男	女	国家	男	女
第三章 单元音部分 （28 个国家）	白俄罗斯	+	+	尼日利亚	+	+	英国苏格兰[1]	+	+
	德国	+	+	葡萄牙	+	+	乌克兰	+	+
	俄罗斯	+	+	日本	+	+	亚美尼亚	–	+
	芬兰	+	+	塞尔维亚	+	+	越南	+	+
	哈萨克斯坦	+	+	泰国	+	+	印度尼西亚	+	–
	韩国	+	+	土耳其	+	+	荷兰	+	–
	喀麦隆	+	+	匈牙利	+	+	中国	+	+
				意大利	+	+			
第四章、第五章、第六章 音长与语速、声调、语调 （12 个国家男女对应）	白俄罗斯			泰国			哈萨克斯坦		
	俄罗斯			芬兰			蒙古		
	美国			土耳其			印度		
	日本			意大利			中国		
第七章 韵律边界停延 （8 个国家男女对应）	巴基斯坦			美国			意大利		
	白俄罗斯			土耳其			中国		
	俄罗斯			乌克兰					

需要说明的是，本研究选取的发音人大部分来自南开大学汉语言文化学院初级 1 班和 2 班，个别来自中级班。大部分通过了汉语水平考试（HSK）四级，因此从汉语水平上来讲，大多为初、中级水平，但也不排除口音仍然显著的高级水平学习者。从理论上来说，每个人都会有口音。就是说即使是具有相同母语背景，其口音也会有所不同。但由于条件所限，选取的实验对象数量有限，每种母语背景的发音人各选取男女一人，作为同一母语背景的典型口音代表，以此来研究不同母语背景的汉语学习者的语音偏误。此外，为了将不同母语背景发音人的典型口音与普通话标准音进行对比研究，实验还选取了两位受过播音训练的普通母语者（一男一女[2]，来自南开大学校广播站，普通话水平等级为一级乙等）参与录音。

[1] 此处仅为了突出英国苏格兰特有口音的目的，下文亦同。

[2] 下文同。为适应研究需要，第七章韵律边界停延汉语母语者选取了未受过播音训练的 3 男 3 女发音人。

2.2.2 语音录制过程

录音是在南开大学语音实验室进行的，实验室配备有专业的录音设备，包括电脑外置声卡、电容麦克风、调音控制台、监听设备、效果器等。使用的录音软件为 Praat4.6，录制前设置为单声道，采样率 22 050 Hz，量化精度 16 位，并进行了除噪操作。录制内容是让实验对象朗读统一语篇《姐姐的电话》。为减少因汉字认读困难造成拖音、停顿等，影响最终实验结果，在录制之前，给发音人预留出一定时间，提前熟悉文本，并进行了试录，最终选择录音效果较好的版本。录制完成后，统一保存为 wav 格式的文件。

2.3 音频语料的切分与标注

2.3.1 单元音的标注

研究将对文本中“爸、吧、弟、一、不、注、句、去、的、个、四、次、日、知、二、儿、哦、诶”等 18 个单字进行截取，相应提取出 /a/、/o/、/ɤ/、/e/、/i/、/ɿ/、/ʅ/、/u/、/y/、/ɚ/ 的共振峰数据进行分析。在正式标注语料之前，首先对音频进行了修整，统一将题目切掉，并将音频中没用的（如重复）、错误的语音片段剪掉，方便精确切分后数据的提取和整理。实验用以进行语音标注和共振峰提取的语音处理软件为 Praat4.6。将各发音人的录音文件用 Praat 打开，依靠听感并结合音高文件将上文提及的 18 个单字依次对应，用音位音标标记出来，首次出现的音标后标记“1”，再次出现的标记“2”。标记示例详见图 2.1。

2.3.2 时长、声调、语调的切分与标注

正式切分语料之前同样先对音频进行了修整，统一将题目切掉，并将音频中没用的（如重复）、错误的语音片段剪掉，方便精确切分后数据的提取和整理。切分音频使用的软件为 Praat4.6，依靠听感并结合音高文件，在相应语音标注文件对单字及语调进行标注。其中，儿化音节均不单独标出，与前字合并标为一个音，如“孩儿”“点儿”均看作一个字。另外，在单字标注上，为了方便后期数据处理，一声标为 1，二声标为 2，四声标为 4，轻声标为 0。对于文本中出现的三声变调情况，未变调三声标为 31，如“31 有 4 用 0 吗”；两个三声相连需变调的，

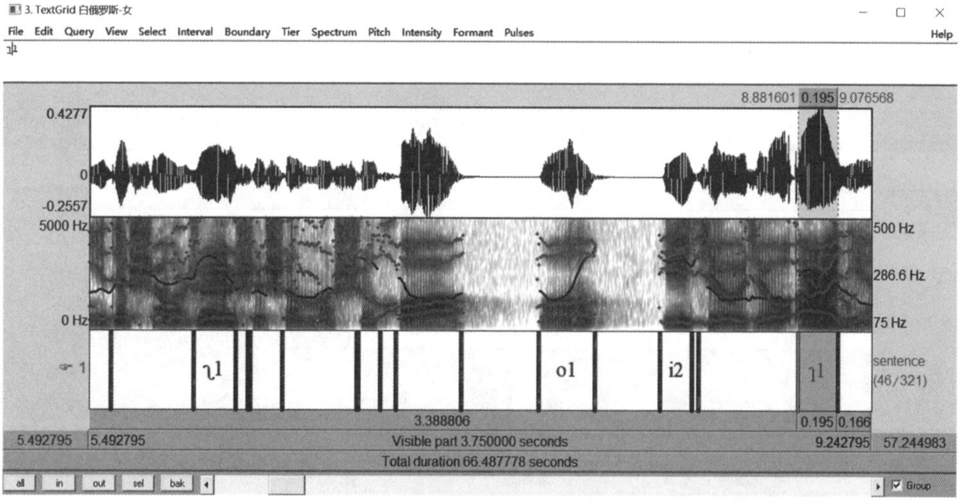

图 2.1　单元音切分及标注示例

将变调三声标为 32，如“32 小 31 李”。最终标出 25 个一声音节，32 个二声音节，52 个三声音节，其中三声变调音节 12 个，未变调三声音节 40 个以及 57 个四声音节和 44 个轻声音节，包括 10 个语气词轻声音节和 34 个一般轻声音节。

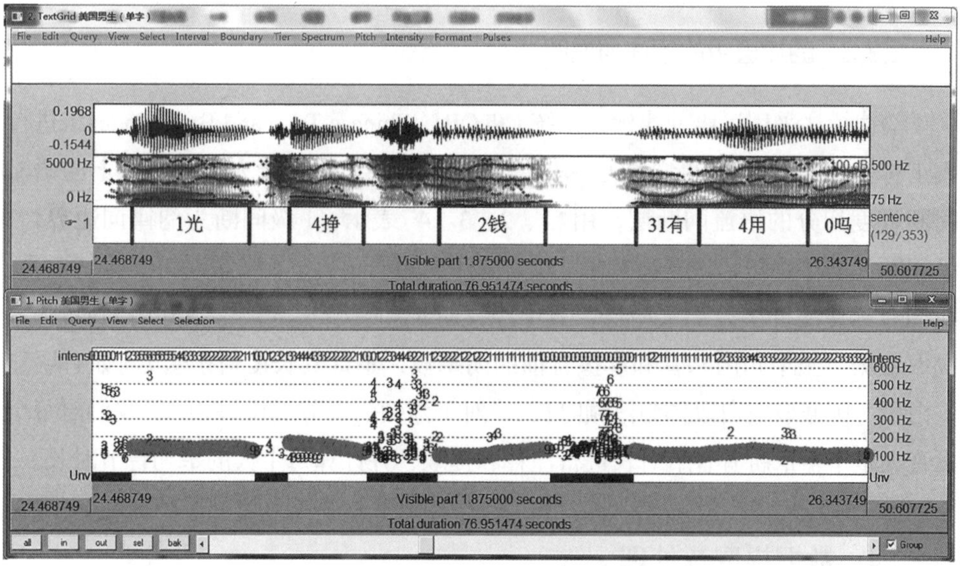

图 2.2　单字切分及标注示例

语调标注上，陈述句前统一用“C”标注区分，如：C 不忙的话我就多说两句。疑问句前则用“Y”标注，如：Y 难道没有喜欢的女孩儿吗？据统计，每个标注文件中共标出陈述句 20 个，疑问句 8 个。语气词“喂”“哦”“诶”以及称呼语“弟啊”均不算作陈述句或疑问句，标注时忽略不计。

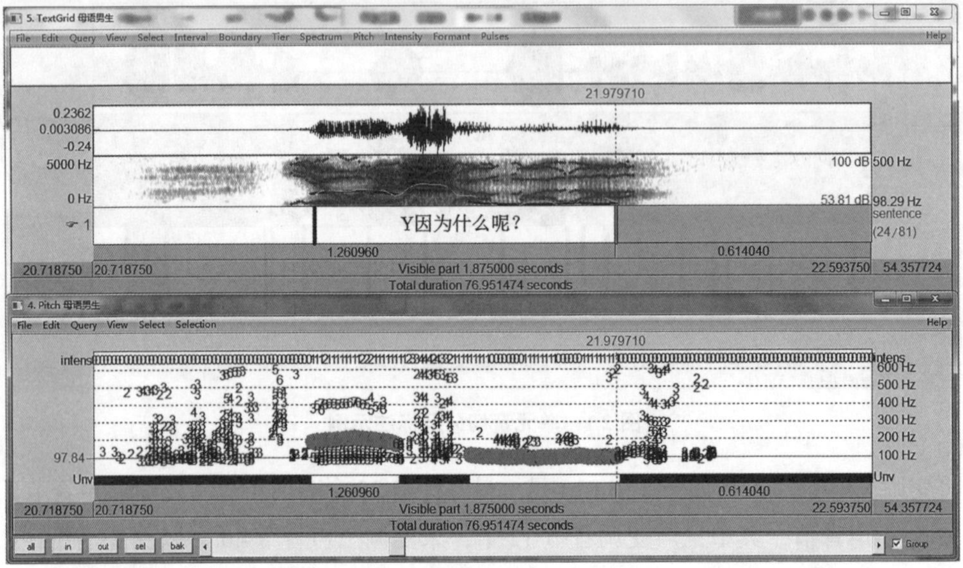

图 2.3　语调切分及标注示例

2.3.3　韵律层级的标注与说明

韵律标注采用汉语韵律标注系统 C-TOBI（Chinese Tone and Break Index）进行人工标注。C-TOBI 间断指数层为四级语流间断层，由听音人根据听感上的语流间断程度切分的语流间断层，用“1、2、3、4”表示：1 级间断为韵律词边界，2 级间断为韵律小短语边界，3 级间断为韵律大短语边界，4 级间断为韵律句边界。我们在标注文件中添加了两层，其中停顿时长和音节长度被标注并用 Praat 脚本提取数据。至于句内塞音和塞擦音前的闭塞段，不计其长度（闭塞段前如有明显空白段，则截取空白段作为停顿时长）。对于停顿前音节延长（FSL），我们对每个发音人整个篇章所有音节时长进行注释和提取，并计算每个人的平均音节时长。

2.4　数据提取及处理

2.4.1　单元音共振峰数据的提取及处理

在通过 Praat 对所需研究的单元音进行标注后，借助脚本，提取各个发音人的共振峰及时长数据，生成 .csv 表格。其后，将各组共振峰数据按照同一单元音音位归在一起，求出第一共振峰（F1）、第二共振峰（F2）平均值。最后，再次借助 Praat 脚本，输入 F1、F2 数值及对应元音音标，自动绘制出元音图。元音图以第一共振峰（F1）的频率为纵轴坐标，第二共振峰（F2）的频率为横轴坐标。前文指出，声学元音图在相对位置上与生理舌位图大致对应，其中：F1 与舌位高低密切相关，F1 高表示舌位低，F1 低则表示舌位高；F2 与舌位前后密切相关，F2 高表示舌位靠前，F2 低表示舌位靠后；此外，圆唇作用体现在 F2 上会使数值降低一些。

为了接近元音实际的发音位置，纵坐标数值由上到下递增，横坐标数值由右到左递增。下图为汉语母语者元音图示例：

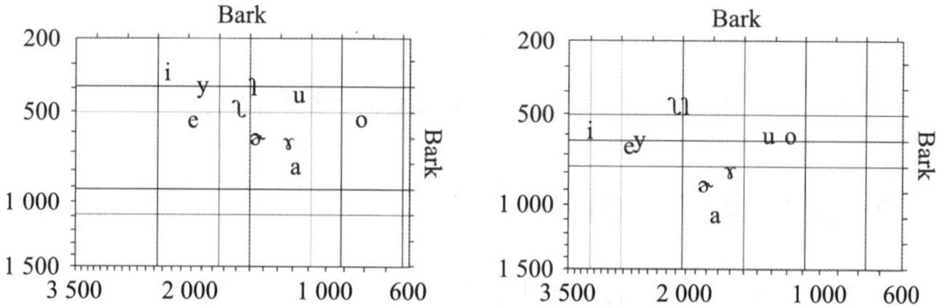

图 2.4　汉语母语者（左男右女）单元音声学元音图

2.4.2　时长、声调、语调基频数据的提取及处理

利用脚本提取已经标注好的录音文件的时长数据，按照正常音节（非轻声音节）、轻声音节、语气词轻声音节、一般轻声音节（非语气词轻声的轻声音节）进行归类。然后将所有音节的时长相加除以总字数，求出平均音节时长（单位：ms）。以此类推，分别计算正常音节、轻声音节、语气词轻声音节、一般轻声音节的平均时长。最后，用 1 000 毫秒除以平均音节时长，计算学习者的语速。

声调部分提取每个单字 10 个点的音高，并将提取出来的赫兹数据按照一声、二声、三声 1、三声 2、四声、轻声的顺序分类整理，分别计算平均值（单位：Hz）。之后对数据进行归一化处理，即将所求的所有基频数值全部转为半音值。之所以要转换为半音值，是因为直接提取的基频值是音高的线性标度，利用基频值很难对不同发音人的音高进行比较。而半音则是一个乐理概念，其计算以对数为基础，与人的听感对应，更加便于理解。转换公式如下：

$$St = Log(x/50, 2) * 12 \qquad (公式 2.1)$$

其中 x 指的是需要转换的赫兹值，50 Hz 为我们设定的统一参考值。利用所得的半音数据分别绘制各国男女性语调音高曲线图。如图所示为芬兰学习者陈述句和疑问句音高曲线图：

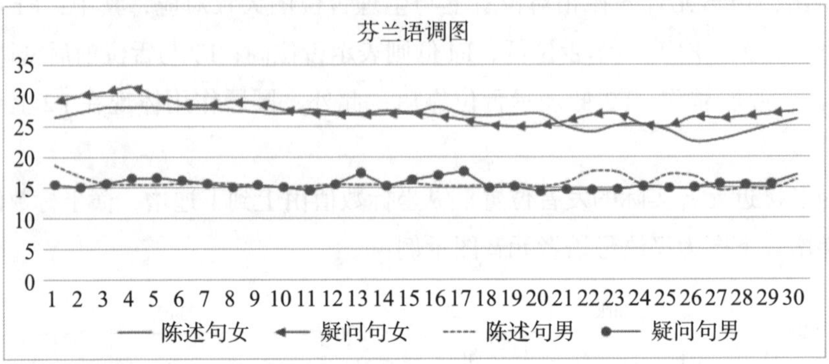

图 2.5　芬兰学习者陈述句和疑问句音高曲线图

2.4.3　韵律层级数据的处理

石锋（2009）在“停延”的基础上，提出通过计算“停延率”可以排除个体的差异，强调发音的共性特征。由于本研究是在语篇的层面计算某类音节的时长延长情况而不是单个音节在句内的时长占比，所以我们借鉴了“停延率”处理方式，将 1、2、3、4 各级韵律间断前音节的时长除以该发音人语篇音节的平均时长，以排除个体的差异，即 FSL ratio = duration / mean duration，其中数值>1 为发生音节延长，数值<1 则为音节缩短。

第三章　第二语言学习者汉语单元音的声学模式

3.1　汉语母语者单元音声学分布特点

经提取、计算平均值后可以发现，本研究中母语男发音人的第一共振峰 F1 频率在 333.4 Hz—780.35 Hz 之间；第二共振峰 F2 频率在 817.7 Hz—2 247 Hz 之间；女发音人第一共振峰 F1 频率在 457.9 Hz—1073.5 Hz 之间；第二共振峰 F2 频率在 1 178.8 Hz—3 175.15 Hz 之间（详见表 3.1），女性声音频率普遍高于男性；且从男女对比图（详见图 3.1）来看，除元音 /ʅ/ 的 F1 略接近外，10 个元音的共振峰也分别符合女性高于男性的特点。

表 3.1　汉语母语者各单元音共振峰数据

	男发音人共振峰数据（Hz）		女发音人共振峰数据（Hz）	
	F1	F2	F1	F2
a	774	1 177	1 130	1 743
ɤ	657	1 223	719	1 629
u	374	885	512	1 092
y	386	1 951	447	2 828
ɿ	402	1 410	447	2 006
ʅ	477	1 588	449	2 294
i	321	2 289	475	3 337
ɚ	677	1 308	840	1 704
e	538	1 968	770	2 514
o	539	818	646	1 194

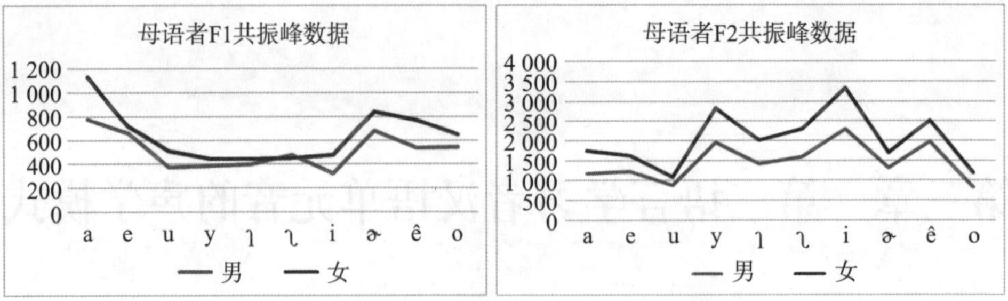

图 3.1　汉语母语者 F1、F2 共振峰数据图

20 世纪 60 年代以来，具有代表性的普通话单元音共振峰的测量计算方法主要有吴宗济（1964）的偏峰值算法，徐焕章（1965）的消声室宽带分析法、混响室（集体发声）法、歌声分析法三种方法，张家騄（1979）的准动态元音分析法，孟子厚（2006）提出的共振峰统计特性测量方法。此外，2013 年李爽、熊子瑜通过设置男女发音人及不同单元音的不同共振峰分析上限频率（MF），提取出了更为准确有效的共振峰数据。下表为通过以上方法计算测量出的各单元音的共振峰数据与本研究提取共振峰数据的对比表：

表 3.2　前人与本研究母语单元音共振峰测量结果对比表

男母语者元音共振峰数据：

	F1（Hz）					F2（Hz）				
	吴宗济	徐焕章	张家騄	李爽	本研究数据	吴宗济	许焕章	张家騄	李爽	本研究数据
a	1 000	770	905	833	774	1 160	1 100	1 236	1 273	1 177
ɤ	540	550	598	470	657	1 040	1 100	1 134	1 073	1 223
u	380	400	377	357	374	440	—	641	693	885
y	—	260	341	322	386	—	2 000	2 132	1 843	1 951
ɿ	380	380	327	396	402	1 380	1 300	1 993	1 334	1 410
ʅ	390	400	310	391	477	1 820	1 600	1 498	1 571	1 588
i	290	310	294	315	321	2 360	2 100	2 380	2 261	2 289
ɚ	540	550	662	—	677	1 600	1 400	1 578	—	1 308
e	480	450	587	—	538	2 240	1 900	2 122	—	1 968
o	530	550	631	485	539	670	850	1 113	785	818

女母语者元音共振峰数据：

	F1(Hz)						F2(Hz)					
	吴宗济	徐焕章	张家騄	孟子厚	李爽	本研究数据	吴宗济	许焕章	张家騄	孟子厚	李爽	本研究数据
a	1 280	1 000	1 061	967 ± 30	1 061	1 130	1 350	1 300	1 464	1 399 ± 50	1 577	1 743
ɤ	750	700	853	619 ± 31	542	719	1 220	1 300	1 389	1 350 ± 49	1 250	1 629
u	420	480	491	372 ± 26	390	512	650	—	836	832 ± 86	692	1 092
y	—	330	415	314 ± 15	379	447	—	2 400	2 660	2 443 ± 50	2 219	2 828
ɿ	420	450	425	392 ± 46	458	447	1 630	1 600	2 381	1 801 ± 78	1 590	2 006
ʅ	370	450	411	396 ± 38	456	449	2 180	2 000	1 874	2 083 ± 105	1 801	2 294
i	320	350	384	314 ± 12	367	475	2 890	2 600	3 098	2 877 ± 58	2 716	3 337
ɚ	730	750	797	—	—	840	1 730	1 600	1 763	—	—	1 704
e	610	520	670	850 ± 54	—	770	2 480	2 300	2 428	2 032 ± 100	—	2 514
o	720	700	773	665 ± 29	528	646	930	1 100	1 131	987 ± 45	832	1 194

由表 3.2 可以看到，由于测量方法和发音人的不同，同一元音也会呈现出高低不同的共振峰数据，这是可以理解的。本研究所测量出的共振峰数据基本在前人测量结果范围之内，因此可以再一次证明本研究的测量结果有效。但值得注意的是，前人的测量均以单字、词语为实验文本（如吴宗济以单字为发音文本、徐焕章和张家騄以单元音为发音文本、孟子厚以音节为发音文本、李爽选用单音节语音材料），而本研究则是以语段为测量文本，因此个别元音的个别数据与前人测量结果有一定差别，如：男女母语者 /u/ 的第二共振峰明显比前人数据高出一些，女母语者各元音的共振峰数据均比前人高 100 Hz 左右等。因此，在后文对 53 位第二语言学习者的共振峰数据分析中，本研究将以测量得出数据为基准，并就数值范围进行适当扩大，形成一个共振峰数据标准带，以保证分析结果的客观性。

3.2　汉语非母语者汉语单元音共振峰数据分析

本节将分别对汉语母语者与非母语者所发 10 个单元音的数据进行横向对比分析，从而发现非母语者汉语习得过程中单元音的普遍偏误特点。

3.2.1 单元音 /a/、/i/、/u/ 共振峰数据分析

汉语普通话共有高元音 /i/、/u/ 和低元音 /a/ 三个顶点元音，汉语的其他元音以这三个为参照，相对分布于它们所构成的三角形之内。鉴于单元音 /a/、/i/、/u/ 的重要性，本研究将首先分析汉语非母语者 /a/、/i/、/u/ 的共振峰数据特点：

表 3.3 单元音 /a/ 共振峰数据（单位：Hz）

	男性		女性	
	F1	**F2**	**F1**	**F2**
中国	774	1 177	1 130	1 743
埃及	770	1 185	769	1 221
巴基斯坦	325	1 347	729	1 467
巴西	650	1 262	752	1 441
白俄罗斯	565	1 166	837	1 487
德国	588	1 099	815	1 432
俄罗斯	530	1 196	783	1 470
芬兰	573	1 206	778	1 446
哈萨克斯坦	601	1 097	835	1 481
韩国	657	1 180	800	1 355
荷兰	687	1 264	—	—
喀麦隆	572	1 261	798	1 476
美国	787	1 259	878	1 431
蒙古	638	1 255	864	1 476
尼日利亚	566	1 282	752	1 469
葡萄牙	817	1 216	817	1 428
日本	753	1 218	814	1 414
塞尔维亚	640	1 289	795	1 354
英国苏格兰	681	1 254	671	1 550
泰国	815	1 332	839	1 398
土耳其	566	1 171	733	1 452

（续表）

	男性		女性	
	F1	F2	F1	F2
乌克兰	496	1 227	547	1 342
匈牙利	724	1 098	871	1 493
亚美尼亚	—	—	858	1 412
意大利	708	1 298	918	1 540
印度	781	1 251	785	1 245
印度尼西亚	746	1 301	—	—
越南	567	1 333	797	1 308

表 3.3 左侧显示了低元音 /a/ 在非母语者男性发音人方面的共振峰数据特点。由表 3.3 可以看到，除泰国、葡萄牙、美国、印度 4 个母语背景学习者外，第二语言学习者中男性的 /a/ 的 F1 均小于母语者；相反，除哈萨克斯坦、匈牙利、德国、白俄罗斯、土耳其 5 个母语背景学习者外，第二语言学习者中男性的 /a/ 的 F2 均大于母语者。这表明，男性第二语言学习者更易将低元音 /a/ 发得舌位靠上且靠前。

而女性学习者方面的数据与男性又有一定差别：如表 3.3 右侧所示，女性母语者的共振峰数据均在表格一端，第二语言学习者的 /a/ 的 F1 和 F2 全部小于母语者。表现在舌位上即本实验中的女性第二语言学习者 /a/ 的舌位均靠上且偏后。与男性偏误相比，舌位上下偏误一致——均靠上，但舌位前后偏误刚好相反——男性靠前而女性靠后，且各自有明显的倾向性。

单元音 /i/、/u/ 虽然同为高元音，但在第二语言学习者的共振峰数据表现上也略有不同：

表 3.4　单元音 /u/ 共振峰数据（单位：Hz）

	男性		女性	
	F1	F2	F1	F2
中国	374	885	512	1 092
埃及	411	980	385	1 103
巴基斯坦	564	1 635	462	1 390

（续表）

	男性		女性	
	F1	F2	F1	F2
巴西	427	905	540	1 468
白俄罗斯	329	1 222	626	1 366
德国	387	1 131	518	1 097
俄罗斯	572	1 313	638	1 689
芬兰	395	1 005	500	1 237
哈萨克斯坦	346	1 068	352	1 351
韩国	609	1 314	564	1 612
荷兰	592	1 340	—	—
喀麦隆	303	980	471	1 982
美国	380	1 351	542	1 340
蒙古	593	1 278	571	1 244
尼日利亚	500	1 502	376	1 443
葡萄牙	647	1 279	400	1 188
日本	398	1 583	654	1 660
塞尔维亚	394	1 181	409	1 215
英国苏格兰	507	1 248	433	1 353
泰国	377	1 140	514	1 204
土耳其	524	1390	503	1 337
乌克兰	317	1 276	400	1 601
匈牙利	466	1 680	384	1 163
亚美尼亚	—	—	460	1 569
意大利	326	1 058	396	1 007
印度	397	1 132	501	1 150
印度尼西亚	357	1 188	—	—
越南	380	1 018	512	1 485

表 3.4 中，除喀麦隆、乌克兰、意大利、白俄罗斯、哈萨克斯坦、印度尼西亚 6 个母语背景的学习者外，其他男性第二语言学习者 /u/ 的 F1 均大于母语者；

而 F2 方面，所有男性第二语言学习者的数据全部大于母语者。表现在舌位上，男性第二语言学习者普遍将 /u/ 发为舌位靠下且靠前的音。而女性部分，F2 的数据与男性基本相似，除意大利学习者外，几乎所有学习者的数据均大于母语者。但是女性的 F1 数据则较为均匀，除与母语者数值相同的越南学习者外，其他学习者的共振峰数据几乎平均分布于母语前后，即大于或小于母语者数据的学习者数量接近，且从数值来看，大部分数值与母语者相差较小，有 14 个国家（56%）的学习者与母语者差值在 100 Hz 以内。表现在舌位方面，女性第二语言学习者的 /u/ 舌位普遍靠前，但呈现出偏上与偏下两种偏误倾向，且表现各半。

相对于 /a/、/u/，第二语言学习者元音 /i/ 的共振峰数值则与母语者相差较小：

表 3.5　单元音 /i/ 共振峰数据（单位：Hz）

	男性		女性	
	F1	F2	F1	F2
中国	321	2 289	475	3 337
埃及	339	2 180	370	2 632
巴基斯坦	417	2 380	422	2 638
巴西	362	2 292	401	1 529
白俄罗斯	324	2 008	401	2 728
德国	289	2 161	438	2 536
俄罗斯	328	2 101	443	2 675
芬兰	312	2 390	429	2 362
哈萨克斯坦	314	2 003	322	2 793
韩国	389	2 228	423	2 656
荷兰	417	1 798	—	—
喀麦隆	303	2 440	337	2 717
美国	342	2 125	407	2 527
蒙古	320	2 314	395	2 453
尼日利亚	314	2 259	338	2 425
葡萄牙	379	2 304	363	1 498
日本	334	2 123	484	2 702

（续表）

	男性		女性	
	F1	F2	F1	F2
塞尔维亚	360	2 093	404	2 403
英国苏格兰	374	2 511	541	2 796
泰国	346	2 226	434	2 697
土耳其	341	2 086	503	2 264
乌克兰	296	1 928	455	2 334
匈牙利	313	2 139	441	2 550
亚美尼亚	—	—	390	2 651
意大利	383	2 456	499	2 448
印度	347	2 463	397	2 124
印度尼西亚	279	2 309	—	—
越南	400	2 190	414	2 612

无论是男性还是女性，第二语言学习者高元音 /i/ 的 F1 数值与母语者均较为接近，男性部分相差均在 100 Hz 以内，女性部分除哈萨克斯坦、喀麦隆、尼日利亚、葡萄牙少数几个母语背景的学习者外，其余相差也均在 100 Hz 以内。因此，可以说在舌位高低方面，第二语言学习者高元音 /i/ 的发音均较为标准，其中大部分男性第二语言学习者舌位稍低，大部分女性学习者舌位则稍高。

然而在 /i/ 的 F2 方面，男女学习者则又出现了两种偏误倾向：男性学习者的 F2 数值依然与汉语母语者较为接近，其中有 9 个母语背景（34.6%）相差在 100 Hz 以内，大于母语者数值的数据稍多；表现在舌位前后方面，即男性学习者 /i/ 舌位前后与母语者差距较小，舌位稍靠后的略多于舌位靠前的学习者。女性学习者部分的数值则呈现了一边倒的特点，数值均小于母语者，且相差较大，表现在舌位前后上，即女性学习者 /i/ 的舌位均易表现为靠后偏误。

纵观第二语言学习者三个顶点元音 /a/、/u/、/i/ 的共振峰数据，除单元音 /i/ 的 F1 与母语者接近外，/a/、/u/ 的共振峰数据与母语者均存在一定差距，呈现一定偏误表现。其中，元音 /a/ 的 F1 数值偏小（表现为舌位靠上），/u/ 的 F2 数值偏大（表现为舌位靠前），/i/ 的 F2 数值稍稍偏小（表现为舌位稍稍靠后），为整体（即本研究所选全部）第二语言学习者构建出了一个明显小于母语者三角形的元音空间，而较为直观形象的元音图将在后文体现。

3.2.2 单元音 /y/ 共振峰数据分析及其与 /i/ 的数据关系分析

表 3.6　单元音 /y/ 共振峰数据（单位：Hz）

	男性		女性	
	F1	**F2**	**F1**	**F2**
中国	386	1 950	447	2 828
埃及	315	1 859	385	2 197
巴基斯坦	682	1 996	705	1 815
巴西	374	2 147	524	2 201
白俄罗斯	344	1 816	831	2 502
德国	449	1 949	363	2 138
俄罗斯	337	1 868	470	2 156
芬兰	406	1 997	494	1 913
哈萨克斯坦	352	1 249	516	2 001
韩国	513	2 085	503	2 654
荷兰	572	1 864	—	—
喀麦隆	328	1 755	381	2 462
美国	415	1 831	390	1 353
蒙古	669	2 427	457	1 184
尼日利亚	378	1 565	503	1 764
葡萄牙	930	2 104	449	2 165
日本	399	1 800	861	2 110
塞尔维亚	453	1 655	365	1 690
英国苏格兰	483	1 445	724	2 139
泰国	345	2 115	428	2 435
土耳其	327	1 977	470	2 058
乌克兰	344	1 927	493	2 019

（续表）

	男性		女性	
	F1	F2	F1	F2
匈牙利	311	1 826	364	2 178
亚美尼亚	—	—	370	2 204
意大利	340	1 817	364	1 827
印度	540	2 158	528	1 842
印度尼西亚	298	2 043	—	—
越南	327	2 090	475	2 635

如表 3.6 所示，男性部分母语者 F1、F2 的数值基本居于第二语言学习者数据的中间，即大于与小于母语者数据的学习者约各占一半。其中，大部分男性第二语言学习者 /y/ 的 F1 数值与母语者较为接近，20 个母语背景（76.9%）的数值与母语者相差在 100 Hz 以内，其余相差较大的学习者数值均大于母语者。而 F2 数值中，9 个母语背景（34.6%）的数值与母语者相差在 100 Hz 以内，其余小于母语者的学习者个数仅比大于母语者的多 3 个。以上特点在舌位上的表现为：男性学习者 /y/ 的舌位高低基本接近母语者，少部分产生偏误的表现为舌位偏低；舌位前后方面，产生靠前和靠后偏误的学习者均有，且数量相差较小。

女性部分，有 20 个母语背景（84%）的 F1 数值与母语者相差在 100 Hz 以内，其余数值均大于母语者；而全部学习者的 F2 数据均小于母语者，且差值较大。以上特点在舌位上的表现为：女性学习者 /y/ 高低与男性基本一致——基本接近母语者，仅有少部分产生偏误的学习者表现为舌位偏低；舌位前后方面女性学习者则普遍将 /y/ 发为舌位靠后的音。

上文曾提到，圆唇作用体现在第二共振峰 F2 上会使数值降低一些。单元音 /y/ 即为 /i/ 的圆唇作用后产生的音，其在舌位上，即第一共振峰 F1 的数值上应接近甚至相同，而第二共振峰 F2 的数值上前者应略小于后者。以母语者为例，男性 /i/ 的第一共振峰 F1 为 321 Hz、第二共振峰 F2 为 2 289 Hz，/y/ 的第一共振峰 F1 为 386 Hz、第二共振峰 F2 为 1 950 Hz；男性 /y/ 与 /i/ 的 F1 相差 65 Hz，/i/ 的 F2 比 /y/ 的 F2 大 339 Hz。女性 /i/ 的第一共振峰 F1 为 475 Hz、第二共振峰 F2 为 3 337 Hz，/y/ 的第一共振峰 F1 为 447 Hz、第二共振峰 F2 为 2 828 Hz；

女性 /y/ 与 /i/ 的 F1 相差仅 28 Hz，/i/ 的 F2 比 /y/ 的 F2 大 509 Hz。因此，根据两个单元音之间 F1、F2 的关系，我们还可以进一步分析第二语言学习者 /i/ 与 /y/ 的发音表现。

表 3.7　发音人单元音 /i/ 与 /y/ 共振峰关系表（单位：Hz）

	男性		女性	
	|F1(i)−F1(y)|	F2(i)−F2(y)	|F1(i)−F1(y)|	F2(i)−F2(y)
中国	65	339	28	509
埃及	24	321	15	435
巴基斯坦	265	384	283	823
巴西	12	145	123	−672
白俄罗斯	20	192	430	226
德国	160	212	75	398
俄罗斯	9	233	27	520
芬兰	94	393	65	449
哈萨克斯坦	37	755	193	792
韩国	124	143	80	2
荷兰	154	−66	—	—
喀麦隆	25	685	44	255
美国	73	295	17	1 174
蒙古	350	−113	63	1 269
尼日利亚	65	694	165	−661
葡萄牙	550	200	85	−666
日本	65	323	377	592
塞尔维亚	93	439	39	713
英国苏格兰	109	1 066	183	657
泰国	0	112	7	262
土耳其	15	109	33	205
乌克兰	48	1	38	314
匈牙利	2	313	77	372
意大利	43	639	135	621
印度	194	306	131	282

（续表）

	男性		女性	
	|F1(i)−F1(y)|	F2(i)−F2(y)	|F1(i)−F1(y)|	F2(i)−F2(y)
印度尼西亚	19	266	—	—
越南	73	100	−61	−23
亚美尼亚	—	—	20	447

表3.7体现了男女性/y/与/i/的共振峰数据关系，其中：|F1(i)–F1(y)|代表了两个单元音F1的距离，体现了学习者所发的两个元音的垂直空间距离；F2(i)–F2(y)代表了/i/的F2和/y/的F2的差值，体现了水平上/i/在/y/前面相差的距离。如果数值为负，则代表/y/的舌位超过了/i/更加靠前。

男性学习者部分有12个母语背景的F1差值小于汉语的相差数值，其中泰国的/i/与/y/的F1相差几乎为0，包括泰国在内的14个母语背景（占比53.8%）的学习者差值小于等于汉语母语者，且有19个母语背景的学习者（占比73%）F1差值在100 Hz以内。由此可见，在舌位高低方面，学习者能够做到/i/与/y/保持高度上的接近。但诸如葡萄牙、蒙古等国家的学习者的数值差高达340—550 Hz，则表示/i/与/y/的舌位高低相差过远。

右侧/i/的F2与/y/的F2的差值方面，蒙古与荷兰学习者的差值出现负数，这表明/y/的舌位比/i/更加靠前，违背了“圆唇作用体现在第二共振峰F2上会使数值降低一些”的规律。而由表3.5、表3.6所示，蒙古学习者/i/的舌位前后趋近母语者、/y/的舌位过于靠前，这表示蒙古学习者的偏误出现在/y/上。相反，荷兰学习者/i/的舌位出现靠后的偏误、/y/舌位前后趋近母语者，表示荷兰学习者的偏误出现在了/i/上。其后，有16个母语背景（占比61.5%）的学习者差值小于母语者，可以视作在标准距离内。除出现负值的蒙古、荷兰两个母语背景的学习者外，意大利、喀麦隆、尼日利亚、哈萨克斯坦、英国苏格兰学习者的差值超过了500 Hz，由表3.6可知，是由于/y/的F2数值过小，即/y/舌位过于靠后导致的。

女性学习者部分/y/与/i/共振峰数据的关系与男性基本一致。有5个母语背景的F1绝对差值小于母语的相差数值，比男性少一些，但有17个母语背景（占比68%）的学习者的F1差值在100 Hz以内。除个别母语背景，如白俄罗斯、日本、巴基斯坦等母语背景外，大部分女性学习者在舌位高低方面能保持/i/与/y/的接近。/i/的F2与/y/的F2的差值方面，巴西、葡萄牙、越南学习者出现负值，由表 3.5、表 3.6 可知，她们的 /i/ 与 /y/ 舌位都偏后，但由于 /i/ 舌位偏后严重，才导致了 /y/ 舌位相对更靠前的问题。其后，有 12 个母语背景（占比 48%）的学习者差值小于母语者，可以视作在标准距离内。而美国、蒙古学习者的差值超过了 1 000 Hz，可以说 /i/ 与 /y/ 的前后距离相差过远。

综上所述，从共振峰数据分析来看，/i/ 与 /y/ 的相对关系也能够在一定程度体现出学习者的发音特点：第一，总体来说，大部分学习者能够做到两元音在水平上接近、/y/ 比 /i/ 舌位略靠前且相差不远，即使出现偏误，偏误也主要出现在 /i/ 与 /y/ 的前后位置对调或相差过远上；第二，由于前文的分析，学习者在 /i/ 上出现偏误的占比本身就较少，因此 /i/ 与 /y/ 相对关系出现问题主要与学习者 /y/ 的发音偏误有关（如 /y/ 的舌位过于偏后）；第三，总体来看，男女性 /i/ 与 /y/ 的相对关系数值占比较一致，但具体到同一母语背景，男女性可能出现不同表现，如蒙古男性学习者出现的偏误问题是 /y/ 舌位在 /i/ 之前，但女性学习者 /y/ 的舌位在 /i/ 之后，且两元音的距离过远。最后需要指出的是，从数据上体现出的 /y/ 的 F2 相对于 /i/ 的 F2 数据的不相符问题是否源于学习者发 /y/ 时圆唇度不够，还需要通过其他手段（如 AVSP 手段）针对学习者发音时的唇形进行进一步研究。

3.2.3　单元音 /ɿ/、/ʅ/ 共振峰数据分析及二者数据关系分析

舌尖元音 /ɿ/、/ʅ/ 对于大多汉语学习者来说较为陌生，同时由于其发音的特殊性也较为容易出现偏误。

表 3.8　单元音 /ɿ/ 共振峰数据（单位：Hz）

	男性		女性	
	F1	**F2**	**F1**	**F2**
中国	401	1 410	447	2 006
埃及	380	1 374	438	1 592
巴基斯坦	1 058	2 108	505	1 948
巴西	420	1 803	646	1 841
白俄罗斯	354	1 644	590	1 879
德国	400	1 659	520	1 805

（续表）

	男性		女性	
	F1	F2	F1	F2
俄罗斯	459	1 794	541	1 510
芬兰	331	2 468	530	1 661
哈萨克斯坦	378	1 566	458	1 868
韩国	573	1 673	443	1 965
荷兰	567	1 620	—	—
喀麦隆	401	1 646	298	1 867
美国	397	1 536	454	1 876
蒙古	831	1 946	469	2 386
尼日利亚	352	1 357	436	1 573
葡萄牙	913	1 850	498	1 931
日本	376	1 762	645	1 738
塞尔维亚	409	1 730	431	1 815
英国苏格兰	404	1 692	363	1 780
泰国	399	1 664	450	2 239
土耳其	407	1 638	514	1 711
乌克兰	412	1 663	457	1 936
匈牙利	419	1 568	510	1 762
亚美尼亚	—	—	448	1 829
意大利	406	1 770	490	1 558
印度	490	1 650	532	1 661
印度尼西亚	354	1 427	—	—
越南	360	1 675	507	2 243

男性学习者 /ʅ/ 的 F1 数值从表 3.8 来看与母语差距较小，21 个母语背景的学习者数值与母语者相差 100 Hz 以内，其中喀麦隆学习者的数值与母语相同。大于或小于母语者 F1 数值的学习者均有，且数量相差不大。因此，在舌位高低方面，大多数学习者的 /ʅ/ 都比较接近母语者。但值得注意的是，蒙古、葡萄牙、巴基斯坦的学习者 F1 大于母语者数值超过了 400 Hz，舌位低于母语者过多。F2

数值部分，除埃及、尼日利亚外，学习者的数值均大于母语者，体现在舌位上表示绝大多数学习者 /ɿ/ 的舌位均靠前于母语者。

女性学习者 /ɿ/ 的 F1 数值虽然大多数大于母语者，但也同样与母语者保持在 100 Hz 以内，除少数母语背景（白俄罗斯、日本、巴西）学习者舌位偏低外，大多数学习者 /ɿ/ 的舌位高低与母语者较接近。F2 数值则与男性相反——绝大多数学习者数值小于母语者，在舌位上则表现为舌位偏后。

学习者 /ʅ/ 的各共振峰数据与 /ɿ/ 存在着一定一致性。

表 3.9　单元音 /ʅ/ 共振峰数据（单位：Hz）

	男性		女性	
	F1	F2	F1	F2
中国	447	1 587	449	2 294
埃及	410	1 558	396	1 522
巴基斯坦	519	1 929	533	1 891
巴西	416	1 749	484	1 631
白俄罗斯	455	1 487	739	2 034
德国	508	1 509	707	1 847
俄罗斯	573	1 623	588	1 851
芬兰	535	1 703	492	2 007
哈萨克斯坦	437	1 498	404	1 890
韩国	481	1 516	459	1 960
荷兰	415	1 419	—	—
喀麦隆	314	1 706	638	2 078
美国	485	1 938	618	1 722
蒙古	913	2 060	470	1 955
尼日利亚	369	1 783	343	1 844
葡萄牙	606	2 050	472	1 613
日本	332	1 879	478	2 326
塞尔维亚	483	1 607	424	1 746
英国苏格兰	407	1 691	396	1 933
泰国	420	1 652	567	2 113

（续表）

	男性		女性	
	F1	F2	F1	F2
土耳其	430	1 628	467	1 705
乌克兰	357	1 494	421	1 795
匈牙利	613	1 817	517	1 814
亚美尼亚	—	—	540	1 639
意大利	425	1 725	516	1 746
印度	593	1 746	507	1 869
印度尼西亚	549	1 521	—	—
越南	341	1 489	495	2 169

男性学习者中，/ʅ/ 的 F1 数值也与母语差距较小，19 个母语背景（/ɿ/ 为 21 个）的学习者的数值与母语者相差在 100 Hz 以内，其中喀麦隆学习者的数值与母语相同。大于或小于母语者 F1 数值的学习者均有，且数量相差不大。因此，在舌位高低方面，大多数学习者的 /ʅ/ 都比较接近母语者。男性学习者的 F2 数值小于母语者的略多于 /ɿ/ 的 F2 数值，但大于母语者数值的仍能占多数。表现在舌位上，多数男性学习者 /ʅ/ 的舌位比母语者靠前。

女性学习者 /ʅ/ 的共振峰数值特点与 /ɿ/ 相符。F1 数值大多数大于母语者，同时大多数数值与母语者保持在 100 Hz 以内，除德国、俄罗斯学习者舌位偏低外，大多数学习者 /ʅ/ 的舌位高低与母语者较接近。F2 数值与男性学习者相反、与 /ɿ/ 的女性学习者一致：绝大多数学习者（除日本学习者外，全部）数值小于母语者，表现在舌位上显示为舌位偏后。

由上述分析可知，虽然男女性学习者之间的共振峰数据特点有一定区别，同一性别内 /ɿ/、/ʅ/ 的数据却呈现出较高的一致性：男性学习者的 /ɿ/、/ʅ/ 舌位高低均接近母语者，且舌位均较为靠前；女性学习者 /ɿ/、/ʅ/ 均舌位偏低、靠前。由此可见，/ɿ/ 与 /ʅ/ 的发音存在着一定的相关关系。

除上述一致性特点外，/ɿ/ 与 /ʅ/ 的数据之间也存在着一定规律性。石锋（2004）通过对中国学生所发汉语元音的研究指出，舌尖元音 /ɿ/ 与 /ʅ/ “位置有高低的参差”，且舌位上舌尖后音 /ʅ/ 在舌尖前音 /ɿ/ 之前。如将上述特点体现在共振峰数据上，则 /ɿ/ 与 /ʅ/ 的 F1 数值存在一定差值，且 /ʅ/ 的 F2 大于 /ɿ/ 的

F2。本研究的母语者男女性 /ɿ/ 与 /ʅ/ 的 F1 差值分别为 46 Hz 和 2 Hz，/ʅ/ 的 F2 与 /ɿ/ 的 F2 差值为 177 Hz 和 288 Hz，均符合上述特点。

表 3.10　发音人单元音 /ʅ/ 与 /ɿ/ 第二共振峰（F2）关系表（单位：Hz）

	F2(ʅ)−F2(ɿ)	
	男性	**女性**
中国	177	288
埃及	184	−71
巴基斯坦	−178	−57
巴西	−55	−210
白俄罗斯	−157	155
德国	−151	42
俄罗斯	−171	340
芬兰	−765	346
哈萨克斯坦	−68	22
韩国	−157	−5
荷兰	−201	—
喀麦隆	59	211
美国	402	−154
蒙古	114	−430
尼日利亚	426	271
葡萄牙	201	−319
日本	117	588
塞尔维亚	−123	−68
英国苏格兰	−1	152
泰国	−12	−126
土耳其	−11	−6
乌克兰	−169	−141
匈牙利	249	51
亚美尼亚	—	−190
意大利	−44	188

（续表）

	F2(ʅ)−F2(ɿ)	
	男性	女性
印度	95	209
印度尼西亚	94	—
越南	-187	-74

本研究所选各母语背景学习者的 /ɿ/ 与 /ʅ/ 的 F1 数值均存在差值，符合母语者发音特点，因此不再进行详细分析。但由表 3.10 可见，约一半的男女性汉语学习者 /ʅ/ 与 /ɿ/ 的 F2 差值出现了负数，这表明在舌位前后上，/ɿ/ 比 /ʅ/ 靠前，不符合母语者的发音特点，出现了偏误。结合针对表 3.10 的分析，虽然男性学习者 /ɿ/ 与 /ʅ/ 均存在舌位靠前，女性学习者 /ɿ/ 与 /ʅ/ 均存在舌位靠后的问题，但 /ʅ/ 与 /ɿ/ 之间约一半（52%~61.5%）的学习者出现了 /ɿ/ 比 /ʅ/ 舌位靠前的偏误。

3.2.4 单元音 /ɤ/、/o/ 共振峰数据分析及二者数据关系分析

由表 3.11 可见，学习者单元音 /ɤ/ 的数据均呈现出较为集中的特点，表现出明显的倾向性。

表 3.11 单元音 /ɤ/ 共振峰数据（单位：Hz）

	男性		女性	
	F1	F2	F1	F2
中国	657	1 223	719	1 629
埃及	582	1 215	583	1 250
巴基斯坦	610	1 614	505	1 396
巴西	588	1 422	714	1 585
白俄罗斯	433	1 360	684	1 627
德国	439	1 281	613	1 592
俄罗斯	502	1 342	600	1 345
芬兰	440	1 259	585	1 511
哈萨克斯坦	564	1 297	676	1 419
韩国	634	1 254	601	1 331
荷兰	509	1 359	—	—
喀麦隆	416	1 422	524	1 575

（续表）

	男性		女性	
	F1	F2	F1	F2
美国	499	1 309	711	1 490
蒙古	509	1 384	601	1 250
尼日利亚	433	1 191	679	1 367
葡萄牙	555	1 368	727	1 568
日本	571	1 522	777	1 527
塞尔维亚	466	1 398	636	1 585
英国苏格兰	512	1 348	536	1 358
泰国	569	1 286	603	1 213
土耳其	433	1 231	641	1 687
乌克兰	406	1 285	475	1 628
匈牙利	503	1 226	513	1 838
亚美尼亚	—	—	505	1 424
意大利	564	1 291	559	1 441
印度	513	1 228	780	1 427
印度尼西亚	492	1 333	—	—
越南	426	1 228	668	1 600

男性学习者部分的数据中，F1 数值全部小于母语者，表现在舌位上即男性汉语学习者 /ɤ/ 的舌位均偏高；F2 数值除埃及、尼日利亚学习者外，均大于母语者，即舌位绝大多数靠前。女性学习者 F1 除葡萄牙、日本、印度的学习者外，其他学习者数据均小于母语者；F2 数值除匈牙利、土耳其的学习者外，数值也均小于母语者，表现在舌位上，绝大多数女性学习者易将 /ɤ/ 发为舌位偏低、靠后的音。

单元音 /o/ 为 /ɤ/ 的圆唇形式，但从数据分析来看，学习者单元音 /o/ 的共振峰数据却呈现出与 /ɤ/ 不同的特点。

表 3.12　单元音 /o/ 共振峰数据（单位：Hz）

	男性		女性	
	F1	F2	F1	F2
中国	539	818	646	1 194

（续表）

	男性		女性	
	F1	F2	F1	F2
埃及	521	863	483	918
巴基斯坦	417	781	556	1 236
巴西	499	972	582	927
白俄罗斯	497	938	689	1 284
德国	448	1 059	769	1 366
俄罗斯	559	1 157	714	1 246
芬兰	425	1 162	695	1 053
哈萨克斯坦	443	773	758	1 200
韩国	593	963	502	908
荷兰	621	1 043	—	—
喀麦隆	497	963	620	1 182
美国	666	1 123	773	1 078
蒙古	546	959	524	1 021
尼日利亚	408	801	535	1 000
葡萄牙	555	958	575	922
日本	572	845	501	902
塞尔维亚	568	1 140	721	1 127
英国苏格兰	559	1 084	855	1 646
泰国	527	833	722	990
土耳其	486	1 333	698	1 208
乌克兰	562	1 090	577	1 393
匈牙利	584	813	747	1 391
亚美尼亚	—	—	578	911
意大利	—	—	627	1 152
印度	605	953	405	829
印度尼西亚	513	999	—	—
越南	483	1 107	481	1 235

男性汉语学习者 /o/ 的 F1 数据大多数与母语者数值接近，与母语者相差在 100 Hz 以内，例外的仅有数值小于母语者 100 Hz 以上的尼日利亚、芬兰、巴基斯坦和数值大于母语者 127 Hz 的美国学习者。可以说在舌位高低方面，男性学习者 /o/ 基本接近母语者。而在 F2 方面，大部分学习者数值则大于母语者；少数小于母语者的匈牙利、尼日利亚、巴基斯坦、哈萨克斯坦学习者数值相差均在 100 Hz 以内，基本接近母语者数值。表现在舌位前后上，大多数男性学习者 /o/ 的舌位较母语者靠前。

与男性学习者相似，女性学习者 /o/ 的 F1 数据也呈现出大于与小于母语者数值均分的现象，数值与母语者接近（差值在 100 Hz 以内）的学习者数量略少于男性。表现在舌位上，女性学习者发 /o/ 时舌位偏高与舌位偏低现象均有，且数量接近。而 F2 与男性不同，女性学习者 /o/ 的 F2 数值小于母语者的现象略多于大于母语者，发音时 /o/ 的舌位更易靠后。

因此，从数据方面来看，/o/ 与 /ɤ/ 在产生偏误的比例和偏误倾向上有不同之处：第一，与 /ɤ/ 相比，大多数学习者的 /o/ 更接近母语者；第二，舌位高低方面，学习者的 /ɤ/ 比 /o/ 产生偏误的更多、舌位更容易靠上。而舌位前后方面，男性学习者的 /ɤ/ 和 /o/ 发音靠前的更多，女性学习者的 /ɤ/ 和 /o/ 发音偏后的更多。

从 /o/ 与 /ɤ/ 二者之间的数据相关关系来看，在二者相对位置上出现偏误的学习者较少。

表 3.13　发音人单元音 /ɤ/ 与 /o/ 共振峰关系表（单位：Hz）

	男性		女性	
	|F1(ɤ)−F1(o)|	F2(ɤ)−F2(o)	|F1(ɤ)−F1(o)|	F2(ɤ)−F2(o)
中国	118	405	73	435
埃及	61	352	101	332
巴基斯坦	193	834	51	160
巴西	89	450	132	659
白俄罗斯	63	422	5	343
德国	9	222	156	226
俄罗斯	57	185	114	99
芬兰	15	97	110	458

（续表）

	男性		女性	
	|F1(ɤ)−F1(o)|	F2(ɤ)−F2(o)	|F1(ɤ)−F1(o)|	F2(ɤ)−F2(o)
哈萨克斯坦	121	524	82	219
韩国	41	291	99	422
荷兰	113	315	—	—
喀麦隆	82	459	96	392
美国	166	186	62	412
蒙古	37	425	77	230
尼日利亚	25	390	144	368
葡萄牙	0	410	152	646
日本	1	677	277	624
塞尔维亚	102	258	85	458
英国苏格兰	47	264	320	−288
泰国	43	453	119	223
土耳其	53	−101	57	479
乌克兰	155	195	102	236
匈牙利	81	412	235	447
意大利	564	1 291	68	288
印度	92	274	375	598
印度尼西亚	21	334	—	—
越南	58	121	187	365
亚美尼亚	—	—	72	513

与表 3.7 相似，|F1(ɤ)−F1(o)| 代表了元音 /ɤ/ 与 /o/ 在舌位高低上的差距，F2(ɤ)−F2(o) 则能体现出不圆唇元音 /ɤ/ 的 F2 比圆唇元音 /o/ 的 F2 大多少，即二者舌位前后之间的距离。

男性部分，母语者的 F1 差值为 118 Hz，而大多数学习者的 F1 差值小于母语者，哈萨克斯坦、乌克兰、美国、巴基斯坦等母语背景的学习者的差值虽大于母语者，但也能保持在 100 Hz 以内。F2 差值中，仅有土耳其学习者的差值出现了负数，即 /o/ 的 F2 比 /ɤ/ 的 F2 大，出现了 /o/ 的舌位在 /ɤ/ 之前的偏误。除此以外，母语的 /ɤ/ 与 /o/ 的 F2 差值为 405 Hz，芬兰、越南等 14 个母语背景的学习者差值小于母语者。其余大于母语者数值的母语背景中，7 个与母语者相差在 100 Hz 以内。综上所述，男性学习者在 /ɤ/ 与 /o/ 的舌位高低，前后相对位置上产生偏误的较少。

女性学习者部分与男性相似，数值差值较大的稍多于男性。女性母语者 F1 差值为 73 Hz，F2 差值为 435 Hz。学习者 F1 的差值虽然只有 6 个小于母语者差值，但共有 20 个母语背景的差值与母语者相差在 100 Hz 以内，可以说 /ɤ/ 与 /o/ 的舌位高低上相差不远。F2 差值部分，与男性相同，也只有一个母语背景（英国苏格兰）的差值出现负值，出现了 /o/ 的 F2 比 /ɤ/ 的 F2 大，/o/ 的舌位在 /ɤ/ 之前的偏误。其余学习者中，与母语者相差在 100 Hz 以内的学习者数值也为 20 个。综上所述，与男性学习者一致，女性学习者在 /ɤ/ 与 /o/ 的舌位高低，前后相对位置上产生偏误的较少。

3.2.5 单元音 /e/ 共振峰数据分析

表 3.14　单元音 /e/ 共振峰数据（单位：Hz）

	男性		女性	
	F1	F2	F1	F2
中国	538	1 968	770	2 513
埃及	628	2 065	402	2 627
巴基斯坦	294	1 236	417	1 930
巴西	425	2 228	515	1 964
白俄罗斯	349	1 904	534	2 195
德国	450	1 959	507	2 401
俄罗斯	485	2 164	616	2 144
芬兰	412	2 198	553	2 111
哈萨克斯坦	342	1 935	374	2 541
韩国	330	1 941	576	2 518
荷兰	471	1 840	—	—
喀麦隆	371	2 489	489	2 350
美国	624	1825	514	2 176
蒙古	—	—	—	—

（续表）

	男性		女性	
	F1	F2	F1	F2
尼日利亚	382	1 991	467	2 109
葡萄牙	937	2 524	484	1 810
日本	509	2 057	611	2 667
塞尔维亚	327	2 029	482	2 193
英国苏格兰	463	2 316	469	2 414
泰国	704	1 553	661	2 468
土耳其	620	1 521	—	—
乌克兰	—	—	—	—
匈牙利	530	1 535	447	2 570
亚美尼亚	—	—	522	2 631
意大利	483	2 216	510	2 444
印度	458	2 146	413	2 306
印度尼西亚	405	1 792	—	—
越南	457	1 815	410	2 478

男性学习者部分，F1 的数值除土耳其、美国、埃及、泰国、葡萄牙的学习者外，其余学习者的数值均小于母语者，大部分学习者 /e/ 的舌位靠上；而 F2 的数值则出现了大于和小于母语者数值的国家各占一半的现象，表现在舌位上即靠前、靠后各占一半。

女性学习者 /e/ 的数值则倾向性更明显。所有学习者 F1 的数值均小于母语者，全部学习者的 /e/ 的舌位都靠上；而 F2 的数值除日本、亚美尼亚、埃及、匈牙利、哈萨克斯坦、韩国等的学习者（其中匈牙利、哈萨克斯坦、韩国学习者的数值与母语者相差在 100 Hz 以内）以外，其余学习者的数值均小于母语者，表现在舌位上，为大部分女性学习者在发 /e/ 时舌位易靠后。

值得注意的是，本研究单元音 ê[ɛ]对应的汉字是“诶”，其汉语拼音写作“ei”，学习者在朗读过程中很容易受拼音字母影响，将单元音 ê[ɛ]误读为复合元音 /ɤi/、/ei/ 等。这或许是导致学习者发 ê[ɛ]时舌位靠上的其中一个原因，至于它是否真的被误读为复合元音，可以通过语图观察学习者的共振峰变化得出。

3.2.6　单元音 /ɚ/ 共振峰数据分析及其与 /ɤ/ 数据关系分析

表 3.15　单元音 /ɚ/ 共振峰数据（单位：Hz）

	男性		女性	
	F1	F2	F1	F2
中国	677	1 308	840	1 704
埃及	517	1 552	678	1 527
巴基斯坦	515	1 363	609	1 457
巴西	595	1 225	735	1 529
白俄罗斯	533	1 368	773	1 714
德国	613	1 342	687	1 636
俄罗斯	604	1 178	693	1 510
芬兰	605	1 338	622	1 562
哈萨克斯坦	612	1 115	756	1 477
韩国	573	1 520	776	1 621
荷兰	706	1 281	—	—
喀麦隆	599	1 376	814	1 481
美国	757	1 444	806	1 419
蒙古	570	1 313	736	1 335
尼日利亚	486	1 361	855	1 531
葡萄牙	551	1 347	679	1 469
日本	695	1 455	742	1 710
塞尔维亚	627	1 380	635	1 419
英国苏格兰	588	1 575	557	1 582
泰国	555	1 503	645	1 458
土耳其	522	1 461	614	1 631
乌克兰	520	1 304	583	1 470
匈牙利	638	1 373	688	1 471
亚美尼亚	—	—	749	1 494

（续表）

	男性		女性	
	F1	F2	F1	F2
意大利	622	1 445	760	1 473
印度	638	1 334	775	1 509
印度尼西亚	494	1 471	—	—
越南	526	1 129	722	1 372

由表 3.11 与表 3.15 可见，学习者的单元音 /ɚ/ 的共振峰数据特点与 /ɤ/ 相似：男性学习者部分，F1 的数值除美国、荷兰、日本学习者外，其他学习者的数值均小于母语者，即学习者在发 /ɚ/ 时舌位偏高；F2 数值除哈萨克斯坦、越南、俄罗斯、巴西、荷兰和乌克兰外，其他数值均大于母语者，即舌位靠前。女性学习者中，F1 除尼日利亚是例外以外，数值也均小于母语者——舌位偏高；但 F2 数值则与男性相反，除白俄罗斯和日本外均小于母语者，舌位均靠后。在汉语普通话中，单元音 /ɚ/ 是 /ɤ/ 其中一个变体 /ə/ 的卷舌模式，二者的 F1 和 F2 数据应该非常接近，表现在舌位上也应接近。学习者的发音特点基本符合以上特点。

3.2.7　单元音共振峰数据分析总结

通过对各母语背景学习者 /a/、/o/、/ɤ/、/e/、/i/、/ɿ/、/ʅ/、/u/、/y/、/ɚ/10 个单元音的共振峰数据与母语者的对比分析，本研究总结出了非汉语母语者普遍在以上 10 个单元音中的普遍发音倾向。从数据来看，除个别单元音（如 /u/、/o/、/e/ 等）外，学习者们的发音倾向普遍明显，可以找到汉语非母语者的普遍规律和特点，有利于预测发音偏误。

同时，除以上一一分析单元音得出的规律和特点外，共振峰数据还体现出了其他特点：

第一，通过对本研究所选 10 个单元音之间的一一对比可以看到，单元音 /i/ 相对正确率较高。

第二，大部分学习者发音的规律都是高元音（如 /u/ 等）舌位偏低，低元音（如 /a/ 等）舌位偏高；但前元音（如 /i/、/y/ 等）舌位不一定靠后，后元音舌位不一定靠前。此外，学习者的半高元音（如 /o/）与半低元音（如 /e/）发音规律性没那么强，通常会出现舌位靠后与靠前占比各半的情况。

第三，男女性学习者的普遍舌位倾向不完全一致（如 /u/ 的舌位偏上或偏下，/a/、/i/ 的舌位靠前或靠后问题）。即使男女性出现了一致的发音倾向，不同母语背景中男女性偏误数据差距也较大，如巴西男女学习者 F2 均大于母语者，但男性的 F2 为 905 Hz，非常接近母语者，而女性的 F2 为 1 468 Hz，距离母语者数据非常远。

3.3　汉语非母语者与母语者汉语单元音声学元音图

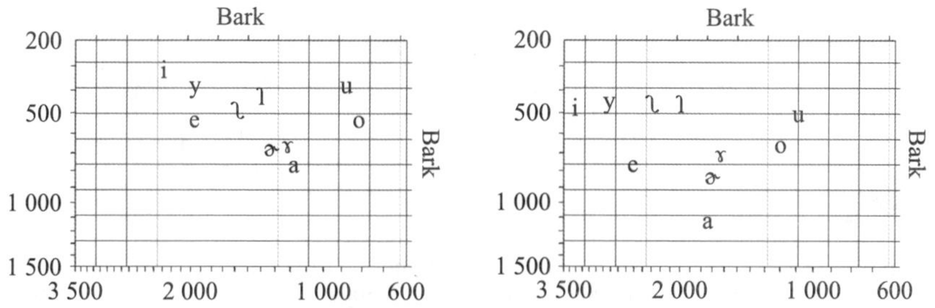

图 3.2　汉语母语者（左男右女）单元音声学元音图

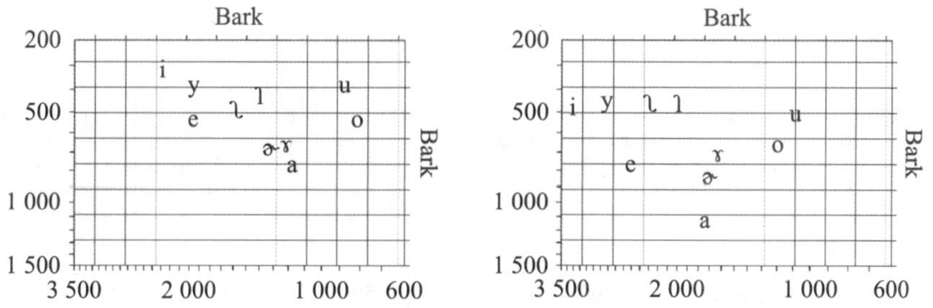

图 3.3　埃及学习者（左男右女）单元音声学元音图

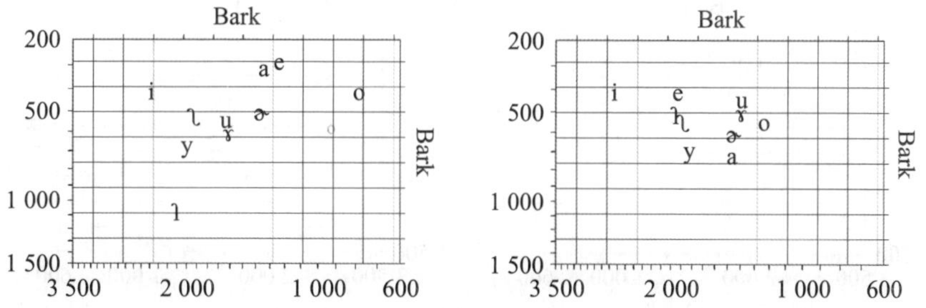

图 3.4　巴基斯坦学习者（左男右女）单元音声学元音图

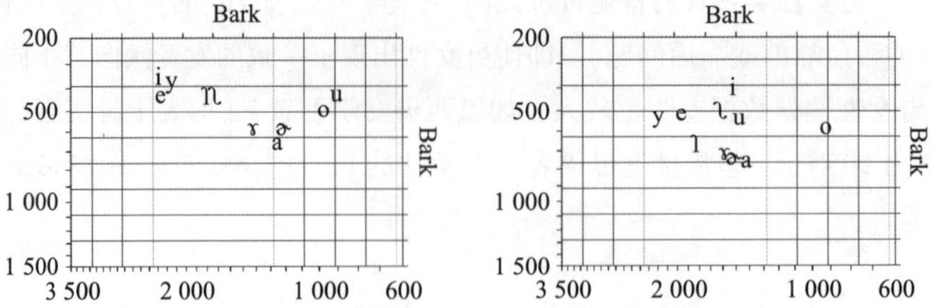

图 3.5　巴西学习者（左男右女）单元音声学元音图

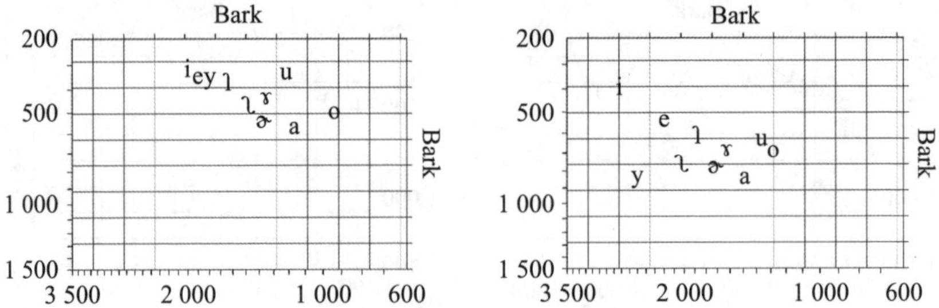

图 3.6　白俄罗斯学习者（左男右女）单元音声学元音图

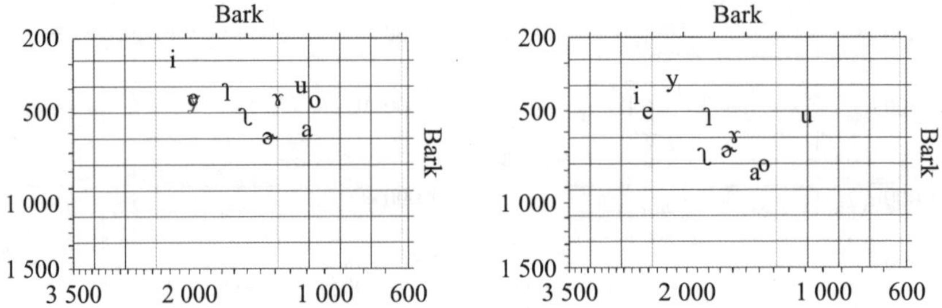

图 3.7　德国学习者（左男右女）单元音声学元音图

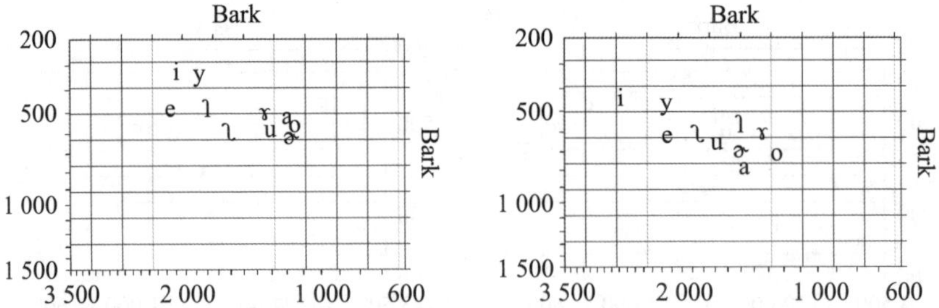

图 3.8　俄罗斯学习者（左男右女）单元音声学元音图

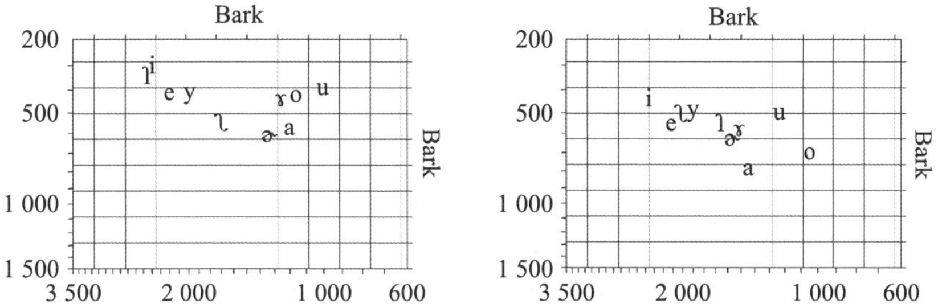

图 3.9　芬兰学习者(左男右女)单元音声学元音图

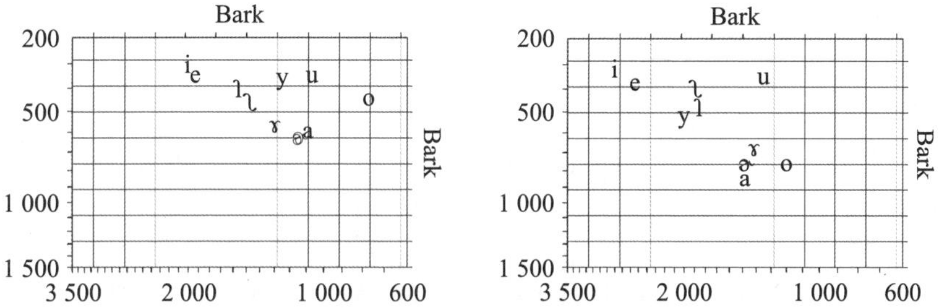

图 3.10　哈萨克斯坦学习者(左男右女)单元音声学元音图

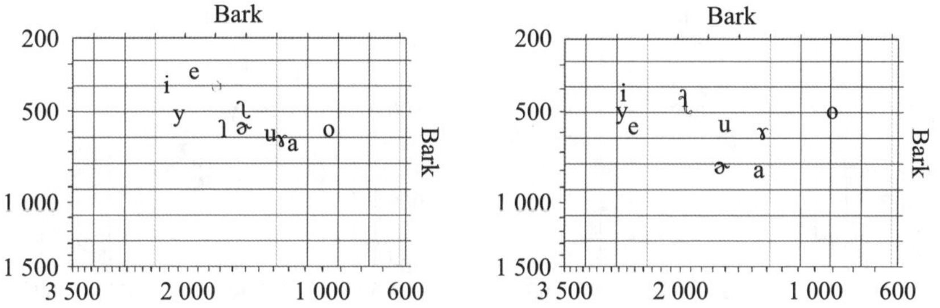

图 3.11　韩国学习者(左男右女)单元音声学元音图

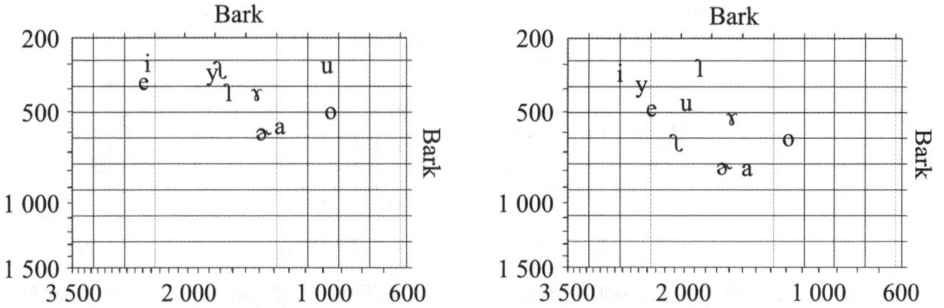

图 3.12　喀麦隆学习者(左男右女)单元音声学元音图

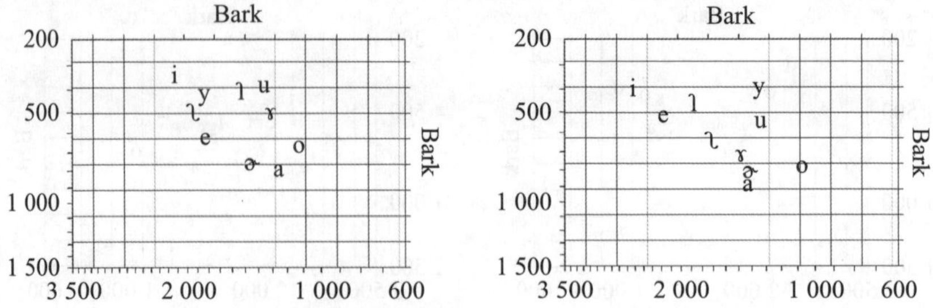

图 3.13　美国学习者（左男右女）单元音声学元音图

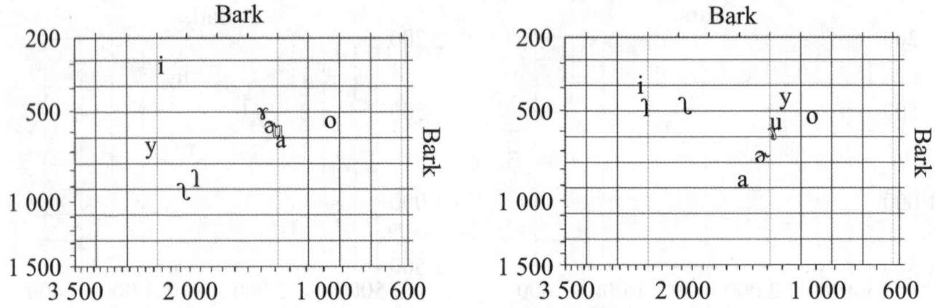

图 3.14　蒙古学习者（左男右女）单元音声学元音图

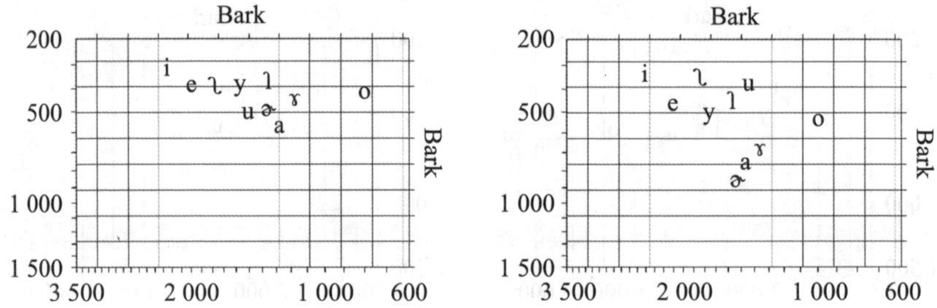

图 3.15　尼日利亚学习者（左男右女）单元音声学元音图

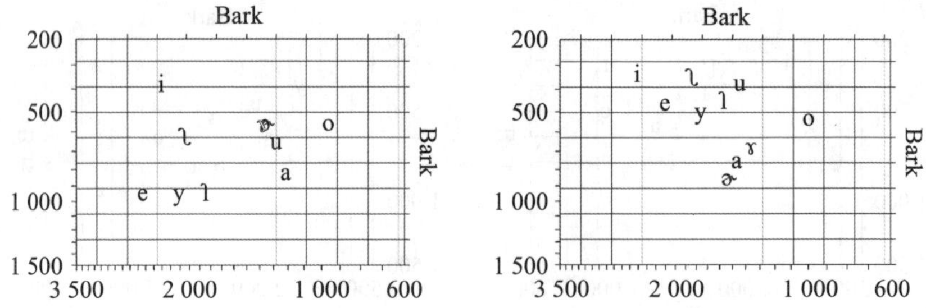

图 3.16　葡萄牙学习者（左男右女）单元音声学元音图

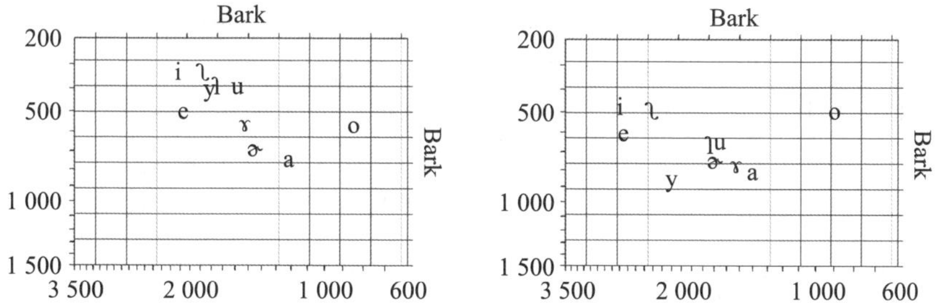

图 3.17　日本学习者(左男右女)单元音声学元音图

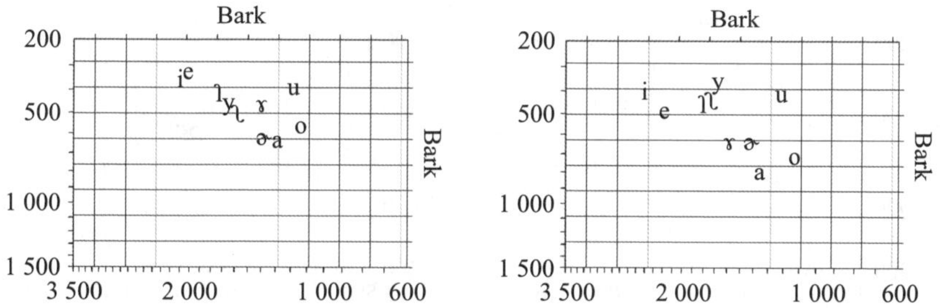

图 3.18　塞尔维亚学习者(左男右女)单元音声学元音图

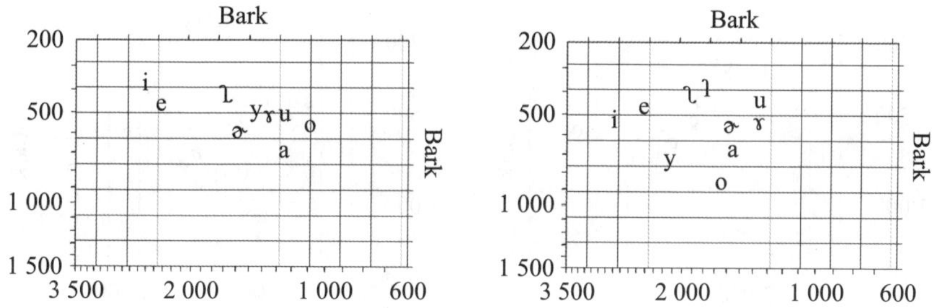

图 3.19　英国苏格兰学习者(左男右女)单元音声学元音图

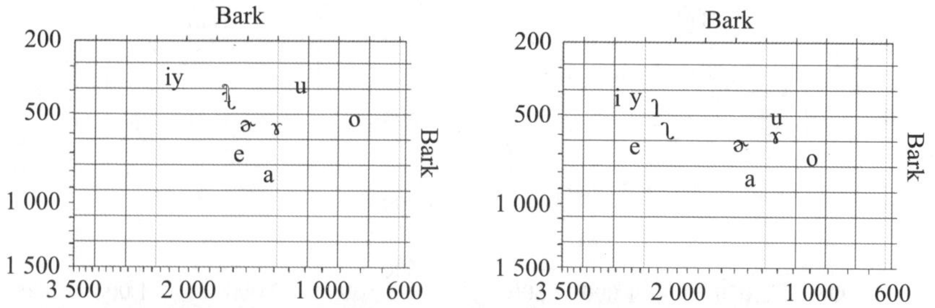

图 3.20　泰国学习者(左男右女)单元音声学元音图

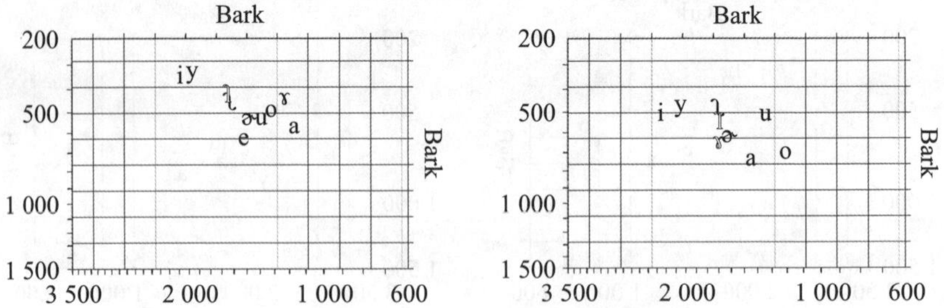

图 3.21 土耳其学习者（左男右女）单元音声学元音图

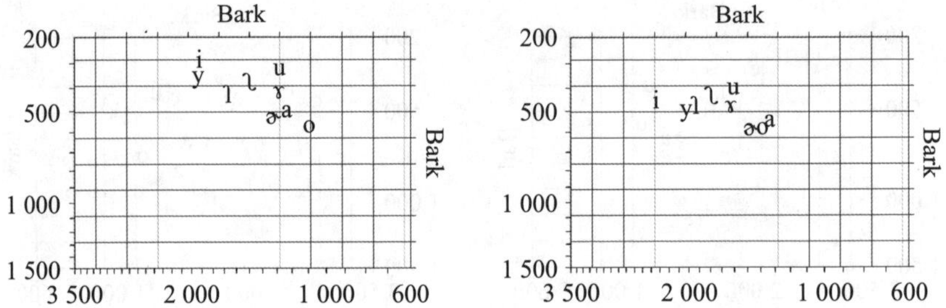

图 3.22 乌克兰学习者（左男右女）单元音声学元音图

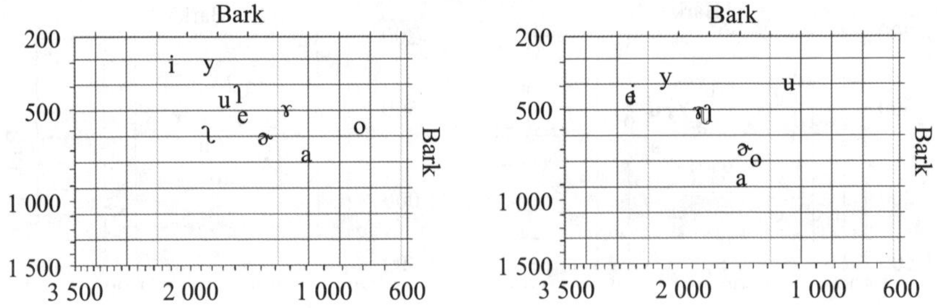

图 3.23 匈牙利学习者（左男右女）单元音声学元音图

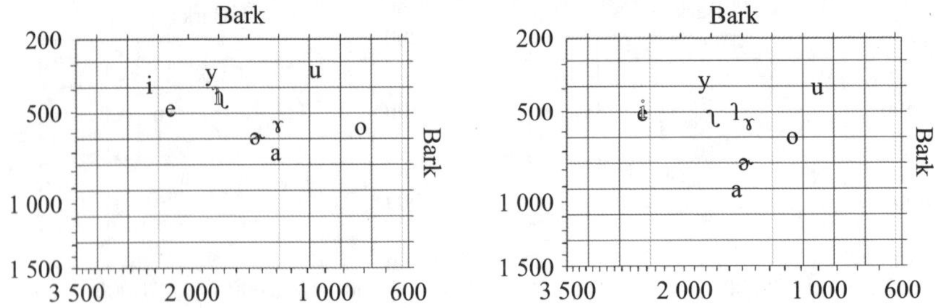

图 3.24 意大利学习者（左男右女）单元音声学元音图

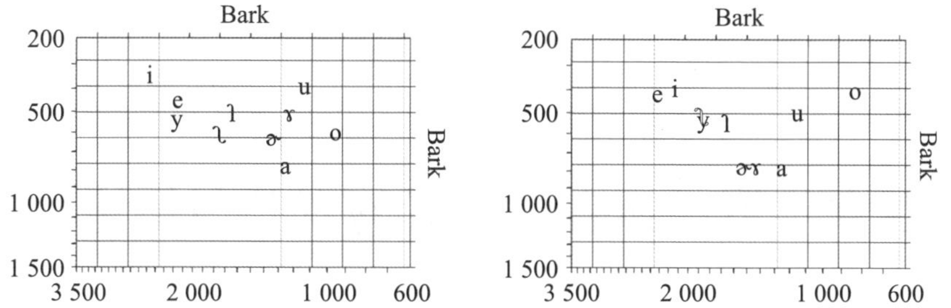

图 3.25　印度学习者（左男右女）单元音声学元音图

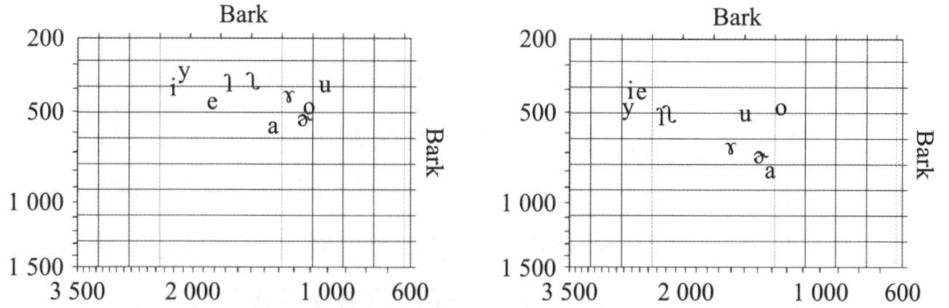

图 3.26　越南学习者（左男右女）单元音声学元音图

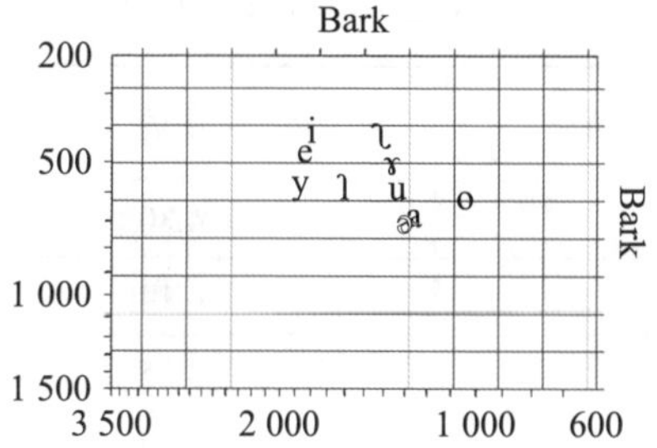

图 3.27　荷兰男性学习者单元音声学元音图

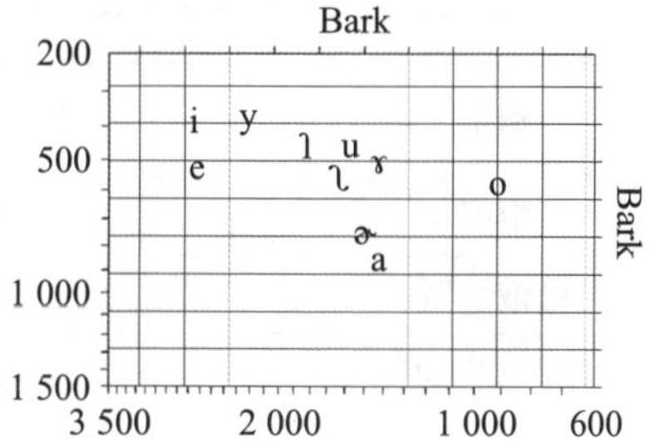

图 3.28　亚美尼亚女性学习者单元音声学元音图

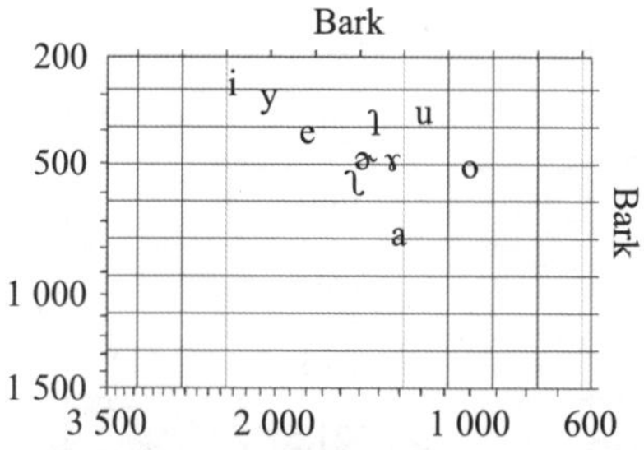

图 3.29　印度尼西亚男性学习者单元音声学元音图

第四章　第二语言学习者的音长与语速分析

4.1　平均语速对比分析

根据时长实验结果，首先研究汉语学习者在语流中的平均音节时长，进而对其语速进行分析。宋雅男、何伟（2005）发现男女声音节时长总体分布比较集中，在总体趋势上男性时长要大于女性时长，即性别因素也会影响音节时长。但是本书为了体现不同母语背景学习者的语速差异，同时便于描述实验结果，暂时忽略性别因素对语速的影响，把相同母语背景的男女性汉语学习者看作一个整体来研究，凸显不同母语背景汉语学习者的语速差异。

表 4.1　12 种母语背景学习者汉语平均音节时长（单位：ms）及语速数据

国别	平均音节时长	语速
中国	232.5	4.30
白俄罗斯	241.5	4.14
哈萨克斯坦	259.5	3.85
泰国	261.5	3.82
美国	267.5	3.74
蒙古	269.5	3.71
芬兰	289.5	3.45
日本	291	3.44
意大利	298	3.36
印度	304.5	3.28
俄罗斯	313	3.19
土耳其	321.5	3.11

从表 4.1 中数据可以看出母语者平均音节时长是 232.5 ms，语速为 4.3 个音

节每秒。其中哈萨克斯坦、泰国、美国和蒙古汉语学习者平均音节时长比较接近，在 11 国学习者中平均音节时长相对较短。印度、俄罗斯和土耳其 3 国学习者平均音节时长都大于 300 ms，在 11 国汉语学习者中平均音节时长最长。另外，白俄罗斯学习者平均音节时长为 241.5 ms，语速为 4.14 个音节每秒，最接近母语者平均音节时长和语速。由此，我们发现 11 国汉语学习者平均音节时长均长于母语者，语速均小于母语者。也就是说若以母语者的平均音节时长和语速作为标准，则 11 国汉语学习者语速均慢于母语者。其中印度、俄罗斯、土耳其汉语学习者平均音节时长最长，语速最慢，几乎每秒与母语者相差 1 个音节之多。

张春花、陈默（2016）认为语速这一测量指标能够有效预测学习者流利度。平均音节时长越短，语速越快，流利度就相对越好。作为汉语学习者，受自身语言水平所限，汉语流利程度自然不如母语者好。但是本实验所选实验对象均来自南开大学汉语言文化学院进修部初级 1、2 班，极少数来自中级 1 班，基本上都通过了 HSK 四级考试，汉语水平大致相当，没有显著差异。从理论上讲，在同等汉语水平条件下，阅读同一语篇，学习者流利度应该比较接近。但就实验结果而言，不同母语背景学习者之间语速差异比较明显，语速最快和语速最慢学习者每秒相差 1 个多音节。出现这一现象的主要原因可能是受到各国学习者口语水平差异的影响，同一汉语水平学习者口语水平却不是同一级别。之所以出现这种现象与目前对留学生汉语水平考评机制有关。具体来说，现在所采用的分级标准，包括 HSK 等级考试等，比较重视学习者听读写的能力，对口语的要求以及配套考评都相对不足，缺少对留学生口语能力的考察。因此学习者虽然都是初级水平，但是口语差异却比较大。若仅考虑语速这一因素，同等汉语水平下，白俄罗斯学习者口语掌握程度较好，流利度较高。而印度、俄罗斯、土耳其 3 国的学习者口语掌握程度最差，流利度最低。

4.2 轻声音节时长与非轻声音节时长对比分析

上一小节我们讨论了不同母语背景学习者平均音节时长和语速情况，并由此推测了他们的汉语口语掌握程度、流利度等。本节将分别讨论轻声音节时长、正常音节（非轻声）时长以及两者的比值，以此探讨 11 种不同母语背景汉语学习者轻声音节掌握情况，进而推测轻声音节时长是否影响了语速。其中，需说明的是本书所提到的正常音节指的是除了轻声音节以外的其他非轻声音节，为了便于区分，文中统一称作“正常音节”。表 4.2 为汉语母语者和 11 种不同母语背景汉语学习者正常音节时长与轻声音节时长的比值排序。

表 4.2　12 种不同母语背景学生汉语正常音节与轻声音节时长数据（单位：ms）

国别	正常音节时长	轻声音节时长	轻声 / 正常
中国	240	205.5	0.86
白俄罗斯	254.5	227.5	0.89
哈萨克斯坦	267	229	0.86
印度	314.5	261.5	0.83
蒙古	279.5	229	0.82
意大利	310.5	249	0.80
泰国	272.5	218.5	0.80
美国	278.5	221	0.79
芬兰	301.5	238.5	0.79
俄罗斯	327	258	0.79
日本	306	232.5	0.76
土耳其	338.5	245.5	0.73

从表中数据可以看到，母语者正常音节时长为 240 ms，轻声音节时长为 205.5 ms。观察正常音节时长可知，11 国汉语学习者正常音节绝对时长均长于母语者，这表明不考虑轻声音节，学习者发正常音节时语速也比较慢。白俄罗斯学习者为 254.5 ms，最接近母语者，在 11 国学习者中速度最快；土耳其学习者为 338.5 ms，时长最长，速度最慢。印度、意大利、芬兰、俄罗斯、日本和土耳其等 6 个国家的汉语学习者正常音节时长均超过 300 ms，与母语者相差较大。从轻声音节绝对时长上来看，11 国汉语学习者轻声音节时长均长于母语者轻声音节时长，其中泰国学习者为 218.5 ms，最接近母语者；印度学习者为 261.5 ms，时长最长，与母语者相差最大。如果仅从轻声音节绝对时长上来看，泰国和美国学习者与母语者最接近，对轻声音节时长掌握最好。印度学习者轻声音节时长最长，在 11 国汉语学习者中掌握程度最差。

但是，仅靠轻声音节的绝对时长就推断学习者对轻声音节的掌握程度，不全面也不准确。根据邵敬敏在《现代汉语通论》中的定义，轻声指“在词或句子里，某些音节往往会说或读得相对轻而短，以体现某些语义或语法功能”的现象。既然轻声“相对轻而短”，那么单凭其绝对时长来判断显然不够准确。比如：泰国学习者轻声音节时长在 11 国学习者中最短，最接近汉语母语者，但是其正常音节时长相对也是比较短的，整体语速较快。这使本来很短的轻声音节在泰国学习者相对较快的语速中也不那么“短”了。而印度学习者轻声音节绝对时长是 11 国学习者中最长的，但是如果考虑到印度学习者在 11 国汉语学习者中平均音节时长和正常音节时长都最长，语速最慢，那么本来很长的轻声音节在印度学习者相对较慢的语速中也就不那么“长”了。因此，我们不能仅凭轻声音节的绝对时长来判断学习者轻声音节的掌握程度，还应该考虑到其自身语速的问题。因此，为了全面说明学习者轻声掌握程度好坏，我们计算了轻声音节时长与正常音节时长的比值，并对此进行了排序。

首先，母语者轻声音节与正常音节的比值为 0.86，也是说轻声音节时长大约为正常音节时长的 86%。我们以此为标准，探讨其他 11 国汉语学习者轻声音节的掌握情况。根据观察可知，11 国汉语学习者轻声音节与正常音节时长的比值范围大概为 0.73~0.89，即轻声音节大约占正常音节时长的 73%~89%，总体与母语者这一比值 86% 比较接近。具体来说，哈萨克斯坦学习者与母语者比值一样，为 0.86，意大利、泰国、美国、芬兰和俄罗斯等 5 个国家学习者这一比值集中在 0.80 左右。另外，只有白俄罗斯一个国家的学习者比值高于汉语母语者，为 0.89，日本学习者和土耳其学习者的这一比值最小，分别为 0.76 和 0.73。

由此可知，所有学习者轻声音节与正常音节的比值均小于 1，即轻声音节时长均小于正常音节时长，说明学习者都认识到轻声音节要比正常音节短。这说明我们对留学生的轻声教学是比较成功的，他们起码都认识到在实际发音时，轻声音节时长要短于正常音节。在此前提下，我们发现学习者们对轻声音节在实际发音中具体短到什么程度，界定不是很清楚。根据我们测算，以母语者为标准，轻声音节大约占正常音节时长的 86%，这样的轻声发音是比较标准的。具体来说，只有白俄罗斯汉语学习者轻声音节与正常音节的比值大于母语学生的比值，为 0.89，即轻声音节时长大约占正常音节时长的 89%。这说明白俄罗斯汉语学习者轻声音节时长虽短于其正常音节时长，但是相比母语者，轻声发音时间还是太长了，尚未完全习得汉语轻声音节。而其他国家留学生轻声音节时长同正常音节时长的比值均比母语者小，说明他们发轻声音节的时候，相对而言发音时间比较短。这也从侧面证明了学习者语速慢于母语者并不是受到轻声音节的影响，因为大部分国家的学习者轻声音节发音时长相对而言都并没有达到母语者的长度。换句话说，学习者轻声音节与正常音节的比值小于母语者，说明他们在轻声音节发音时没有占用更多的时间，反而是节省了总时间，进而缩短平均音节时长，提高了语速。因此，我们推断学习者语速慢并不是受轻声音节发音的影响。

为什么不同母语背景学习者基本上都出现轻声音节时长相对过短的偏误呢？这可能是受到对外汉语课轻声教学的影响。首先，目前我们对轻声教学的重视程度不够。主要表现为对轻声的讲解和操练相对缺乏，轻声教学课时安排较少，考核不完善。目前研究者普遍认为轻声没有一个固定的调值，并非独立于四声之外的第五种声调，而是在一定条件下读得又轻又短的调子。四种声调的字，都有可能在一定条件下，失去其本调，变读为轻声，可以说轻声是与其他四个声调交融在一起的。而在目前对外汉语声调教学中，重点讲声韵调拼合，并且进行大量针对性的操练。但在轻声教学方面着重强调轻声现象在汉语中大量存在，其读音的特点是“又轻又短”，辨识方法是不标调等。而且目前我们对轻声学习的考核，仅限于学习者能辨识什么情况下读轻声，但具体发音标准就不得而知了。教学方法上也主要是教师示范、学生模仿，较为单一。

其次，对轻声的教学方法不当导致泛化的产生。根据我们对母语者轻声音节时长的测算，发现轻声音节的长度大约为正常音节的86%。因此，轻声并没有想象中的“那么短”，它的“轻而短”也是相对而言的。这在很大程度上给我们的对外汉语语音教学造成了困难。上文已经提到，在实际教学中，轻声的教学方法比较单一。教师对于轻声的教学往往是反复强调短而轻，而缺少一些规律性讲解以及在语篇中的针对性练习。这导致大部分学习者对轻声的认识比较片面，认为轻声的特点就是“短”，甚至是越短越好。于是，读轻声时往往会刻意弱化读音，使得轻声音节听起来含混不清，听感上很不自然，造成泛化的结果，导致发音时轻声时长过短。退一步讲，即使教师意识到学习者轻声发音出现了问题，在实际操作中也很难明确地给学习者讲清楚轻声音节时长到底要短到什么程度。

另外，本实验测得母语者轻声音节时长占正常音节时长的86%，其他11国不同母语背景汉语学习者这一数值虽然都小于母语者，但是也在73%~89%。这一结果与之前学者已有的研究成果有比较大的差距。曹剑芬（1986）通过声学分析测得轻声音节的长度大约为正常音节的60%。林茂灿、严景助（1990）测出这一数值为45%。杨顺安（1991）认为用一般音节二分之一的音长合成轻声，听感自然，轻声音节时长与正常音节的时长比值大约为50%。林焘（1983）通过听辨实验证明，双音节词第二音节的音长越短，听成轻声的比率就越高。由此来看，学者们普遍认为轻声音节时长约为正常音节的 45%~60%，听感自然。

之所以本书测出的比值比前人略大，我们认为主要是受到实验语料的影响。无论是 20 世纪最先开始做轻声音节与正常音节比值的学者，还是近 10 年来的研究者，普遍将研究目光投入到双音节轻声词中，极少关注到语流中轻声词发音的时长。之所以强调实验语料的重要性，主要有两个原因。第一，利用双音节轻声词语做实验语料很难覆盖所有类型轻声词，对轻声的研究不够全面。虽然目前对于轻声的研究囊括了轻声的几种主要类型，但是几乎都没有涵盖语气词、轻声词。具体来讲，研究者通常用“儿子”“爸爸”“耳朵”等做实验语料，却几乎没有研究者会用“好啊”“走吧”此类含有语气词轻声的词语作为实验语料。然而如果以语篇为语料，必定会涉及很多语气词轻声音节。以本实验语料《姐姐的电话》为例，涉及“啊”“吗”“呢”“吧”“了”等 10 个语气词轻声音节。第二，以双音节轻声词为实验语料，一方面发音人发音时间比较短，注意力更加集中，能最大限度地避免偏误。另一方面对于发音人来说，词语的发音需要大脑加工的内容更少。如果是语篇的话，发音人还要考虑前后意义的连贯性等，加工过程更加复杂，发音时间相对更长。此外，由于语篇发音内容更多而且是连贯性的，发音人没有足够的时间规避偏误。一定程度上能够更自然地反映偏误情况。因此，本实验中轻声音节与正常音节的比值高达 86%，很可能是受到语气词轻声音节的影响。

4.3　语气词轻声音节时长与一般轻声音节时长对比分析

上一节中，我们讨论了轻声音节与正常音节时长的比值，发现与母语者相比，很多国家的学习者轻声音节时长相对较短。这一节将对轻声音节进行分类，分别探讨一般轻声音节时长和语气词轻声音节时长以及两者的比值。其中语气词轻声音节指的是在句子末尾，代表语气的轻声词，具体在本实验的语料中指的是“啊”“吗”“呢”“吧”“了”等。一般轻声音节指的是本身是非轻声汉字，但是在语流中，受到前后音节影响而在语流中变成了轻声，也就是我们通常意义上研究的轻声。为了检验轻声音节时长占正常音节时长比值较大是否受到语气词轻声音节的影响，我们对语气词轻声音节时长以及一般轻声音节时长（除语气词轻声音节外的其他轻声音节时长）分别进行统计，并对两者比值排序，具体结果见下表 4.3。

表 4.3　12 种母语背景学生汉语一般轻声音节与语气词轻声音节时长数据（单位：ms）

国别	一般轻声时长	语气词轻声时长	语气 / 一般
中国	187.5	234	1.25
意大利	235.5	271.5	1.15
泰国	207.5	237.5	1.14
美国	211	241	1.14
印度	251	280	1.12
日本	224	247.5	1.10
芬兰	235	248	1.06
白俄罗斯	186	194	1.04
俄罗斯	259	256.5	0.99
哈萨克斯坦	229	226	0.99
蒙古	245.5	224.5	0.91
土耳其	290.5	264.5	0.91

根据表 4.3，母语者一般轻声音节时长为 187.5 ms，语气词轻声音节时长为 234 ms，语气词轻声音节时长比一般轻声音节时长更长。观察一般轻声音节时长，只有白俄罗斯学习者一般轻声音节绝对时长短于母语者，但与母语者较为接近，其他国家学习者一般轻声音节时长均长于母语者，且有一定差距。其中土耳其学习者的一般轻声音节时长最长，为 290.5 ms，甚至比母语者语气词轻声音节时长还要长。另外，9 个国家学习者的一般轻声音节时长集中在 210 ms~260 ms。若以母语者一般轻声音节绝对时长为标准，则白俄罗斯学习者对一般轻声音节的掌握程度最好，土耳其学习者相对最差。总体来说，由于学习者整体与母语者轻声音节绝对时长存在较大差距，掌握程度不是很理想。

再观察语气词轻声音节时长，白俄罗斯、蒙古和哈萨克斯坦 3 个国家学习者语气词轻声音节绝对时长均短于母语者，其中白俄罗斯学习者最短，为 194 ms。其他 8 个国家学习者语气词轻声音节绝对时长均长于母语者，在 240 ms~280 ms，相差不是很大。其中印度学习者最长，为 280 ms。若以母语者的语气词轻声音节绝对时长为标准，则白俄罗斯学习者对语气词轻声音节的掌握程度最好，印度学习者最差。总体来说，11 国汉语学习者语气词轻声音节时长与母语者差距较小，掌握程度相对比较理想。

观察语气词轻声音节时长与一般轻声音节时长的比值发现，母语者语气词轻声音节时长大约是一般轻声音节时长的 1.25 倍。俄罗斯、哈萨克斯坦、蒙古和土耳其学习者的这一比值均小于 1，即语气词轻声音节时长小于一般轻声音节时长。其他国家的学习者比值虽然均小于母语者，但是都大于 1，即语气词轻声音节时长略长于一般轻声音节时长。综上可知，意大利、泰国、美国、印度、日本、芬兰、白俄罗斯等 7 个国家的学习者语气词轻声音节的时长虽然不如母语者那么长，可以达到一般轻声音节的 1.25 倍，但是也都长于对应一般轻声音节时长，说明他们已经基本习得了语气词轻声音节时长长于一般轻声音节时长的规律。但是俄罗斯、哈萨克斯坦、蒙古和土耳其等 4 个国家的学习者这一比值略小于 1，即一般轻声音节时长与语气词轻声音节时长基本相当并且稍短，显然还没有完全习得语气词轻声音节时长更长的发音规律。

那么语气词轻声音节时长为何明显长于一般轻声音节呢？我们认为这与语气词轻声音节在句中出现的位置有关。语气词轻声，属于轻声的一种，其声学性质理应同一般轻声音节一样，在音高、音长、音强以及音色上有一定共性特点。但是，语气词轻声又具有自身独特性，它通常只出现在句末等韵律边界位置上。因此，具体声学表现往往还受句子里的其他动态因素影响。单就时长而言，重音位置也会影响句末语气词的时长、能量等，尤其是重音在句末时，语气词的时长更长，能量更大。除此之外，由于语气词轻声音节常出现在韵律边界位置上，正是学习者信息加工的一个分界点，不可避免地出现拖音增加停顿时间来对下面的句子进行信息加工等，因而时长也会比一般轻声音节时长略长一些。然而，在目前的对外汉语语音教学中，几乎都没有将语气词轻声音节作为一个独立的教学内容，甚至在教学过程中鲜少涉及，这可能也是造成汉语学习者产生偏误的原因之一。

4.4　一般轻声音节时长与非轻声音节时长对比分析

根据上一节的讨论，11 种不同母语背景汉语学习者对语气词轻声音节的掌握相对较差，语气词轻声音节时长与一般轻声音节时长的比值普遍小于母语者。那么造成这一现象的主要原因是语气词轻声音节时长太短还是一般轻声音节时长太长，仅依据表 4.3 还很难作出准确判断。由此将进一步对一般轻声音节时长与非轻声音节时长作对比，结果如下：

表 4.4　12 种母语背景学生汉语一般轻声音节与非轻声音节时长数据（单位：ms）

国别	一般轻声	非轻声音节	一般轻声 / 非轻声音节
中国	187.5	240	0.781
蒙古	245.5	279.5	0.878
土耳其	290.5	338.5	0.858
哈萨克斯坦	229	267	0.858
印度	251	314.5	0.798
俄罗斯	259	327	0.792
芬兰	235	301.5	0.779
泰国	207.5	272.5	0.761
意大利	235.5	310.5	0.758
美国	211	278.5	0.758
日本	224	306	0.732
白俄罗斯	186	254.5	0.731

首先，母语者一般轻声音节时长为 187.5 ms，非轻声音节时长为 240 ms，一般轻声音节与非轻声音节时长的比值大约为 0.781，即一般轻声音节的时长大概为非轻声音节的 78.1%。其次，观察一般轻声音节时长与非轻声音节时长的比值，蒙古学习者这一比值最大，为 0.878，白俄罗学习者比值最小，为 0.731。与母语者相比，整体差距大概在 0.05~0.09 之间。也就是说，以母语者为参照标准，11 种不同母语背景汉语学习者一般轻声音节与非轻声音节时长的比值和母语者相差 5%~9% 左右，比较接近。由此我们推断，学习者对于一般轻声音节时长的掌握程度比较好。

根据表 4.3 可知，汉语学习者语气词轻声音节时长与一般轻声音节时长的比值全部小于母语者。一种可能性是语气词轻声音节时长太短，造成比值偏小；另一种可能性是一般轻声音节时长太长，造成比值偏小。根据表 4.4 可知，学习者一般轻声音节时长与非轻声音节时长的比值和母语者相近，那么就排除了由于一般轻声音节时长太长造成的语气词轻声与一般轻声音节时长比值偏小的可能性。由此，推断出学习者语气词轻声音节时长太短，是造成语气词轻声音节与一般轻声音节时长比值偏小的主要原因。也就是说，虽然学习者已经基本认识到语气词轻声音节时长长于一般轻声音节时长，但就目前的情况来看，语气词轻声音节绝对时长仍然偏短，需要进一步改进。

4.5　音长与语速分析小结

综合以上讨论，可以知道：与母语者相比，11 种不同母语背景汉语学习者普遍语速较慢。根据对正常音节时长与轻声音节时长的测算，发现影响语速变慢的主要因素并非轻声音节，学习者对轻声音节的掌握程度相对较好。而且，研究结果与之前设想的结果有较大分歧，学习者轻声音节时长非但没有拖慢语速，一定程度上还加快了学习者的语速。表现为学习者的轻声音节时长与正常音节时长的比值普遍偏小，即学习者轻声音节时长不但不长，反而较短。之所以出现这种现象，主要考虑是教学方法不当，对轻声的教学片面强调“又轻又短”，导致出现泛化情况。汉语学习者普遍认为轻声就是越轻越好、越短越好，结果使轻声的发音时长太短了。之后考虑到汉语轻声音节有多种不同的分类，为了具体验证到底是哪一种轻声影响了发音时长，于是针对实验语料的具体情况，对一般轻声音节时长和语气词轻声音节时长作了具体测算。最终发现语气词轻声音节的时长远远超过一般轻声音节的时长，大约应该是一般轻声音节时长的 1.25 倍。学习者虽然已经意识到语气词轻声音节时长长于一般轻声音节时长，可整体来看，语气词轻声音节时长仍然较短，表现为语气词轻声音节时长与一般轻声音节时长的比值明显小于母语者，这也表明大部分学习者尚未完全习得汉语语气词轻声音节时长特征。

第五章　第二语言学习者连续语流中汉语单字调的声学模式

5.1　连续语流中的声调声学分析

5.1.1　汉语学习者与母语者阴平调对比分析

当前学界对汉语学习者声调问题已经进行过广泛而深入的讨论。研究者们普遍认同基于汉语声调的两个基本特征音区和曲拱，即调域的高低和声调变化的形式。据此可以将汉语学习者出现的声调偏误类型分为三大类：调型错误、调域错误以及调型调域均出现错误。赵元任先生认为在汉语学习过程中，主要是调域而不是调型造成了声调学习困难。以下对母语者及 11 种不同母语背景汉语学习者阴平调偏误进行详细描述并分析其主要偏误类型。

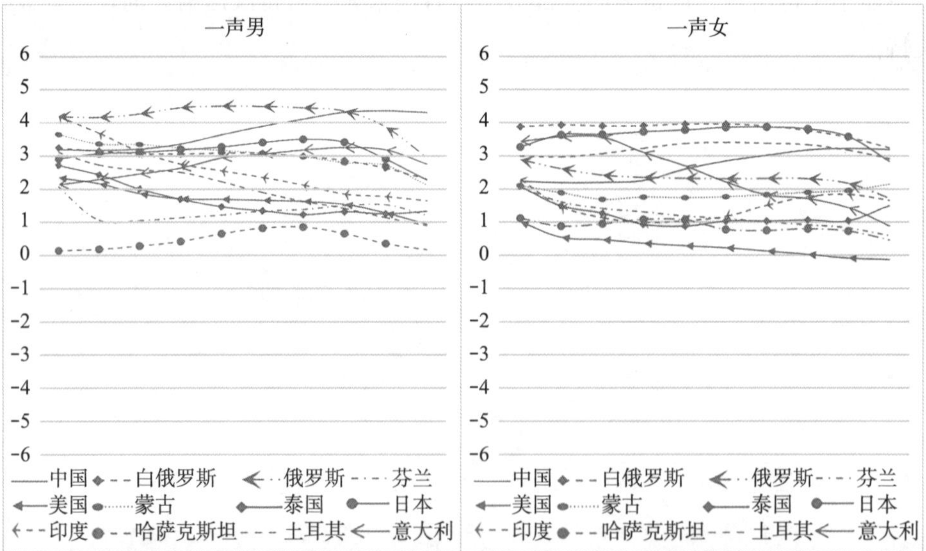

图 5.1　12 种母语背景男性（左）与女性（右）阴平调音高曲线图

总体情况来看，从调域范围上讲，男性汉语学习者阴平调整体调域分布在0—4.5半音，女性则为0—4半音。男女性阴平调整体调域基本相近，无明显差异。其中母语者女性阴平调调域为2.3—3.3半音，母语者男性阴平调调域为3.2—4.3半音，调域宽度均为1半音左右。俄罗斯男女性汉语学习者阴平调整体调域分布与母语者基本一致，其中女性学习者调域范围是1.9—3半音，男性学习者为3—4.5半音。虽然与母语者调域范围接近，但是其调域宽度均略大于母语者。另外美国、泰国、哈萨克斯坦3国汉语学习者阴平调整体音高偏低，其中女性阴平调调域宽度较窄，基本上达不到1半音；男性阴平调调域宽度略大，基本上在1—1.3半音。芬兰留学生阴平调整体音高低于母语者，且调域宽度均大于母语者，可达到1.5—2半音。此外，白俄罗斯、日本、土耳其、蒙古、意大利等5国男女性学习者阴平调调域不太一致。白俄罗斯、日本、土耳其3国女性学习者整体音高高于母语者，调域范围为3—4半音，而男性则整体音高低于母语者。此外，土耳其男性阴平调调域范围为1—3半音，调域宽度为2半音。蒙古汉语学习者女性阴平调整体低于母语者女性，调域范围为1.9—2.1半音，调域非常窄；而男性阴平调整体音高与母语者基本持平略高一点，调域范围为3.3—5.1半音，调域宽度较大。意大利女性学习者阴平调域为1—4半音，整体音高略高于母语者；男性阴平调调域为2—3.2半音，整体音高低于母语者，但是意大利男性和女性的调域宽度都非常大，大概为3.5半音。

从调型上看，母语者男女性音高曲线整体走势比较一致，没有显著差异，表现为高而平。具体而言，起点略低，后缓慢爬升，最终趋平，起伏程度较小。白俄罗斯、日本、土耳其3国女性学习者阴平调音高曲线整体高而平，与母语者比较接近，但是后半部分出现降低趋势。哈萨克斯坦、美国、俄罗斯、意大利4国的女性阴平调整体呈现为降调，其中意大利女性音高曲线前段呈现为高平调，然后快速下降，变为降调，下降幅度非常大。其他4国学习者女性阴平调为低降调，降幅较小，相对平缓。芬兰女性阴平调为先升后降的曲折调，整体调型类似拱形。蒙古、印度、泰国3国女性的阴平调则是先降后升，中间有比较明显的凹陷。芬兰、土耳其、俄罗斯、日本、白俄罗斯5国男性学习者的阴平调整体呈现为先升后降，上升幅度不大相对和缓，下降趋势明显。印度、蒙古、美国、泰国、哈萨克斯坦5国留学生男性的阴平调整体为降调，下降幅度相对较大。意大利男性阴平调整体呈现上升趋势，上升幅度先大后小，最后转为降调。

总体来说，11国不同母语背景汉语学习者阴平调掌握程度不是很好，在调型和调域方面均出现明显偏误。调域方面偏误主要表现在整体音高偏低或偏高，男性学习者调域宽度略宽于母语者，而女性学习者则普遍较窄。而调型方面学习者偏误较多，尚未完全掌握阴平调高而平的特点，普遍存在音高曲线起点偏低，将高而平并有上升趋势的阴平调错读成低降调，尤其是声调末尾几乎都读成了降调。

5.1.2 汉语学习者与母语者阳平调对比分析

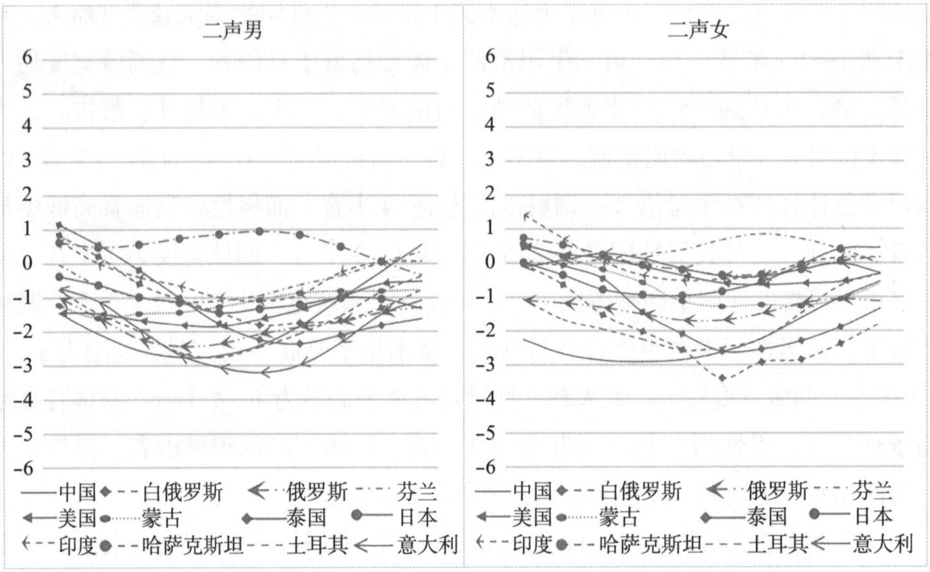

图 5.2 12 种不同母语背景男性（左）与女性（右）阳平调音高曲线图

总体来看，从调域范围上讲，11 国汉语学习者阳平调调域范围大概为 -3.3—1.3 半音，男女性调域范围基本一致。其中母语者女性阳平调调域为 -2.9—-0.5 半音，调域宽度为 2.4 半音；母语者男性阳平调调域为 -2.8—0.5 半音，调域宽度为 3.3 半音。以此为标准，11 国汉语学习者阳平调整体音高普遍高于母语者，此外整体表现为调域较窄。具体来说，泰国女性阳平调调域为 -2.7—0.6 半音，调域宽度为 3.3 半音，最接近母语者。白俄罗斯和土耳其两国女性学习者阳平调调域宽度约为 2.4 半音，比较接近母语者。其中白俄罗斯女性为 -3.4—0 半音，土耳其女性为 -2.6—-0.2 半音。另外，印度、蒙古、日本、哈萨克斯坦、美国、意大利、芬兰等国女性学习者阳平调调域集中在 -0.8—1.3 半音，各自调域宽度大约为 1 半音；俄罗斯学习者调域范围 -1.7—-1 半音，调域宽度仅为 0.7 半音，在 11 国母语非汉语学习者中，调域最窄。11 国学习者男性阳平调调域范围整体与女性调域范围相似，但与母语者男性相比，整体音高偏高，调域较窄。具体来说，泰国和蒙古两国男性学习者阳平调域与母语者最接近，为 3.4 半音。另外意大利、白俄罗斯、印度调域范围大概为 2 半音。其中，意大利男性学习者阳平调调域为 -3.1—-0.9 半音，宽度为 2.2 半音；白俄罗斯男性学习者阳平调调域为 -1.8—0.9 半音，调域宽度为 2.7 半音；印度男性学习者为 -1.1—0.7 半音，调域宽度为 1.8 半音。此外，俄罗斯、美国、土耳其、哈萨克斯坦、日本、芬兰等 5 国男性阳平调调域宽度大概为 1 半音。其中，芬兰学习者调域范围是 -1.1—0 半音，调域宽度仅为 1.1 半音，在 11 国学习者男性中，调域最窄。

从调型上来看，母语者音高曲线起点较低，整体音高走向为先降后升，其中母语者女性表现为缓降缓升，整体起伏程度不大，而母语者男性起伏程度相对更大，表现为缓降急升。另外，音高曲线终点均高于起点位置，凹陷大概出现在整个音高曲线的 1/3 位置处。土耳其、泰国、白俄罗斯、印度、蒙古 5 国女性音高曲线前半段下降幅度较大，后半段上升幅度略小，凹陷出现在中部偏后的位置。其中，蒙古女性学习者后半段上升幅度非常小，基本持平。另外，泰国、白俄罗斯、印度 3 国女性音高曲线末端升不上去，终点位置低于起点位置。哈萨克斯坦、俄罗斯、美国 3 国女性阳平调音高曲线起点位置比较高，下降和上升幅度都比较和缓，凹陷大概出现在整个音高曲线 1/2 位置处，俄罗斯女性学习者音高曲线终点与起点位置的高度基本持平，另外两国女性的终点位置较低。日本女性学习者整体调型与母语者最为接近。芬兰女性学习者调型整体为先升后降，呈拱形，与母语者相比，偏差较大。意大利女性音高曲线整体起伏不大，起点略高于终点。男性阳平调音高曲线为先升后降，但是具体不同国家调型表现也不尽相同。其中芬兰、哈萨克斯坦、日本整体起伏较缓，但是起点比较高，末端出现下降趋势。印度男性阳平调起点较高，终点略低，凹陷大概出现在整个音高曲线 1/2 位置处。另外，白俄罗斯、泰国、意大利等国男性阳平调起点都比较高，下降幅度较大，凹陷出现在偏后位置，大概在整个音高曲线 2/3 位置处。土耳其学习者则是起点比较低，终点比较高，但是整体升降幅度较小，非常和缓。在所有国家中，蒙古男性音高曲线起伏程度最小，而且凹陷位置最靠前，大概在 1/4 位置处。

总体来说，11 种不同母语背景汉语学习者阳平调掌握程度略好于阴平调。与母语者相比，虽然个别国家学习者调型上仍存在问题，但是基本调型走向趋势没有出现明显偏误。主要问题集中在调域上，表现为几乎所有国家的男女学习者阳平调整体音高偏高，而且普遍表现为调域狭窄。

5.1.3 汉语学习者与母语者上声调对比分析

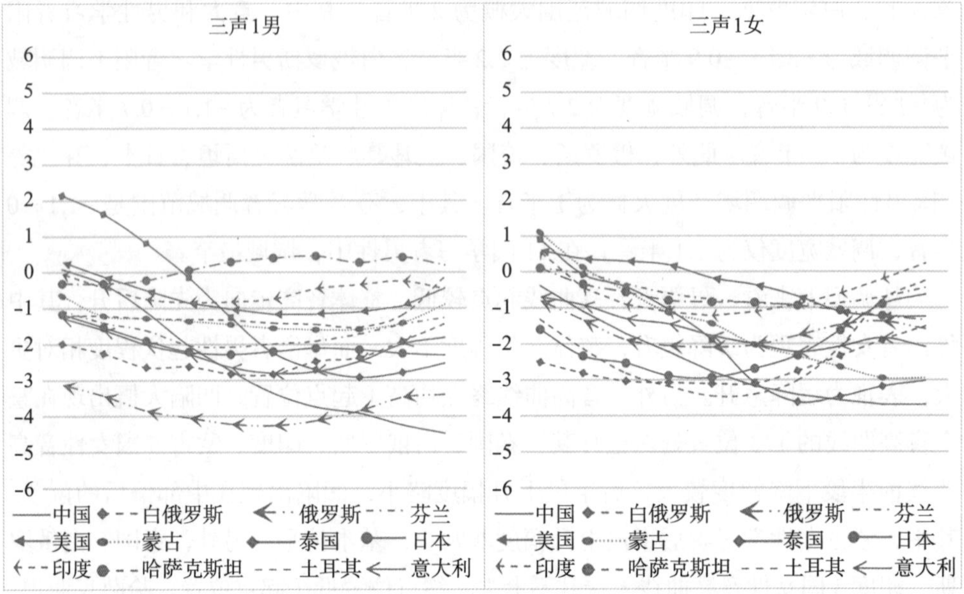

图 5.3 12 种不同母语背景男性（左）与女性（右）上声调音高曲线图

总体情况来看，从调域范围上讲，11 国女性学习者上声调调域范围大概为 -3.8—1.1 半音，男性上声调调域大概为 -4.4—2.1 半音，男性整体调域略宽于女性。其中，母语者女性上声调调域范围是 -3.8—-0.3 半音，调域宽度为 3.5 半音；母语者男性调域范围是 0—4.4 半音，调域宽度为 4.4 半音，两者调域宽度基本一致。在 11 国学习者女性中，只有蒙古和泰国两国的女性调域范围超过 4 半音，与母语者女性比较接近。其中蒙古女性调域范围为 -3—1.1 半音，调域宽度为 4.1 半音；泰国女性调域范围为 -3.8—1 半音，调域宽度为 4.8 半音，是唯一一个调域宽度超过母语者女性的。其他 9 个国家的女性调域均比母语者窄，范围大概集中在 1.1—3.3 半音。其中芬兰女性调域范围为 -1—0.1 半音，调域宽度为 1.1 半音，在 11 国女性学习者中调域最窄。与此同时，男性学习者也普遍存在调域狭窄的问题。在 11 国男性学习者中只有泰国学习者调域略宽于母语者，为 5.1 半音。其他 10 国男性学习者调域宽度集中在 0.6—1.8 半音。虽然女性学习者调域也比较狭窄，但是仍能达到 1.1—3.3 半音，与女性相比，男性调域更加狭窄。其中，哈萨克斯坦和蒙古两国男性调域宽度甚至达不到 1 半音，在 11 国男性学习者中，调域最窄。哈萨克斯坦男性调域范围为 -0.3—0.3 半音，调域宽度仅为 0.6 半音。蒙古男性学习者的调域范围为 -1.6—-0.8 半音，调域宽度为 0.8 半音。此外，印度、日本、芬兰 3 国男性学习者的调域宽度恰好为 1 半音。

从调型上看，母语者上声调为降调，整体音高走势呈现下降趋势。其中母语者女性整体音高曲线的下降幅度略小于母语者男性。具体来说，11 国女性学习者上声调主要有两种调型。第一种是先降后升型，在大概 1/2 位置处出现明显凹陷。印度、俄罗斯、芬兰、白俄罗斯、日本、土耳其等 6 国学习者均属于这种类型，只不过日本、土耳其两国学习者的音高曲线升降幅度略大于其他 4 国，因而凹陷相对更加明显。泰国女性音高曲线整体起伏较大，前半段下降趋势明显，凹陷大概出现在 2/3 位置处，后逐渐趋缓。意大利女性音高曲线与上述 7 国学习者略有不同，音高曲线前半段也是先降后升，但是曲线末端出现明显上升趋势。第二种音高曲线是整体下降型，主要有美国、蒙古和哈萨克斯坦 3 个国家的汉语学习者。其中蒙古女性学习者调型与母语者最为接近，美国和哈萨克斯坦学习者虽同是降调，但是下降幅度较小，与母语者存在较大差距。母语者男性为低降调，在 11 国学习者中，泰国男性学习者音高曲线前半段无论是趋势走向还是下降幅度都与母语者十分接近，但在后 1/4 位置出现上升趋势，与母语者略有不同。美国、俄罗斯、意大利、芬兰 4 国男性学习者上声调音高曲线表现先降后升，但升降幅度较小，无明显凹陷。相较而言，土耳其、蒙古两国男性学习者音高曲线凹陷较为明显，前 3/4 段基本与坐标轴平行，后 1/4 段上升趋势明显。另外，印度、日本、白俄罗斯、哈萨克斯坦等 4 国男性学习者音高曲线整体起伏和缓，升降趋势不明显，但有多处升降，整体呈现波浪状。

总体来说，11 种不同母语背景汉语学习者上声调掌握程度相对较差，基本上所有学习者都在调域和调型上出现不同程度偏误。调域方面的偏误主要表现在调域狭窄，与母语者差异较大。而在调型方面，几乎 11 国学习者在调型上都存在问题，主要表现在两个方面：一是将低降调错读为先降后升的曲折调；二是降调降幅较小，下降趋势不明显，甚至个别国家学习者音高曲线几乎与坐标轴平行。

5.1.4　汉语学习者与母语者上声变调对比分析

总体来看，从调域范围上讲，11 国学习者女性调域范围大概为 -4.1—2.2 半音，男性学习者大概为 -5—1.3 半音。男性学习者与女性学习者调域宽度一致，均为 6.3 半音，但是女性学习者整体音高略高于男性学习者。具体

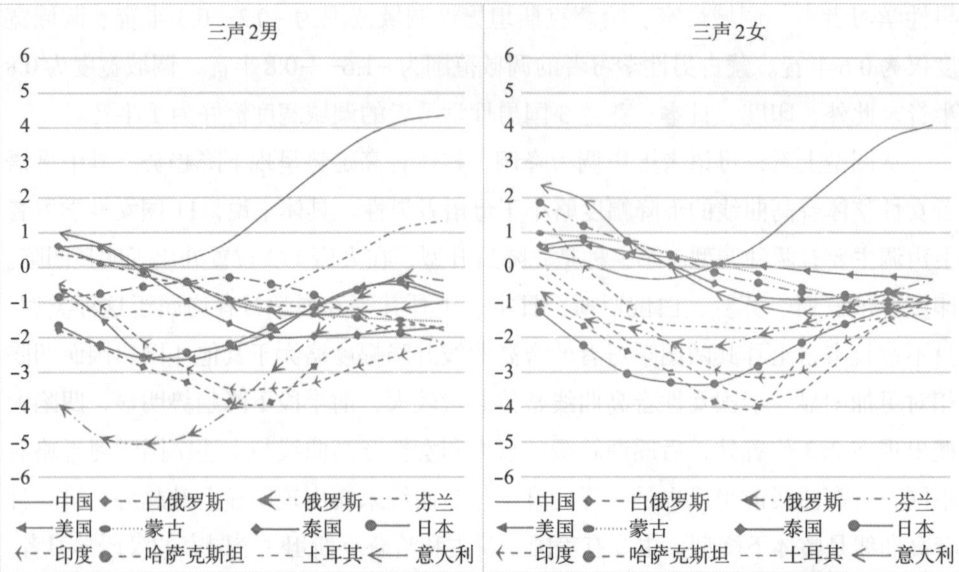

图 5.4　12 种不同母语背景男性（左）与女性（右）上声变调音高曲线图

来说，母语者女性调域范围为 −0.3—4.1 半音，调域宽度为 4.4 半音。母语者男性调域范围为 0.1—4.5 半音，调域宽度与母语者女性一样，为 4.4 半音。以此为标准，11 国女性学习者整体音高普遍低于母语者，调域宽度集中在 −4.1—2.3 半音。仅有白俄罗斯、意大利、土耳其、印度 4 国学习者调域宽度达到 4 半音左右，与母语者女性的 4.4 半音相对接近。其中白俄罗斯和印度两国学习者调域略宽于母语者，白俄罗斯女性调域范围是 −4.1—−0.9 半音，调域宽度为 2.8 半音，印度女性学习者调域范围是 −3.1—1.8 半音，调域宽度为 4.9 半音略宽于母语者。另外，意大利和土耳其两个国家女性学习者调域宽度分别为 4 和 3.7 半音，虽然比母语者女性的调域略窄，但相较其他国家的女性学习者，调域相对较宽。除以上 4 国女性学习者外，日本、美国、芬兰、泰国、俄罗斯、蒙古、哈萨克斯坦等 7 国女性学习者调域普遍较窄，与母语者差异较大。其中美国女性学习者调域范围为 −0.2—0.6 半音，调域宽度仅为 0.8 半音，在 11 国女性学习者中调域最窄。11 国男性学习者调域特点与女性学习者有相似之处，首先学习者整体音高均低于母语者男性。其次，调域宽度普遍较窄，只有俄罗斯一个国家的男性学习者调域宽度大于母语者。其具体调域范围是 −5—−0.1 半音，调域宽度为 4.9 半音，略大于母语者男性的 4.4 半音。其他 10 国男性学习者调域宽度集中在 2—3.1 半音。其中哈萨克斯坦男性学习者调域宽度最窄，调域范围是 −2.1—−0.1 半音。

从调型上看，母语者女性音高曲线是先降后升的曲折调，在 1/3 位置处出现明显凹陷，上升幅度较大，曲线终点高于起点位置。观察 11 国学习者女性音高曲线图，可以发现主要有两种类型的调型。一种是以意大利、哈萨克斯坦、蒙古、泰国、美国学习者为代表的降调，这 5 个国家女性学习者的音高曲线虽下降幅度各不相同，但整体趋势都是下降，与母语者偏差较大。另外一种同样是先降后升的曲折调调型，但是凹陷位置出现在整条音高曲线中间或者中间偏后位置，与母语者略有不同。印度、白俄罗斯、俄罗斯、芬兰、土耳其、日本、意大利等 7 国均属于第二种类型，其中日本女性学习者音高曲线调型与母语者最为接近，但是由于后半段上升幅度较小，导致音高曲线终点低于起点位置，与母语者略有偏差。母语者男性调型与母语者女性基本一致。在 11 国男性学习者中，俄罗斯、芬兰学习者与母语者最为接近，日本、美国两国的男性学习者除音高曲线末端出现下降趋势外，整体与母语者较为相似。印度和白俄罗斯两国男性学习者音高曲线整体趋势与母语者一致，也是先降后升的曲折调，但凹陷位置偏后，与母语者略有偏差。另外泰国、意大利、土耳其、蒙古 4 国男性学习者整体音高曲线呈下降趋势，后半段趋平，几乎与坐标轴平行。哈萨克斯坦男性学习者整体音高曲线先升后降，与母语者偏差较大。

总体来说，11 种不同母语背景汉语学习者对上声调变调掌握程度不是很好，大部分国家学习者在调域和调型上都出现了偏误。调域方面的偏误主要表现在调域狭窄，其中女性学习者比男性学习者调域更窄。另外在调型方面，学习者主要在音高曲线后半段出现偏误，包括凹陷位置偏后，后半段起伏不明显，与坐标轴平行等。

5.1.5　汉语学习者与母语者去声调对比分析

总体来看，从调域范围上讲，11 国汉语学习者去声调调域范围大概为 -2.5—5.6 半音，男女性调域范围基本一致。男性的调域下限为 -1.8 半音，女性为 -2.5 半音，女性调域下限略低于男性。具体而言，母语者女性调域为 -0.8—3.1 半音，调域宽度为 3.9 半音。以此为标准，白俄罗斯、日本、俄罗斯、土耳其、泰国等 5 国女性学习者去声调整体音高较高。其中，白俄罗斯调域范围为 0.3—5.5 半音，调域宽度为 5.2 半音。在 11 国汉语学习者中调域上限最高。日本调域范围为 -2.5—4.5 半音，调域宽度为 7 半音，在 11 国学习者中调域下限最低。另外，俄罗斯、土耳其、泰国 3 国学习者的调域集中分布在 -1—5.1 半音，其中俄罗斯

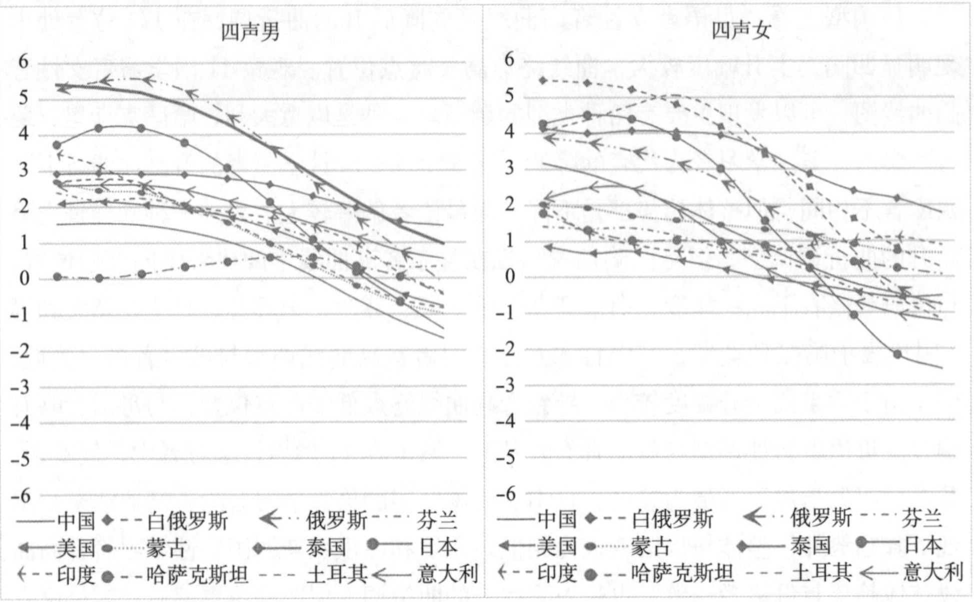

图 5.5　12 种母语背景男性（左）与女性（右）去声调音高曲线图

和土耳其学习者调域宽度达到 5 半音以上，整体来说调域较宽。而其他国家如意大利、美国、蒙古、印度、芬兰、哈萨克斯坦等国女性的整体音高均低于母语者。调域分布在 -1.1—2.5 半音，调域宽度为 1.1—3.5 半音。其中蒙古女性调域最窄，调域范围为 0.9—2 半音，调域宽度为 1.1 半音。相较母语者女性，母语者男性调域略窄。具体来说，母语者男性调域范围为 -1.8—1.6 半音，调域宽度为 3.4 半音，略小于女性的 3.9 半音。俄罗斯男性学习者调域范围在 0—5.8 半音，调域宽度 5.8 半音。日本为 -1.4—4.2 半音，调域宽度为 5.6 半音。白俄罗斯为 1—5.7 半音，调域宽度为 4.4 半音。总体来看，俄罗斯、日本、白俄罗斯 3 国男性的调域范围较宽，与母语者相比有较大的差距。另外印度、土耳其、蒙古、美国 4 国学习者的调域宽度都在 3.1—3.7 半音，与母语者的 3.4 半音比较接近。还有 4 个国家，泰国、意大利、哈萨克斯坦、芬兰学习者调域宽度在 0.8—2 半音，调域较窄，与母语者相差较大。其中哈萨克斯坦男性调域最窄，调域范围是 -0.3—0.5 半音，调域宽度仅为 0.8 半音。

从调型上看，母语者去声调都是高降调。但是母语者女性去声调基本上没有起伏，呈直线下降，下降幅度较缓。而母语者男性与女性相比，前半段下降幅度更缓，后半段下降趋势明显。具体来看，意大利女性去声调先升后降，后半部分趋平，前半部分呈拱形，在 1/4 位置处有明显拱峰。蒙古、哈萨克斯坦、美国、芬兰4国女性学习者去声调整体下降，但是起点普遍低于母语者女性，而终点则比母语者略高或基本持平。整体下降幅度非常小，基本趋平。印度女性去声调表现为先降后升，升降幅度不大，起点终点基本处于相同高度，无明显凹陷。另外土耳其、日本、泰国、俄罗斯、白俄罗斯5国汉语学习者整体音高均高于母语者，但是俄罗斯、白俄罗斯女性调型与母语者最为接近。日本学习者调型虽然也是整体下降，但是降幅较大，与母语者还是有一定差距。泰国学习者去声调整体降幅较小，尤其前半部分基本趋平，后半部分才出现缓慢下降的趋势。土耳其学习者整体音高曲线为先升后降，后半部分降幅较大，在大约1/3位置处出现拱峰。而男性学习者，除哈萨克斯坦以外，其他10国学习者整体音高呈现下降趋势。哈萨克斯男性学习者则为先升后降，整体起伏较缓，无明显峰值。另外，芬兰、蒙古、美国、土耳其4国男性音高曲线与母语者基本一致。日本、俄罗斯、白俄罗斯、意大利等4国男性音高曲线前1/5段均有上升趋势，而后日本、俄罗斯、意大利音高曲线高降，降幅较大。意大利音高曲线起点较低，上升幅度不大，随后低降，下降幅度较缓。泰国整体音高曲线的大部分无明显升降趋势，与坐标轴基本平行，后1/3段缓慢下降。而印度学习者音高曲线前1/3段降幅较大，后2/3段整体走向去母语者基本一致。

由此，根据以上描述可知，11种不同母语背景汉语学习者去声调调域偏误出现两极分化的情况。或者调域过宽，或者调域过窄，接近母语者的几乎没有。其中调域略宽的学习者，调域宽度基本上可达到5—7半音；而调域较窄的，调域宽度仅为1—2半音。由此看来，11种不同母语背景汉语学习者对去声调调域掌握不是很好，与母语者存在较大差距。从调型上来看，除个别国家留学生出现音高曲线上升情况，学习者们基本上掌握了去声调音高曲线下降的规律。但在下降幅度等细节上普遍存在问题，主要问题集中在音高曲线前半段，后半段音高曲线走势与母语者基本一致。整体而言，我们认为在去声调习得过程中出现声调偏误主要是调域的偏误。

5.1.6　汉语学习者与母语者轻声对比分析

总体来看，从调域范围上讲，11国汉语学习者轻声调域范围大概为 -3.2—0.9半音，男性调域范围略大于女性。11国学习者女性调域范围为 -3.1—0.1半音，男性调域范围为 -3.2—0.9半音。具体来看，母语者女性调域范围为 -1.6—-0.9半音，调域宽度为0.7半音。在11国女性学习者中，美国、俄罗斯、印度

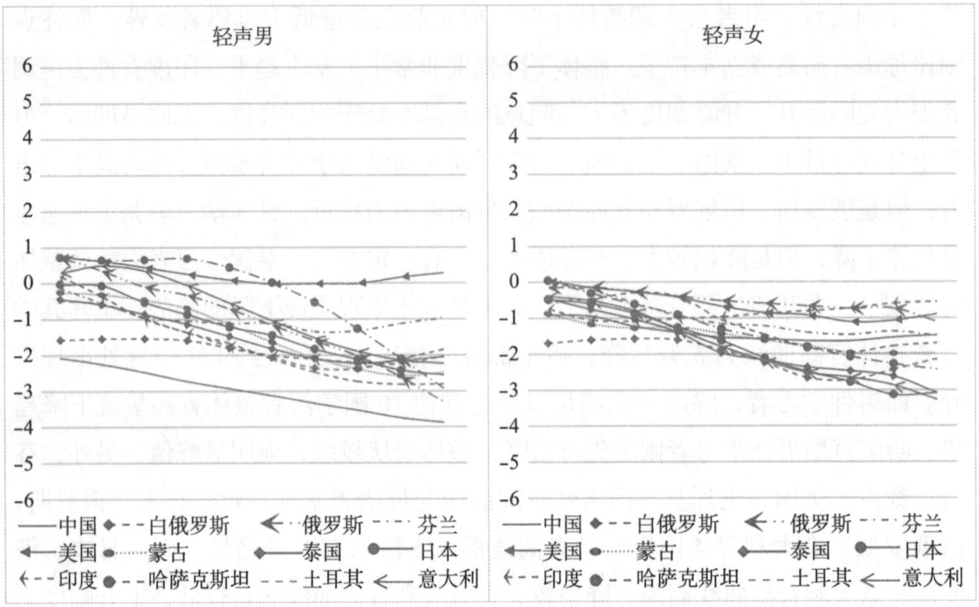

图 5.6 12 种不同母语背景男性（左）与女性（右）轻声音高曲线图

3 国学习者的整体音高高于母语者，且调域宽度均略大于母语者。美国和俄罗斯学习者调域为 -1.1—0 半音，调域宽度为 1.1 半音；印度为 -1.1—0.5 半音，调域宽度为 1.6 半音。此外，白俄罗斯女性整体音高低于母语者，在 -2.5—-1.6 半音，调域宽度为 0.9 半音，调域宽度接近于母语者。其他 7 个国家的女性学习者调域宽度集中在 1.1—2.6 半音，均大于母语者，即调域都比母语者女性宽。其中意大利、日本和泰国的学习者调域最大，调域范围为 -3.1—-0.5 半音，调域宽度为 2.6 半音。与母语者女性相比，母语者男性轻声调域相对更宽。其调域范围是 -4—-2 半音，调域宽度为 2 半音。观察 11 国男性音高曲线可以发现，其整体音高均高于母语者。就调域范围而言，哈萨克斯坦和俄罗斯两国学习者调域较宽，其中哈萨克斯坦学习者调域范围为 -2.9—0.8 半音，调域宽度为 3.7 半音；俄罗斯学习者调域范围为 -3.2—0.9 半音，调域宽度为 4.1 半音，在所有学习者中调域最宽。日本、蒙古、印度、泰国 4 国学习者调域宽度集中在 1.8—2.4 半音，与母语者相差不多，在 11 国男性学习者中最接近母语者。此外，美国、意大利、白俄罗斯、土耳其、芬兰等 5 国学习者调域较窄，集中在 0.7—1.3 半音。其中，白俄罗斯和土耳其两国留学生调域最窄，为 0.7 半音。

从调型上看，母语者轻声都是低降调。母语者女性整体音高曲线降幅较小，近似于平行坐标轴的直线，末端有上升趋势。美国、俄罗斯女性学习者整体音高曲线走向与母语者最接近，但是俄罗斯女性音高曲线末端有明显的下降趋势，与母语者略有一点差别。白俄罗斯、土耳其女性学习者音高曲线都是先升后降，1/4 位置出现拱峰，但是整体起伏都非常缓。白俄罗斯音女性音高曲线末端有小幅上升趋势。在 11 国女性学习者中，印度比较特别，整体音高曲线先降后升，但起伏非常小，故无明显凹陷。另外意大利、蒙古、日本、芬兰、泰国和哈萨克斯坦等 6 国女性学习者整体音高曲线为降调，前 2/3 部分降幅较母语者略大，后 1/3 部分各国有不同的表现。意大利女性学习者音高曲线呈波浪状起伏，最后以降调收尾。日本女性音高曲线则有明显上升趋势。与母语女性相比，男性同样是低降调，但降幅较女性更大，整体音高呈直线状，无起伏波动。除意大利、芬兰、土耳其 3 国学习者外，其他国家学习者音高曲线都是低降调。其中，意大利男性学习者整体音高曲线呈波浪状。土耳其男性学习者音高曲线则是先降后升，在 1/2 位置处有明显凹陷，是一个曲折调。芬兰男性音高曲线前半段为降调，后半段没有起伏，基本与坐标轴平行。在 11 国男性学习者中，日本、俄罗斯的最接近母语者，但是俄罗斯男性音高曲线后 1/3 段降幅较大，与母语者有一点差距。此外，泰国、印度、美国学习者音高曲线前半段与母语者走向非常接近，但是后半段由降调转为上升调，与母语者差距较大。蒙古和白俄罗斯两国整体音高曲线表现为降调，音高曲线末端有上升趋势，前半段下降幅度与母语者相比较大。而哈萨克斯坦学习者，整体音高曲线先升后降，上升幅度较小，下降幅度相对更大，在曲线 1/3 处出现不明显拱峰。

由此可知，与母语者相比，11 国男性学习者调域普遍较宽，而女性整体音高普遍较高。从调型上看，学习者们基本上掌握了轻声调为低降调的规律。但是从音高曲线中可以看出，学习者普遍对音高曲线前半段掌握较好，后半部段相对来说更容易出现偏误。

5.2　声调声学分析小结

通过对 11 国不同母语背景汉语学习者音高曲线的分析总结发现，无论母语背景是否为有声调语言，汉语学习者在声调学习过程中都产生了很多偏误，而且不同母语背景汉语学习者所出现的偏误存在很大相似性。我们可把这些偏误分为两种类型，一是调型错误，二是调域错误。在调域方面，无论是男性还是女性几乎所有声调都出现了调域问题，主要表现为调域狭小，整体音高偏低，找不到合适的音高起点。在调型方面，偏误情况略好于调域。其中，去声和轻声在所有声调中掌握相对较好，学习者们基本掌握阳平调音高走势，但是在音高曲线起伏程度等细节上仍略有偏差；问题最大的在阴平、上声和上声变调上，个别国家学习者可以说完全没有掌握这三种声调的调型走势，与母语者偏差较大。由此可以看出，虽然学习者在调型和调域上都会遇到困难，但是总体来看，对汉语学习者来说，是调域而非调型主要造成了学习困难，本书的论述也证实了赵元任先生的这一观点。

之所以会出现声调高低升降的变化，主要还是由发音时声带松紧造成的。声带拉紧声调就高，声带放松声调就低。例如我们读一个字音，如果声带的松紧前后一致，基本上是平调；前松后紧就是升调；先紧后松再紧，一定是降升调；先紧后松，则是降调。虽然发音器官本身不存在差异，但不同语言所使用的语音系统千差万别，每种语言的发音方式、发音习惯有着各自的特点。因此，随着年龄的增长，发音器官逐步成熟定型，不同语音系统所形成的发音定势使得不同语言背景的人们在使用发音器官时显示出一定的差异性。母语的发音习惯塑造了各自不同的发音器官，进而也制约了学习者对汉语声调的进一步习得。以英语为例，英语发音中声带肌肉比较放松，而如果要发汉语的高平调，声带却要求是紧绷的，所以这使很多不习惯发高音的外国学生在学习汉语声调时，相对音高都比较低，因而很难把握汉语声调的调域。通常在 12 岁之前，人们发音器官的活动方式还没有完全定型，还有很强的可塑性，而成人的发音习惯却很难改变，发音器官的活动方式对声调习得有很大制约性，尤其在调域方面表现尤为明显。根据已有的教学考察，汉语学习者调型方面的偏误会随着汉语水平的提高及教师的指导而有所减少。但是，调域偏误由于受到发音器官等生理因素的制约，短时间内难以解决。

第六章　第二语言学习者汉语语调的声学模式

汉语是一种有声调的语言，在言语交际中，我们可以利用不同的声调和语调实现不同的交际意图。因而对于汉语学习者来说，学习单字声调的同时，还要了解在交际中如何正确使用语调，这也是学习者学习的难点。语调在声学上为各种韵律要素包括音高、音长和音强等协调变化的综合效应，主要表现为语句音高变化的总体模式（石锋、王萍、梁磊，2008）。因此，语调的变化与音高变化（即基频变化）有直接关系。通过音高数据的变化，可以确定语调的不同模式。本章的目的就是期望通过对比学习者与母语者陈述句、疑问句的音高声学数据，并以母语者为参照标准，进而考察汉语学习者陈述句、疑问句语调的习得情况。根据提取的音高数据，分别绘制了母语者男女性以及 11 国学习者男女性语调图。由于涉及的语调图数量较多，便不在正文中单独列出，详见本篇附图 2（下统称附图 2）。

6.1　母语者陈述句及疑问句音高分析

为便于描述，将已提取的平均音高数据分别进行统计。首先选取 30 个点基频数据中的最大半音值和最小半音值，即最高点和最低点。在此基础上计算出两者的半音差值，求出整个句子的音高变化范围，即调域。与此同时，统计陈述句和疑问句起点半音值和终点半音值，以此观察陈述句和疑问句在声学上的异同之处。母语者的音高数据统计见表 6.1。

表 6.1　母语者陈述句及疑问句音高数据统计（单位：半音）

	母语女性					母语男性				
	最高点	最低点	调域	起点	终点	最高点	最低点	调域	起点	终点
陈述句	28.7	23.5	5.2	28.0	23.5	19.3	14.5	4.8	17.1	14.5
疑问句	29.1	25.0	4.1	29.1	27.4	18.8	14.4	4.4	18.8	17.0

观察表 6.1，可以发现母语者女性和男性陈述句及疑问句整体调域差别明显，其中男性整体调域偏低，女性则相对较高，在母语者语调图（见附图 2）中也可以直观看出。具体来说母语者男性陈述句和疑问句音高曲线整体分布在 14.4—19.3 半音区域，女性则在 23.5—29.1 半音区域。从陈述句来看，女性最高点与最低点差 5.2 半音，即调域为 5.2 半音，男性调域为 4.8 半音。由此可知，母语者男女性陈述句调域大概为 5 半音。从疑问句来看，女性最高点与最低点差 4.1 半音，即调域为 4.1 半音，男性调域为 4.4 半音，由此可知，母语者男女性疑问句调域大概为 4 半音。

对比陈述句和疑问句，我们发现无论是女性还是男性，陈述句调域都宽于疑问句调域，其中女性陈述句调域比疑问句调域宽 1.1 半音，而男性两者的差值则相对较小，为 0.4 半音。从起点来看，女性陈述句为 28.0 半音，疑问句为 29.1 半音，疑问句起点比陈述句高 1 半音左右；而男性也出现了相似的情况，男性陈述句起点为 17.1 半音，疑问句为 18.8 半音，疑问句起点同样高于陈述句，具体为 1.7 半音，虽差值略高于女性，但并无明显差异。从终点位置看，整体疑问句还是高于陈述句，具体来说，女性陈述句终点为 23.5 半音，疑问句为 27.4 半音，疑问句比陈述句高 3.9 半音；而男性陈述句终点为 14.5 半音，疑问句为 17.0 半音，疑问句比陈述句高 2.5 半音。就终点而言，虽然疑问句均高于陈述句，但是男性陈述句与疑问句终点位置的音高差值略小于女性。另外，对比陈述句起点和终点音高值可以发现无论是陈述句还是疑问句，无论是男性还是女性，起点位置的音高值总是高于终点位置的音高值，其中陈述句女性起点与终点相差 4.5 半音，男性相差 2.6 半音，与女性有一定差距。但是就疑问句而言，女性和男性音高曲线起点与终点音高值分别相差 1.7 半音和 1.8 半音，基本上没有差异。由此，根据陈述句和疑问句起点位置及终点位置的音高数据并结合母语语调图（见附图 2），我们推断从整体上来看，母语者陈述句呈现明显下倾趋势，其中女性陈述句下降幅度更大，下倾趋势更加明显。疑问句起点与终点虽有一定差值，但是差距不大，结合母语语调图（见附图 2）发现，疑问句整体并未表现出明显下降趋势，但是在疑问句音高曲线末端明显可以看出音高走势由上下波动逐渐趋平甚至出现微微上扬的情况。这与曹剑芬（2002）对汉语陈述句和疑问句研究的结果一致。

因此，根据表 6.1 并结合母语语调图（见附图 2），我们可以看到母语者陈述句和疑问句的以下几个区别。① 音高曲线起点位置上，疑问句的音高曲线起点总是高于陈述句，同时从起点开始后，陈述句和疑问句音高曲线均有一小段的下降，后呈现起伏状。② 音高曲线终点，疑问句高于陈述句，虽然疑问句起点和终点均高于陈述句，但是观察母语语调图（见附图 2）发现疑问句整体音高曲线并没有明显高于陈述句，音高曲线中与陈述句交叉起伏明显。③ 整体调域上，陈述句调域大于疑问句，即陈述句音高曲线整体起伏波动比疑问句更大。④ 音高曲线总体走势：陈述句和疑问句音高曲线起点均高于各自的终点，并且陈述句起点音高和终点音高有明显落差，整体呈现下倾趋势。疑问句音高曲线起点虽也高于其终点半音值，但是两者间无明显落差，整体并未表现出明显下降趋势。⑤ 句末音高曲线：陈述句句末音高曲线都有一小段下降，但是在疑问句音高曲线末端音高走势由上下波动逐渐趋平甚至出现微微上扬。

另外，我们还发现母语者男女性陈述句和疑问句语调音高数据存在明显性别差异。首先，女性陈述句和疑问句整体音高均明显高于男性。其次，女性无论是陈述句还是疑问句音高曲线的起伏都比较大，波动非常明显，而男性则相对比较平稳。最后，虽然男女性疑问句起点和终点音高数值均高于相应的陈述句起点和终点。但是，女性无论是起点还是终点，疑问句和陈述句的差值都大于男性。这一现象在母语者语调图中展现得更加直观，尤其是终点位置女性疑问句与陈述句的差值几乎是男性的 1.5 倍。基于以上分析，避免因性别差异影响研究结果。下文将分别对 11 国汉语学习者男性和女性语调音高数据进行分析。

6.2　男性学习者语调音高分析

表 6.2 为 12 国男性学习者语调音高数据的统计整理结果。同时结合各国学习者语调图（见附图 2），以汉语母语者男性陈述句及疑问句音高数据为标准，考察学习者汉语陈述句和疑问句的习得情况。

表 6.2　12 种不同母语背景男生汉语陈述句及疑问句音高数据统计

	陈述句					疑问句				
	最高点	最低点	调域	起点	终点	最高点	最低点	调域	起点	终点
中国	19.3	14.5	4.8	17.1	14.5	18.8	14.4	4.4	18.8	17.0
蒙古	22.3	12.1	10.2	22.3	14.3	22.2	12.9	9.3	19.7	15.6
土耳其	24.2	14.9	9.3	24.2	17.4	20.4	15.0	5.4	19.6	17.5
印度	24.4	16.8	7.6	23.8	16.8	26.2	18.8	7.4	20.3	19.7

（续表）

	陈述句					疑问句				
	最高点	最低点	调域	起点	终点	最高点	最低点	调域	起点	终点
意大利	19.9	12.9	7.0	18.2	12.9	20.0	15.5	4.5	16.9	16.2
哈萨克斯坦	16.8	9.9	6.9	15.8	9.9	16.7	9.8	6.9	14.4	9.8
俄罗斯	18.1	12.0	6.1	17.5	12.0	20.5	12.2	8.3	16.9	14.6
泰国	20.2	14.3	5.8	18.8	16.3	19.5	15.2	4.3	18.1	18.5
日本	17.7	12.7	4.9	17.4	12.7	18.3	12.3	6.0	16.3	12.6
白俄罗斯	17.7	12.8	4.9	16.5	15.2	20.1	12.3	7.8	18.4	14.0
芬兰	18.6	14.5	4.1	18.6	16.2	17.6	14.3	3.3	15.4	17.0
美国	18.8	15.4	3.3	18.8	16.9	20.1	13.7	6.5	20.1	14.6

观察表 6.2 发现，母语者男性陈述句调域为 4.8 半音，芬兰和美国学习者调域最窄，分别为 4.1 半音和 3.3 半音。除此之外，其他国家男性学习者陈述句调域均大于母语者，其中，蒙古和土耳其两国学习者调域最宽，基本是母语者调域的 2 倍左右，与母语者差异明显。另外，母语者男性疑问句调域为 4.4 半音，意大利和泰国两国男性学习者疑问句调域与母语者最接近，芬兰男性学习者疑问句调域仅为 3.3 半音，在所有男性学习者中调域最窄，也是唯一一个调域小于母语者的学习者。除此之外，其他国家男性学习者疑问句调域均大于母语者，其中蒙古、俄罗斯两国男性学习者疑问句调域达到 8 半音以上，在所有男性学习者中调域最大，几乎是母语者的 2 倍左右。另外，母语者男性陈述句比疑问句调域略大，以此为标准，对比 11 国男性学习者发现，除日本、美国、白俄罗斯、俄罗斯 4 个国家的学习者以外，其他国家学习者陈述句调域均大于或等于疑问句。大多数国家男性学习者没有习得这一规律。整体来看，日本、哈萨克斯坦、芬兰，陈述句和疑问句最高点和最低点均低于母语者，整体音高比较低；蒙古、印度和哈萨克斯坦，陈述句及疑问句整体调域都比较大，与母语者差异明显。

从陈述句、疑问句音高曲线起点和终点观察，无论是陈述句还是疑问句，母语者男性音高曲线起点始终高于相对应的终点，其中陈述句起点和终点相差 2.6 半音，疑问句起点和终点相差 1.8 半音。同时结合母语者语调图（见附图 2），母语者男性陈述句音高曲线有下倾趋势，尤其是音高曲线末端明显下降；母语者男性疑问句音高曲线下倾表现不明显，但是音高曲线末端微微上扬。需要特别说明的是，虽然母语者男性陈述句音高曲线起点高于终点，但是在母语语调图中，母语者男性陈述句音高曲线整体下倾趋势不是很明显。我们认为对于母语者来说，陈述句音高曲线下倾应该是很明显的，本实验选取的母语者男性陈述句下倾趋势不明显可能是个体差异的原因。以此为标准，考察 11 国男性学习者陈述句和疑问句的习得情况。首先，11 国男性汉语学习者陈述句音高曲线起点均高于终点。另外，除泰国和芬兰学习者以外，其他 9 国男性学习者疑问句音高曲线起点均高于终点。结合各国学习者语调图（见附图 2）整体来看，男性学习者陈述句音高曲线基本上都有下倾趋势，但不是特别明显，其中美国和芬兰男性学习者陈述句音高曲线下倾趋势尤其不明显。另外，哈萨克斯坦、日本、俄罗斯、土耳其、印度、意大利等国男性学习者陈述句音高曲线末端呈明显下降趋势，与母语者男性基本一致。白俄罗斯和美国男性学习者陈述句音高曲线末端没有明显升降趋势，基本趋平。而蒙古、泰国和芬兰 3 国男性学习者陈述句音高曲线末端呈上升趋势，与母语者差异明显，学习者没有习得陈述句末端音高走势下降这一规律。就疑问句音高曲线而言，除哈萨克斯坦、印度、日本 3 国男性学习者疑问句句音高曲线末端下降外，其他国家男性学习者音高曲线末端基本上都是逐渐趋平或微微上扬，相对来说，学习者们对疑问句末端音高走势掌握较好。

另外，对比母语者陈述句和疑问句音高曲线可以发现，疑问句起点和终点的半音值均高于对应的陈述句的起点和终点的半音值。其中疑问句起点为 18.8 半音，陈述句起点为 17.1 半音，疑问句比陈述句起点高 1.7 半音；同样，疑问句终点为 17 半音，陈述句为 14.5 半音，差值为 2.5 半音，终点位置处疑问句和陈述句的差值大于起点处二者的差值。结合表 6.2 及附图 2 中各国语调图发现，男性学习者中并没有出现疑问句起点和终点均高于陈述句起点和终点的半音值的情况。只有白俄罗斯和美国两国男性学习者疑问句音高曲线起点高于陈述句音高曲线起点。另外，土耳其、哈萨克斯坦、日本 3 国男性学习者疑问句音高曲线终点与陈述句音高曲线终点基本处于相同位置，无明显差异。白俄罗斯、芬兰和美国 3 国男性学习者疑问句音高曲线终点比陈述句音高曲线终点略高，与母语者有较大差异。由此，可以看出 11 国非汉语背景男性学习者基本上没有习得疑问句音高曲线起点和终点都高于陈述句对应起点和终点这一规律，普遍找不准陈述句和疑问句音高起点。

6.3 女性学习者语调音高分析

为便于描述分析，本研究对已经提取的12国女性学习者语调音高数据进行了统计整理，见表6.3。本研究结合各国学习者语调图（见附图2），以母语者女性陈述句及疑问句音高数据为标准，考察非汉语背景学习者汉语陈述句和疑问句的习得情况。

表6.3 12种不同母语背景女生汉语陈述句及疑问句音高数据统计

	陈述句					疑问句				
	最高点	最低点	调域	起点	终点	最高点	最低点	调域	起点	终点
中国	28.7	23.5	5.2	28.0	23.5	29.1	25.0	4.1	29.1	27.4
蒙古	30.3	20.4	9.9	30.1	22.0	30.7	17.0	13.6	26.1	24.5
白俄罗斯	29.5	22.0	7.5	29.0	22.4	30.4	22.2	8.2	28.5	24.5
泰国	29.4	22.2	7.2	29.4	23.3	29.5	21.6	7.9	29.5	22.6
土耳其	30.9	24.4	6.6	30.0	27.2	31.3	24.1	7.3	28.1	25.6
日本	27.4	20.8	6.6	27.4	20.8	28.2	23.3	4.9	26.9	24.2
美国	26.4	20.3	6.1	26.4	22.2	27.5	23.4	4.1	26.0	23.4
俄罗斯	31.8	26.0	5.8	31.8	26.0	30.9	25.4	5.5	28.9	28.5
芬兰	28.1	22.4	5.7	26.4	26.1	31.4	24.9	6.5	28.9	27.4
哈萨克斯坦	25.0	19.8	5.3	24.2	19.8	25.4	20.4	5.0	25.2	20.4
意大利	28.1	23.2	5.0	26.5	23.2	31.2	23.8	7.3	25.2	26.4
印度	30.2	26.0	4.3	29.5	26.7	31.9	25.2	6.7	28.7	28.4

观察表6.3发现，母语女性陈述句调域为5.2半音，11国非汉语背景女性学习者陈述句调域基本上集中在5—7半音，其中印度女性学习者调域最窄，为4.3半音，与母语者大约相差1半音。意大利、哈萨克斯坦女性学习者陈述句调域与母语者基本一致，无明显差异。除此之外，其他国家的女性学习者陈述句调域均大于母语者，其中，蒙古、白俄罗斯和泰国3国女性学习者调域超过7半音，与母语者差异明显。蒙古女性学习者在所有女性学习者中调域最宽，为9.9半音，几乎为母语者调域的2倍。是什么原因造成女性学习者们陈述句调域普遍较大呢？

直接影响调域的两个因素分别是音高曲线最高点和最低点的半音值。就最低点来说，除土耳其、俄罗斯和印度3国的女性学习者最低点半音值略高于母语者，其他国家女性学习者陈述句音高曲线最低点均低于母语者。而最高点的情况略有不同，除日本、美国和哈萨克斯坦3国女性学习者最高点半音值略低于母语者外，芬兰和意大利两国女性学习者最高点与母语者基本持平，其他国家女性学习者陈述句音高曲线最高点均高于母语者，而且差值基本都在1半音以上。由此，可以发现11国女性学习者陈述句调域偏大，主要有两种情况：第一种为音高曲线最高点较高，最低点较低，导致二者差值较大，即调域较大，比如蒙古、俄罗斯、泰国学习者；第二种为最高点与最低点都比较低，整体音高偏低，但是相比最低点与母语者的差值更大，因此造成调域偏大，比如日本和美国学习者。母语者女性疑问句调域为4.1半音，而11国女性学习者疑问句调域均大于母语者。其中蒙古、白俄罗斯和泰国3国女性学习者调域最大，几乎是母语者的2~3倍。另外，对比母语者陈述句和疑问句调域，陈述句比疑问句调域大1半音左右。以此为标准，对比11国女性学习者发现，除日本、美国、俄罗斯、哈萨克斯坦4个国家学习者以外，其他国家学习者疑问句调域均大于母语者。大多数国家女性学习者没有习得这一规律。整体来看，日本、美国、哈萨克斯坦学习者的陈述句和疑问句最高点和最低点均低于母语者，整体音高比较低；蒙古、白俄罗斯、泰国和土耳其学习者的陈述句及疑问句整体调域都比较大，与母语者差异明显。

从陈述句和疑问句音高曲线起点和终点观察，无论是陈述句还是疑问句，母语者女性音高曲线起点始终高于相对应的终点，其中陈述句起点和终点相差4.5半音，疑问句起点和终点相差1.7半音。同时结合母语者语调图（见附图2），母语者陈述句有明显下倾趋势，疑问句下倾表现不明显，但是音高曲线末端由起伏状逐渐趋平并微微上扬。以此为标准，考察11国学习者女性陈述句和疑问句习得情况。首先，11国汉语女性学习者陈述句音高曲线起点均高于终点，但是芬兰女性学习者起点和终点半音值差值较小。另外，除意大利女性学习者以外，其他10国女性学习者疑问句音高曲线起点均高于终点。结合各国学习者语调图（见附图2）发现，几乎所有国家女性学习者陈述句音高曲线都呈现明显下倾趋势，但是根据观察，俄罗斯、美国、印度和芬兰4国的女性学习者陈述句音高曲线下倾幅度较母语者较小，而且整体波动起伏较大，下倾趋势相对不是特别明显。整体来看，女性学习者基本上习得了陈述句和疑问句音高曲线起点高于终点且陈述句音高曲线下倾这一规律。就疑问句音高曲线而言，意大利、芬兰、日本、蒙古、俄罗斯和美国等 6 国女性学习者相对掌握较好，音高曲线末端逐渐趋平并微微上扬。在所有国家女性学习者中，哈萨克斯坦学习者掌握相对较差，疑问句音高曲线末端明显下倾。

另外，对比母语者陈述句和疑问句音高曲线可以发现，疑问句起点和终点的半音值均高于对应的陈述句的起点和终点的半音值。其中疑问句起点为 29.1 半音，陈述句起点为 28.0 半音，疑问句比陈述句起点高 1.1 半音；同样，疑问器终点为 27.4 半音，陈述句为 23.5 半音，差值为 3.9 半音，几乎是起点位置处差值的 4 倍。结合表 6.3 及附图 2 中各国语调图，可以发现，只有芬兰、泰国和哈萨克斯坦女性学习者疑问句起点和终点均高于陈述句起点和终点的半音值，但是终点位置疑问句和陈述句的差值都小于起点位置疑问句和陈述句的差值，与母语者有较大差异。而其他 8 国的女性学习者，疑问句起点半音值普遍低于对应的陈述句起点。几乎 11 国女性学习者疑问句终点半音值均高于对应陈述句终点半音值。由此推断，11 国女性学习者普遍找不准陈述句和疑问句音高起点位置，同时基本上习得了疑问句音高曲线末端高于陈述句这一规律，但是终点位置陈述句和疑问句差值相对较小，尚未完全习得。

6.4 语调声学分析小结

本章通过对 11 国非母语背景男女性汉语学习者语调音高数据的统计整理，并结合各国语调图（见附图 2），分别以母语者男女性陈述句和疑问句语调音高数据为标准，经过对比分析，得出如下结论：

女性陈述句及疑问句整体音高较高，男性陈述句及疑问句整体音高相对较低，所有国家学习者女性陈述句和疑问句整体音高都高于本国男性陈述句和疑问句的音高。

母语者陈述句和疑问句语调调域都相对较窄，音高曲线整体起伏比较平缓。而学习者普遍表现为调域偏宽，音高曲线整体起伏较大，音高曲线最高点半音值偏高，最低点较低，波动较大。之所以出现这种现象，主要考虑是因为学习者对语篇掌握不熟练，尤其是个别句子中语义理解上出现偏差，因而在朗读时出现语调音高较大幅度的变化。

陈述句语调主要表现之一是音高曲线的整体下倾，几乎所有国家的男女学习者都掌握了这一规律，但是个别国家学习者陈述句音高曲线下倾幅度较小，尚未完全习得这一规律。

陈述句音高曲线的起点半音值高于终点半音值，同样疑问句音高曲线起点半音值也高于终点的半音值。另外，陈述句句末音高曲线都有一小段下降，而在疑问句音高曲线末端音高走势则由上下波动逐渐趋平甚至出现微微上扬。各国男女学习者对这一规律掌握相对较好。

疑问句起点和终点半音值分别高于对应陈述句起点和终点半音值，而且两个终点半音值的差距相对更大。在这一点上，学习者与母语者有较大差异。首先，学习者疑问句音高曲线起点的半音值普遍低于陈述句音高曲线起点半音值，即学习者们无法找准陈述句和疑问句相对的音高起点。其次，学习者疑问句音高曲线的终点半音值虽高于对应陈述句音高曲线终点的半音值，但是两者的差距较小，与母语者相差较大。这表明，学习者们对陈述句和疑问句两种不同类型语调的区分掌握不是很好，不能明显表达出陈述句和疑问句语气上的区别。

第七章　第二语言学习者汉语韵律边界停延模式分析

7.1　停顿与停延

韵律，包括节奏和语调等组成部分，在人类语言中起着举足轻重的作用。例如，节奏和语调有助于将连续的语音流分成最佳大小单元，用于人类加工处理编码，从而提高感知和产出的效率（James G. Martin，1972）。从 20 世纪 60 年代开始，研究者们就一直在研究韵律单元中停顿以及停顿前后音节延长现象，探究其出现位置和持续时间等变量，并探讨了他们的发现对语音产出模型的影响。通过这些研究，我们开始了解更复杂的语音生产机制。

停延指自然语流中韵律边界后的停顿和边界前、后的音段延长，是汉语节律的基础，也是体现节律的重要手段之一。吴洁敏（1990）将朗读或说话时声音的中断和延连称为“停延”，这是首次提出用“停延”代替以往的术语“停顿”。在语图上，停顿表现为无声段，延长表现为音节时长的增大，这两种方式都可以使人感觉到有停顿出现（叶军，1996）。吴洁敏等（2000）指出：“汉语的节律系统是指由音长、音高和音强等成素组成的言语的停延、重音、声调、语调和节奏等特征及其组合规律，还包括音素、音位及声调在言语链中的组合规律。”学者们通过实验也证实了停顿和音节延长在韵律边界处的重要作用。刘现强（2007）发现汉语中的停延起到了与英语中的重音相同的作用，从而得出“停延是现代汉语的节奏支点”这一结论。

7.1.1　停顿（Pause）

语音停顿是判断语调组的外部标准之一，有助于帮助听音人判断句子的边界（Kreiman，J.，1982；Cruttenden，A.，1997）。杨玉芳（1997）研究发现边界处的停顿随边界等级（特别是从短语边界到句子边界）增长很快，认为停顿在表现句法边界强度中（特别是大的句法边界）是一种强有力的手段。李爱军（2002）也指出对于朗读话语来说，随着韵律单位的增大，一般其后接的停顿也越长。熊子瑜（2003）发现韵律单元的层级与无声停顿的长短有密切相关，韵律单元的层级越高停顿时间越长，层级越低停顿时间越短。国外从韵律结构、语法结构、说话人群等不同角度对停顿进行了研究，Paccia-Cooper（1980）发现主要成分内部的边界比主要成分之间的边界要弱，同样句子内部的停顿比句子边界处的停顿短；Grosjean 等（1979）发现前后的句法成分越复杂，停顿时间越长。相关研究还有 Butcher（1981）、Ferreira（1991）、Sanderman & Collier（1995）研究了荷兰语，Strangert（1991、1997）研究分析了瑞典语。

7.1.2　停顿前音节延长（FSL）

FSL（即 final syllable lengthening），指韵律单元末尾音节的延长，本书为书写方便，一律记作“停顿前音节延长”。汉语中停顿前音节延长与韵律单元之间关系密切（许毅，1989；杨玉芳，1997；叶军，1996；林茂灿，2000；熊子瑜，2003），许毅（1989）通过语音实验提出停顿前音节加长的观点；叶军（1996）通过语图显示，被感知到停顿位置的前音节有拉长的现象。国外研究表明，FSL 在英语、法语、德语中有明显的体现，但是在日语、芬兰语中表现不明显或者不存在（Delattre，1966；Klatt，1976；Oller，1979；Hoequist，1983）。

熊子瑜（2003）考察了语流间断前后的韵母时长，发现韵律单元起首音节的韵母时长不受韵律结构的影响，即语音既不拉长也不缩短，而韵律单元末尾音节（也即本章中的 FSL）的韵母时长明显受韵律结构的影响。所以在此基础上，我们只分析处于各级韵律单元停顿前音节时长情况，以考察留学生与汉语母语者的异同。

7.1.3　汉语二语习得停延研究

最近几年停延越来越受到关注，已成为研究韵律问题的重要特征之一。随着对外汉语教学的发展，学者们对留学生汉语产出的停延作了一系列研究：陈默（2006、2007）分析了初、中级韩国留学生汉语动词谓语句停延和韩国留学生汉语句子停延；周庆、陈默（2014）结合声调与韵律等级考察了初级汉语水平欧美留学生汉语朗读时长特征；刘凤鸣、陈默（2016）发现不同语言水平的韩语母语者，其韵律边界无声段时长特征中，汉语中级水平者表现最好，初级和高级水平者表现较差；李雪娇（2016）研究了韩国留学生在汉语古诗朗诵中的停延；阎锦婷（2016）研究了泰国学生汉语疑问句语调的停延率；等等。

可以看到，目前对留学生汉语习得的停延研究主要集中在句子层面。吴洁敏（2002）指出："外国人朗读中文的洋腔洋调，主要原因是没有处理好停延和句调"。该研究从语篇的层面分析留学生汉语产出中的停延情况，主要是为了回答三个问题：① 语篇朗读中汉语母语者与印欧留学生在韵律方面（停顿 & 音节延长）是否有差别？② 如果存在不同，原因是什么？③ 为帮助外国学生二语习得更流利和准确，我们有何建议？

7.2　学习者与母语者韵律边界停延模式分析

7.2.1　停顿时长（Pause Duration）

我们收集了汉语母语者和印欧留学生在各个韵律等级单元上停顿的分布和持续时间。图 7.1 和图 7.2 分别展示汉语母语者和印欧留学生各韵律层级的停顿时长。图中的 M 代表男性，F 代表女性；CN、BY、IT、PK、RU、TR、UA、US 分别是中国、白俄罗斯、意大利、巴基斯坦、俄罗斯、土耳其、乌克兰和美国的缩写（后文的图 7.4 和图 7.5 亦如此）。图 7.3 为汉语母语者和印欧留学生各韵律层级（Level of Prosodic Unit）的平均停顿时长。

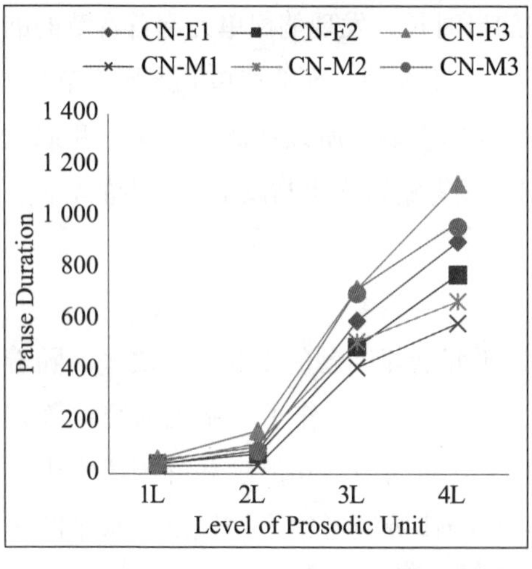

图 7.1　汉语母语者停顿时长统计图

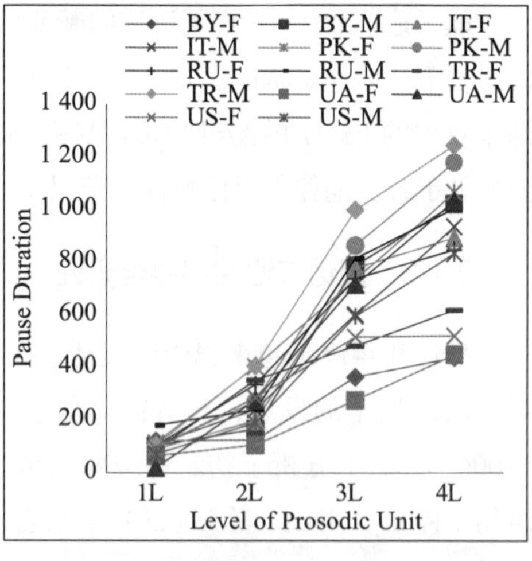

图 7.2　印欧留学生停顿时长统计图

（时长单位：ms）

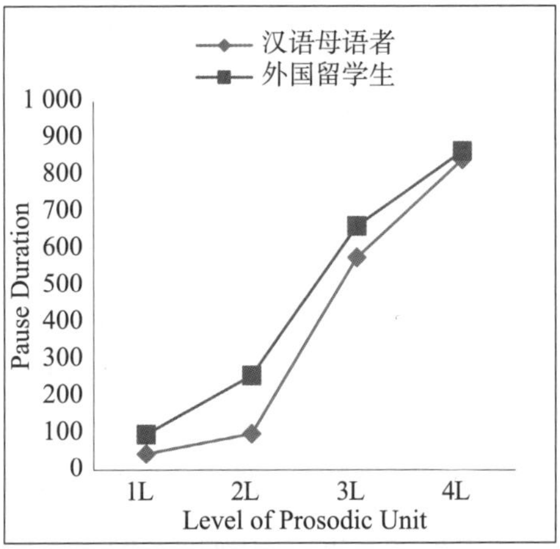

图 7.3　汉语母语者和印欧留学生平均停顿时长（时长单位：ms）

从图 7.1 和图 7.2 可以初步看出，汉语母语者和印欧留学生在汉语语篇朗读中，其各级停顿处的无声段时长与韵律等级都呈线性增长关系，即韵律单元的层级越低，边界处的无声停顿时间越短；韵律单元的层级越高，边界处的无声停顿时间越长。这一点证明了前人的研究结果。关于韵律层级间的停顿时长特征，学者们已经有了统一的认识：杨玉芳（1997）研究发现，边界处的停顿随边界等级（特别是从短语边界到句子边界）增长很快，认为停顿在表现句法边界强度中（特别是大的句法边界）是一种强有力的手段；李爱军（2002）也指出，对于朗读话语来说，韵律单位越大，其后接的停顿也越长；熊子瑜（2003）发现，韵律单元的层级与无声停顿的长短密切相关，韵律单元的层级越高停顿时间越长，层级越低停顿时间越短。

我们使用 SPSS 对汉语母语者和留学生的 1、2、3、4 级停顿时长分别进行了独立样本 t 检验和单因素方差分析。独立样本 t 检验结果显示，汉语母语者与印欧留学生各韵律等级的停顿没有显著差别（$ps>0.05$）。单因素方差分析结果显示，汉语母语者的韵律单元等级对停顿时长有显著作用（$p<0.05$）：1 级与 2 级无显著差异（$p>0.05$），其余各等级两两之间差异显著（$ps<0.05$）。印欧留学生，韵律单元等级对停顿时长有显著作用（$p<0.05$）：3 级与 4 级无显著差异（$p>0.05$），其余各等级两两之间差异显著（$ps<0.05$）。

也就是说，总体上汉语母语者和印欧留学生的各级停顿时长都随着韵律等级的增加而线性增长。高等级的韵律单元边界处的停顿（韵律大短语 & 韵律句）明显长于较低等级的韵律单元边界处的停顿（韵律小短语 & 韵律词）。汉语母语者与印欧学生之间最大的差异是在韵律小短语处，如图 7.3 显示，汉语母语者停顿时间小于 200 ms，而印欧学生的停顿时间要长于汉语母语者，表明汉语母语者在小短语内部一般没有明显的停顿，而印欧学生则倾向于在短语中有较长的停顿。

我们进一步统计了无声停顿在各韵律层级出现的频率，以及印欧学生产出的一些特殊停顿。结果显示，汉语母语者和印欧留学生在韵律大短语、韵律句这两个层级的间断（intervals）均属于无声停顿（silent pauses）。而在韵律小短语边界，对于汉语母语者来说，大概 30 个间断中少于 10 个是无声停顿；而印欧学生平均产出超过 35 个间断，其中 15 个以上是无声停顿，一些发音人甚至有 20 多个无声停顿。韵律词边界，汉语母语者少于 10% 的间断是无声停顿，而印欧学生大概 30% 间断是无声停顿。这说明汉语母语者在韵律短语中倾向于没有明显停顿的语块的产出，而印欧留学生有很多停顿，从而听起来很不通顺、不流利。

另外印欧学生有一些特殊停顿，他们在汉语母语者不停顿的地方出现很多停顿，这里面又分几种情况：① 词间正常停顿，但母语者无明显停顿处，如“不知道 / 的 / 还 / 以为”，母语者“不知道的 / 还以为”；② 非正常停顿，如“你到 / 底想 / 找怎样的”，即读破词，母语者“你到底 / 想找 / 怎样的”；③ 单字单念，如“都 / 等 / 着”“一 / 儿 / 一 / 女”；④ 汉字认读问题，如“一 / 九 / 九 / 二 / 年”，对非阿拉伯数字的写法不熟悉。

7.2.2 停顿前音节延长（FSL）

我们收集了汉语母语者和印欧留学生在各个韵律等级单元上的停顿前音节时长数据。图 7.4 和图 7.5 分别展示了汉语母语者和印欧留学生各韵律层级的停顿前音节延长情况。图 7.6 为汉语母语者和印欧留学生各韵律层级的平均停顿前音节延长。纵轴 FSL Rations 为停顿前延长比，横轴 Level of Prosodic Unit 为韵律层级。

这三个图显示，汉语母语者与印欧学生之间停顿前音节延长情况差别较大。汉语母语者，1 级（韵律词）的停顿前音节都缩短了，其他韵律单元的停顿前音节均有不同程度的延长，各等级音节延长排序为：3 级（韵律大短语）>4 级（韵律句）>2 级（韵律小短语）>1 级（韵律词）；印欧学生，1 级、2 级、3 级停顿前音节都延长了，而 4 级（韵律句）的停顿前音节却缩短了，各等级音节延长排序为：2 级（韵律小短语）>3 级（韵律大短语）>1 级（韵律词）>4 级（韵律句）。

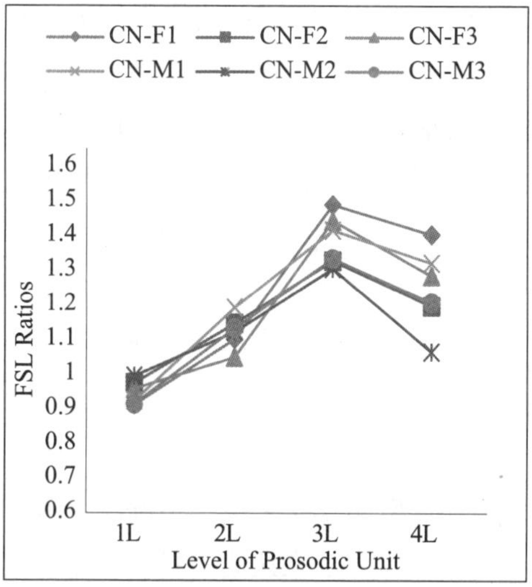

图 7.4　汉语母语者停顿前延长比

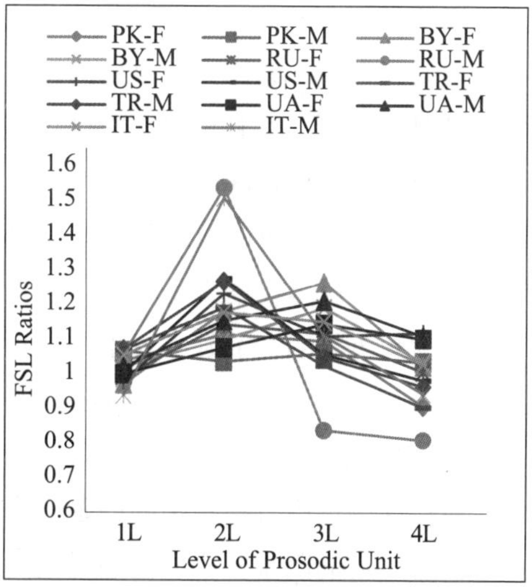

图 7.5　印欧留学生停顿前延长比

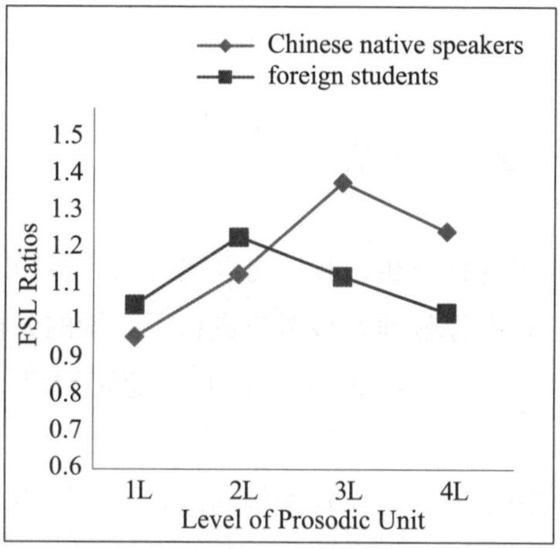

图 7.6　汉语母语者、印欧留学生平均停顿前延长比

注：上面三个图中的纵轴从 0.6 开始，以便于读者阅读。

独立样本 *t* 检验结果表明，各韵律等级的 FSL，汉语母语者与印欧留学生没有显著差别（$ps>0.05$）。单因素方差分析结果显示，汉语母语者韵律单元等级对停顿前音节时长有显著作用（$p<0.05$）：2 级与 3 级、3 级与 4 级无显著差异（$ps>0.05$），其余各等级两两之间差异显著（$ps<0.05$）；印欧学生韵律单元等级对停顿前音节时长有显著作用（$p<0.05$）：1 级与 2 级、2 级与 4 级差异显著（$ps<0.05$），其余各等级两两之间差异不显著（$ps>0.05$）。

汉语母语者与印欧学生的 FSL 主要差异在于韵律小短语和韵律大短语：对汉语母语者来说，韵律大短语处的停顿前音节会明显延长，而印欧学生在韵律小短语处延长更明显。杨玉芳（1997）曾指出，汉语句法边界音节延时不仅表示句法成分或语言单位之间的分割程度，还表现语流的连续。而一个相对完整的语句结构完成时，音节延时反而减小。汉语母语者在语篇中韵律大短语的位置拉长停顿前的音节，就是在语义未完结时语流延续的一种声学表现，韵律句处的延长小于韵律大短语处的音节延长，正是语句结构完成时音节延时减小的表现；而在韵律小短语延长不明显以及韵律词处停顿前音节缩短，应该是受到了语速的影响。因为我们使用的语篇《姐姐的电话》是模拟的电话文本，内容简单，偏向口语语体，所以汉语母语者在句中的停延不明显。对于印欧留学生来说，识读汉字本身对他们有一定的困难，所以他们更偏向于在句中依靠停延来认读语料，从而会在句中韵律小短语位置拉长停顿前的音节，而他们对汉语文本以及文本内容理解不深，所以韵律大短语的位置停顿前的音节拉长不明显，没能用语流延续来体现语义的未完结。

7.3　韵律边界停延分析小结

基于语音实验和数据统计分析，我们对汉语母语者和印欧留学生朗读语篇内不同韵律边界的停顿时长和停顿前音节时长进行了系统的分析。结果表明，在停顿方面，汉语母语者与印欧学生总体上停顿时长随着韵律单元等级的增加而线性增长；而在停顿前音节时长方面，汉语母语者与印欧学生之间差别较大。汉语母语者在语篇中韵律大短语的位置拉长停顿前的音节，以表示语义未完结语流延续；而对于印欧留学生来说，在短时间内识读一连串的汉字对他们来说困难较大，所以他们在句中韵律小短语位置拉长停顿前的音节，来为认读后面的文字争取时间，而韵律大短语的位置停顿前的音节拉长不明显，没有用语流延续来体现语义的未完结。总的来说，汉语母语者通过停顿和停顿前音节的延长来表示韵律单元节奏变化（但这两者在韵律词单元表现不明显），而印欧学生主要是利用停顿来表示韵律单元节奏变化，停顿前音节的延长更多是为了争取识读时间，依靠停延来认读语料。

基于以上分析我们看到：印欧留学生汉语语篇朗读过程中，短语内部停顿多，听起来不通顺、不流利。留学生们对很多汉语常用语和短语不认识、不熟悉，导致其在理解方面出现困难，进而影响到朗读效果。因此，我们认为在教学策略方面，在汉语教学中，教师应该加强语块教学，可以通过加强语篇层面的听和大声朗读等手段提高学生对汉语韵律、节奏的掌握。学生熟练掌握语块有助于他们提高表达的流利程度，提高表达的准确性，克服搭配失误，同时还可以掌握更地道的汉语口语常用语，进而提高其汉语口语的流利度和准确性。但语块教学应该在学生语音、汉字、词汇方面的能力达到一定水平的基础上进行。

第八章　基于 DTW 算法的汉语学习者语音的分类与自动评分

8.1　相关研究概述

8.1.1　研究背景及意义

随着经济全球化的进一步发展和中国国际地位的逐步提高，越来越多的非汉语母语者开始学习和使用汉语。汉语语音是汉语的物质外壳，是汉语学习者和使用者语言能力的重要体现。对汉语学习者的汉语语音进行研究，有助于了解汉语学习者汉语语音的现状，认识汉语学习者汉语语音的发展规律，分析汉语学习者汉语语音的偏误，进而对对外汉语口语教学课堂的学生结构和教学内容设计提供有价值的参考。

我们将着重对汉语学习者的汉语语音进行评分，并对汉语学习者进行分类，前者有利于从客观上认识汉语学习者与汉语母语者之间的语音差距，后者有利于对汉语学习者进行因材施教，提高对外汉语口语教学课堂的效率。

8.1.2　研究现状

目前学习者语音自动评分方面的研究成果较少，研究者主要属于教育技术、计算机技术等领域。其中，吕军等（2007）较早使用 DTW（Dynamic Time Warping，动态时间规整，简称 DTW）算法对汉语学习者的发音进行识别并进行评价系统的设计，其缺点是没有明确评分标准；王国林（2017）使用 DTW 算法设计评价系统对我国中学生的英语发音进行自动评价，由于其没有考虑作为声调语言的汉语与作为非声调语言的英语之间的区别，而不适用于汉语评分。另外，谢朝强（2010）、王娜（2012）等分别从计算机科学研究者的立场出发，使用了比 DTW 算法更为复杂的隐马尔可夫模型、Viterbi 算法（Viterbi algorithm，维特比算法）、简化逆滤液波法等方法对汉语语音评分进行了深入的设计，他们的研究具有较强的专业性，与此同时，他们所需的数据较为庞大，评分系统的运行成本较高，实用性和可操作性欠佳，不能较好地适用于对外汉语日常教学和对汉语学习者汉语语音的自动评分。因此，设计一套操作简单、兼具科学性与实用性、标准明确、输出直观的汉语学习者语音自动评分系统很有必要。

在利用声学距离对汉语学习者语音进行分类方面，目前少有研究成果。基于DTW算法进行分类的研究有翟涌光等（2018），他们利用DTW技术对遥感影像上的农作物进行分类，其实质还是利用DTW算法对目标进行识别，然后与既有图像的数据进行比对和匹配，进而得出归类结果。考虑到对外汉语课堂中学生的流动性和个体差异，进行动态分类具有更大的实用价值。

8.2　实验情况

8.2.1　语料设计

本实验中的录音样本来自数据库"口音汉语在线（GAC）"中"口音档案"板块下的国别口音语料数据。该国别口音语料在南开大学汉语言文化学院录音室录制。本实验所选用样本基于语篇文本《姐姐的电话》，该语篇文本的设计基本涵盖了汉语元音、辅音、四声、儿化、连读变调等因素。为了适应研究目的和DTW算法的计算方式，本实验从语篇中截取了10个二字组（包括二字词语和词组，以下简称"二字组"）作为直接研究对象，即"姐姐""女孩儿""生日""现在""一儿""一女""有点儿""知道""总是""注意"。这些二字组涵盖的语音特征如表8.1所示。

表8.1　二字组语音特征

	姐姐	女孩儿	生日	现在	一儿	一女	有点儿	知道	注意	总是
轻声	+	−	+	−	−	−	−	−	+	−
儿化	−	+	−	−	−	−	+	−	−	−
"一"变调	−	−	−	−	+	+	−	−	−	−
三声变调	+	−	−	−	−	−	+	−	−	−
翘舌声母	−	−	+	−	−	−	−	+	+	+

（续表）

	姐姐	女孩儿	生日	现在	一儿	一女	有点儿	知道	注意	总是
[ɚ]音	−	−	−	−	+	−	−	−	−	−
[y]音	−	+	−	−	−	+	−	−	−	−
鼻音	−	+	−	−	−	+	−	−	−	−

*“+”表示具有该特征，“−”表示不具有该特征。

8.2.2 发音人情况

本研究中的发音人包括 4 名说普通话标准的汉语母语者（2 男 2 女）和 51 位汉语学习者（26 男 25 女），后者均是来自南开大学汉语言文化学院初级 2 班或中级 1 班的外国留学生，汉语发音水平中等偏下。发音人的性别和国别情况如表 8.2 所示。后文使用“国家名称（+ 性别）”的形式代指该国籍的发音人。

表 8.2 发音人性别和国别情况

国家	男性	女性	国家	男性	女性	国家	男性	女性
埃及	+	+	喀麦隆	+	+	乌克兰	+	+
巴基斯坦	+	+	美国	+	+	匈牙利	+	+
巴西	+	+	蒙古	+	+	亚美尼亚	−	+
白俄罗斯	+	+	尼日利亚	+	+	意大利	+	+
德国	+	+	葡萄牙	+	+	印度	+	+
俄罗斯	+	+	日本	+	+	印度尼西亚	+	−
芬兰	+	+	塞尔维亚	+	+	越南	+	+
哈萨克斯坦	+	+	英国苏格兰	+	+	中国（母语者 1）	+	+
韩国	+	+	泰国	+	+	中国（母语者 2）	+	+
荷兰	+	−	土耳其	+	+			

8.2.3 录音与标注

（1）语音材料参数

本实验中采用的录音文件均为wav格式，音频采样率为22 050 Hz，存储位数为16位，声道为单声道。

（2）二字组标注

本实验中用以标注二字组的语音处理软件Praat是一款实现跨平台多功能语音学实验的专业软件，主要用于对数字化的语音信号进行分析、标注、处理及合成等实验，同时输出各类语图和文字报表。在本实验中，用Praat分别将发音人的录音打开，对二字组语音依次进行标记，然后运行脚本，将各个发音人的录音提取出来。

8.2.4 声学距离计算

（1）动态时间规整算法

日本学者Itakura提出的动态时间规整（Dynamic Time Warping，DTW）算法是把时间规整和距离测度计算结合起来的一种非线性规整技术，采用动态规划思想将一个复杂的全局最优化问题转化为许多局部最优化问题一步步进行决策，寻找出一条最佳路径。DTW算法早期广泛应用于语音识别领域，尤其适用于对孤立点的匹配和识别，具有计算速度较快、结论直观等优点。现在，DTW算法被广泛应用于语音检索、汉语声调识别、汉语方言语音识别、咳嗽信号识别、手写签名识别、手势识别、图形识别、空中目标识别、农作物遥感影像识别及归类、电波识别等领域。

在本实验中，DTW算法作为核心工具，主要用于计算发音人之间的二字组语音距离。一方面，分别计算各个男性学习者与2位男性母语者和女性学习者与2位女性母语者二字组之间的声学距离，二字组之间声学距离的平均值将被视为该发音人与母语者之间的声学距离。为了使计算结果更加精确，我们在实验中使用了两组母语者，脚本计算出的距离为平均距离。另一方面，将同一国籍的男女两位发音人的发音集合为一个单元（其中母语发音人只选用1男1女），两两计算所有二字组之间的声学距离。

（2）系统聚类分析和主成分分析

本实验使用的系统聚类分析和主成分分析工具是SPSS，它是一款著名的数据统计与分析软件，涵盖了数据管理、统计分析、图表分析、输出管理等功能，其中统计分析又包含系统聚类分析和主成分分析等功能。在本实验中，使用 SPSS 对所有二字组之间的声学距离进行系统聚类分析，得出谱系图，该谱系图为以声学距离为基础进行学习者分类的直观呈现；进行主成分分析（二维），得到能够体现两个最主要的影响因子的二维载荷图，该图将被视作进一步探究导致语音异同原因的参照。

（3）其他小工具和脚本

在使用 Praat 将二字组标记以后，需要截取这 10 个录音片段，本实验使用了一个语音提取脚本来实现，该脚本能提取出已经标记的二字组，并以标记时所使用的文字对语音文件进行命名。由于 DTW 算法属于一种计算思维，没有具体的操作工具，所以本实验使用了两个距离计算脚本来实现对声学距离的两种计算。在两两计算发音人的声学距离之前，需要将录音名称修改为发音人的国籍名称，本实验使用了一个重命名脚本来实现，该脚本可以在几秒钟之内将文件夹中的所有录音依次以上级文件夹的名称批量重命名，并将重命名之后的文件汇集到同一个文件夹中。

在使用距离计算脚本计算发音人之间的两两声学距离之后，距离文件以文本文档格式保存，为了使其适用于 SPSS 的运行方式，本实验使用了我们自己编写的制表工具 sound2xls-full 将文本文档转存为 Excel 表格。该制表工具是一款基于计算机程序设计语言——Python 的应用软件。该工具简单实用，极大地简化了实验人员的数据整理工作，保证了数据另存过程中的准确性。

8.3 聚类分析

8.3.1 男性组聚类分析

27 位男性发音人的聚类分析结果如图 8.1 所示。

总体上看，俄罗斯、韩国、意大利、印度、中国、塞尔维亚、德国、泰国、美国、日本和白俄罗斯被划分为一个大类；剩下的 16 国被划分为另一个大类，其中乌克兰又独立成为一类与其余 15 国区别开来。当平均距离（横坐标）在 1—2 之间（左开右闭区间，下同）时，27 个国家被分为 22 类，其中，匈牙利、越南、印度尼西亚和英国苏格兰被分为一类，巴基斯坦和葡萄牙被分为一类，泰国和美国被分为一类，剩下的 19 个国家各自独立成为一类。以下同理，描述从略。

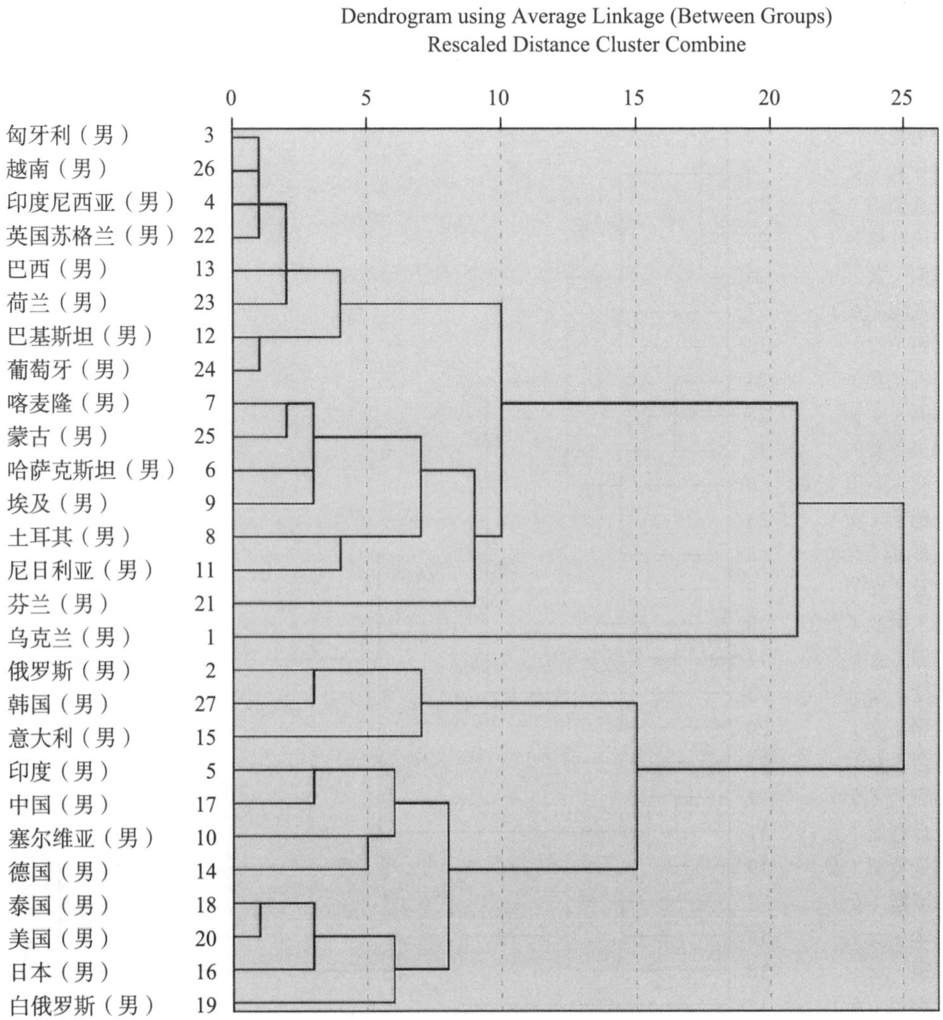

图 8.1　27 位男性发音人的分类结果

8.3.2　女性组聚类分析

26 位女性发音人的聚类分析结果如图 8.2 所示。

8.3.3　国家组聚类分析

25 个国家的聚类分析结果如图 8.3 所示。

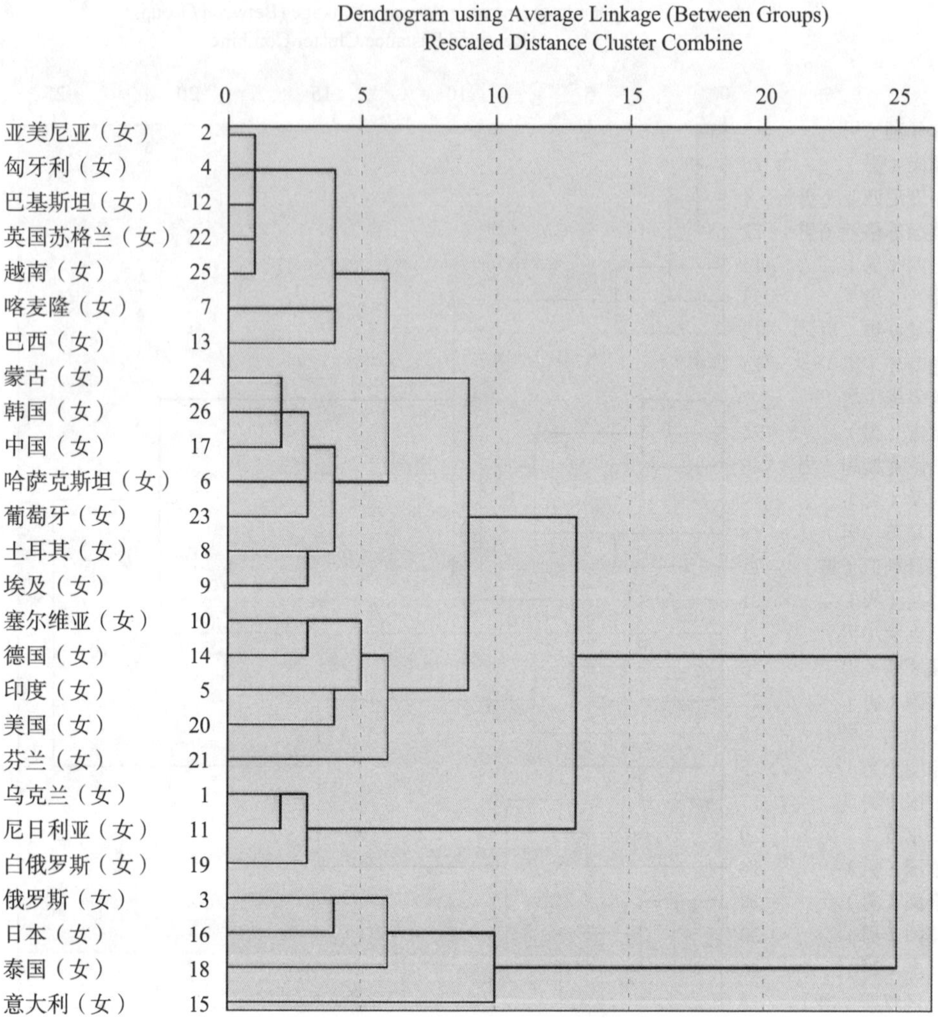

图 8.2　26 位女性发音人的分类结果

8.3.4　小节讨论

(1) 分类与声学距离之间的关系

本研究基于发音人语音声学距离的大小对声音进行分类，谱系图中的平均距离是将原始 DTW 声学距离数据进行标准化后得到的，其区间是 0—25。由图 8.4 可知，距离大小与类别个数呈负相关关系。当距离在 0—6 之间（第一阶段）时，类别个数的变化最明显；当距离在 6—12 之间（第二阶段）时，类别数量的变化较前一阶段放缓；当距离在 12—25 之间（第三阶段）时，类别数量的变化最不

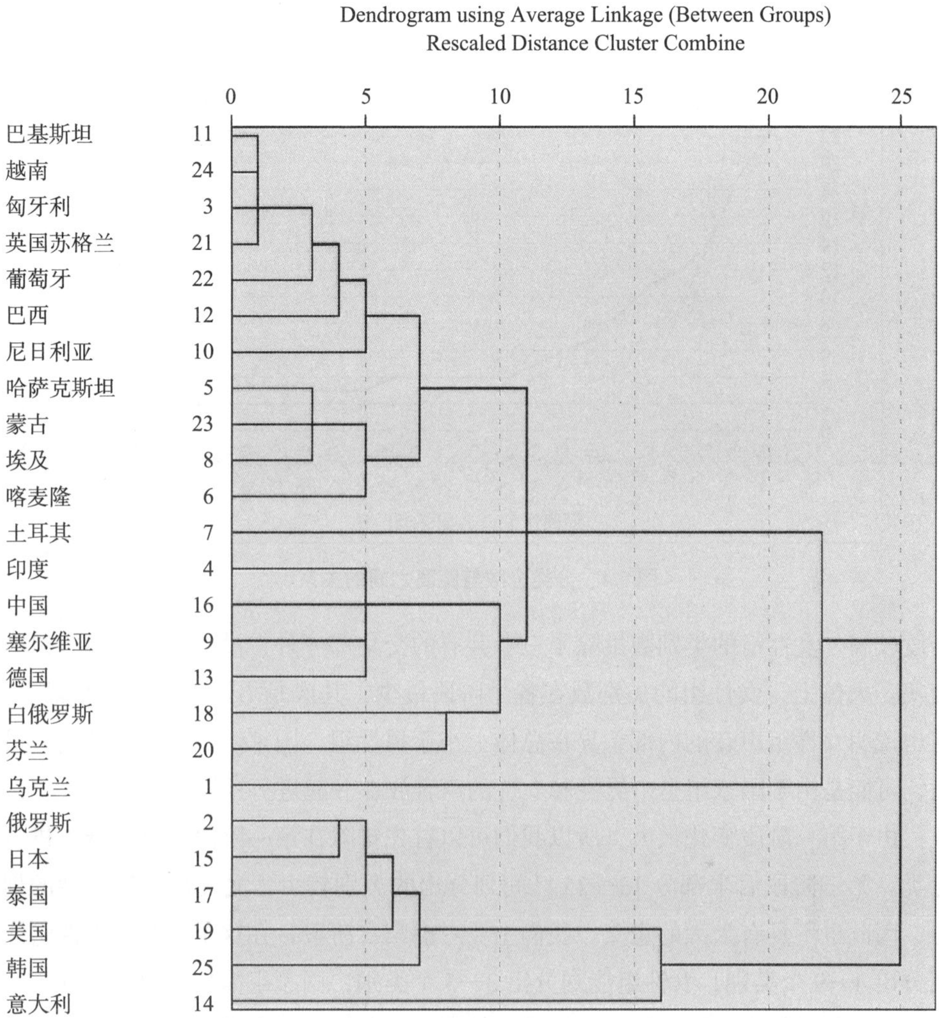

图 8.3　25 个国家的分类结果

明显；总体上看，在 6—12 区间内，类别数量的变化最为波折，前一阶段和后一阶段则相对较为平滑。

图 8.4 中三条线的交集只出现于 1—2 和 22—25 区间，但是三条线中两两之间又有很多交集。距离区间在 1—4、21—25 时，男性组的类别数量与女性组的类别数量一样；距离区间在 4—21 时，男性组的类别数量与女性组的类别数量在 1—4 个类别数的波动幅度内保持大致平行，且男性多于女性；距离区间在 1—2、5—6、11—15、16—21 和 22—25 时，男性组的类别数量与国家组的类别数量一样。男性组的类别数量在第一阶段与女性组的重合度较高，在第三阶段则与国家组的重

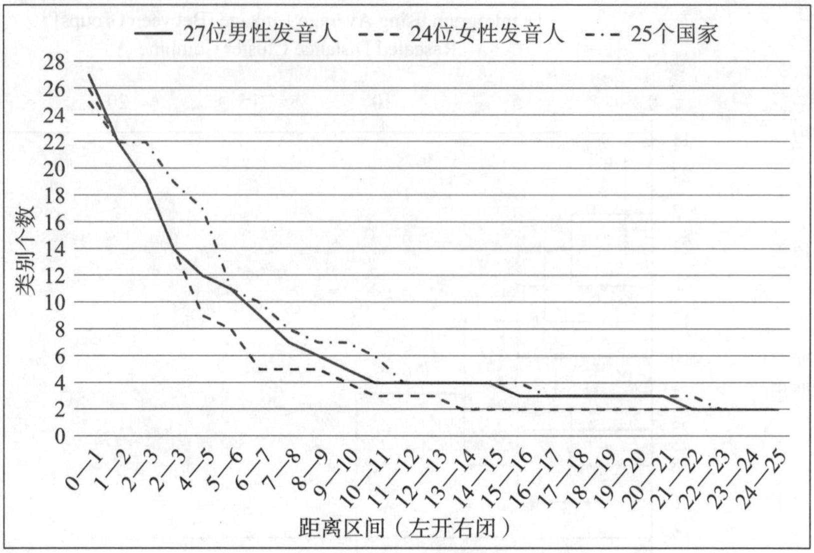

图 8.4　分类个数与距离之间的关系

合度较高。女性组的类别数量除了三者共有的交集部分外，没有更多与国家组的交集。大体上，女性组的类别数在各个阶段最少，其次是男性组，国家组最多，这也说明女性组声音的内部差异在总体上小于男性组。国家组声音的内部差异最大，可能是由于国家组是由男性和女性的声音放在一起进行计算的。

由于第一阶段变化最大，所以我们可以首先排除在第一阶段内对发音人进行分类。第三阶段后半部分 13—25 区间划分出的类别较少，尤其是对于女性的划分，因此也不具有太大的意义。我们主要考虑第二阶段，在这个阶段，男性组能划分出 4—9 个类别，女性组能划分出 3—5 个类别，国家组能划分出 4—10 个类别。在实际操作中，我们可以再根据学校资源状况、教学要求和目标等进行相应的划分。例如，我们计划将这些学生分为 3—4 个班，那么我们可以在女性组的 9—10 区间、男性组和国家组的 11—12 区间进行划分，将得到表 8.3 的结果。

表 8.3　发音人分类

	男性组		女性组		国家组	
第一部分	埃及 巴基斯坦 巴西 芬兰	印度尼西亚 荷兰	埃及 巴基斯坦 巴西 芬兰	英国 韩国 亚美尼亚	埃及 巴基斯坦 巴西 芬兰	白俄罗斯

（续表）

	男性组	女性组	国家组
	哈萨克斯坦 喀麦隆 蒙古 葡萄牙 英国苏格兰 土耳其 匈牙利 越南 尼日利亚	哈萨克斯坦 喀麦隆 蒙古 葡萄牙 英国苏格兰 土耳其 匈牙利 越南 中国 德国 塞尔维亚 印度	哈萨克斯坦 喀麦隆 蒙古 葡萄牙 英国苏格兰 土耳其 匈牙利 越南 中国 德国 塞尔维亚 印度 尼日利亚
第二部分	乌克兰	乌克兰 尼日利亚 白俄罗斯	乌克兰
第三部分	俄罗斯 韩国 意大利	俄罗斯 日本 泰国	俄罗斯 日本 泰国 韩国 美国
第四部分	印度 中国 塞尔维亚 德国 泰国 美国 日本 白俄罗斯	意大利	意大利

＊同框右列表示在同一行中只出现了一次；加下划线表示该国只有一位发音人。

由表8.3可知，四个类别内的数量相差较大，总体上看，第一类里的数量最多，第二类的数量最少，这会造成分班人数的不均衡。我们认为，出现这种情况的主要原因有两个：一是所涉及的对象太少，可能语音内部的某些因素分布本来就不均衡，所以会出现这种一边倒的情况；二是我们的划分标准比较机械、单一。为了解决这个问题，可以增加研究对象涉及的国别，丰富研究对象的语音特征。另外，可以根据聚类分析结果进一步进行人工处理，比如男性组和国家组第二类中的乌克兰都是独立成为一类，把它同另外三类比较发现乌克兰与第一类距离最近（见图 8.1、图 8.3），那么我们可以把它划归到第一类里。

（2）语音分类科学性探讨

从实验对象内部来看，使用声学距离进行分类是具有科学性的。由图 8.3 可知，男性组、女性组和国家组各个类别的内容重合度较高，尤其是在第一类里。来自相同国家的发音人，不论是男性还是女性，都具有许多相同或相似的语音特征，那么在聚类结果的体现上，从男性到女性再到国家，会出现较大的一致性，这正是表 8.3 所显示的。至于为什么会出现例外，我们认为是由于发音人的个体特征导致的。每个人的发音都会有差异，虽然通过 DTW 算法进行了规整，但是有的个体特征可能过于鲜明，造成了与普遍特征的对立。从这个意义上讲，国家组的分类是最为科学的，因为它综合了男性和女性的声学特征，在本研究中最大程度上体现了该国发音人应有的普遍特征。

我们将本研究的分类结果与传统的语系分类和研究成果相比较，对二者的吻合度进行了探讨。上文说到，国家组在本研究中是可以最大程度上体现该国发音人应有的普遍特征的组别，所以我们重点就国家组进行讨论。本实验中的 25 个国家，14 个属于印欧语系，3 个属于阿尔泰语系，2 个属于乌拉尔语系，2 个属于汉藏语系，属于南亚语系和闪 – 含语系各 1 个，韩语和日语存疑。印欧语系的母语者在本实验中占比最大，同时也是分布最没有规律的研究对象，它跨越了国家组的 4 个类别。最吻合的是属于阿尔泰语系的哈萨克斯坦（突厥语族）和蒙古（蒙古语族），并且由图 8.1、图 8.2、图 8.3 可知，从男性组到女性组再到国家组，蒙古和哈萨克斯坦都能在 3—4 区间内聚集在同一组，这可能是由阿尔泰语系语言的普遍性发音特点造成的。另外，我们发现属于南亚语系的越南、属于乌拉尔语系的匈牙利和属于印欧语系的英国苏格兰在三个组中都在 1—2 区间内聚在同一类别，虽然他们属于不同的语系，但是这个结果也在一定程度上揭示了三种语系或语言在发音特征上有某些共同之处。

我们认为本研究的结果与传统音系分类相比较吻合度较差的原因主要有三点：第一，传统的音系分类考虑的因素有很多，包括语言的历史演变、词汇、语法和语音等，其中与本研究息息相关的语音是最不受重视的，也就是说，同一个语系的语言，它们之间的语音特点可以有天壤之别；第二，本研究使用的语料是汉语的二字组，是使用汉语的发音方法，所以，发音人对汉语的掌握越好，那么就意味着在本研究中体现出来的母语的语音特征就越微弱，也就不足以成为探讨的对象；第三，具体问题具体分析，我们研究的只是有限的一部分发音人，可能还不足以体现出普遍的规律。

8.4 主成分分析

8.4.1 男性组主成分分析

27位男性发音人的主成分分析结果如图8.5所示。

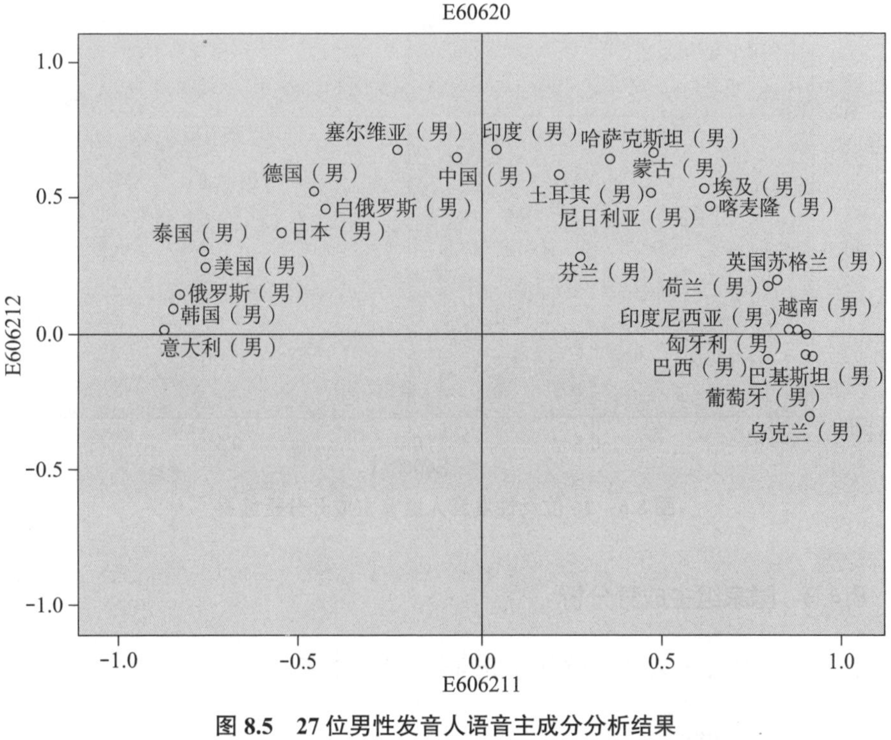

图8.5 27位男性发音人语音主成分分析结果

主成分分析的二维载荷图体现的是使研究对象之间具有差异的最主要的两个因素，分别呈现在横坐标（第一维度）和纵坐标（第二维度）上。如图8.5所示，在第一维度上，离原点最近的是中国和印度，值最小的是意大利，最大的是巴基斯坦。在第二维度上，离原点最近的是意大利、匈牙利、印度尼西亚和越南，值最小的是乌克兰，最大的是塞尔维亚、印度和蒙古。第一维度相较于第二维度实验对象的分布更为均衡，第二维度上实验对象主要分布在正半轴。以下同理，描述从略。

8.4.2 女性组主成分分析

26 位女性发音人的主成分分析结果如图 8.6 所示。

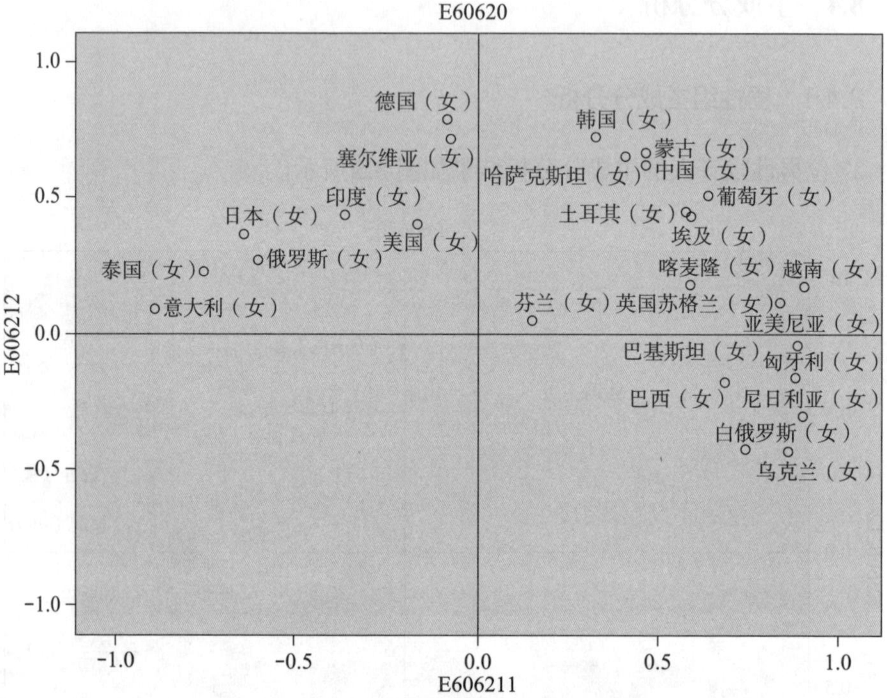

图 8.6　26 位女性发音人语音主成分分析结果

8.4.3 国家组主成分分析

25 个国家的发音人的主成分分析结果如图 8.7 所示。

8.4.4 小节讨论

由图 8.5、图 8.6、图 8.7 可知，不论是男性组、女性组还是国家组，研究对象主要分布在第一象限和第二象限，第四象限也有少许分布，第三象限几乎没有分布，总体上呈现出一个头粗尾尖的横置“辣椒”状。目前尚不能确定第一维度和第二维度到底代表什么特征。

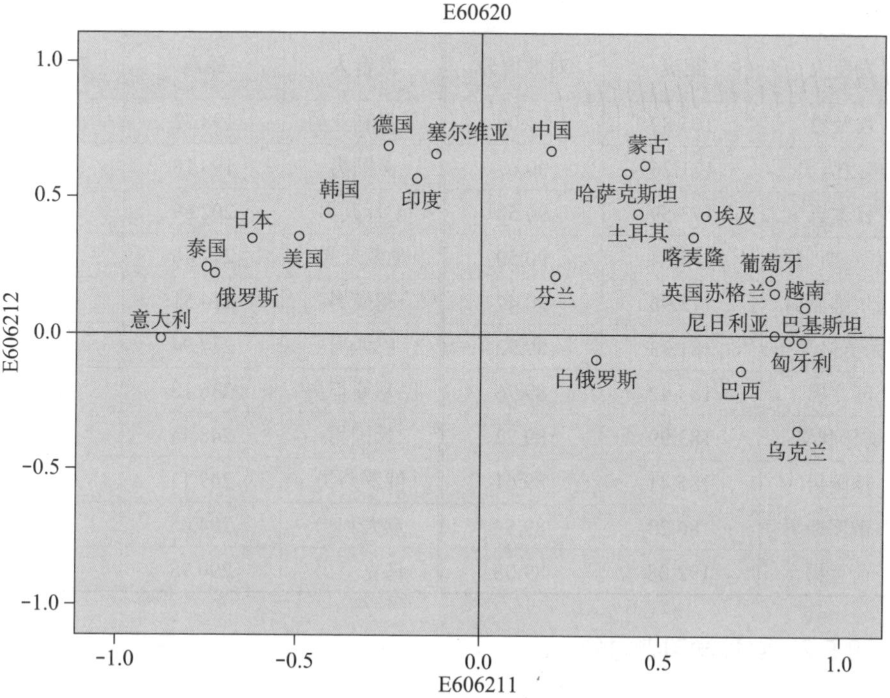

图 8.7　25 国发音人语音主成分分析结果

8.5　自动评分

在本研究中，我们使用对数公式：$\frac{\log_{10}(400-x)}{\log_{10}400}\times 100$（$x$ 为学习者与母语者之间的平均语音距离）为学习者的语音进行评分。

8.5.1　男性学习者得分

26 个国家的男性学习者的得分如表 8.4 所示。

表 8.4　男性学习者得分

发音人	距离	对数得分	发音人	距离	对数得分
蒙古男	128.25	93.55	泰国男	193.22	88.99
印度男	149.75	92.17	印度尼西亚男	196.07	88.76

（续表）

发音人	距离	对数得分	发音人	距离	对数得分
埃及男	165.89	91.06	尼日利亚男	198.32	88.57
喀麦隆男	171.26	90.67	美国男	199.18	88.50
日本男	173.59	90.50	土耳其男	202.69	88.21
哈萨克斯坦男	173.64	90.50	葡萄牙男	212.48	87.36
塞尔维亚男	173.96	90.47	越南男	214.51	87.17
英国英格兰男	181.33	89.92	巴西男	217.94	86.86
苏兰男	183.42	89.76	巴基斯坦男	236.18	85.10
匈牙利男	183.99	89.72	韩国男	248.44	83.80
德国男	185.41	89.61	俄罗斯男	249.13	83.73
白俄罗斯男	186.23	89.54	意大利男	284.05	79.33
荷兰男	192.08	89.08	乌克兰男	290.98	78.30

8.5.2 女性学习者得分

25 个国家的女性学习者的得分如表 8.5 所示。

表 8.5 女性学习者得分

发音人	距离	对数得分	发音人	距离	对数得分
亚美尼亚女	168.99	90.84	蒙古女	209.70	87.60
匈牙利女	171.46	90.66	埃及女	210.00	87.57
越南女	172.02	90.62	韩国女	211.18	87.47
葡萄牙女	178.15	90.16	德国女	223.16	86.38
巴基斯坦女	185.28	89.62	芬兰女	231.46	85.57
英国苏格兰女	188.96	89.33	塞尔维亚女	237.57	84.96
喀麦隆女	191.88	89.10	印度女	242.00	84.50
白俄罗斯女	192.63	89.03	美国女	243.61	84.33
尼日利亚女	193.94	88.93	俄罗斯女	293.41	77.93
哈萨克斯坦女	201.46	88.31	日本女	304.76	76.05
乌克兰女	209.16	87.65	泰国女	340.65	68.16
土耳其女	209.18	87.65	意大利女	381.68	48.54
巴西女	209.63	87.61			

8.5.3　小节讨论

由表 8.4、表 8.5 可知，在该公式下计算出的学习者的得分普遍较高。男性学习者之间的得分差异较小，最高分与最低分差距不大。但是，在女性学习者中出现了分数过低的情况，意大利女性发音人只有 48.54 分。

8.6　语音的自动评分与分类小结

8.6.1　结论

本研究使用 DTW 算法，计算了汉语学习者与母语者之间的语音距离和发音人相互之间的语音距离，并据此对发音人进行了分类，对汉语学习者进行了评分。另外，本研究提出了根据汉语学习者的语音距离进行聚类，然后有针对性地开展汉语口语教学的思想。

分类结果验证了 DTW 算法在本研究内部的科学性，即不论是男性组、女性组还是国家组，在各类别中都具有较大的重合率。由于传统的语言谱系分类标准较为多样，以及目前没有更多学习者语音分类方面的研究成果可供参照对比，所以本研究未能从外部论证分类结果的科学性。本研究的分类结果主要可以使用于两个方面：

第一，在对外汉语教学课堂中，学校可以依据分类结果对留学生（汉语学习者）进行编班。目前对留学生的分班主要依据是汉语水平考试（HSK）成绩、入学考试成绩、面试成绩等，注重学生的汉语语法、词汇的掌握情况和运用能力，而很少关注学生的汉语发音情况。从汉语发音的角度了解学习者的口音现状，有助于有针对性地进行教学、辅导。使用 DTW 算法计算出的语音距离能保留发音人的语音特征，据此对学习者进行分类，能够将具有相同、相似口音特征的学习者划分到同一类，有助于教师因材施教。

第二，通过语音距离对学习者进行分类，能揭示发音人母语之间的距离远近，即语言之间的关系。语音距离的大小取决于语音的特征，语音距离与语音特征的差异呈正相关。在本研究的分类结果中，一方面有证据验证本研究的科学性，例如同属于阿尔泰语系的哈萨克斯坦和蒙古在三个组中都能在较短的距离区间内聚在一起；另一方面，研究也揭示出一些新的现象，例如属于南亚语系的越南、属于乌拉尔语系的匈牙利、属于印欧语系的英国苏格兰在三个组中都能在极小的距离区间内聚在同一类，这可以说明南亚语系、乌拉尔语系、印欧语系的语言可能在某些语音特征上具有较大的相似性。

本研究还以汉语学习者与母语者之间的语音距离为依据，对汉语学习者的发音水平进行了评分，能够更加直观地反映出学习者和母语者之间的语音差距。

8.6.2 反思和展望

本研究的样本数量不够多。目前研究涉及男性学习者 26 人，女性学习者 25 人，母语者 4 人，每个发音人 10 条语音。在以后的研究中，一是可以增加所涉及国家的数量，这样可以保证学习者母语背景多元性，有助于解决各个类别中研究对象分布不均衡的问题；二是可以增加每个国家的发音人的数量，目前学习者国家只有 1 男 1 女，母语 2 男 2 女作为代表，增加发音人的数量以后，可以弱化发音人的个性特征，彰显其母语的普遍特征，有助于在进行距离计算以后更加准确地体现各个语言之间的特征差异情况，有助于对发音人的母语进行分类；三是可以增加发音人的发音内容，目前只有 10 个二字组的发音，如果能将数量增加一到两倍，势必会提高声学距离数据的精确度。

有待对研究对象的语音特征进行深入分析。主成分分析图已经被制作出来，但是第一维度和第二维度分别代表什么语音特征还有待进一步研究。确定了这两个语音特征以后，就能从本质上认识研究对象之间的差异。

对发音人的语音评分存在区别度不大的问题，尤其是男性发音人的得分，有待进一步改进。出现这个现象的主要原因可能是所使用的计算公式不太适用于本研究，但是目前还没有发现更好、更合适的标准化公式，有待进一步探索。

本研究的自动化程度还有很大的提升空间。研究使用的二字组均是从语篇中人工标注出来的；研究使用了较多的脚本、软件等，程序较为繁琐；研究中对汉语学习者的评分是使用 Excel 表格人工输入公式处理的。这些问题的解决，我们认为要依赖科学技术的进一步发展和大型专业语音数据库的建立。

目前，国内专业的语音数据库中较好的是“口音汉语在线”，它收集了多种母语背景汉语学习者的汉语语音录音，录音内容包括词语、句子和语篇，其中词语和句子都是专门针对该母语背景的发音人设计的，只有语篇是统一的，这为语音方面的研究带来了一些限制。另外，该网站每个母语背景最多只有一男一女发音人。我们认为，在未来应该建立一个更加广博、全面、标准统一的汉语学习者语音数据库。这样一来，我们可以更加精确地计算学习者与母语者之间、发音人与发音人之间的语音距离。在样本数达到一定数量以后，就可以探求出其中的普遍性，形成一个分类的参照标准，将来可以直接依据来华汉语学习者的母语背景进行聚类，分班开展口语教学课，而不再需要进行繁琐的计算。或者，只需要使用机器录入一段汉语语音就能对学习者进行归类，这将极大地简化聚类流程。

第九章　结语

9.1　对汉语教学的建议

通过实验分析，我们看到汉语学习者在汉语学习过程中由于受到母语负迁移等的影响，出现了各种各样的偏误。虽然学习者们产生的偏误各不相同，但是某种程度上又表现了一些共性特征。因此在汉语教学中，教师一方面要把握不同母语背景汉语学习者的特点，因材施教，进而改善教学效果；另一方面，也要了解汉语者学习者普遍性偏误，在教学中灵活使用教学方法，预估学习者可能出现的偏误并尽量规避。兹仅在几个方面提出浅见，望能对今后的语音教学有所帮助。

第一，汉语轻声教学具体化。目前在汉语轻声教学实践中，缺乏轻声理论的教授，一味强调轻声是又轻又短的调子，学习者难以把握具体轻到什么程度，短到什么程度。导致学习者将其有限的、不充分的目的语知识，用类推的办法不适当地套用在轻声学习中，造成偏误，即过度概括或过度泛化。这一定程度上就造成了我们的实验结果中汉语学习者轻声音节时长普遍过短的结果。因此，在实际教学中，不应片面强调轻声音节轻而短，可以尝试将轻声音节时长比值量化。另外，应该明确区分语气词轻声音节和一般轻声音节，二者在声学表现上不尽相同，故不可混为一谈。语气词轻声音节时长要长于一般轻声音节时长，教学中应该明确说明。此外，汉语教师应提高对轻声教学的重视程度，不能对汉语学习者轻声词语音偏误采取宽容态度，须及时引导纠正，避免偏误固化。同时引导学生注重轻声学习，认识轻声在汉语中表达功用，不能因为轻声习得好坏不影响日常交际而对轻声偏误听之任之。

第二，借助语音软件进行语音教学。条件允许的情况下，在语音教学中可尝试引入 Praat 软件，对发音时长、调型、调域等进行测算，让学生直观认识自身语音问题。在课堂教学中，教师可以借助 Praat 软件帮助学生直观学习汉语发音。与此同时，利用 Praat 声学软件进行语音教学相较传统教学中的夸张法、对比法、示范法等更易激发学生学习兴趣，进而对汉语声调语调有更为清晰的认识。

具体而言，教师可以先采集学习者发音，然后展示基频语图，并与标准汉语发音语图进行对比，找出差异，并进行改正，而后再绘制语图进行对比。在不断对比修正的过程中，让学习者直观地看到自己的声调逐渐趋向标准的过程，在不断尝试中找到自己发音不足之处，有针对性地进行改正。此外，学习者掌握 Praat 声学软件基本操作后，汉语教师还可以把其作为考测学习者声调学习效果的方法。一定程度上可以弥补目前汉语教学中语音考评机制的空白，最大限度减少从主观听感上判断学习者声调语调正确与否。

第三，利用双声词及语篇进行声调教学。赵元任先生曾指出："两个音节连起来呐，要成词或者成词组，就不完全用单音节的声调了。"（赵元任，2003：63）即在双音节或者在语篇中的声调与在单音节中的声调不完全一样。根据实验结果也可看到，语篇中各调值声调声学表现与单字调时有一定区别。而目前汉语教学中，教师还是倾向于利用单字声调进行教学。我们认为学习者准确掌握单字调，明确各不同调类声调的区别，这是学习声调的第一步。但是汉语声调学习绝不能止步于此，单字调发音准确后，就应该增加一些双音节词的练习，通过不同声调的组合，逐渐体会汉语声调组合在一起时发生的变调。在实际交际中，学习者不仅需要通过字词来表达交际意图，同时也需要句子语篇等实现交际目的。而句子语调往往受到多种因素影响，学习者不可能总是遇到同一声调、同一结构类型的句子。除了让学生记住一些规律性的语流音变外，教师只能通过让学生全方位练习来解决可能出现的偏误。因此，不能仅通过单字声调教学实现语音教学目的，还应注重利用双声词和语篇进行声调教学。

第四，遵循先调型后调域、调长的教学顺序。根据实验发现虽然汉语学习者会在调型和调域上发生偏误，但是总体来看声调偏误主要是由调域而非调型造成的。而且与调域偏误相比，调型的偏误相对更容易克服。因此，我们声调教学也应遵循先易后难的顺序，通过手势法等先让学习者学会各调类的主要调型，提醒学习者要注意各调型的起伏程度，在此基础上修正在调域和调长上的偏误。学习者普遍对上声及上声变调掌握较差，在教学中需要强化练习。另外，学习者调域方面偏误主要表现为调域狭小，整体音高偏低，找不到合适音高起点。解决这个问题，必须让学习者建立起"调域"意识。汉语教师可以尝试利用夸张、模仿等方法帮助学习者感受调域的存在。通过夸张性地模仿学习，有助于学习者感受声调的高低起伏变化，在课堂教学中引起学习者的关注度，激发学习兴趣。如此，可以让学习者更快地建立起声调意识，同时一定程度上有助于改善调域狭窄，音高偏低的问题。

第五，因材施教，注重国别化教学。通过对 11 国汉语学习者音节时长、声调和语调等的分析，我们发现学习者出现的偏误各不相同，但是某一国家的学习者出现的偏误又呈现出一定的共性特征。这就启发我们在教学中要注重国别化教学，针对不同国家学习者可以进行针对性教学，在设计训练时也可以有所侧重。比如有声调国家学习者对声调调型的感知明显强于无声调国家的学习者，因此，在调型教学上就可以适当减少课时。而对于无声调国家学习者来说，声调对于他们来说是完全陌生的，那么教师就需要帮助学习者感知声调的高低起伏变化，让他们对声调有一个大概认知，然后再循序渐进进行教授。另外，如果在课堂上某一国家学习者比较多的情况下，针对这个国家学习者容易出现的偏误，进行一些个性化的练习。而且，由于男女性在声学表现中也不尽相同，在教学中应有所区分，尽量更加精准地帮助他们提高声调的准确性，而不是简单地一概而论。

9.2　研究的局限及对未来的展望

首先，轻声部分没有对前字声调进行分类讨论，可能会影响实验结果的准确性。之所以没有进行分类讨论，主要是考虑到目前已绘制的图表数量较多，如各国的声调图已经放入附录了，若再将轻声前字进行分类，易造成冗杂。但是这样不可避免会造成数据和实验结果的不准确性，这一方面需不断改进。

此外，目前实验中仅选取 11 种不同母语背景汉语学习者，整体数量较少。另外，每个国家选取一男一女两名学习者作为代表，被试数量略少。虽然已经尽量选取学习时间、汉语水平比较相似的学习者作为实验对象，但不可避免还是存在很多不可控因素，如口语能力、情绪变化等。因此，每个国家仅选取一男一女两名学习者作为本国汉语学习者代表，无法排除因个体差异对实验结果造成的影响。也就是说，本书中各国选取实验被试数量较少，实验测算出的结果很有可能是由于个体差异而非国别不同造成。因此，在实际教学中，汉语教师仍然需要根据实际情况，灵活调整教学策略，针对学习者不同特点因材施教，最大限度地帮助汉语学习者学好汉语。

下篇附图

附图1——汉语母语者及11国不同母语背景汉语学习者声调图

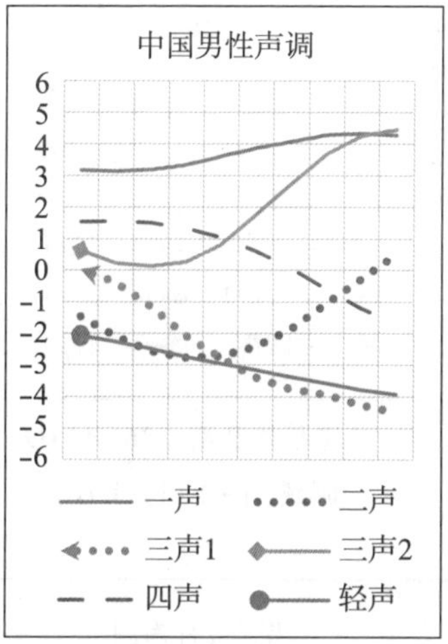

参考平均音高：128.18 Hz

调域：［-4.49，4.46］

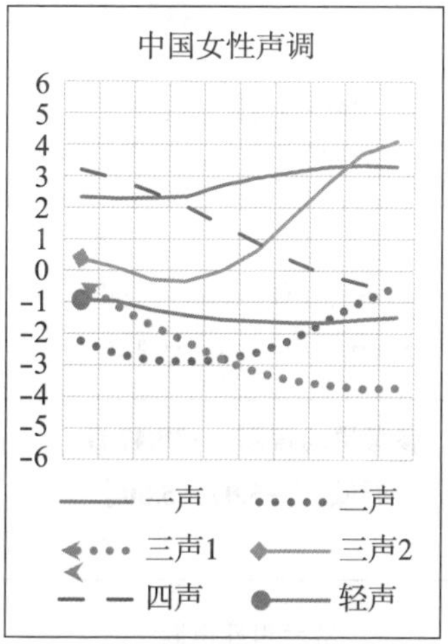

参考平均音高：239.02 Hz

调域：［-3.73，4.09］

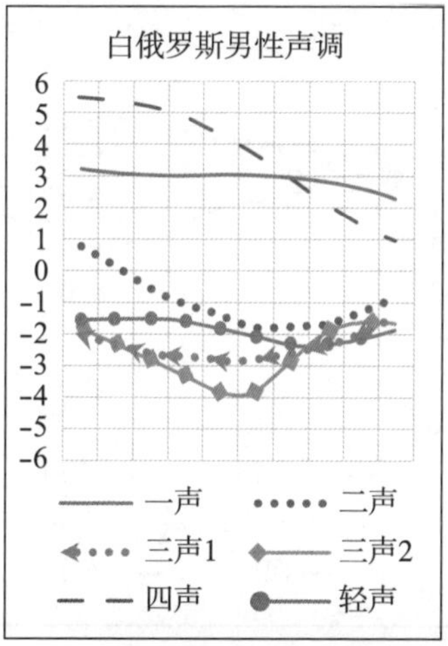

参考平均音高：179.78 Hz

调域：［-3.87，5.45］

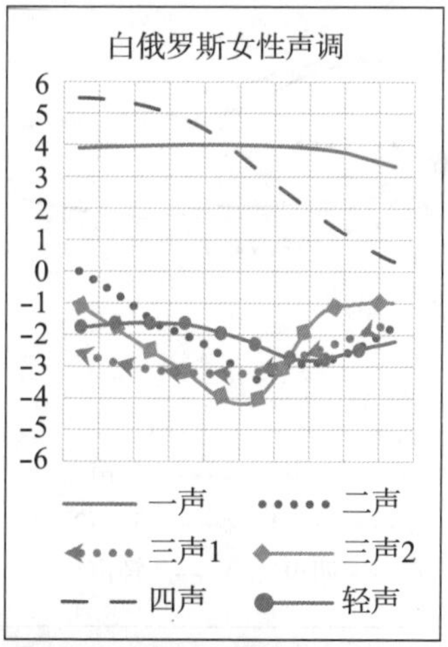

参考平均音高：225.1 Hz

调域：［-4.07，5.51］

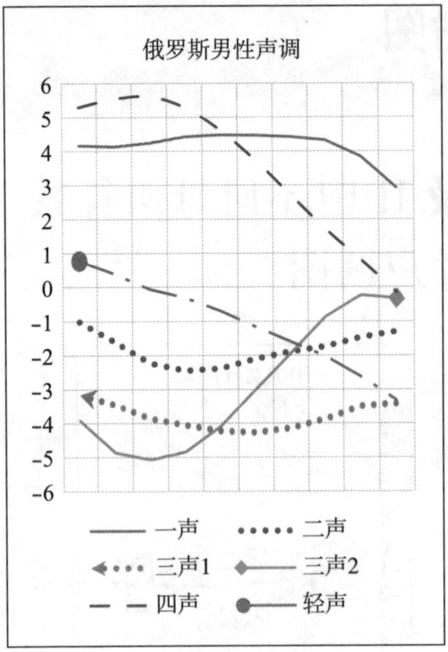

参考平均音高：128.47 Hz

调域：［-5.07，5.60］

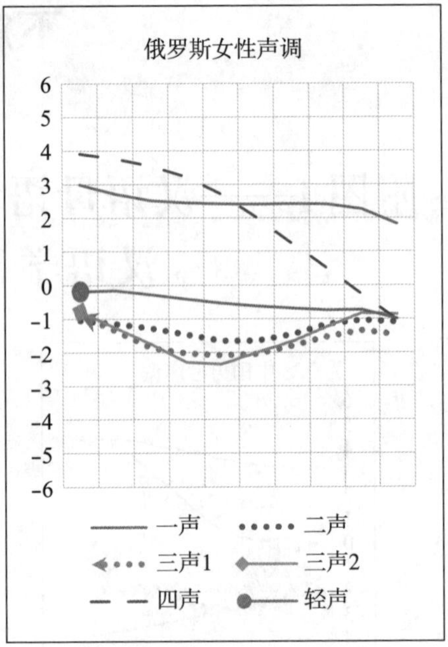

参考平均音高：261.45 Hz

调域：［-2.34，3.91］

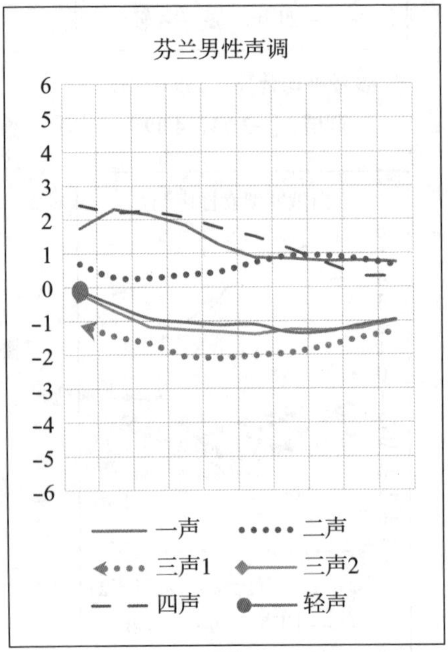

参考平均音高：172.5 Hz

调域：［-2.11，2.41］

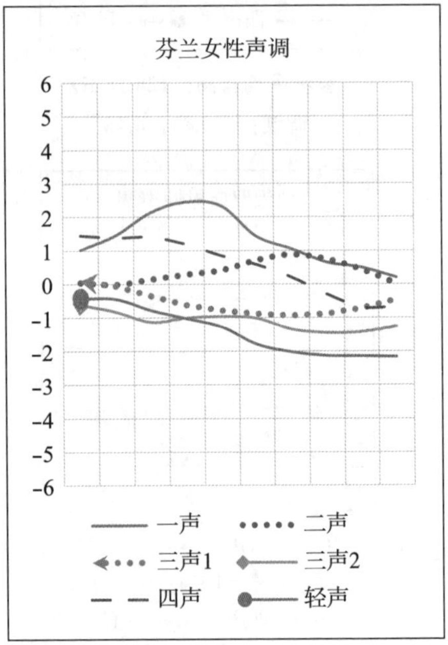

参考平均音高：239.81 Hz

调域：［-2.17，2.44］

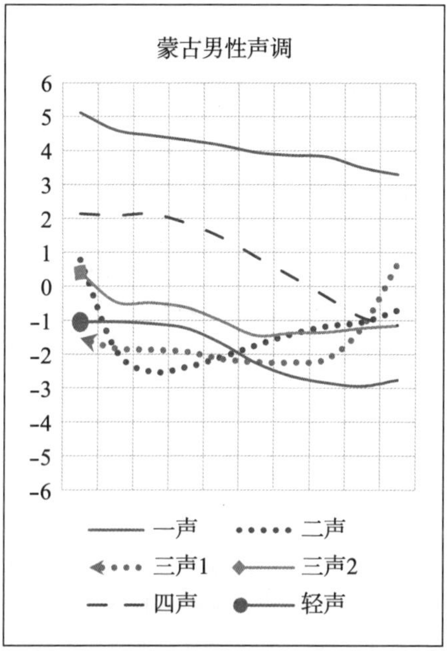

参考平均音高：130.26 Hz

调域：［-2.93，5.11］

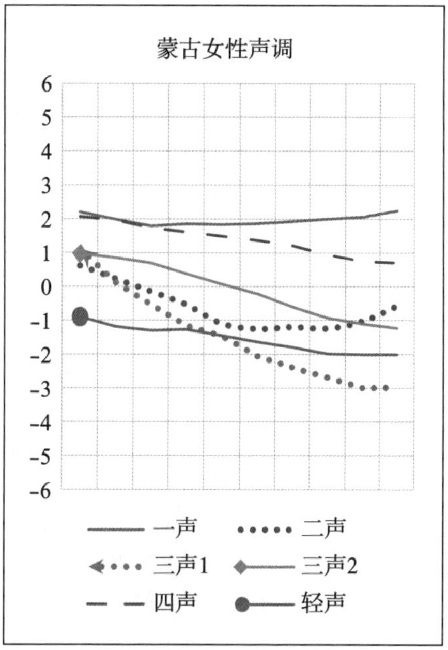

参考平均音高：202.73 Hz

调域：［-2.99，2.24］

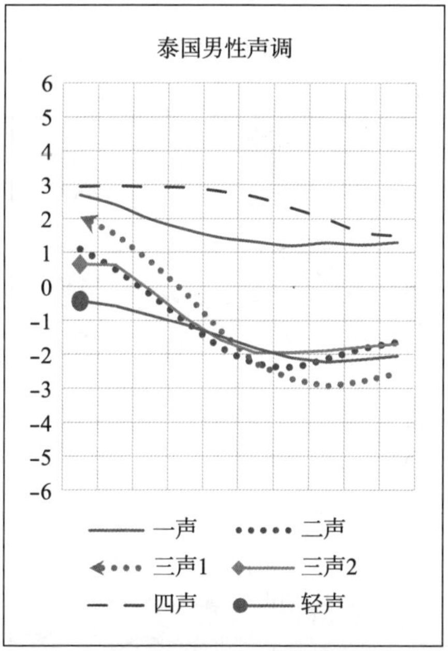

参考平均音高：134.71 Hz

调域：［-2.94，2.96］

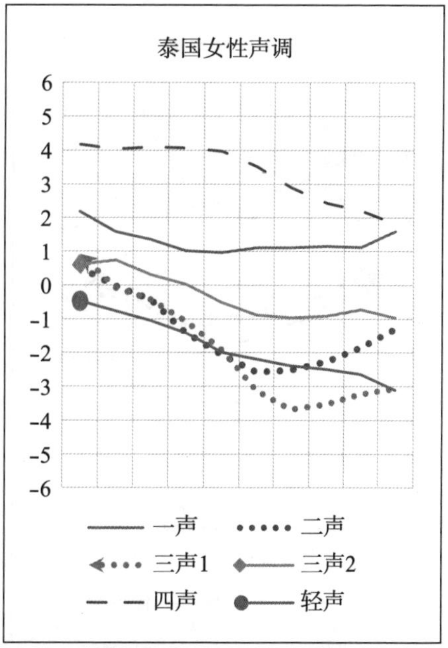

参考平均音高：217.96 Hz

调域：［-3.68，4.16］

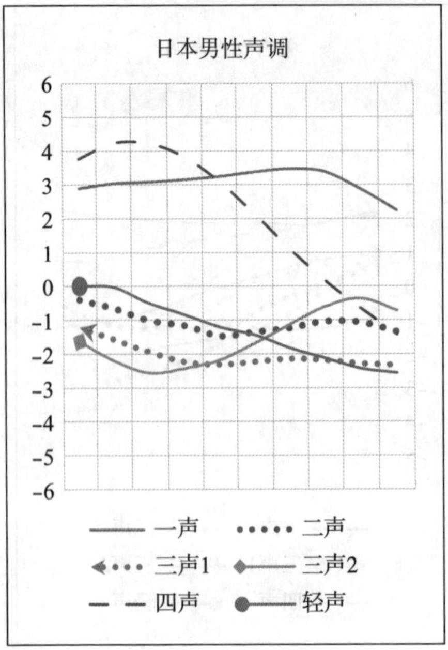

参考平均音高：121.15 Hz

调域：［−2.56，4.23］

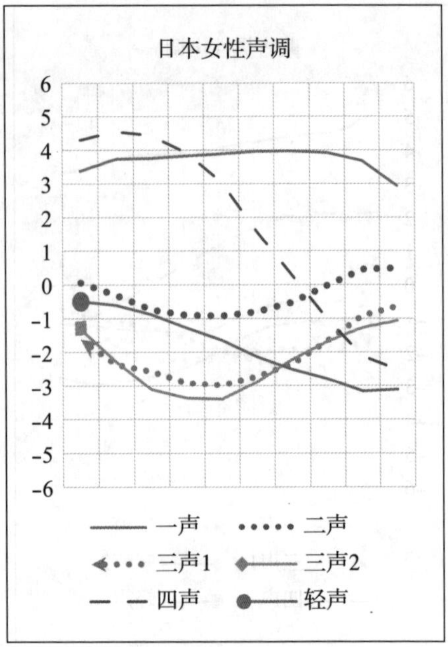

参考平均音高：210.34 Hz

调域：［−3.40，4.55］

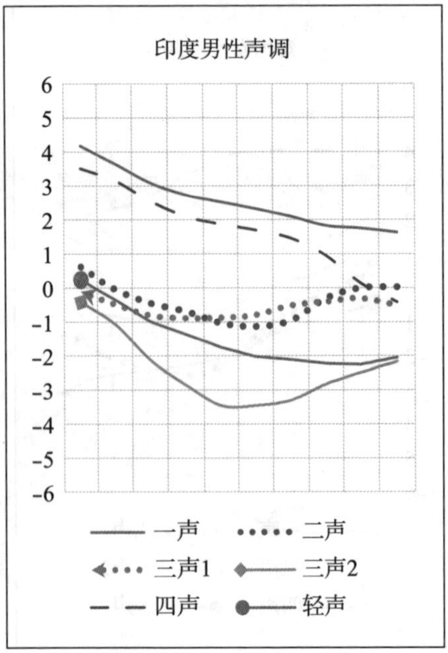

参考平均音高：169.71 Hz

调域：［−3.46，4.18］

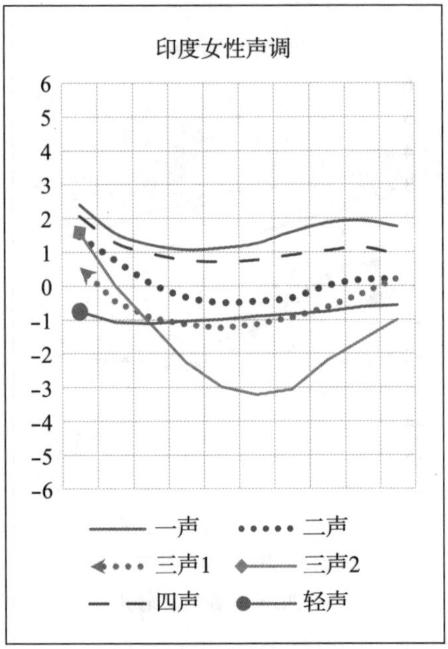

参考平均音高：253.42 Hz

调域：［−3.22，1.55］

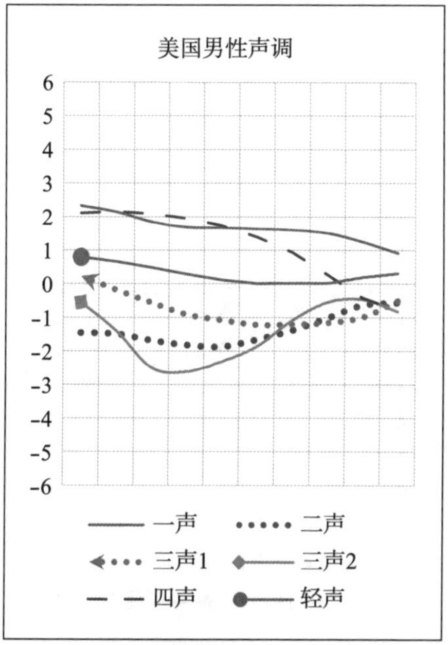

参考平均音高：130.44 Hz

调域：［-2.32，2.16］

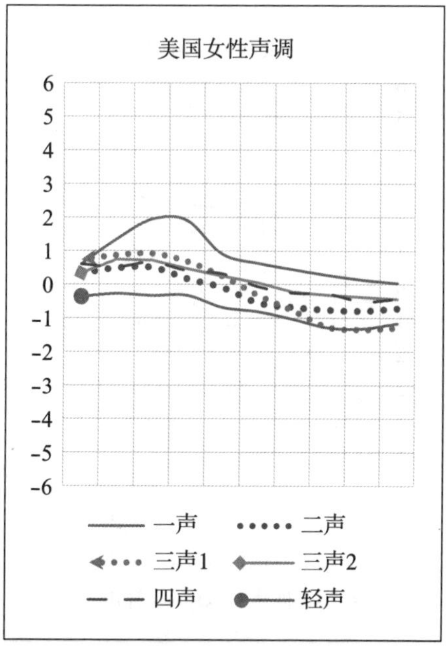

参考平均音高：207.26 Hz

调域：［-1.32，1.94］

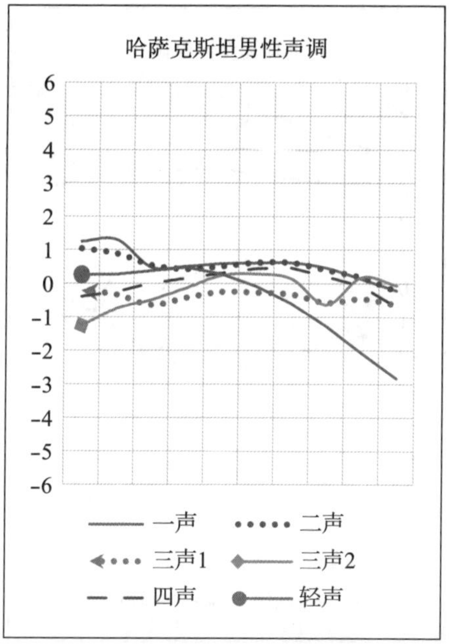

参考平均音高：120.31 Hz

调域：［-2.84，1.30］

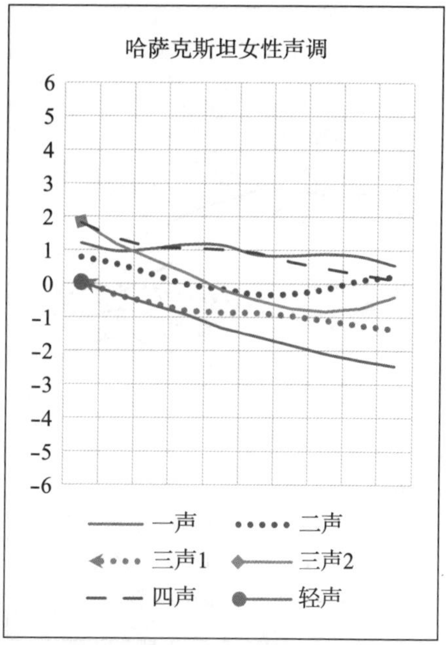

参考平均音高：190.67 Hz

调域：［-2.46，1.84］

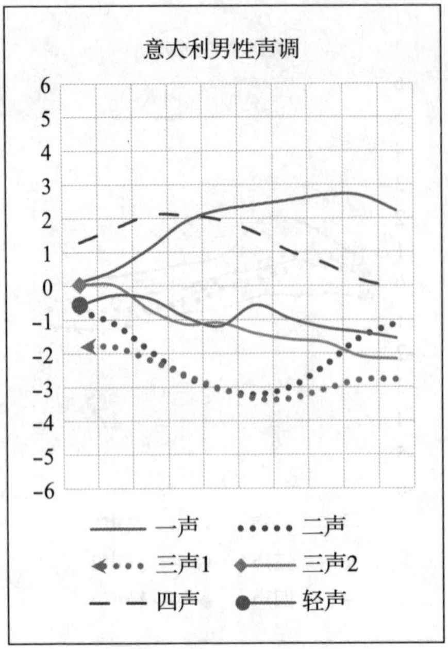

参考平均音高：139.93 Hz

调域：[−3.34，2.70]

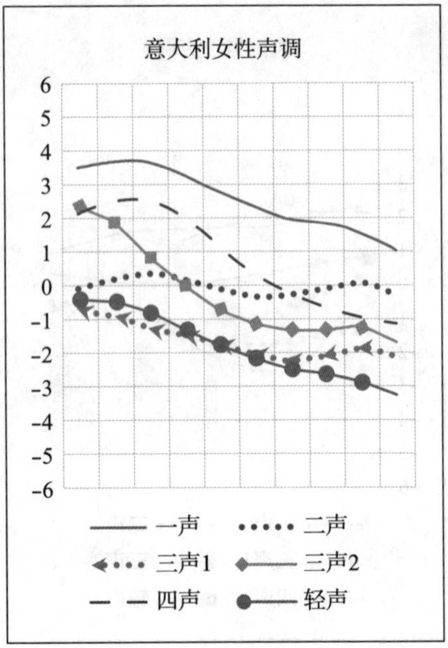

参考平均音高：245.11 Hz

调域：[−3.31，3.83]

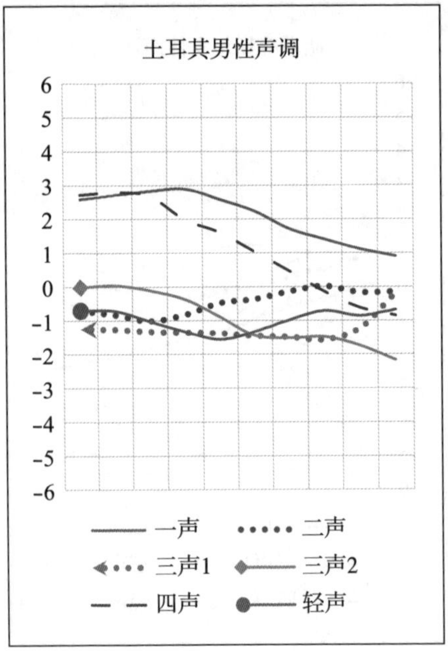

参考平均音高：130.91 Hz

调域：[−2.18，2.89]

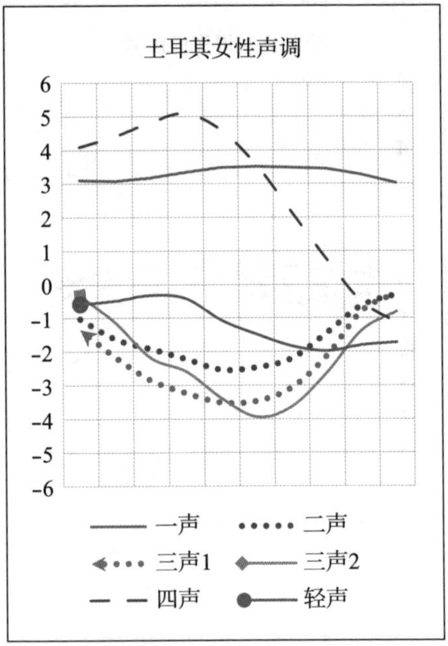

参考平均音高：246.79 Hz

调域：[−3.94，5.01]

附图 2——汉语母语者及 11 国不同母语背景汉语学习者语调图

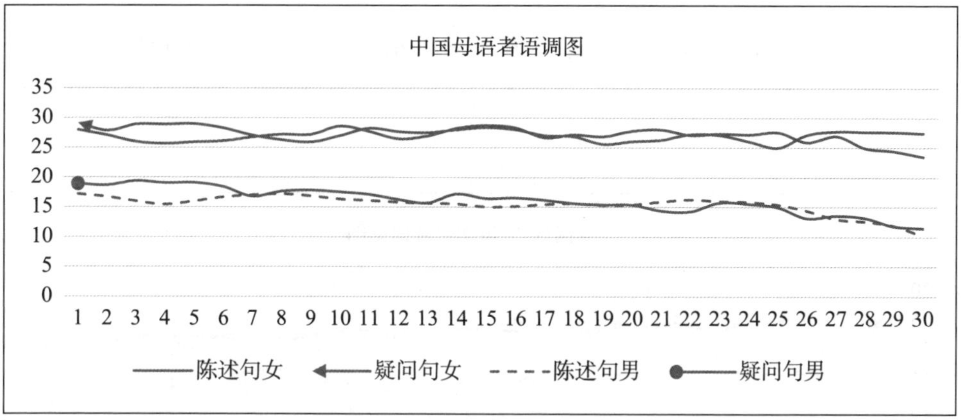

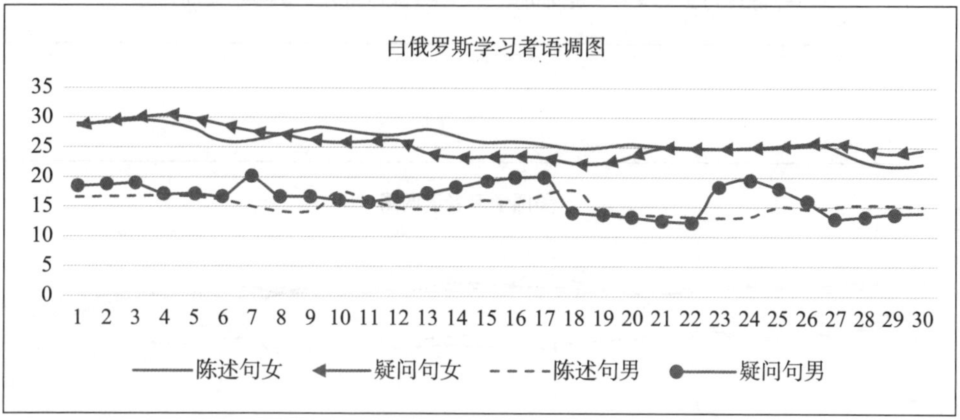

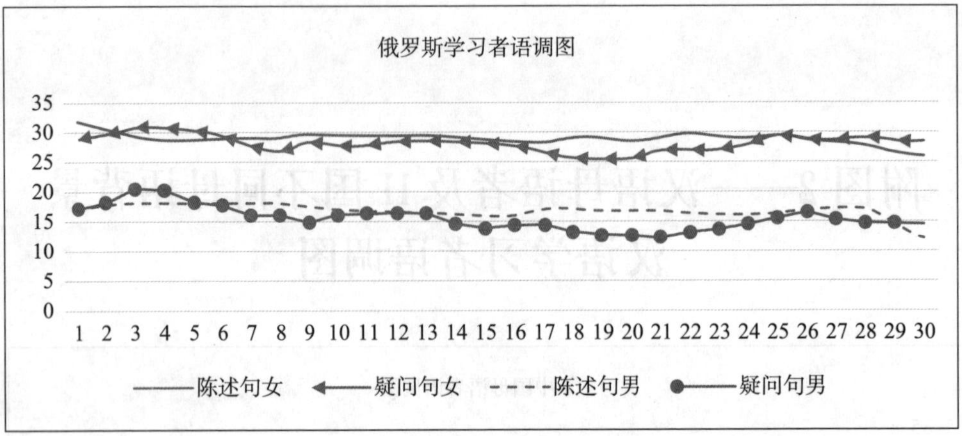
俄罗斯学习者语调图
35
30
25
20
15
10
5
0
1 2 3 4 5 6 7 8 9 10 11 12 13 14 15 16 17 18 19 20 21 22 23 24 25 26 27 28 29 30
陈述句女
疑问句女
陈述句男
疑问句男

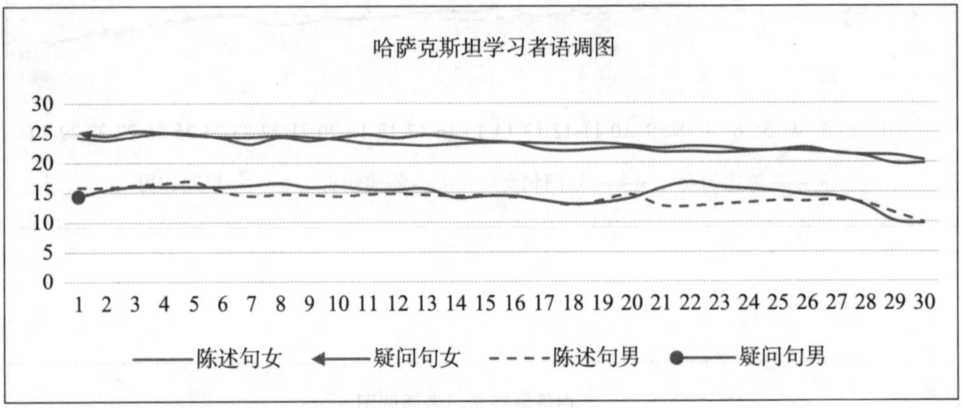
哈萨克斯坦学习者语调图
30
25
20
15
10
5
0
1 2 3 4 5 6 7 8 9 10 11 12 13 14 15 16 17 18 19 20 21 22 23 24 25 26 27 28 29 30
陈述句女
疑问句女
陈述句男
疑问句男

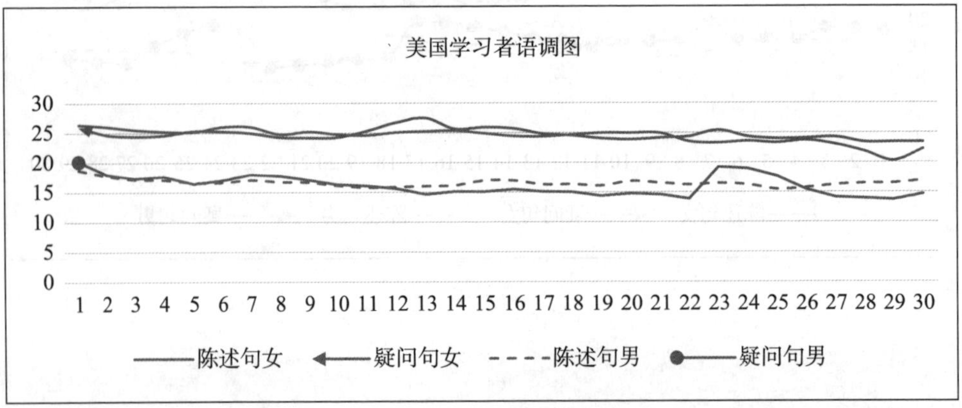
美国学习者语调图
30
25
20
15
10
5
0
1 2 3 4 5 6 7 8 9 10 11 12 13 14 15 16 17 18 19 20 21 22 23 24 25 26 27 28 29 30
陈述句女
疑问句女
陈述句男
疑问句男

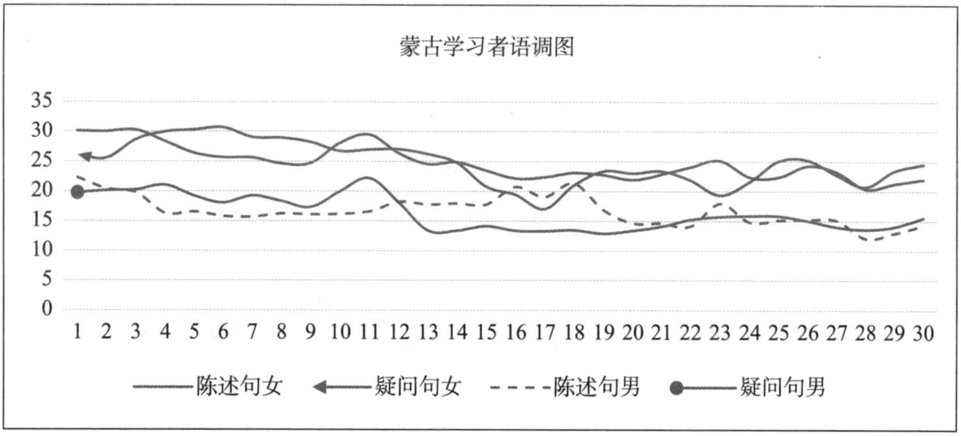

蒙古学习者语调图
35
30
25
20
15
10
5
0
1 2 3 4 5 6 7 8 9 10 11 12 13 14 15 16 17 18 19 20 21 22 23 24 25 26 27 28 29 30
陈述句女
疑问句女
陈述句男
疑问句男

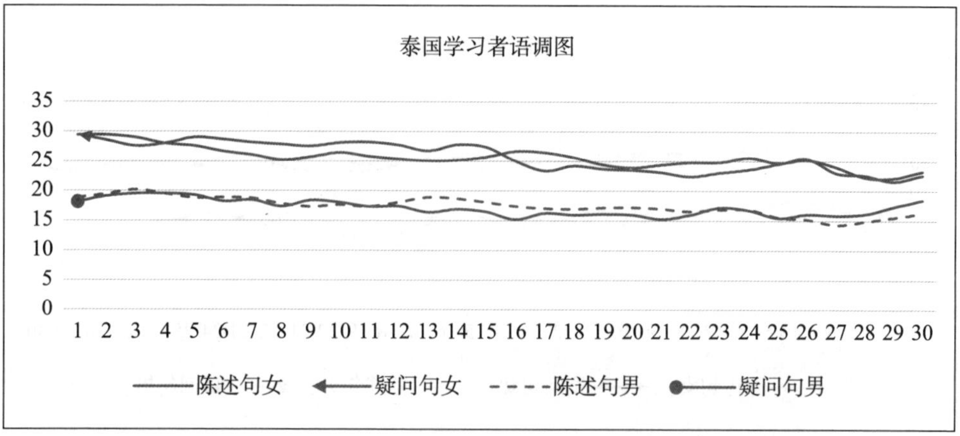

泰国学习者语调图
35
30
25
20
15
10
5
0
1 2 3 4 5 6 7 8 9 10 11 12 13 14 15 16 17 18 19 20 21 22 23 24 25 26 27 28 29 30
陈述句女
疑问句女
陈述句男
疑问句男

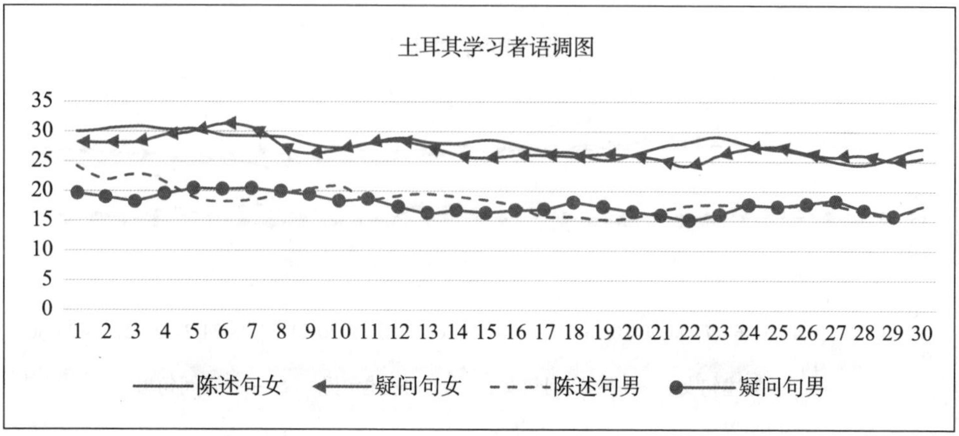

土耳其学习者语调图
35
30
25
20
15
10
5
0
1 2 3 4 5 6 7 8 9 10 11 12 13 14 15 16 17 18 19 20 21 22 23 24 25 26 27 28 29 30
陈述句女
疑问句女
陈述句男
疑问句男

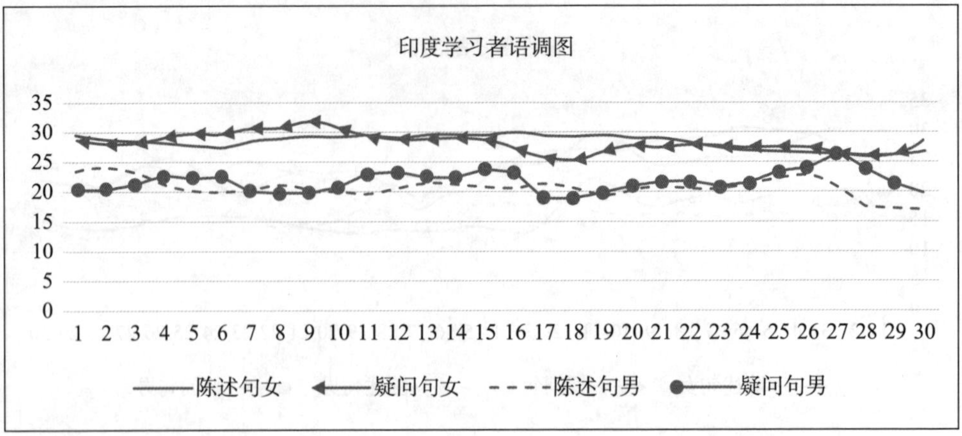
印度学习者语调图
35
30
25
20
15
10
5
0
1 2 3 4 5 6 7 8 9 10 11 12 13 14 15 16 17 18 19 20 21 22 23 24 25 26 27 28 29 30
陈述句女
疑问句女
陈述句男
疑问句男

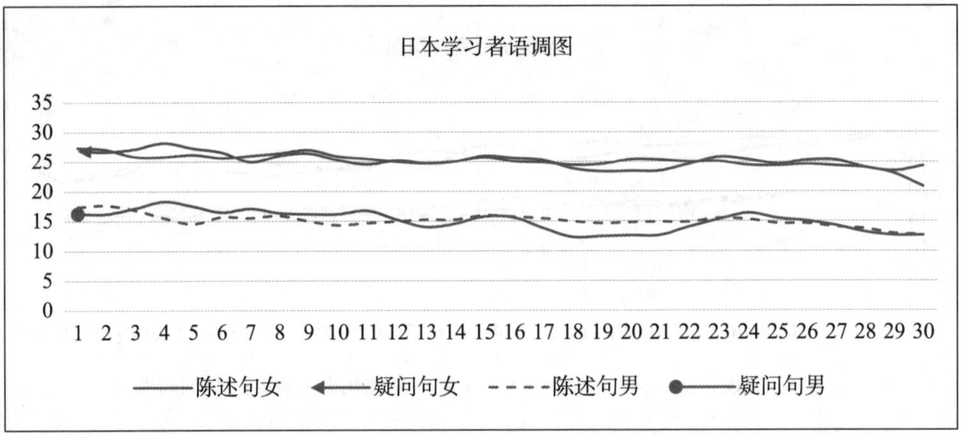
日本学习者语调图
35
30
25
20
15
10
5
0
1 2 3 4 5 6 7 8 9 10 11 12 13 14 15 16 17 18 19 20 21 22 23 24 25 26 27 28 29 30
陈述句女
疑问句女
陈述句男
疑问句男

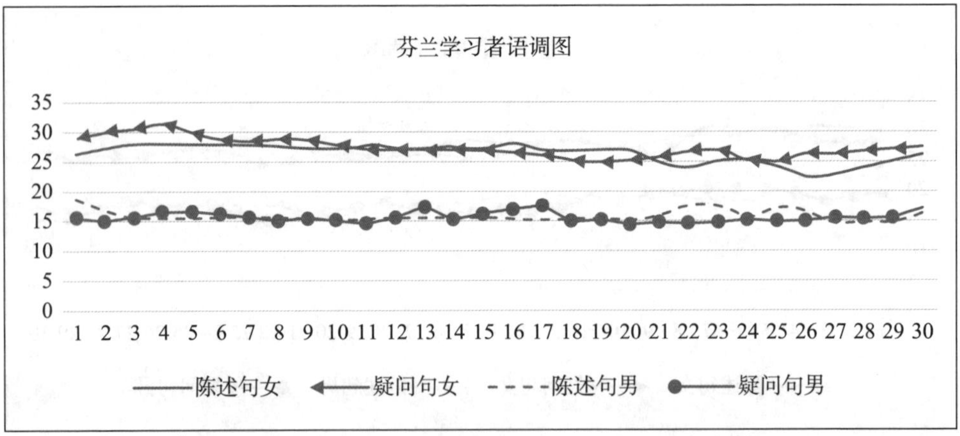
芬兰学习者语调图
35
30
25
20
15
10
5
0
1 2 3 4 5 6 7 8 9 10 11 12 13 14 15 16 17 18 19 20 21 22 23 24 25 26 27 28 29 30
陈述句女
疑问句女
陈述句男
疑问句男

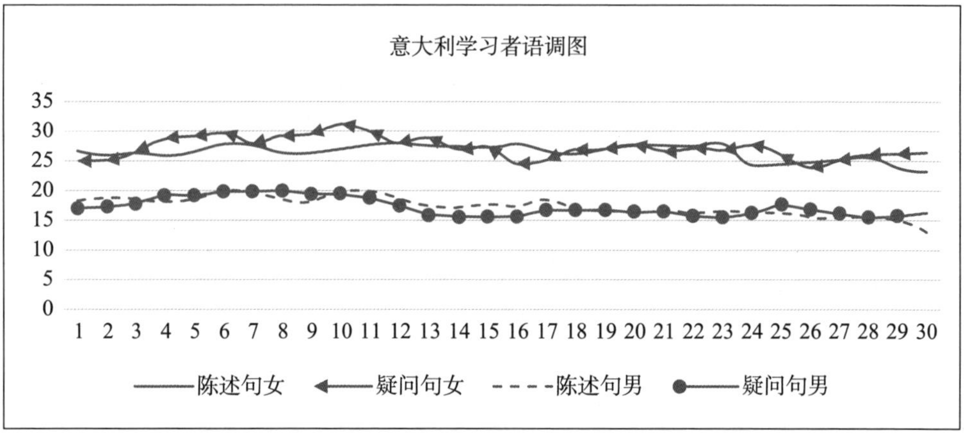
意大利学习者语调图
35
30
25
20
15
10
5
0
1 2 3 4 5 6 7 8 9 10 11 12 13 14 15 16 17 18 19 20 21 22 23 24 25 26 27 28 29 30
陈述句女
疑问句女
陈述句男
疑问句男

附　录

本项目正式发表的期刊论文与相关数据库

附录1　国别典型汉语语音偏误及“口音汉语在线”系统开发 *

冉启斌　顾　倩　马　乐

一　引言

我们知道，第二语言学习（L2 Learning）过程中，由母语语音的影响而产生的负迁移（Negative Transfer）现象自20世纪50年代以来已经得到详细描述和广泛关注（Weinreich，1953；Jarvis & Pavlenko，Scott & Aneta，2008）。同时，在中介语发展过程中停滞不前、难以改善的语音化石化（Fossilization）（Selinker，1972；Hyltenstam and Abrahamsson，2003）问题是学习者十分常见的语音偏误现象。这些因素导致了一个共同结果——学习者的目的语会带上较为浓重的口音（Accent）。

在汉语作为第二语言的教学研究中，自20世纪80年代以来已有大量语音偏误的观察和分析成果（鲁健骥，1984；朱川，1997；蔡整莹、曹文，2002；孙德金主编，2006；王韫佳、邓丹，2009等）。这些成果总体显得分散，以个案和微观分析居多，从“口音”的角度对汉语语音偏误所作的探讨还很稀少。本研究通过确定不同母语背景的典型汉语语音偏误——口音汉语，系统展示世界范围各种口音汉语的发音表现，提供全面、翔实的非母语者汉语语音偏误有声数据库；数据库内同时呈现汉语标准发音，以达到提高非母语者对偏误发音与标准发音的辨识能力，进而改善、克服口音发音的目的。

下面对系统的研究和制作情况进行介绍。

---

* 本文原刊发于《语言教学与研究》2016年第4期，第11-17页。

二　不同母语背景的典型汉语口音

2.1　口音

口音指某个个人、群体及某个地区、阶层、民族等特有的发音方式（The New Oxford American Dictionary，2005；Trudgill，2006）。从理论上说，每个人都会有口音，只是在程度和方式上存在不同（Matsuda，1991；Lippi-Green，1997；Trudgill，2006）。

在口音的多种下位类别中，非母语者具有的非母语口音（non-native accent，或称外国口音 foreign accent）（Lippi-Green，1997），是第二语言学习中的常见现象。非母语者口音有个人特点，但更多的是具有某些共通的发音倾向，这使得人们常常可以通过说话者的发音来判断其身份背景。从语言学习的角度来讲，非母语者口音事实上是植根于外语背景的、某些典型而共同的语音偏误表现。

关于英语口音的研究成果已有很多（Wells，1982；Lippi-Green，1997；Piske et al.，2001；Flege et al.，2006），研究的重点、方法等也不断得到拓展（Bradlow & Pisoni，1999；Wijngaarden，2001；王红岩，2009）。

然而，汉语的口音研究成果目前还不多见。由国家语委主持的“中国语言资源有声数据库”的分库“地方普通话库”，计划收录大量方言口音普通话语料，但它主要是作为方言文化资源进行保存，后期的分析研究成果还比较少。另一些汉语口音研究成果主要集中在语音工程方面，如方言口音普通话的识别或以识别为目的的方言口音普通话特征分析（普园媛等，2005；李爱军，2003、2005）。从口音的角度研究非母语者的汉语语音则更有待于加强。

本项目的设想是在这样的背景下作出的。

2.2　典型外国口音汉语发音表的确定

汉语母语者有时可以听出非母语者的口音汉语，这种判断常常是按国别作出的。例如有的中国人从口音有时可以听出对方是日本人还是韩国人，有的甚至也能判断出对方是越南人还是印度人。这反映出不同的外国口音有不同的特点。非母语者口音汉语数据库需要将不同口音的特点清晰明确地反映出来，因此发音表必须按照说话人的母语背景分别制订。例如，英语母语者的汉语口音有其共同特点，因此按照这些共同特点设计出能够反映其共同口音的发音表；日语母语者的汉语口音有其共同特点，按照这些共同特点设计出相应的发音表；等等。总之，从第二语言学习研究的角度来看，不同母语背景发音表设计的原则也就是必须体现出其共同的语音偏误，而摒弃那些没有偏误的项目。举例言之，英语母语者的汉语发音通常在元音[i]的发音上问题不大，而通常将元音[y]发为带有偏误的[iu]，这样，发音表可以不涉及[i]，而必须包含[y]。

发音表对不同背景语音偏误的体现主要通过两种途径完成。一是参考有关研究报道[如“不同学习者汉语语音学习的偏误及其分布”（毛世桢，2008）及国别汉语语音教学难点报道]进行初步的摸底。二是通过与某外语背景的多名汉语学习者进行实际接触考察，通过调查其实际发音来确定共同的语音偏误内容。

所有发音表在结构上分为三部分，分别是：单字、词语和句子。下面简要说明。

单字设计数量为100个左右，主要表现口音汉语存在的单音节中的声母、韵母、声调等方面的典型问题。根据不同口音存在问题的多少，可以适当增加单字数目，也可以适当减少。数量上视具体情况而定，而不一定限于100个。

词语设计数量为50个左右，主要表现词及简短词组中典型的声、韵、调以及可能的连读问题。具体数量同单字原则，也不限于50个。

句子设计数量50个，主要表现语流中典型的连读变调或变音、节奏、流畅度、语调等方面的典型问题。具体数量同单字原则，也不限于50个。

单字、词语、句子可以包含共有的口音问题，例如英语母语者[y]的偏误，可以设计在单字中，也可以设计在词语和句子中。

按上述原则和方法我们设计出了英语、俄语、日语、韩语、泰语等母语背景的口音发音表(限于篇幅发音表从略)。这里以泰语背景汉语学习者单字方面的典型口音问题为例，介绍我们梳理总结出的典型偏误如下：

（1）送气塞音k[kʰ]、送气塞擦音q[tɕʰ]、ch[tʂʰ]等，分别发为相应部位不带阻塞的擦音[x]、[ɕ]、[ʂ]。如“考试”发为近似于“好试”，“车”发为近似于“赊”之类。

（2）声母x[ɕ]大部分发为[s]，如“学”发为[siɛ]，“校”发为[siɑu]。

（3）声母h[x]往往发为鼻化色彩很重的[ŋ̊]，如“好”发为[ŋ̊ɑu]之类。

（4）声母r[ʐ]发为[ɻ]。

（5）韵母ua[uɑ]与uo[uo]不能区分，发音介于两者之间。如“我”“瓦”等不易分别。

（6）韵母 iɑ［ia］与 ie［iɛ］不能区分，发音介于两者之间。如“假”“姐”等不易区分。

（7）“儿音”［ər］舌位靠后，卷舌色彩过轻，发为［ɤ］。

（8）第一声（阴平）偏低，发如东北话。如“自行车”发为“自行［ʂə33］”。

（9）第四声（去声）下降幅度太小，如“看见”发为［xan553 tɕiɛn553］。

不同母语背景的口音汉语发音表都是根据其特有的偏误有针对性地设计的。

三 发音人与录音

每种母语背景的口音汉语发音人男、女各 1 名。发音人均为青年，无口、咽喉疾病。发音人应具有比较典型的口音（从汉语水平上来讲大多为初中级水平，但也不排除口音仍然显著的高级水平学习者）。

录音在专业录音室进行。将发音单字、词语和句子制作成 PPT（1 页 1 个单字 / 词语 / 句子），发音人观看 PPT 进行发音。使用铁三角（Audio-technica）电容麦克风以及语音分析软件 Praat5.4 录音。采样率 22 050 Hz；量化精度 16 位。

本项目后期将提供普通话发音作为目的语的标准参照，因此同时请受过播音训练的普通话发音人（也为青年）录制与各典型外国口音汉语发音文本完全对应的普通话标准发音。

所有发音人均给予适当发音费。

四 在线系统的制作

4.1 英语口音在线数据库

目前大型的口音英语在线数据库有“英语全球方言档案（International Dialects of English Archive，IDEA）”、“英语口音档案（Speech Accent Archive，SAA）”等。

IDEA 在线数据库（网址：http://www.dialectsarchive.com/）由舞台语言研究界的领军人物、堪萨斯大学戏剧学系 Paul Meier 教授于 1997 年开始建立，最初目的是为影视演员提供世界各地的口音英语与方言，以利于他们的表演。数据库收录的每份录音包括一段朗读（文本最初为 *Rainbow Passage*，后改为 *Comma*

Gets a Cure）和一段即兴发言，总计约 4 分钟。每份录音有较为详细的背景信息（如性别、年龄、出生地、出生日期、民族、职业、教育程度，以及录音人、录音时间、即兴发言记录人、记录时间等），网站建立后语音材料不断添加，截至 2015 年 9 月 19 日，已有世界范围近 100 个国家的约 1 000 份录音。

SAA 在线数据库（网址：http://accent.gmu.edu/）是由美国 George Mason 大学英语系 Steven H. Weinberger 教授开发的。该数据库收集全世界英语母语者与非母语者的英语口音样本，所有发音语料均为相同的一段话。这段话共 69 个单词，包含了所有的英语音位。所有样本的发音人也都有较为详细的背景信息（如性别、年龄、出生地、母语、使用英语时长等），发音都经过国际音标（IPA）转写，并能显示发音偏误所在的位置。发音样本按网站设计还提供其母语的音位清单以满足对比分析的需要（有的背景母语还没完成）。网站已收集到 2 107 个样本（截至 2015 年 9 月 19 日）。

4.2 “口音汉语在线”的功能、特点

本项目的设想受到 IDEA 和 SAA 在线数据库的启发。与上述两个数据库类似的是，本研究拟开发最大的汉语口音在线系统。IDEA 和 SAA 数据库收录的全世界口音英语语料都是相同的一段日常话语，读者可以自行上传自己的录音（需要审核才能最终放在网站上）。如前所述，本项目的每种口音汉语的语料都是有针对性地单独设计的，分为单字、词语和句子三种类别。本项目也拟开通读者上传自己发音文件的功能，但是读者发音不作为本系统认可的偏误语料，只作为口音汉语者的参考语料。

除此以外，本研究与 SAA 数据库还有以下三点区别：

（1）学习矫正功能。本研究开发的口音汉语数据库立足于为学习者提供不同国别和母语背景的典型语音偏误样本，从而为学习者正确发音提供教学矫正，而不仅仅是收集口音语料。

（2）语料音质保障。所有语料录音均在专业录音室录音，语料质量达到声学分析水准，这将有利于语音偏误的学术研究。

（3）交流互动功能。口音语料及标准发音之下将设置留言板，读者可以发表自己的发音体会、练习经验等，发音中遇到的问题也可以在线寻求帮助。

介绍不同母语背景典型汉语语音偏误的网页，此前有中国国际广播电台下属“CSL 全球汉语学习交互平台”的“你的发音出错了”栏目（音频文件存放

在 ITunes 中，网址：https://itunes.apple.com/cn/podcast/ye-men-ren-shuo-han-yu-zh/id837986324?i=286730798&mt=2），不过该网页收录的语音偏误十分有限，只有 26 个 1~2 分钟的片段，其对语音偏误的展示也仅限于举例性质，远不全面。

4.3 “口音汉语在线”的理念与用途

“口音汉语在线”系统的理念是“专业、精良、广泛、共享”。

其中“专业”与“精良”上文已经涉及，这里主要对“广泛”和“共享”进行简要说明。

本项目预计收录世界范围内尽量多的汉语偏误语音语料，预计录制 50 国以上的典型口音汉语。据我们初步分析，这些语料可以囊括全世界汉语学习者 95% 以上的语音偏误。语料收录将充分考虑世界范围的地域平衡以及语种背景的广泛性。

在线系统将始终坚持共享理念，以为更多汉语学习者解决口音问题提供帮助为宗旨。因此读者使用本系统无须注册（当然也可以注册）。本系统将永久免费。如公开使用（诸如教学、研究等）请注明来源，商用需要征得开发者同意。任何读者对其中的资源都可以自由浏览、播放、下载、保存。

“口音汉语在线”系统的用途主要有如下几个方面。

（1）可以为学习者、教学者、研究者等提供准确、详细的不同母语背景的典型汉语语音偏误。系统中的偏误描述和口音语料是在条分缕析地梳理不同母语背景汉语语音偏误的基础上得到的，是比较准确可靠的。

（2）可以使学习者比较全面地认识自己母语背景的发音难点，对很可能产生的偏误有更深的直观了解和认识。学习者可以反复收听偏误发音，同时对照标准发音，反复练习改进，起到自我纠音的作用。

（3）可以为研究者提供系统、有效的有声语料进行偏误分析研究。由于音频文件的音质保障和无限制使用，研究者可以利用系统的语料进行声学语音学分析，对比偏误发音和标准发音，考察其中的异同和规律，进而有利于语音学习与教学。

除以上所介绍的功能外，系统在后期还将不断增加新的功能，例如偏误纠正建议、动态发音图谱、发音评分、汉语教学资源等，使系统更加多样化、立体化，为学习者和教学带来更多帮助。

五　结语

60多年来，普通话在全国的普及率已经达到54%（靳晓燕，2010）；与此相应，汉语方言的濒危现象越来越突出（潘悟云等，2010；曹志耘，2014）。另一方面，汉语国际教育事业正方兴未艾、如火如荼地进行。仅近几年，全球汉语注册学员已从2009年的26万发展到2014年的111万（见“孔子学院年度发展报告”，网址：http://www.hanban.edu.cn/report/index.html）。可以预见，随着普通话的普及，方言口音将越来越少；而随着汉语国际教育的发展，外国口音将越来越多。口音汉语研究有大量的内容需要做，尤其是汉语作为第二语言学习中的外国口音问题。学习者口音研究将对摆脱植根于母语背景的语音偏误，更好地进行发音教学产生积极作用。

“口音汉语在线”目前已经有了初步的成果和设想，后期还将继续完善功能，改进服务，增注语料，扩大规模。“口音汉语在线”系统的功能是多方面的，目前国内外与其功能类似的网站几乎还没有。网站也希望得到各方人士更多的关注支持，推动其成长壮大，以期在汉语国际教育事业中贡献出一定的力量。

附录2 口音汉语在线*
——汉语语音偏误语料库的设计与功能

刘欣蕾 马 乐 毛钧谊 孟 莹 孙晓彤

一 引言

1.1 语音偏误的成因及其普遍性

在第二语言的习得过程中，学习者的第一语言即母语的使用习惯会直接影响第二语言的习得，并对其起到积极促进或消极干扰的作用。目的语和母语中相似的部分，对学习者来说是容易的，起积极促进作用，即母语正迁移；而其中不同的部分则是学习的难点，起消极干扰作用，即母语负迁移。（Robert Lado，1957）语言差异的普遍性导致母语负迁移经常发生，以此类推，由母语负迁移导致的语音偏误现象也就普遍存在了。

在第二语言学习过程中，语音化石化也是普遍存在的现象。语音化石化是指语音的学习在半成品阶段就已经僵死。学习者或是因为错过学习语言的“关键期”（The Critical Period Hypothesis）（Lenneberg，1967），或是因为只满足于交际而失去了继续学习的动机，以及个体差异等其他原因导致大多数学习者出现语音化石化这一语音偏误现象。

所以，在第二语言学习过程中，由于母语负迁移和语音化石化的影响，出现了普遍的语音偏误现象。

* 本文发表于《现代语文》（语言研究版）2016年第12期，第34–36页。

1.2　语音偏误研究的必要性

语音偏误研究有助于汉语教师认识到学习者偏误，根据偏误推断学习者的知识水平，确定教学重点，规划教材结构，对学习者进行有针对性的教学。正如 Pit Corder 所说："学生所犯偏误的性质和程度，虽然不能直接用来衡量他的语言知识水平，但却可能是有关他的知识质量的最主要的知识来源。"（1983：247）与此同时，学习者了解自己的偏误后，也可以有针对性地加强练习，从而改进发音。

因此，一个集中针对非母语汉语学习者语音偏误进行正确示范的学习网站，不失为汉语学习者提高汉语水平的一条途径，同时也为研究者提供参考。

在研究偏误之前，偏误的确定非常重要。

二　偏误认定

我们认为，对于语音偏误的认定须从理论和实证两个角度进行，二者相辅相成、缺一不可。"口音汉语在线" 系统作为一个专门针对非母语汉语学习者语音偏误的学习网站，在收集各种非母语汉语学习者的语音偏误之前就先从这两个角度进行了偏误认定。下面以母语为俄语的汉语学习者的语音偏误认定为例进行说明。

2.1　理论分析

理论分析主要是通过研读大量相关文献，根据前人的研究以及教学实践概括总结留学生发音偏误。在确定母语为俄语的汉语学习者的语音偏误时，我们分析了大量的相关的论文。例如《俄罗斯人学习汉语语音偏误分析》（罗音，2007）、《对俄罗斯留学生进行汉语语音教学重点分析》（刘俏、苏燕、关秋红，2009）、《俄罗斯学生汉语语音偏误分析及教学对策》（刘冉冉，2016）等相关学术论文。通过相关文献的归纳和整理，可归纳出以下俄罗斯留学生汉语语音常见偏误：（1）声母方面的偏误主要出现在不带音声母、卷舌声母、翘舌音、塞音等方面；（2）韵母方面的偏误主要出现在舌尖元音、卷舌音、含 ou 的复韵母、前后鼻韵母、复韵母等方面；（3）声调方面的常见偏误主要为阴平和上声。[1]

[1] 这篇文章主要目的是介绍偏误的研究方法及应用，所以不对具体的偏误进行细究。详细全面的以俄语为母语的汉语学习者的语音偏误总结呈现在 "口音汉语在线" 网站的 "口音档案—俄罗斯—典型口音描述"。

2.2 实证研究

实证研究是指通过实验的方式来验证理论研究的结论。首先，为了全面地调查俄罗斯留学生的语音偏误，我们设计了一份包含所有声母、韵母及声调的字表。字表中包含的汉字数量较多，便于后期的偏误总结和归纳。同时每一部分的汉字都进行了汉语拼音的标注，防止留学生因为汉字辨认错误而造成发音的错误，从而影响对其发音偏误的总结。被试对象选取了三名南开大学汉语言文化学院俄罗斯国籍的留学生，由其对字表中的汉字进行朗读并录音。后期用 Praat 软件对录音进行了仔细的听辨和分析，发现三名俄罗斯国籍留学生的汉语语音偏误较集中，从声母、韵母、声调三个角度分析，其语音偏误主要集中在以下几个方面：（1）声母方面的偏误主要集中在 b、d、g、z、r、zh、ch、sh、j、q、x、z、j、送气较强的塞音 p、送气较强的塞音 k；（2）韵母方面的偏误主要集中在ü、-i、er、ou、ɑo、前后鼻韵母、iu、ui、un、ün；（3）声调方面的偏误主要集中在阴平和上声。

根据得出的语音偏误，我们进一步制作了针对性更强的包括单字、词语、句子、语篇的语料表，并请一男一女两位南开大学汉语言文化学院的俄罗斯籍留学生进行朗读并录音。单字主要反映非母语学习者在汉语普通话声母、韵母、声调等方面存在的问题；词语主要反映非母语学习者在声母、韵母、声调以及连读音变等方面存在的问题；句子主要反映非母语学习者在声母、韵母、声调、连读音变以及句调等方面存在的问题。单字、词语、句子这三类语料是根据不同母语学习者的典型语音偏误逐一专门设计的（本文附表为针对俄语母语者所设计）。语篇是一篇统一的 215 字的语料（《姐姐的电话》），包含汉语普通话所有声母、韵母、声调、主要的连读音变、主要的句调等。后期通过用 Praat 软件对录音进行分析，我们进一步确认了俄语母语者的语音偏误。我们选取代表性强的语音偏误，并将其按照严重程度进行排序，将录音语料传到网站，并辅以标准的普通话发音语料，以供汉语学习者及研究者参考。

三 “口音汉语在线”系统

在基于国别典型汉语语音偏误研究的基础上，我们开发了世界非母语汉语学习者语音偏误数据库——“口音汉语在线”系统（Global Accent Chinese）。系统收集了美、日、韩等多个国家的汉语发音偏误语料，并辅以正确发音语料，旨在为汉语学习者、汉语教师、汉语作为第二语言的语音学习研究者提供帮助。网站同时附有语音学研究资源，语音录音与分析软件、汉语有声资源、口音视频网站等扩展资源，并有注册、留言、分享等功能。本系统秉承“专业、精良、广泛、共享”的理念，坚持免费共享原则。网站已经申请了独立的服务器和域名，网址为：http://www.globalaccentchinese.com/?from=groupmessage&isappinstalled=0。目前系统收录有美国（英语）、俄罗斯（俄语）、日本（日本语）、韩国（韩国语）、泰国（泰语）、哥伦比亚（西班牙语）、德国（德语）、荷兰（荷兰语）、法国（法语）、印度（印地语）、中国藏族（藏语）、中国壮族（壮语）等 11 个国家或民族 12 种语言背景的口音文字描述与有声语料；同时正在制作葡萄牙（葡萄牙语）、意大利（意大利语）、乌克兰（乌克兰语）、白俄罗斯（白俄罗斯语）、匈牙利（匈牙利语）、芬兰（芬兰语）、埃及（阿拉伯语）、土耳其（土耳其语）、蒙古（蒙古语）、哈萨克斯坦（哈萨克语）背景的偏误资源。

四　结语

语音偏误研究是第二语言习得研究的重点与难点。随着“汉语热”的升温，非母语汉语学习者的语音偏误问题亟待研究和解决。“口音汉语在线”系统提供全面的非母语汉语学习者汉语语音偏误有声数据库，帮助非母语汉语学习者提高对偏误发音与标准发音的辨识能力，进而克服语音偏误。

附表 1　“口音汉语在线”系统俄语母语者录音字表

qǐng 请	rén 人	tūn 吞	zěn 怎	pí 皮	jīng 晶	bēn 奔	lǚ 吕	kùn 困	nǚ 女
rào 绕	cí 词	hǔ 虎	rì 日	kǔ 苦	kǒu 口	xū 需	qǔ 取	tǔ 土	gǒu 狗
sū 苏	pú 仆	chá 查	zá 砸	jǐ 几	jù 巨	jiǎ 假	shù 数	zì 自	

附表 2　“口音汉语在线”系统俄语母语者录音词表

píngkuàng 平旷	zìzūn 自尊	tīngrèn 听任	jìnqù 进去	jìnkuàng 近况
kěndìng 肯定	érzi 儿子	zhǔnxǔ 准许	hūrán 忽然	gāokǎo 高考
jiàqī 假期	zhīshi 知识	tóunǎo 头脑	fǎnduì 反对	bēnpǎo 奔跑

附表 3 “口音汉语在线”系统俄语母语者录音句表

1. 下(xià)周(zhōu)二(èr)是(shì)圣(shèng)诞(dàn)节(jié),我(wǒ)们(men)出(chū)去(qù)庆(qìng)祝(zhù)吧(ba)。
2. ——我(wǒ)们(men)出(chū)去(qù)喝(hē)啤(pí)酒(jiǔ)吧(ba)。 ——不(bú)去(qù),我(wǒ)没(méi)兴(xìng)趣(qù)。
3. 请(qǐng)您(nín)停(tíng)一(yí)下(xià)车(chē),我(wǒ)现(xiàn)在(zài)想(xiǎng)去(qù)洗(xǐ)手(shǒu)间(jiān)。
4. 请(qǐng)您(nín)在(zài)附(fù)近(jìn)的(de)出(chū)租(zū)汽(qì)车(chē)站(zhàn)停(tíng)一(yí)下(xià),谢(xiè)谢(xiè)。
5. ——请(qǐng)问(wèn)怎(zěn)么(me)去(qù)火(huǒ)车(chē)站(zhàn)? ——向(xiàng)前(qián)走(zǒu)十(shí)分(fēn)钟(zhōng)就(jiù)到(dào)了(le)。
6. 任(rén)女(nǚ)士(shì)认(rèn)为(wéi)光(guāng)明(míng)日(rì)报(bào)比(bǐ)人(rén)民(mín)日(rì)报(bào)更(gèng)有(yǒu)趣(qù)儿(ér)。
7. 荣(róng)先(xiān)生(sheng),很(hěn)高(gāo)兴(xìng)认(rèn)识(shi)您(nín)!
8. 请(qǐng)进(jìn)来(lái)吧(ba)。这(zhè)儿(ér)就(jiù)是(shì)之(zhī)前(qián)说(shuō)的(de)家(jiā)具(jù)齐(qí)全(quán)的(de)房(fáng)间(jiān)。
9. ——下(xià)个(gè)星(xīng)期(qī)四(sì)九(jiǔ)点(diǎn)在(zài)这(zhè)个(ge)教(jiào)室(shì)见(jiàn)! ——再(zài)见(jiàn)!
10. 救(jiù)命(mìng)!请(qǐng)帮(bāng)我(wǒ)打(dǎ)110 叫(jiào)警(jǐng)察(chá)。
11. 对(duì)不(bù)起(qǐ),请(qǐng)问(wèn)寄(jì)信(xìn)应(yīng)该(gāi)去(qù)哪(nǎ)儿(ér)?
12. 这(zhè)是(shì)我(wǒ)第(dì)一(yī)次(cì)从(cóng)这(zhè)儿(ér)坐(zuò)地(dì)铁(tiě)回(huí)家(jiā)。
13. 周(zhōu)二(èr)一(yì)起(qǐ)去(qù)看(kàn)电(diàn)影(yǐng)行(xíng)不(bù)行(xíng)?
14. 现(xiàn)在(zài)请(qǐng)大(dà)家(jiā)用(yòng)英(yīng)语(yǔ)做(zuò)自(zì)我(wǒ)介(jiè)绍(shào)。
15. ——这(zhè)些(xiē)是(shì)什(shén)么(me)东(dōng)西(xi)? ——是(shì)西(xī)芹(qín)和(hé)橘(jú)子(zi)。

附表 4 “口音汉语在线”系统录音语篇

《姐姐的电话》

喂,弟啊。现在忙吗?不忙的话我就多说两句。你的生日是什么时候啊?哦,一九九二年四月,快三十五了。姐姐有一儿一女了,你还没有女朋友。因为什么呢?你离家远,一天总是忙工作。光挣钱有用吗?不知道的还以为你有问题呢。你不小了，难道没有喜欢的女孩儿吗？去年见了一个小李，你说有点儿高；今年见的姓翁的那个，你也说哪儿不对。诶，我就奇怪了。我问你你到底想找怎样的？听姐姐的话好不好？你是我们的希望，爸爸妈妈都等着，要不他们不放心啊，早点儿找好了一块儿回来，你觉得呢？注意吃饭，也要多运动运动。就这样吧，下次再聊。

附录3　口音汉语在线*
——不同母语背景汉语语音偏误的系统梳理与有声呈现

顾　倩　刘松岩　杨盼盼　冉启斌

一　引言

口音指某个个人、群体及某个地区、阶层、民族等特有的发音方式（*The New Oxford American Dictionary*，2005；Trudgill，2006）。我们比较熟悉的是中国各地方言背景人群的口音，例如有的湖南人说普通话由于其湘方言背景的影响而带有湖南口音，有的广东人说普通话由于其粤方言背景的影响而带有广东口音等。以外语（非汉语）为背景的人说汉语当然也很可能会带上口音，例如有日本口音、中国维吾尔族口音、俄罗斯口音等。

从理论上说，每个人都会有口音，只是在程度和方式上存在不同（Matsuda，1991；Lippi-Green，1997；Trudgill，2006）。从语言学习的角度，口音是受某种母语背景影响而产生的带有某种程度典型性的发音偏误，是学习者需要克服的来自母语负迁移的语言学习障碍。我们拟开发的"口音汉语在线（Global Accent Chinese）"就是打算系统呈现世界上不同母语背景学习者学习汉语时的典型语音偏误，以利于学习者对自身母语背景可能产生的语音偏误有比较清晰的理性和感性认识，也利于教学者对学习者的难点、痼疾有比较全面的了解和把握，还利于研究者对学习者出现的偏误进行声学等实验分析。

* 本文发表于李向玉主编《澳门语言文化研究（2015）——"构建和谐的语言生活"学术研讨会论文集》，澳门理工学院，2016年，第200–209页。

二　典型口音表现的梳理

“口音汉语在线”有声数据库将通过如下步骤进行研究和建立。

有声数据库建立的前提是不同母语背景者汉语发音表的确立。而发音表确立的关键是系统梳理出不同母语背景的口音汉语表现，即不同母语背景者说汉语时会出现的典型语音偏误。汉语语音偏误研究自20世纪80年代以来已经有不少成果出现（鲁健骥，1984；朱川，1997；蔡整莹、曹文，2002；孙德金主编，2006；毛世桢，2008；王韫佳、邓丹，2009等）。在对汉语非母语者典型语音偏误的分析整理上，我们一方面借鉴以往研究的成果，一方面利用我们作为对外汉语教师的优势，通过对学习者的实际考察得出。例如美国留学生的典型汉语语音偏误，经过我们的系统梳理主要表现在如下方面：

2.1　声母方面

（1）清音b[p]、d[t]、g[k]、z[ts]发为浊音[b]、[d]、[g]、[z]或[dz]。例如：“爸”发为近似于[bᴀ]，“组”发为近似于[zʊ]、[dzʊ]。

（2）翘舌音zh[tʂ]、ch[tʂʰ]、sh[ʂ]发为舌叶音[dʒ]、[tʃ]、[ʃ]。例如：“扎”发为[dʒᴀ]，“吃”发为[tʃə]。

（3）j[tɕ]、q[tɕʰ]、x[ɕ]发为舌叶音[dʒ]、[tʃ]、[ʃ]，且初学者易将其与zh[tʂ]、ch[tʂʰ]、sh[ʂ]相混淆。例如：“去”发为近似[tʃiu]，初学者易将其和“出”相混；“先”发为近似[ʃiɛn]，初学者易将其和“山”相混。

（4）卷舌声母r[ɻ]发为[rʷ]、[ʒ]。例如：“然”发为[rʷan]、[ʒan]。

（5）舌根音h[x]发为英语部位更靠后的喉音[h]。例如：“好”发为[hɑu]，“喝”发为[hə]。

2.2　韵母方面

（6）ɑ[ɑ]开口度不够大、靠后，且含ɑ的复韵母发音也受到影响。例如：“方”发为近似[fæŋ]，“两”发为[liæŋ]。

（7）u[u]发音较靠前，接近英语的[ʊ]。例如：“故”发为近似[gʊ]，“书”发为近似[ʃʊ]，像英语的shoe。

（8）ü[y]常发为[iu]。例如：“鱼”发为[iu]，“女”发为近似[niu]。

（9）-i[ɿ]、-i[ʅ]翘舌不够，易央化，常和[ə]混淆，也会受书写字母影响，发成[i]。例如："市"发成近似[ʃə]，"子"发成近似[zə]；初学者常常分不清 zi、ci、si 和 ze、ce、se，以及 zhi、chi、shi、ri 和 zhe、che、she、re。

（10）e[ɤ]发音动程不够，易央化发为[ə]。例如："鹅"发为[ə]。

（11）三对合口呼和撮口呼易混：u—ü、uan—üan、uen—ün，尤其是"zh/ch/sh + 合口呼"与"j/q/x + 撮口呼"。例如："路"和"绿"、"奴"和"女"、"住"和"句"。

（12）前后鼻韵母易混。例如："新"和"星"，"跟"和"更"。

2.3 声调方面

（13）第一声（阴平）整体音高偏低且常为降调。例如："阳光"发为"阳[guæŋ31]"。

（14）第二声（阳平）常发为降调，近似第四声。例如："词典"发为"[tsʰə41]典"。

（15）轻声发不好，往往发为原调。例如："哥哥"发为近似[gə31 gə31]，"知识"发为"知[ʃə41]"。

以上是我们系统梳理以美国英语为背景的留学生（由于语言背景与国家具有交错复杂的关系，为方便我们也省称为"* 国学生"，如这里"以美国英语为背景的留学生"省称为美国学生）的典型汉语语音偏误条目。这些条目将作为我们设计国别典型汉语口音发音表的依据。

三　国别发音表的设计

这里仍以美国学生的典型汉语口音为例对国别发音表的设计进行说明。

每种母语背景的发音表我们分为单字、词语（主要是二字组，也包括少量三字或四字组）和句子三大部分。单字数量以 50 个为基准，可以根据情况适当增减；词语数量以 30 个为基准，可以根据情况适当增减；句子数量以 20 个为基准，可以根据情况适当增减。单字中主要考虑学生典型的声母、韵母等偏误，也涉及声调偏误；词语中主要考虑学生的声调以及连读偏误；句子中主要考虑学生的连读偏误、句调等问题，兼顾学生的声母、韵母等偏误。

在梳理美国学生典型汉语语音偏误的基础上，我们设计出美国口音发音表如下：

3.1　字表

不、日、句、新、先、星、山、只、决、住、全、肉、故、多、凶、出、当、穷、吃、吹、脏、鱼、论、虐、热、永、书、选、然、高、瑞、跟、学、混、水、准、绕、需、专、次、钻、测、女、租、绿、乱、路、尊、说、群、缺、弱、炯、软、扔、寻、润、让、军、撞、卷、去、容、市、人、资、红、责、忙、方、张

3.2　词表

单独、阳光、表白、中级、然后、更高、同学、淘宝、省略、知识、专家、房间、水果、桌子、居住、自责、词典、小组、传奇、铅笔、女人、施舍、手机、哥哥、厕所、期末、考试、毕业、绿色、紫色、用户、增加、故事、保存、画画儿、很勇敢、高跟儿鞋、洗脸水

3.3　句子

（1）大家好，我来自美国，很高兴认识你们！
（2）今天我爸爸出差去上海了。
（3）我觉得汉语最难的是声调和汉字。
（4）这双鞋竟然卖四千块！
（5）你最好多练习练习听力。
（6）北京每天都会堵车。
（7）你应该多关注一些招聘的信息。
（8）这款衣服有四种颜色。
（9）我经常去看望我的奶奶。
（10）我的爸爸是军人。
（11）这家互联网公司怎么样？
（12）他给我讲了很多故事。
（13）这是我最好的朋友周帅。
（14）我已经写了十几年日记了。
（15）我们是在酒吧认识的。

（16）我的中文非常糟糕。
（17）我先吃饭，然后去游泳。
（18）我们星期日中午见面，可以吗？
（19）你知道附近哪里有交通银行吗？
（20）需要帮你带点儿什么吗？
（21）从学校打车去机场需要多少钱？
（22）你想喝咖啡、啤酒，还是橙汁呢？
（23）你的手机号码是多少？
（24）我来中国留学两年。

四　发音人与录音

每种母语背景的口音汉语发音人男、女各 1 名。发音人均为青年，无口咽喉疾病。发音人应具有比较典型的口音（从汉语水平上来讲大多为初中级水平，但也不排除口音仍然显著的高级水平学习者）。

录音在专业录音室进行。将发音单字、词语和句子制作成 PPT（1 页 1 个单字 / 词语 / 句子），发音人观看 PPT 进行发音。使用铁三角（Audio-technica）电容麦克风以及语音分析软件 Praat5.4 录音。采样率 22 050 Hz；量化精度 16 位。

本项目后期将提供普通话发音作为目的语的标准参照，因此同时请受过播音训练的普通话发音人（也为青年）录制与各典型外国口音汉语发音表文本完全对应的普通话标准发音。

所有发音人均给予适当发音费。

五　在线数据库的建立

5.1　可资参考的英语口音在线数据库

目前大型的口音英语在线数据库有“英语全球方言档案”（International Dialects of English Archive，IDEA）、“英语口音档案”（Speech Accent Archive，SAA）等。

IDEA 在线数据库（网址：http://www.dialectsarchive.com/）由舞台语言研究

界的领军人物、堪萨斯大学戏剧学系Paul Meier教授[1]于1997年开始建立，最初目的是为影视演员提供世界各地的口音英语与方言，以利于他们的表演。数据库收录的每份录音都包括一段朗读（文本最初为 *Rainbow Passage*，后改为 *Comma Gets a Cure*）和一段即兴发言，总计约 4 分钟。每份录音有较为详细的背景信息（如性别、年龄、出生地、出生日期、民族、职业、教育程度，以及录音人、录音时间、即兴发言记录人、记录时间等）。网站建立后语音材料不断添加，截至2015 年 9 月 19 日，已有世界范围近 100 个国家的约 1 000 份录音。

SAA 在线数据库是由美国 George Mason 大学英语系 Steven H. Weinberger 教授开发的。该数据库收集全世界英语母语者与非母语者的英语口音样本，发音文本为英语常见单词，但是包含了所有英语音位（共 69 个单词）。所有样本的发音人也都有较为详细的背景信息（如性别、年龄、出生地、母语、使用英语时长等），发音都经过国际音标（IPA）转写，并能显示发音偏误所在的位置。发音样本按网站设计还提供其母语的音位清单以满足对比分析的需要（有的背景母语还没完成）。网站已收集到 2 107 个样本（截至 2015 年 9 月 19 日）。

5.2 “口音汉语在线”的功能、特点

“口音汉语在线”的设想受到 IDEA 和 SAA 在线数据库的启发。与上述两个数据库类似的是，本研究拟开发世界上最大的汉语口音在线系统。IDEA 和 SAA 数据库收录的全世界口音英语语料都是相同的一段日常话语，读者可以自行上传自己的录音（需要审核才能最终放在网站上）。如前所述，本项目的每种口音汉语的语料都是有针对性地单独设计的，分为单字、词语和句子三种类别。本项目也拟开通读者上传自己发音文件的功能，但是读者发音不作为本系统认可的偏误语料，只作为口音汉语者的参考语料。

介绍不同母语背景典型汉语语音偏误的网页，此前有中国国际广播电台下属“CSL 全球汉语学习交互平台”的“你的发音出错了”栏目（音讯文件存放在 ITunes 中，网址：https://itunes.apple.com/cn/podcast/ye-men-ren-shuo-han-yu-zh/id837986324?i=286730798&mt=2），不过该网页收录的语音偏误十分有限，只有26 个 1~2 分钟的片段；其对语音偏误的展示也仅限于举例性质，远不全面。

[1] Paul Meier 教授指导过很多有名的电影，如《无懈可击》《与魔鬼共骑》《莫洛凯岛：戴梅恩神父的故事》《最后的食罪人》。他在美国和英国很多声名卓著的戏剧学校任过教，所著的 *Accents & Dialects for Stage and Screen*（《舞台与荧屏的口音和方言》）是世界畅销的戏剧音乐系教材。

5.3 “口音汉语在线”的理念与功能

“口音汉语在线”系统的理念是“专业、精良、广泛、共享”。

其中“专业”与“精良”上文已经涉及，这里主要对“广泛”和“共享”进行简要说明。

本项目预计收录世界范围尽量多的汉语偏误语音语料，预计录制50国以上的典型口音汉语。据我们初步分析，这些语料可以囊括全世界汉语学习者95%以上的语音偏误。语料收录将充分考虑世界范围的地域平衡以及语种背景的广泛性。

在线系统将始终坚持共享理念，以为更多汉语学习者解决口音问题提供帮助为宗旨。因此，读者使用本系统无须注册（当然也可以注册），且本系统永久免费。如公开使用（诸如教学、研究等）请注明来源，但本项目的资源谢绝商用。任何读者可以自由浏览、播放、下载、保存。

除系统呈现非母语者汉语普通话的语音偏误梳理和有声语料外，“口音汉语在线”系统还将提供以下扩展功能：

（1）提供语音分析软件Praat的下载以及近40个Praat常用脚本的下载，方便语音研究者。

（2）提供汉语普通话单音节语料库、塞擦音发音有声语料，以及汉语方言对话、方言古诗朗诵等语料，方便学习者对汉语语音的了解。

（3）预计提供汉语语音本体研究文献“二十世纪中国语音学文献引略”和“汉语作为第二语言语音习得研究文献”等。“二十世纪中国语音学文献引略”收录有关文献近2 000篇；“汉语作为第二语言语音习得研究文献”正在整理中，预计收录有关文献近1 000篇。这将为汉语语音习得研究者提供便利的文献资源。

（4）提供其他具有实用性的资源。

六　结语

“口音汉语在线”是一个规模较大的典型汉语语音偏误在线数据库，这在日益增长的汉语学习需求下（“孔子学院年度发展报告”，网址：http://www.hanban.edu.cn/report/index.html），将为学习者带来便利的自我纠音参照。系统对于汉语教师及语音研究者也将提供大量的研究资源。系统将秉承“专业、精良、广泛、共享”的理念，在实际运行的过程中不断增加功能，增强实用性，努力将其制作成一个具有示范作用的汉语语音共享在线数据库。

附录4　汉语语音偏误的特点与模式*
——基于25种母语背景学习者的偏误条目数据的分析

冉启斌　于　爽

一　引言

20世纪50年代以来，随着世界范围操不同语言的人的交流的日趋频繁，作为新兴学科的“第二语言习得（L2 Acquisition）”应运而生并迅速取得突飞猛进的发展。“二语习得”的各种理论如雨后春笋般涌现，VanPatten & Williams（2015）专门介绍第二语言习得理论的专著中涉及的理论不下数十种。学习者产出的介于母语和目的语之间的“语言”也受到越来越多的关注，除较早提出的具有广泛影响的中介语理论（Selinker，1972）外，近年来使用超声成像技术（Wilson，2014）、听感实验方法（如Hao & de Jong，2016）、fMRI技术（如Ghazi-Saidi et al.，2015）、ERP技术（如Kuhl et al.，2016）、多模态（multi-modal）方法（如Lotherington & Jenson，2011）等方法对中介语语音进行研究，已成为重要的趋势。

然而，对中介语语音本身的特性、规律的探索还很不充分，尤其是从跨越本体与应用的角度进行的理论研究开展得还很少。不同母语背景的学习者在习得某一种第二语言时，第二语言的语音成分产生偏误的程度有哪些差异？在所有可能的语音偏误中存在怎样的倾向性（speech error tendency）？将语音偏误建成较大规模的数据库，使用数理统计的方法对所有可能的偏误进行考察会有怎样的发

* 本文发表于《世界汉语教学》2019年第3期，第417–432页。

现？成规模的语音偏误数据是否表现出某些共性与类型特征？语音偏误的深入研究对语言本体研究将产生哪些重要的意义？这些都是很值得探讨的课题。

本文在经过较长时间积累的25种母语背景[1]的汉语语音偏误条目数据基础上，使用统计分析等方法，部分地将语言本体研究中类型学（Linguistic Typology）相关的理论、方法与语言习得应用研究结合起来，尝试对上述问题进行初步的探索，期望对汉语作为第二语言习得的中介语语音研究及语音偏误研究有所裨益。

二　典型汉语语音偏误条目数据库

2.1　典型汉语语音偏误与偏误条目

不同母语背景的学习者在学习第二语言时会有不同的偏误表现，这是自20世纪50年代Lado（1957）倡导“对比分析”（contrastive analysis）以来就认识到的事实。某一母语背景的学习者产生的偏误，有一部分可能只是由学习者的个人原因造成的，属于带有个性色彩的偏误（这部分偏误通常很少）；而另一部分偏误则是源于学习者母语的语音特点，出现率非常高，带有很强的典型性和普遍性（这部分偏误数量通常非常大）。例如英语背景的汉语学习者，往往把汉语的r［ɻ］发为带有圆唇作用的［r^w］，而日语背景的学习者却很少出现这样的偏误（朱川主编，1997：149）；日语背景的汉语学习者往往将汉语的唇齿擦音［f］发为双唇擦音［ɸ］，而英语背景的学习者却不会出现类似偏误（朱川主编，1997：4；毛世桢，2008：127），等等。这些都属于不同母语背景学习者的典型偏误（typical speech error）。

以往对学习者典型偏误的综合性、系统性分析并不多。Wheelock（2016）考察过1种母语背景（意大利语背景）的英语学习者的共同语音偏误（common errors）；Tajeddin et al.（2017）分析过1种母语背景（波斯语背景）的英语学习者在语用常用语上的共同偏误；也有研究者对英语作为外语教学的最常见偏误（the most frequent errors）进行总结（Heydari & Bagheri，2012），但主要限于语音、语法偏误的分类。总之，从跨学习者母语背景的角度所作的综合性、系统性偏误分

［1］所谓“25种母语背景”是宽泛的说法，详见后文2.2。

析还比较零散。

本文拟考察非母语学习者的典型汉语语音偏误。所谓“典型汉语语音偏误”，是指某一母语背景的学习者在学习汉语语音时，由于受到其母语特定语音状况的影响而表现出来的带有典型性的语音偏误。

对典型偏误进行梳理总结可以形成偏误条目(error item)，下面以泰语背景的汉语学习者为例进行说明。按有关研究(参阅李红印，1995；蔡整莹、曹文，2002；并主要参考冉启斌等，2016：13)，以泰语为母语的学习者在学习汉语语音时的典型偏误往往包括：(1) 汉语的送气塞音 k[kʰ]、送气塞擦音 q[tɕʰ]、ch[tʂʰ]等，分别发为相应部位不带完全阻塞的擦音[x]、[ɕ]、[ʂ]。如“考试”发为近似于“好试”，“车”发为近似于“赊”之类。(2) 汉语声母 x[ɕ]大部分发为[s]，如“学”发为[siɛ]，“校”发为[siɑu]等。(3) 汉语声母 h[x]往往发为不带音的小舌鼻音[ɴ̥]，并使其后的韵母也带上很重的鼻化色彩，如“好”发为[ɴ̥ãũ]等。

上面列举的泰语背景学习者的几种典型偏误表现是分条列出的，对偏误的这种分条描述可称之为偏误条目。从上面的例子可以看到，汉语的送气塞音 k[kʰ]、送气塞擦音 q[tɕʰ]、ch[tʂʰ]等 3 个音都误发为相同部位的擦音，这些偏误具有内在一致性(即学习者将送气塞音、塞擦音开始的完全阻塞的部分段落删除掉了)，因此将 3 个音的偏误整合为 1 条偏误条目。由此可见，偏误条目具有较高的概括性。换言之，偏误条目的形成不是一个音一个音地列出来，而是按照语音的内在规律进行归纳整理。

由于这些语音偏误是学习者在产出不标准的第二语言时出现的问题，因此对这些语音偏误进行研究也就是对中介语进行研究。

按照上述方式，可以将不同母语背景学习者的典型汉语语音偏误条目收集起来，建成具有一定规模的数据库。

2.2 本文依据的典型汉语语音偏误条目数据库

我们主要通过一线汉语教师课堂采集的偏误，也参考部分已发表成果，经过近 3 年时间(2015 年 1 月—2017 年 11 月)的整理收集，建成 25 种母语背景的“典型汉语语音偏误条目数据库”。

25 种母语语言中的 24 种分别为[1]：英语（美国）、俄语（俄罗斯）、韩语（韩国）、泰语（泰国）、西班牙语（西班牙）、德语（德国）、荷兰语（荷兰）、法语（法国）、日语（日本）、阿拉伯语（埃及）、乌克兰语（乌克兰）、哈萨克语（哈萨克斯坦）、葡萄牙语（巴西）、意大利语（意大利）、土耳其语（土耳其）、蒙古语（蒙古）、白俄罗斯语（白俄罗斯）、芬兰语（芬兰）、尼泊尔语（尼泊尔）、乌尔都语（巴基斯坦）、印度尼西亚语（印度尼西亚）、壮语（中国壮族）、藏语（中国藏族）和维吾尔语（中国维吾尔族）。

另外，有一个比较特殊的情况需要说明。我们也收集整理了尼日利亚学生的偏误条目，尼日利亚的官方语言为英语，但是又与英式、美式英语有所不同。尼日利亚主要民族语有豪萨语、约鲁巴语和伊博语 3 种语言。由于其中情况比较复杂，很难理清学习者的偏误与哪一种母语背景有关，作为一种暂时的处理办法，我们把尼日利亚学生复杂的母语背景宽泛地看作“1 种”母语背景。为简便起见，我们将 24 种母语背景学习者的偏误数据以及尼日利亚学生的偏误数据，合在一起称为“25 种母语背景”的语音偏误数据库。

上述语言涉及世界上 6 个大的语系（另含 2 种语系未定语言），分布于亚洲、欧洲、非洲、北美洲、南美洲等五大洲，使用于 25 个国家 / 民族。

数据库中收录的偏误条目基本上只与汉语普通话的声母、韵母、声调等静态语音或语音特征相关，不涉及重音、节奏、语调等动态特征。轻声、儿化本来是普通话的动态连读音变现象，但是因为这两种现象非常容易发生偏误，且作为偏误条目收集起来比较容易把握，为方便起见，将轻声作为声调特征予以收入，儿化作为韵母特征予以收入。

25 种母语背景的学习者所有偏误条目限于篇幅无法详细列出，后文会对这些条目进行比较深入的分析。下面先从两个方面对所有偏误条目作基本描述。

2.3　偏误条目在母语背景上的分布

数据库中有声母、韵母、声调三方面各类偏误条目共计 528 条（限于篇幅具体条目从略）。按照 25 种母语背景计，每种母语背景学习者有偏误 21.12 条。从学习者的角度看，可以认为一种母语背景的学习者的平均语音偏误有 21 条之多。

[1] 由于有的语言在多个国家或地区使用，相同语言在不同国家或地区可能有程度不等的变异，所以在每种语言后标注了国名或地区名（中国境内民族语言仅标示民族名）。

由于偏误条目具有概括性（见上文2.1），因此这一数量是不小的。

不同母语背景的偏误条目数量并不相同，25种母语背景学习者各自的偏误条目数量按升序排列如图1所示。

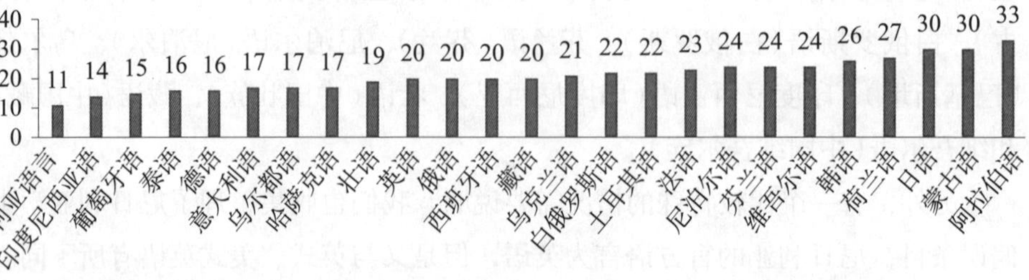

图1　学习者的典型汉语语音偏误条目在母语背景上的数量分布（升序排列）

图1显示，偏误条目最少的是尼日利亚背景，为11条；偏误条目最多的是阿拉伯语背景，为33条。必须指出的是，图1显示的偏误条目数量是如实呈现数据库中的原始数据情况。在制作数据库之初我们确定了统一的原则和标准，以此要求一线汉语教师在课堂上主要依靠个人教学经验收集整理偏误条目，收集过程中可以参考能找到的以往有关某种母语背景偏误描述的论文及相关材料。在具体收集偏误条目的过程中不同教师把握标准的宽严程度时可能略有不同。后期我们逐一对所有条目进行检查，对极少数明显不符合原则的偏误条目按照标准进行了修改调整，但大多数条目未作改动，尽量呈现教师收集的原始数据。我们认为，上述不同母语背景学习者的偏误条目数量仅作为原始材料提供，不能绝对化看待。不管怎样，我们认为对这些偏误条目数据作初步的分析探讨是可行的。

2.4　偏误条目在声母、韵母、声调上的分布

上述528条偏误条目，有的和声母有关，有的和韵母或声调有关，即所有偏误条目可以从在声母、韵母或声调上的分布来观察。3类偏误条目的分布情况如图2所示。

如图2所示，从绝对数值上来看，所有偏误条目在韵母上的分布数量最多（233条，约占44%），声母略少一些（159条，约占30%），声调最少（136条，约占26%）。不过，要注意的是，声母、韵母和声调在汉语语音系统中的基数并不相同，汉语普通话的声母数量为22个（包括零声母），韵母数量为40个（前文2.2已说明，为方便起见，将儿化作为韵母特征收入），声调数量为5个（前文2.2也已说

明，将轻声作为声调特征收入）。从这个角度来看，声调偏误的相对比值是最高的（136/5 = 27.20），这就是说在数据库中平均每个声调约有 27 条偏误，声母偏误的相对比值比较低（159/22 = 7.23，即平均每个声母有超过 7 条偏误）；韵母偏误的相对比值最低（233/40 = 5.83，即平均每个韵母约有近 6 条偏误）。当然，2.1 已经说明，偏误条目并不是按具体的单个语音进行整理，而是按具有概括性的类来计算的。不管怎样，把这些因素考虑进来，声调的偏误率都是远远高于声母和韵母的。

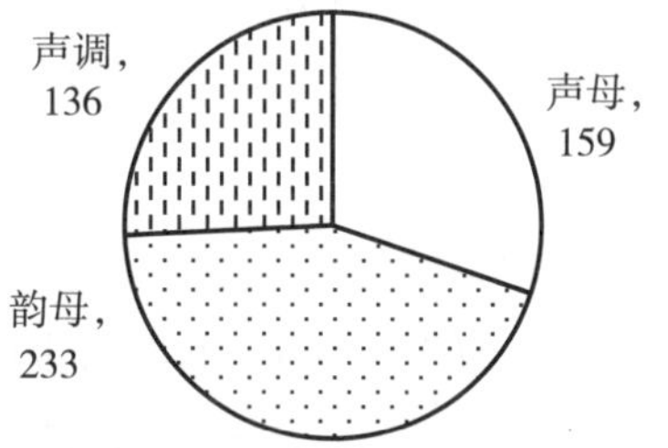

图 2　学习者的典型汉语语音偏误条目在声母、韵母、声调上的数量分布

三　汉语语音偏误的总体表现

我们认为，目前所建成的包含 25 种母语背景、共计 528 条偏误条目的数据库并不够大，在母语语种平衡甚至某个母语背景偏误的完备性上也还有可以商榷的地方，但是鉴于目前还没有偏误条目数据库及其相关研究，我们先以这 528 条偏误条目为对象进行探索性考察。下面先报告汉语语音偏误的总体表现。

3.1　哪些音最容易发生偏误——偏误涉及的语音 / 特征及其频率

非母语者学习第二语言（汉语）语音时会产生偏误。但究竟是哪些语音或哪些语音特征（后文省写为“语音 / 特征”）经常发生偏误，这些语音 / 特征发生偏误的频率到底怎样，这是值得研究的问题。有鉴于此，我们首先考察偏误条目涉及的汉语语音 / 特征及其频率。需要说明的是，在声调方面由于偏误条目涉及全部 4 个单字调和轻声，因此这里只考察作为音段特征的声母和韵母。声调的情况后文单独分析。

如 2.1 所述，数据库中的偏误条目已经进行了一定程度的概括，但是除去 136 条声调偏误后剩下的 392 条偏误条目仍然显得分散。我们按照涉及的汉语语音 / 特征，将所有 392 条偏误条目归纳为 27 类，其中涉及声母的 14 类，涉及韵母的 13 类。所有的 27 类汉语语音 / 特征及其在 25 种母语背景中的出现频率条形图如图 3 所示。[1]

需要说明的是，图 3 中我们将舌尖前元音［ɿ］和舌尖后元音［ʅ］合并为一条“舌尖元音 -i”的偏误。另外，由于作图原因，图 3 中的语音 / 特征都使用汉语拼音表示。

图 3 显示，25 种母语背景中偏误率最高的前 5 项语音 / 特征分别是：（1）舌尖后音 r；（2）舌尖后音 zh、ch、sh；（3）舌尖元音 -i；（4）复韵母；（5）鼻音韵尾 -n/-ng（指对前鼻音与后鼻音的区分出现偏误）。这些语音 / 特征的偏误都发生在 20 种母语背景以上。舌尖后音声母（无论是 r 还是 zh、ch、sh）、舌尖元音 -i 等的偏误率都非常高，这符合一般教学经验，原因在于这些音在世界其他语言中都比较少见。舌尖后音最经常发生的偏误是发为舌叶音（25 种母语背景中的 17 种母语背景有此偏误）。按 UPSID（317 版），世界语言中最常见的塞擦音按降序排列为［tʃ］、［ts］、［dʒ］、［dz］、［ts’］、［tʃʰ］、［tsʰ］和［tʃ’］（Maddieson，1984，转引自 Berns，2014：375），其中舌叶音［tʃ］是最常见的塞擦音，而汉语中的舌尖后塞擦音在世界语言中是罕见的。

图 3 显示最常发生偏误的语音 / 特征中比较让人意外的是“复韵母”和“鼻音韵尾 -n/-ng”。复韵母的偏误以往较少提及，关注得很不够。该偏误在 21 种母语背景中都有出现，尤其值得注意。复韵母的主要问题前文已经说明。造成复韵母发生偏误的原因是多方面的，例如母语中缺乏相应的复韵母；或有类似复韵母但发音方式不同，Peeters & Barry（1989）曾指出在二合元音的过渡上不同语言间存在差异；甚至汉语拼音的拼写方式也可能导致偏误（例如韵母［iəu］省写为 iu，

［1］需要说明的是，为简洁起见，图 3 中的 27 类语音 / 特征只用了极其简略的文字说明。例如“复韵母”是指涉及复韵母的偏误，在偏误条目数据库中实际上包括下列多种偏误：① 介音丢失或发音不充分；② 介音发音不标准；③ 韵腹发音不到位；④ 韵腹丢失；⑤ 韵尾发音过于清晰；⑥ 韵尾发音不清晰，发生混淆；⑦ 韵尾丢失；⑧ 韵尾发音有摩擦；⑨ 韵尾添加其他音，如后加［w］；⑩ 拼读出现间隙；⑪ iong 和 un 混淆等。而后面单列了“复韵母 / 单韵母”一项，是指学习者将复韵母和单韵母相混淆或将复韵母发为单韵母，如将［yɛ］发为［ø］，属于将复韵母发为了单韵母。“复韵母”与“复韵母 / 单韵母”看起来似乎有重复，事实上二者偏误的具体内容并不相同。其他语音 / 特征与此相同，不再一一说明。另外，图 3 中列出的是归纳后的语音 / 语音特征，如果原始偏误条目中同一母语背景有 2 条关于“舌尖后音”的不同的偏误，归纳后在该母语背景只会出现 1 次，因此图 3 中涉及母语背景的总数（276）要少于偏误条目总数（392 条）。审稿人指出偏误条目如“复韵母”等设计过于宽泛，事实上上文已说明，“复韵母”等不是收集偏误条目之前设计出来的，而是在收集完 528 条偏误基础上后期进行归类形成的。把类似问题都归入“复韵母”一个条目下有不够准确之处，不过由于本文依据的偏误条目数量多，只能使用比较概括的方法，这会造成一定程度的简化或重复。但如果不这样处理全文讨论的问题会十分分散，篇幅也会大量增加。

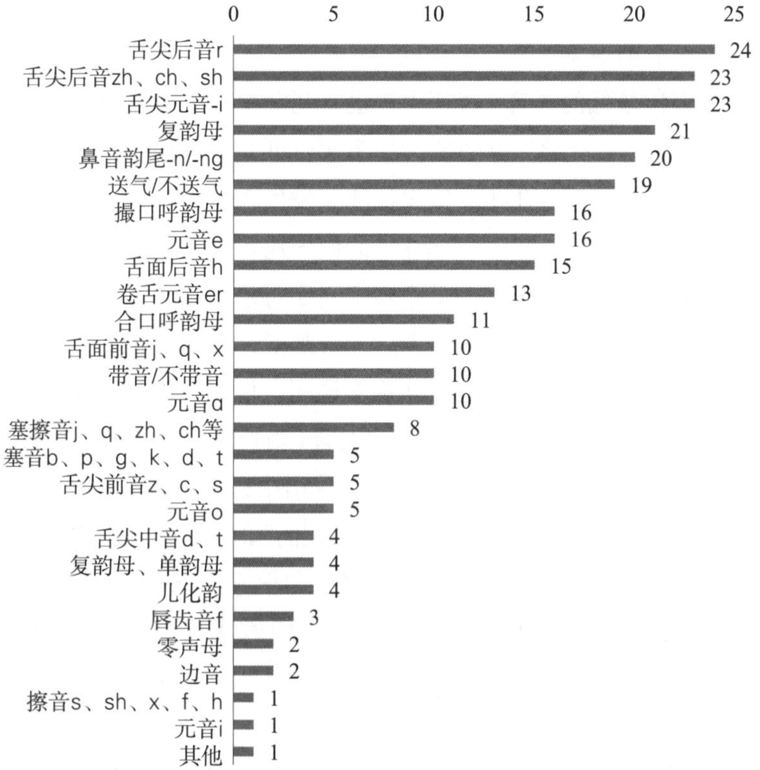

图 3　27 类汉语语音 / 特征的偏误频率（按降序排列）[1]

使得学习者容易丢失韵腹）等。鼻音韵尾 -n/-ng 的区分出现偏误，过去往往被认为是汉语方言区的普通话学习者（尤其是南方方言区的普通话学习者）的主要问题之一，现在看来在第二语言学习中这一问题也是普遍存在的。在 25 种母语背景中有 20 种母语背景出现此类问题。

图 3 还显示，一些平时认为不太容易出现偏误的语音 / 特征也发生了一定程度的偏误，例如元音 e/ɤ/、舌面后音 h、合口呼韵母、元音 a 等。这里以合口呼韵母为例作一个简单的说明。合口呼韵母出现的偏误主要发生在 u 上，也包括 ua、uo、uai、uei、un、uan、uang、ueng 等韵母。合口呼韵母的主要偏误表现包括：（1）u 发音靠前，发为［ʊ］或［ʉ］；（2）u 与撮口呼相混；（3）u 发音时不圆唇；（4）u 发为［v］；（5）u 发为［o］等。合口呼韵母的偏误在 11 种母语

[1] 最后的“其他”是指“a［ɑ］、o［o］、uang［uɑŋ］等发音前伴有小舌过渡音［χ］”。此条涉及多个韵母，不太好归类，故列为“其他”。

背景中出现，占所有母语背景的四成以上（11/25），虽然偏误发生的普遍性不算高，但也并不是个别现象。

在偏误频率比较低的语音/特征中，也有几种偏误表现值得关注。舌尖中音d、t，零声母，边音，元音i等的偏误频率比较低是容易想见的。唇齿音f通常认为容易发生偏误，但事实上f的偏误往往只发生在日语、韩语等母语缺乏唇齿音的学习者发音中。在日、韩学习者中f的偏误比较严重，但从跨母语背景来看普遍性却并不高。儿化韵的情况与此近似，对于母语缺乏卷舌元音的学习者来说是一个很大的难点，但如母语中已有卷舌元音则发音会很容易。

关于儿化韵的学习难度，有必要作更多说明。根据我们的研究，对学习者而言，儿化韵真正的难点并不是卷舌元音的发音（当然发音对于母语中没有儿化的学习者而言也具较大的难度），而是在于掌握汉语中哪些词语常常需要儿化，哪些词语常常不需要儿化。换言之，一般所谓“儿化韵”的学习难度，事实上包含了两个层面的问题。第一个层面是“儿化”的发音，即学习者产出卷舌元音的能力。这是一个纯语音学的问题或技术性的问题，重点在于学习者对发音技能的掌握。第二个层面是汉语中哪些词经常儿化，哪些词不经常儿化，相同的词哪些场合需要儿化，哪些场合不需要儿化等。这不是语音学问题，而是词汇甚至语用层面的问题。一般所说“儿化”是留学生学习汉语的一大难点，是将两个层面的问题杂糅在一起了。事实上儿化单纯作为发音技能问题，难度并没有想象的那么大。

图3中偏误频率最低的5种语音/特征是零声母，边音，擦音（s、sh、x、f、h），元音i和其他。这些语音/特征偏误频率比较低是容易想见的。这里不再一一说明。

上面对27类偏误语音/特征作了大致介绍，我们重点考察的是不同偏误特征在25种母语背景中的频率分布情况。我们认为，这一考察揭示的是跨母语背景下汉语语音中各类偏误语音/特征出现的频率，简单地说也就是列出了最容易发生偏误的语音/特征排序。这使我们对汉语语音的学习难度可以有一个全局的认识和把握。

3.2　哪些音最不容易发生偏误——几乎不发生偏误的语音/特征

上文介绍了语音偏误的频率排序，我们还可以从相反的角度——哪些语音/特征没有出现偏误来研究偏误的普遍性问题。鼻音n很少出现偏误，但是由于汉语n的实际发音部位为齿化的[n̪]，因此学习者经常出现部位不够标准的偏误。

擦音 s 也很少出现偏误，但在偏误条目数据中也有发为近似于齿间音[θ]的情况。至于韵母方面，除了元音 i 的偏误是最少的外，其他元音与韵母的偏误都比较多(如[a]、[u]、[y]、[e]、[o]、[ɿ]、[ʅ]、[ɛ]的偏误都不少，见上文)。

事实上，在声母、韵母和声调的所有语音 / 特征中，偏误条目数据里真正没有出现偏误的只有双唇鼻音 m。从母语所包含的语音 / 特征来看，双唇鼻音 m 也是 25 种母语背景都有的语音。从语音普遍性上看，按 Mielke(2018：6)的研究，在 UPSID(451 版)、PHOIBLE、P-base 等三大音系数据库中[m]都是出现频率最高的音段(出现频率排在第 2—8 位的音段依次是：/a/、/i/、/k/、/u/、/j/、/n/、/p/)。元音 /a/ 的出现频率非常高，但是在汉语语音中仍然会发生偏误。/k/、/u/ 等音段也是如此。因此一种语言中容易出现偏误的语音与该语音的普遍性有关，但是更重要的是与该语言语音自身的特点有关。例如汉语的[u]舌位非常高也非常靠后，很多语言的 /u/(如英语、日语等)都偏低、偏前，因此很容易出现偏误。从中可以看出，汉语语音最常出现的偏误既与语音的普遍性有关，也与汉语自身的发音特点有关。

再次回到声母 m 的问题上。声母 m 的确是一个比较特殊的音，无论从发音部位还是发音方法上，它都缺乏发生偏误的条件和基础。从发音部位上看，双唇不像舌尖那样能作更细的划分。从发音方法上鼻音也很难偏向不带音的鼻音、塞音等。在第二语言学习中，双唇鼻音 m 很可能是中介语中普遍性最高的一个音。

总之，从跨母语背景的角度来看，所有汉语语音中最不容易发生偏误的语音是声母 m。

3.3 汉语声调的偏误频率

与上文考察的声母、韵母等音段特征不同，声调属于超音段特征，因此在这里单独进行考察。所有 136 条声调偏误条目，其中涉及第一声的 33 条，第二声 30 条，第三声 34 条，第四声 19 条，轻声 20 条。从绝对数量上看，偏误发生的次数从多到少的依次是：第三声＞第一声＞第二声(＞轻声)＞第四声[1]。第三声是一个先降后升的曲折调，对学习者会产生更大的难度是可想而知的。第一声比第二声偏误次数多、第二声比第四声偏误次数多也是有其背后的原因的。

Ian Maddieson(1977)在对声调共性的经典研究中提出了声调的 14 条共性，

[1] 轻声不属于单字调，而是语流音变的一种，这里放在括号中作为参考。下文同此，不另注。

其中第7、8两条共性分别为：一种语言如果有拱度声调，那么它也就会有平调；一种语言如果有复杂的拱度，也就会有简单的拱度。这就是说，比较复杂拱度的声调会蕴含比较简单拱度的声调。第三声是普通话4个声调中拱度最复杂的声调，其发生偏误的次数最多显然是符合语言学原理的。第一声是一个平调，它比带有拱度的第二声偏误次数要多，主要原因在于它的"高平"特征。事实上，在发音上要维持"高、平"的特征需要付出更多的努力。第二声比第四声偏误次数多，主要原因在于升调与降调之间具有很多突出的差异。首先，不论是在汉语方言中（刘俐李，2005：261），还是在世界其他语言中，降调都远比升调常见（Yip，2007：231）。其次，有研究指出在90—220 Hz范围内喉快速改变音高时，产生升调比产生降调用时要长（Ohala & Ewan，1973）。再次，在汉语的第一语言习得中也发现普通话儿童在升调上的习得比平调和降调要难（蒋平，1999：190）。第四声比第二声偏误频率要低得多确实具有多方面的原因。

轻声的偏误条数为20条，这也是值得说明的。通常认为轻声是第二语言学习者的一大难点，事实上这与上文分析的"儿化"一样。"轻声"作为学习者的难点，主要在于掌握哪些词经常读轻声，哪些词不经常读轻声这一词汇。这是语用层面的问题，而不是纯粹的发音技能问题。

除了上面对5个声调偏误次数的绝对数值进行分析外，我们还进行了另外一种考察，即观察各个声调的偏误在25种母语背景中的分布情况。5类声调偏误在25种母语背景的出现频率如图4所示。

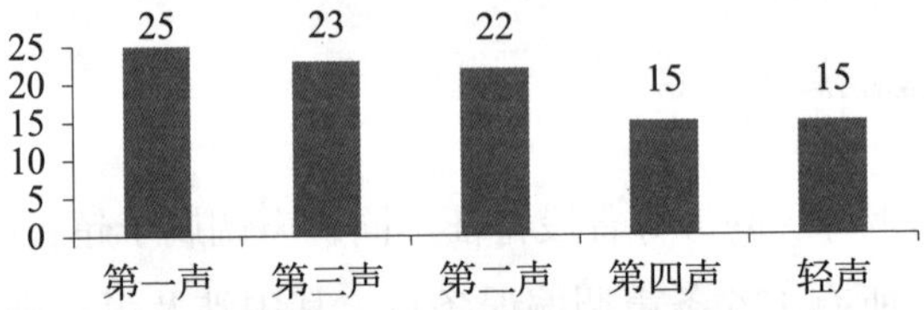

图4　5类声调偏误在25种母语背景中的频率（按降序排列）

从图4可以看到，5类声调在25种母语背景中出现偏误的频率按降序排列是：第一声＞第三声＞第二声＞第四声＝轻声。这个排序与前面偏误次数的绝对数值有所不同，主要的差别是第一声和第二声的位置互换，以及轻声由在第四声前变为与第四声并列。这个排序显示的是各个声调在不同母语背景中最容易发生偏误的次序。

值得说明的是，第三声的绝对偏误数量是34条，但是它并不发生在所有母语背景中（泰语和维吾尔语背景未出现）；而第一声的绝对偏误数是 33 条，它却发生在所有母语背景中。第二声绝对偏误数为 30 条，在泰语、日语、尼日利亚 3 种母语背景中未出现。第四声和轻声相对而言其偏误发生的普遍性最低。不过从比例上看这两类声调的普遍性也不低，在 60% 的母语背景的学习者中（15/25）都发生了偏误。

在偏误数据中，第一声的主要问题是音值偏低（有 18 种母语背景有此问题）。第一声为高平调，音值偏低主要是音高高度达不到，其偏误的严重程度其实并不高。而第三声是先降后升的曲折调，学习者最常见的问题是发为升调（21 种母语背景有此问题），其调型已经发生了改变，偏误程度是比较严重的。

四 偏误中的指向与趋势：元音、声调的个案分析

"偏误"是学习者在学习目的语过程中产生的偏离目的语的非标准形式（Ellis，2013：961）。上一节从目的语（汉语）的角度展示了语音 / 特征发生偏误的频率，并对哪些语音 / 特征容易发生偏误作了分析，本节则直接对学习者本身的偏误进行考察分析。学习者产出的偏误是分散、没有规律的，还是具有某些指向与趋势？如果具有指向与趋势，这些指向与趋势又是怎样的？这是很有意思的问题。不过目前国内外的研究都还缺乏对此的考察。如果将声母、韵母、声调的偏误杂糅在一起分析，由于各自的属性、偏误的性质都不一样，情况会非常复杂，很难考察出偏误的趋势与指向。适当的方法是将不同的语音 / 特征分开处理。本节就以元音、声调为两个个案，对偏误的指向与趋势进行研究。

4.1 元音的偏误指向与趋势

普通话的单元音有[ɤ]和[ə]的区别，二者的分布条件各不相同（王理嘉，1991：102、108；王洪君，2008：51）。这里单独考察偏误条目中涉及元音[ə]的 14 条偏误。我们在元音四边形上用箭头来指示偏误发生的方向。细的线条来示意发生次数较少的偏误，粗的线条来示意发生次数较多的偏误。这样得到[ə]的偏误指向示意图如下（图 5）。

从图 5 可以看到，央元音[ə]的偏误在不同母语背景的学习者中比较分散，偏误的指向在舌位的前 / 后、高 / 低上都有分布。除了没有偏向中间的央高、央低等元音外，其偏向指向了 8 个常见元音舌位中的 7 个（后半低元音 ɔ 除外）。

不过，图上也比较清楚地显示出[ə]的偏误有一个主要趋势，即偏误的指向更多的是高化、前化。可以看出，[ə]的偏误在分散的指向中也有一定的倾向和趋势。

如果说[ə]所体现的偏误指向与趋势还不够明显，那么当我们将除[ə]之外的其他8个单元音[1]的偏误指向放在一起进行考察，情况就很有意思了。所有偏误条目中涉及8个单元音的共30条。图6是按偏误条目中普通话其他8个单元音作出的偏误指向示意图。

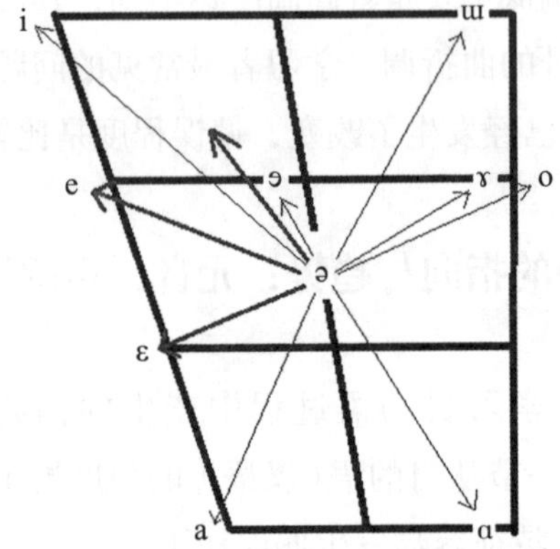

图5 央元音[ə]的偏误指向示意图

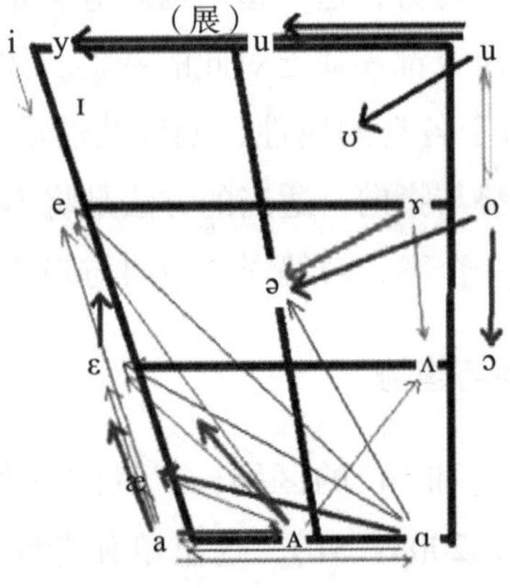

图6 [i]、[ɛ]、[a]、[ʌ]、[ɑ]、[o]、[ɤ]、[u]的偏误指向示意图

图6显示了[i]、[ɛ]、[a]、[ʌ]、[ɑ]、[o]、[ɤ]、[u]等8个单元音的偏误指向。从图上可以看到，8个单元音都有不同程度的偏误，偏误的指向也有各自不同的

[1]关于普通话的单元音数量有不同的看法，从5个到10个不等（可参焦立为等，2001：241-244；王洪君，2008：29-30）。本文按通常的"现代汉语"教材将元音ɑ分为[ʌ][a]、[ə]、[ɑ]等元音。

方向。首先可以观察的是，前高元音[i]有轻微的低化表现(变为[ɪ])；后高元音[u]、[o]、[ɤ]有部分低化表现，同时也有前化表现；低元音[a]、[ʌ]、[ɑ]有部分的后化表现，同时也有高化、前化表现。除此以外，从8个单元音的整体偏误指向来看，可以看到非常明显的趋势与倾向：偏误的整体指向是舌位的高化和前化，这在除[i]之外的7个元音中都有不同程度的表现。换言之，在学习者产出的偏误语音中，体现着显著的高化和前化倾向。

值得探讨的是，在语音的历时演化研究中广泛观察到过所谓的“元音高化”现象(朱晓农，2005；江荻，2007：229)。学习者语音偏误中的“高化”和语音历时演化过程中的“元音高化”在形式上具有某种相似性。这不能不说是一种很有意思的对应。当然，学习者产出语音中的“高化”是一种共时现象，而一般所说的“元音高化”是一种历时现象。不过不管怎样，语音偏误中的这种共性倾向很值得我们注意。

学习者元音高化、前化的原因是什么？这是否与历时的“元音高化”具有某种内在联系？我们认为两种现象的内在原因可能具有相同之处。元音高化的原因是人类发音器官的自然状态不是大开而是闭合的[1]，发高元音时只需要口腔微微打开即可，而发低元音则需要口腔大开，相较而言要费劲一些。由发音器官的惰性引发的省力原则会导致元音的开口度变得较小，从而最终发生“元音高化”现象。后元音“前化”的原理与此相同。人类发音器官的自然状态是舌位偏前而不是偏后的，发后元音需要舌面后部降低或隆起，相比于发前元音更费劲一些。因此，元音“前化”比元音“后化”更容易发生。而从人类发音器官的侧面来观察，情况就会变得更加清楚。从侧面看，人类的下巴可以打开或合上，而舌根部位几乎是无法运动的。因此，下腭的开合实际上是以舌根部位为固定点、以下巴到舌根部位为半径进行的弧线运动。这就造成发音器官前部空间更大、活动也更加灵活，从而为元音的高化、前化提供了自然的生理基础。因此我们认为元音的高化、前化是有客观的生理原因的。

4.2　声调偏误的倾向与趋势

上文3.3显示第一声的偏误在25种母语背景中普遍性是最高的，而从具体的偏误条目来看则是“第三声丢失曲折、发为升调”频率最高(在21种母语背景

[1] 朱晓农(2005)曾提到“发音初始状态”并有定义，但我们的看法与朱晓农略有不同。

中出现)。我们将类似的偏误条目按照偏误的实际音高走势进行归纳，以黑色粗线条显示普通话 4 个单字调的目标音高曲线，以灰色线条显示产出的实际偏误音高曲线。这样作出 4 个单字调的偏误示意图如图 7 所示。

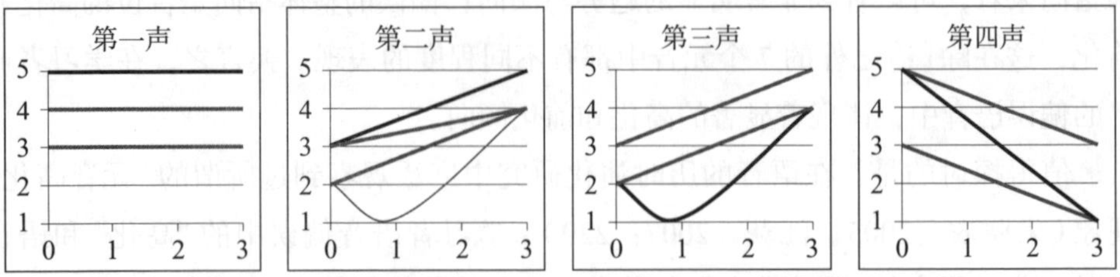

图 7　普通话 4 个单字调的偏误趋势示意图

下面根据图 7 对各个声调的偏误情况进行说明。第一声为高平调，学习者的第一声在调型上没有发生偏误(仍然发为平调)。该声调发生的偏误都在调域上，要么降低到 4 度，要么降低到只有 3 度，但没有再往下降低。第二声为高升调，其偏误也表现为调域降低，要么起点和终点同时降低，要么只降低终点。除此以外，第二声还发生了少部分调型上的偏误，即高升调偏误为低降升调。第三声为低降升的曲折调，其偏误主要是调型出现问题，偏误为升调甚至平调(偏误为平调有 44、55 两种情况，在图上与 44、55 的背景标示线重合)；调域上则都发生了升高。第四声为高降调，其偏误在调型上没有问题，偏误出现在起点的降低或终点的升高上。

总结上述 4 个声调的偏误，可以看到其中有两条主要的规律：(1) 在调域上，偏误声调总体趋向于不高不低的中调域。这一点在 4 个声调上都有反映：对于较高的目标声调值，实际的偏误声调值则偏低；对于较低的目标声调值，实际的偏误声调值则偏高。(2) 在调型上，偏误声调的曲拱程度趋向于降低。这一点主要表现在第二、三、四声上：第二声(35) 本来有较大的曲拱程度，变为 34 则曲拱程度降低了；第三声本来为曲折调，变为升调其曲拱性质也已发生改变；第四声从 51 变为 53 或 31，曲拱程度降低幅度也很大。

按我们分析，这两条规律都有更深层次的动因。Maddieson(1977) 列出的 14 条声调共性的第 3 条是："语音上的中调是无标记的，两极的声调标记程度高。"学习者发音趋向于不高不低的中调域与此正好相对应。另外，从语言的韵律类型上看，Maddieson(2011) 的统计显示世界上约 60% 的语言是非声调语言，只有 40% 的语言是声调语言。在 40% 的声调语言中实际上是包含所谓"音高－重音(pitchaccent)”语言的，因此真正属于曲拱型声调的语言要少得多。这些母语中根本没有声调或没有曲拱型声调的学习者，其发音的曲拱程度降低是可以想见的。

从更根本的发音生理上说，中调域和较低的曲拱程度是更自然、更不费力的发音方式。朱晓农（2005）定义的“发音初始状态”即是五度制中的2—3度，而较小的拱度比较大的拱度更易于发音也是符合发音原理的。

五　基于偏误特征的学习者母语背景判定

在收集到的偏误条目数据中，也可以看到不同母语背景的学习者一些带有倾向性的表现。例如，阿拉伯语背景的学习者声母偏误相对较多，日语背景的学习者韵母偏误相对较多，中国维吾尔语背景的学习者声调偏误相对较少等。除了倾向性偏误表现之外，还有一些偏误特征可以用来对学习者的母语背景进行判定。这主要体现在特有型偏误和组合偏误特征上。目前这方面的研究还很少，我们将有关初步发现报道出来，供学界参考。

5.1　特有型偏误与学习者母语背景

特有型偏误是指只出现于某一母语背景、不见于其他母语背景的偏误。因此如果学习者出现某种特有型偏误，可以由此判定其属于哪种母语背景的学习者。语言类型学研究中有时用一条或几条标准对语言进行识别或分类。利用偏误特征推断学习者的母语背景与此有类似之处。限于篇幅，这里举两条特有型偏误进行说明。

在偏误条目数据库中，f[f]的偏误主要有两类，一类发为双唇擦音[ɸ]；一类发为双唇塞音[pʰ]或[p]，如“饭”发为[pʰan]，“发”发为[pᴀ]等。查看偏误数据可以看到，后一类偏误在数据库中只见于韩语背景的学习者，因此属于特有型偏误。如果学习者出现“擦音f[f]发为塞音[pʰ]、[p]”的偏误，我们基本上可以判断这些学习者的母语背景为韩语。韩语背景学习者出现这类偏误的原因在于，韩语中没有唇齿音[f]，且现代汉语里读f[f]的字在韩语里都还读为[pʰ]或[p]。显然韩语背景学习者的这些偏误是由母语负迁移造成的[1]。

[1] 应当说明的是，这是就我们目前的25种母语背景偏误条目数据而言。如果扩大数据库，在更多的母语背景偏误数据中“擦音f[f]发为塞音[pʰ]、[p]”的偏误是否仍仅为韩语背景学习者所特有还需要进一步研究。

又如 h[x]的偏误在收集到的条目数据中主要有 7 类表现，其中的一类表现是将舌根擦音 h[x]发为摩擦较为明显的不带音舌根鼻音[ŋ̊]，同时使其后的韵母也带上很重的鼻化色彩，如“好”发为[ŋ̊ãũ]，“会”发为[ŋ̊ũə̃ĩ]等。在偏误数据中可以看到此类偏误只出现于泰语背景的学习者。因此如果学习者有“擦音 h[x]发为不带音鼻音[ŋ̊]”的偏误，可以判断这些学习者的母语为泰语。泰语背景学习者的这种偏误主要是受到其母语的影响。泰语中 h 与元音 /a/、/aː/ 等相拼时声母发音接近于[ŋ̊]，其后的韵母也带有很重的鼻音色彩（李红印，1995）。学习者将泰语中的这种发音习惯也带到汉语中来了。

5.2 组合偏误特征与学习者母语背景判定

与特有型偏误不同，有些偏误在多种母语背景中出现，而且某种母语背景也会出现特定的多种偏误。这表明，有可能通过组合在一起的多种特定偏误特征来推断学习者的母语背景。这种情况在偏误数据中实际上更为常见，分析起来很有意思。表 1 以 5 种偏误特征（声调值偏低、舌尖后音发为舌叶音、u 发音偏前、舌尖元音[ɿ]、[ʅ]发为[ə]、r 偏误为[rw]）为例，分析其在英语、日语、韩语、阿拉伯语、泰语等 5 种母语背景中的出现情况。

表 1 偏误特征与母语背景的交叉组合分析示例

母语背景	偏误特征				
	第一声调值偏低	舌尖后音发为舌叶音	u 发音偏前	舌尖元音（-i[ɿ]，-i[ʅ]）发为[ə]	r 偏误为[rʷ]
英语	+	+	+	+	+
日语	+	+	+	+	–
韩语	+	+	+	–	–
阿拉伯语	-	+	–	+	–
泰语	+	–	–	–	–

在表 1 中，我们用“+”表示某种偏误特征的出现，“–”表示某种偏误特征未出现，因此偏误特征是二分的。显而易见，学习者的某种母语背景可以表示为一束“± 偏误特征”。不同母语背景的差异就是不同偏误特征组合的差异。可以看出，表 1 的这种做法类似于语音的区别特征（distinctive feature）分析或词的语义

特征（semantic feature）/ 义素分析。如果通过深入分析整理出恰当的偏误特征，偏误表现就会变得具有更强的系统性和抽象性。

从表1可以看到，5种偏误特征在5种不同母语背景中的出现各不相同[1]，不同母语背景得到了很好的区分。不过，由于特征的选取来自偏误的实际表现，而偏误的实际表现非常复杂（所有偏误条目达 528 条之多，经过合并的声母偏误也有 14 大类 43 小类，韵母偏误有 13 大类 67 小类），表 1 中 5 种偏误特征的选择具有较强的主观性。我们推测，通过深入的分析研究，第二语言学习中的偏误特征，很可能可以和语言本体研究的语音特征打通。另外，偏误特征也可以进一步从发音生理、语音类型学及语音共性的角度进行分类。例如表 1 中的“第一声调值偏低”，根本原因应该在于中调域对发音器官而言是最省力、最自然的发音方式。而表 1 中“舌尖后音发为舌叶音”实际上是具有类型学特征的偏误，因为 Maddieson（1984，转引自 Bern，2014：375）的研究结果显示舌叶音是所有塞擦音里最常见的音，而舌尖后音在世界语言中的频率要低得多（见前文 3.1）。表 1 中的“r 偏误为［r^w］”则不具有语音类型学上的共性色彩，因为没有研究显示“r”带圆唇作用为该音的常态表现，“r^w”只是常见于英语等语言的一种语音现象。

总之，本文这里对“偏误特征与母语背景”之间关系的分析还只是一个示例性的初步考察。从初步的考察来看是很有意思的。我们将继续在这方面做进一步的工作，如果能够真正对偏误特征有更全面透彻的研究，一定会得到更多富于启发性的发现。

六　结语

目前通过较大样本数据对语音偏误的特点与模式进行的研究还不多。本文使用基本的统计分析方法，借鉴语音类型学研究的思路和成果，对 25 种母语背景的汉语学习者的 528 条语音偏误条目作了较为详细的考察和分析，我们希望这种研究对发掘中介语语音偏误的内在规律及其在理论上的价值与意义有所助益。

理论性不足是汉语作为第二语言语音学习研究中的普遍问题，已有很多学者意识到这一缺陷。周小兵、王功平（2010：93）指出：“将不同母语学习者的汉语

［1］需要说明的是，表 1 显示似乎出现于英语的偏误特征最多，事实上这是由选择的“偏误特征”导致的。这里只是示意性的举例，当选择其他偏误特征时表格中的结果是不相同的。

中介音进行综合性、系统性的研究相当不足”“要从二语习得普遍性的理论高度，将不同母语学习者的汉语语音习得规律进行深入系统提炼。”徐婷婷（2017）也认为，目前的二语习得研究“缺乏在数据基础上的理论创建”，将来的研究需要“进一步拓宽二语习得研究的领域、深化二语习得研究的层次”。本研究是这方面的一个初步尝试和探索。

本文的研究还有很多不足，尤其是在不同母语背景偏误条目的整理上还有进一步改进的空间。不过，在现有基础上本文提供了汉语语音偏误表现的一批基本数据，在汉语语音偏误的特点、规律、模式、动因等方面进行了初步探索。我们希望这种思路和方法对语言学习等应用研究与语言本体研究的结合有所助益，同时也希望本文的尝试能够抛砖引玉，将来有更多探索发掘语音偏误规律的成果出现。

附录 5　汉语学习者元音的声学表现与类型*
——以 25 种国籍背景的语流语料为例

黄　玮　冉启斌

一　引言

语音学习是第二语言学习的重要方面，元音在汉语语音中占绝对优势，对元音的掌握情况直接影响到对韵母甚至整个音节的掌握情况。汉语作为第二语言的语言习得研究，需要对不同国别留学生的汉语元音发音情况进行详细考察与分析。但是目前对留学生汉语元音的分析范围还比较有限，主要集中在英、美、日、韩等国家，并且多是个例研究，囊括多个语言背景的综合性研究较为少见。

王韫佳（2001）通过听辨实验的方法对日、韩两国学生感知汉语元音的特点研究发现，两国学生感知错误率最高的是[y]，感知的主要错误倾向是将它同化为[i]。高玉娟、石锋（2006）对汉语和法语的元音进行了声学对比分析，研究表明法国学生对汉语元音[i]、[y]掌握较好，对汉语元音[ʌ]、[ɤ]、[ɿ]、[ʅ]、[u]掌握较差。夏全胜（2009）研究了汉语、英语、韩语的一级元音系统，研究表明韩国留学生对汉语元音[ɤ]、[i]、[ʅ]掌握较好，对汉语元音[y]掌握最差。冉启斌、于爽（2019）对多个国籍背景的汉语学习者语音偏误条目数据进行了分析，在汉语元音方面该研究表明舌尖元音[ɿ]、[ʅ]较容易发生偏误，汉语单元音的总体偏误指向是高化和前化。

目前汉语元音声学分析方面的研究多是单个国别或少数几个国别对比研究，对多个国别背景的汉语学习者的综合研究较少。本研究拟对 25 种国籍背景的学习者汉语元音进行声学分析，探求影响留学生学习汉语语音的共性问题和个性问

* 本文刊发于《实验语言学》2020 年第 9 卷第 3 期。

题，以期对汉语语音教学和研究有所助益。

二 实验情况

2.1 语料设计

本实验中的录音样本来自在线共享数据库“口音汉语在线（GAC）”[1]中“口音档案”板块下的国别口音语料数据。“口音汉语在线”国别口音语料采用专业设备在实验室录音，录音音质具有保障。本实验所选用样本基于语篇文本《姐姐的电话》，该语篇文本的设计涵盖了汉语元音、辅音、四声、儿化、连读变调等因素。本实验从该样本中截取10个汉语元音，即［ʌ］、［o］、［ɤ］、［i］、［u］、［y］、［ɛ］、［ʅ］、［ʅ］、［ɚ］进行研究。元音与所选字词的对应情况如表1所示。

表1 汉语元音与对应词

元音	对应词
［ʌ］	爸、吧
［o］	哦
［ɤ］	的、个[2]
［i］	弟、一
［u］	不、注
［y］	句、去
［ɛ］	诶
［ɿ］	四、次
［ʅ］	日、知
［ɚ］	二、儿

2.2 发音人情况

本研究中的发音人包括2位普通话标准的汉语母语者（1男1女）和来自24个国家的48位汉语学习者（每个国家分别有1男1女两位发音人，均为中青年），

［1］“口音汉语在线——世界典型汉语语音偏误数据库”为以南开大学有关老师为主建立的在线共享数据库，网址：http://www.globalaccentchinese.com。

［2］根据《现代汉语（增订六版）》，结合本研究所用语料，此处“的”“个”中的元音应标记为［ɤ］的变体［ə］，本文仍记为［ɤ］但按央元音［ə］分析。

后者均是初级水平或中级偏低水平的外国留学生，汉语发音水平总体中等偏下。本研究中所涉及的 25 种国籍分别为埃及、巴基斯坦、巴西、白俄罗斯、德国、俄罗斯、芬兰、哈萨克斯坦、韩国、喀麦隆、美国、蒙古、尼日利亚、葡萄牙、日本、塞尔维亚、英国苏格兰[1]、泰国、土耳其、乌克兰、匈牙利、意大利、印度、越南、中国。应该注意的是，我们是出于描述便捷使用国籍分类，实际上每个国家所代表母语背景才是更为本质的内容。

2.3 语音标注与共振峰提取

本实验中采用的录音文件均为 wav 格式，音频采样率为 22 050 Hz，存储位数为 16 位，声道为单声道。

使用语音分析软件 Praat 对元音进行标注，然后使用脚本提取出各个发音人元音的共振峰数据。该共振峰提取脚本可以将每个所标记的语音片段等比例分为 10 个点，提取出该语音片段 10 个点上的 F1、F2 共振峰数据。

2.4 声学元音图制作

根据共振峰提取脚本提取出的共振峰数据计算出每名发音人 10 个元音的 F1、F2 共振峰平均值。表 2 为埃及男性发音人元音共振峰平均值数据，由于数据过多，其他发音人不再列出此项数据。

表 2 埃及男性发音人元音共振峰平均值

埃及男元音	F1 平均值	F2 平均值
[ʌ]	826.75	1 214.6
[ɚ]	519.65	1 610.45
[ɛ]	612.4	1 977.3
[ɤ]	586.2	1 246
[i]	350.9	2 183.85
[o]	518	853.6
[ɿ]	378.05	1 385.6
[ʅ]	420.65	1 632.5
[u]	371.05	872.75
[y]	317.55	1 846.95

[1] 此处仅为突出苏格兰特有口音。

我们在 Praat 中运行脚本进行绘图，将发音人各个单元音的 F1、F2 共振峰平均值输入，最终在 Praat 上得到 50 位发音人的声学元音图。在本实验所作声学元音图中，F1 所在的纵坐标数值区间统一为 200 至 1 500，F2 所在的横坐标数值区间统一为 600 至 3 500。图 1 给出的是中国男性发音人的元音图作为示例，篇幅所限其余发音人的元音图不在此列出。

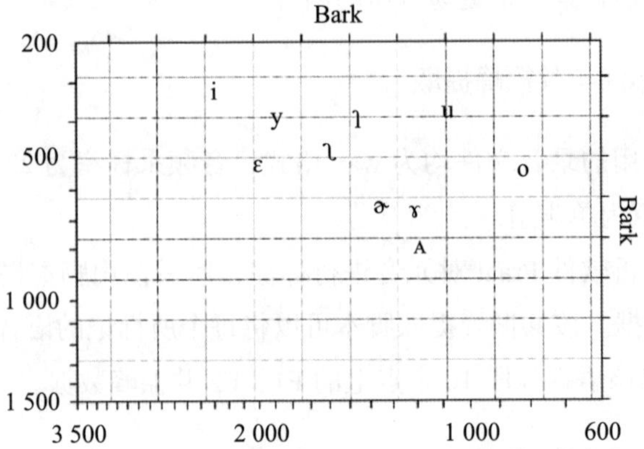

图 1　汉语母语者男性发音人的声学元音图

三　学习者汉语元音的声学分布类型与特点

我们将实验所绘制出的 48 位汉语学习者的声学元音图与汉语母语者的声学元音图进行对比分析。在元音的总体分布上，我们对比学习者与母语者的元音分布情况时主要从以下几个方面进行观察：学习者的元音与母语者是否重合或基本一致，学习者的元音分布是比较紧凑还是比较分散，学习者的元音是比较偏前还是偏后，分布是偏高还是偏低等。在单个元音的分布上，我们对比学习者与母语者的单元音分布情况时主要从以下几个方面进行观察：学习者的元音与母语者是否重合或位置相近，学习者的元音分布是偏前还是偏后，学习者元音的分布是偏高还是偏低等。在对比观察的基础上，我们从以下两个角度对学习者元音的分布类型进行分析：（1）在元音的总体分布上呈现的特点（重合、紧凑、分散、偏前、偏后、偏高、偏低）；（2）单元音在分布上呈现的特点（重合、偏前、偏后、偏高、偏低，个别发音人还存在两个元音重叠的情况，舌尖元音也存在位置相反的情况等）。

根据分析，我们对 25 个国籍背景发音人的汉语元音的声学分布类型进行了数据统计，并从中探求汉语学习者（包括母语者）汉语元音的分布特点。

3.1　总体分布与单元音分布类型

根据元音图的对比分析，我们首先对学习者元音的总体分布与单元音的分布类型进行了统计。结果如下表 3 所示。

表 3　学习者汉语元音的声学分布类型

	重合	偏误	合计
总体分布	14	49	63
单元音	200	392	592
合计	214	441	655

从表 3 可见，在所有元音的分布上一共有 655 条元音的分布类型。我们初步将数据分为与母语者比较分布基本一致（简称“重合”）和分布不一致（即“偏误”）两类。需要说明的是，有的发音人在发音的过程中没有严格按照语篇《姐姐的电话》进行发音，造成了个别元音的缺失。具体来讲，2 位发音人缺失元音［o］，6 位发音人缺失元音［ɛ］。如表 3 所示，总体上的分布类型与单元音的分布类型在比例上是基本协调的。总体分布的偏误出现率（该项偏误数 / 该项合计数）为 77.8%，单元音分布的偏误出现率为 66.2%，可以看出汉语元音在总体分布上的问题要高于单个元音分布的问题。

3.2　总体分布偏误类型

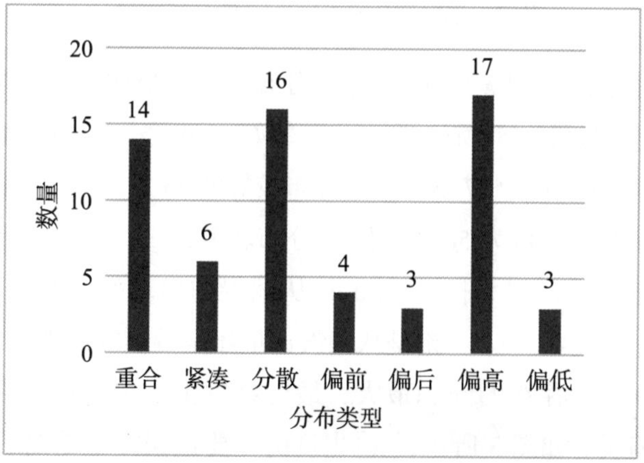

图 2　总体分布类型与数量

图2是我们从总体分布维度对元音的分布类型进行的统计。在总体分布类型的63条数据中，除去分布重合的14条以外就是出现偏误的分布类型。如图2所示，尤其突出的总体分布上的偏误类型为偏高、分散。偏高是指从声学元音图上来看，10个元音分布在整体上偏高，也就是F1值偏小；分散是指从声学元音图上来看，在横坐标上和（或）纵坐标上的跨度较大，如[i]的分布过于偏前，[u]的分布过于偏后，[ᴀ]的分布过于偏低等。另外，偏后、偏低类型的数量较少，分别只有3条。以上现象反映了学习者的发音早总体上具有前化、高化的表现。

3.3 单元音的偏误类型

（1）元音[ᴀ]、[i]、[u]的偏误类型

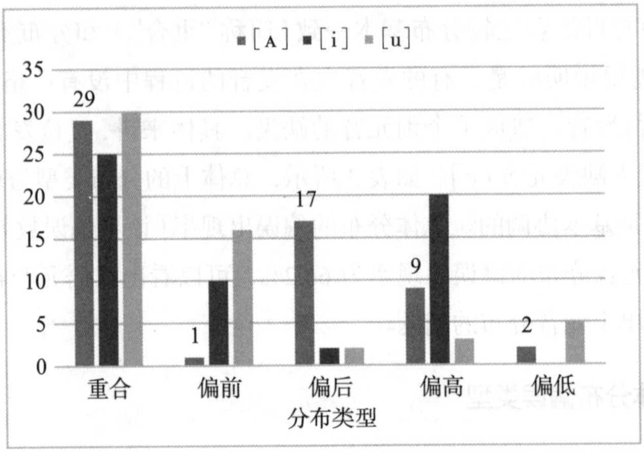

图3　单元音[ᴀ]、[i]、[u]的分布类型

图3是我们对单元音[ᴀ]、[i]、[u]的分布类型的统计。从数据统计来看，元音[ᴀ]的分布类型数目为58条，除去分布较好的29条，分布有偏误的有29条；元音[i]的分布类型数目为57条，除去分布较好的25条，分布有偏误的有32条；元音[u]的分布类型数目为56条，除去分布较好的30条，分布有偏误的有26条。从偏误数量来看，[i]＞[ᴀ]＞[u]；从偏误的出现率来看，[i]（56.1%）＞[ᴀ]（50%）＞[u]（46%）。不论是从偏误数量还是偏误的出现率来看，[ᴀ]、[i]、[u]三个元音中，[i]存在的问题最大、最容易发生偏误，[u]存在的问题较小、最不容易发生偏误。如图3所示，[ᴀ]出现的主要偏误类型是偏后、偏高，[i]出现的主要问题是偏高、偏前，[u]出现的主要问题是偏前。

（2）元音［y］的偏误类型

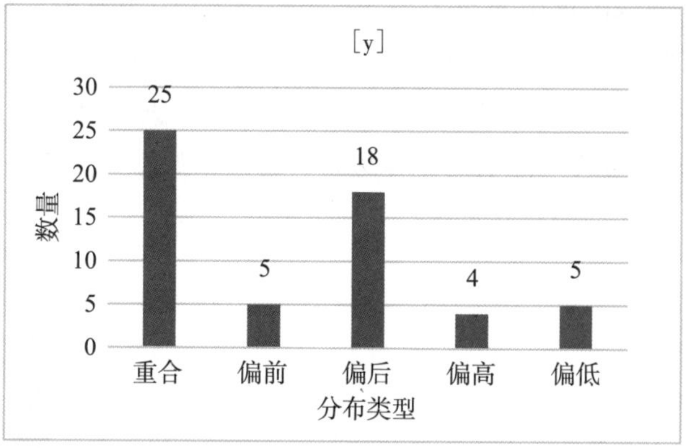

图 4　元音［y］的分布类型

图 4 是我们对元音［y］的分布类型的统计。元音［y］的分布类型总计为 57 条，除去分布较好的 25 条，分布有偏误的有 32 条，偏误出现率为 56.1%。如图 4 所示，［y］出现的主要偏误类型是偏后，占偏误数量的 56.2%（18/32）。［y］在其余三个偏误类型上的出现次数不相上下。

（3）元音［o］、［ɤ］、［ɛ］的偏误类型

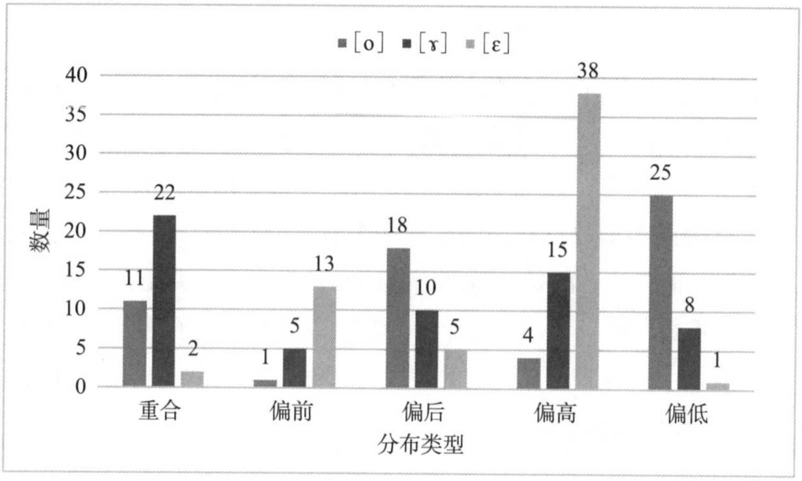

图 5　元音［o］、［ɤ］、［ɛ］的分布类型

图 5 是我们对元音［o］、［ɤ］、［ɛ］的分布类型的统计。元音［o］的分布类型数目为 59 条，除去分布较好的 11 条，分布有偏误的有 48 条，偏误出现率为 81.3%；元音［ɤ］的分布类型数目为 60 条，除去分布较好的 22 条，分布有偏误

的有38条；元音[ɛ]的分布类型数目为59条，除去分布较好的2条，分布有偏误的有57条，偏误出现率为96.6%。在[o]、[ɤ]、[ɛ]三者中，从偏误类型数目和偏误出现率来看，均是[ɛ]>[o]>[ɤ]，并且[ɛ]、[o]超过八成，表现出较大的问题。从图5来看，[o]存在的主要偏误类型是偏低、偏后，[ɤ]存在的主要偏误类型是偏高、偏后，[ɛ]存在的主要偏误类型是偏高、偏前。

（4）元音[ɿ]、[ʅ]的偏误类型

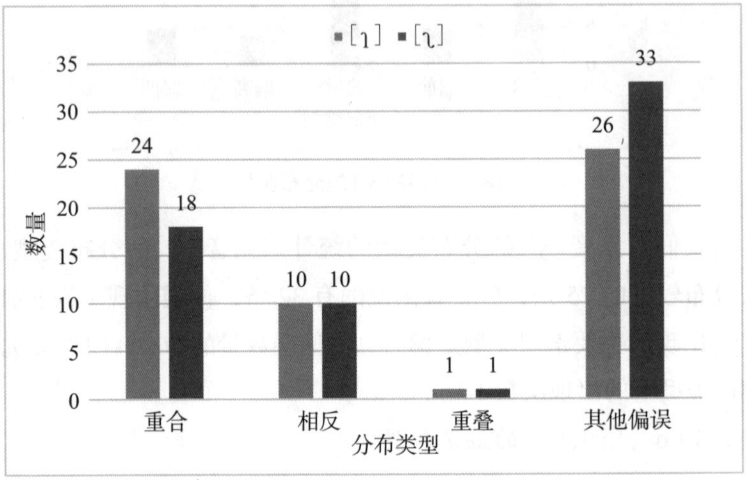

图6　元音[ɿ]、[ʅ]的分布类型

图6是我们对元音[ɿ]、[ʅ]的分布类型的统计。元音[ɿ]的偏误类型有61条，除去分布较好的24条，分布有偏误的有37条，偏误出现率为60.7%；元音[ʅ]的偏误类型有62条，除去分布较好的18条，分布有偏误的有44条，偏误出现率为71%。从偏误类型数目和偏误出现率来看，均是[ʅ]>[ɿ]，舌尖后元音更容易发生偏误。值得注意的是，与汉语其他元音相比，舌尖元音有两个特殊的偏误类型，一是重叠，即[ɿ]、[ʅ]二者在声学元音图上发生了重合；二是相反，即学习者的[ɿ]、[ʅ]在声学元音图上的表现与母语者相比呈现出位置相反的现象，并且这种现象达到10条之多。

3.4　分布类型的出现率

我们根据统计结果对分布类型的出现率进行了计算。计算方式是使用某元音的某一分布类型数量除以该元音的分布类型总数。例如元音[u]的分布类型总数为56（其中分布类为好的有30条，分布有偏误的有26条），分布类型为偏前的有 16 条，则元音[u]的偏前偏误类型出现率为 16/56=28.6%。通过计算偏误类型在该某元音中的出现率，有助于抓住要点、直观呈现问题。

（1）元音分布总偏误出现率

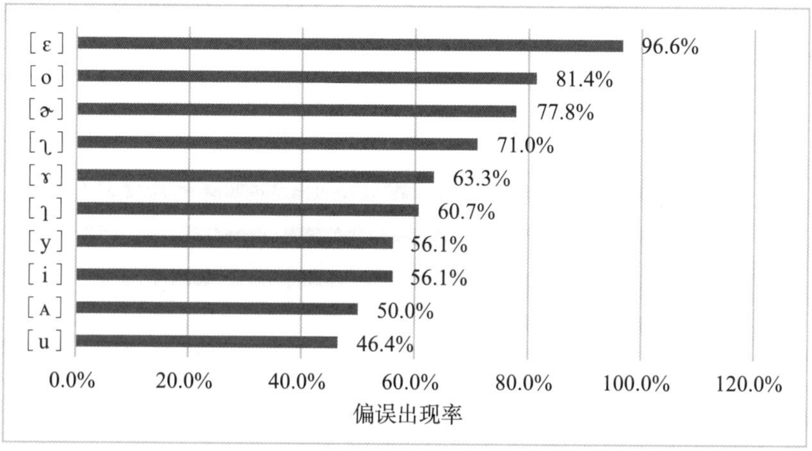

图 7 元音分布总偏误出现率排序

图 7 中的出现率是元音分布偏误小计除以该元音分布类型小计数目得出的结果，我们进行了倒序排序。可以看到，元音[ᴀ]、[i]、[u]、[y]的偏误出现率比较低，也就是说大体来看，这几个元音的分布是比较好的。其中元音[ᴀ]、[i]、[u]是声学元音图三个顶点上的元音，如果这三个元音分布比较好，则整个元音的布局会比较好。元音[ɛ]、[o]的偏误出现率较高，需要重点关注。

（2）偏前分布类型出现率

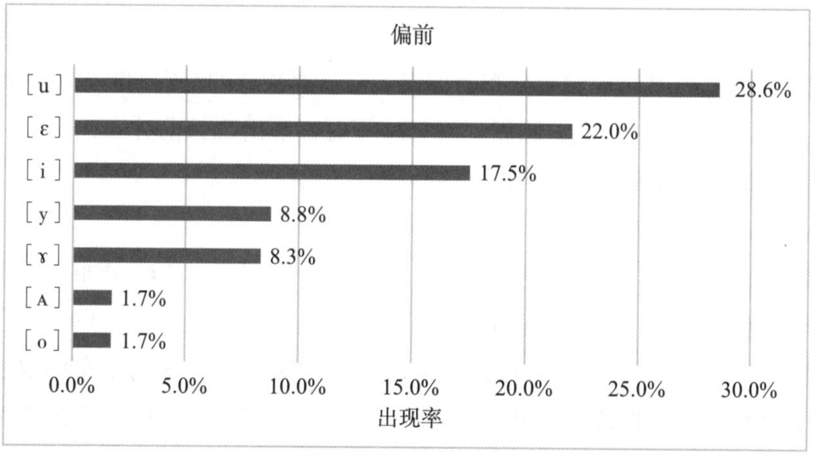

图 8 偏前分布类型出现率

图8是分布类型为偏前的出现率。在汉语的这几个元音中，[u]、[ε]、[i]等更容易发生分布位置偏前的偏误，其中[u]的偏前分布出现率接近30%，占比较大，反映出学习者在元音[u]上的前化现象较其他元音更为严重。[ʌ]、[o]等偏前分布类型的出现率较小，表现出学习者在这些元音上不容易出现偏前分布的偏误。

（3）偏后分布类型出现率

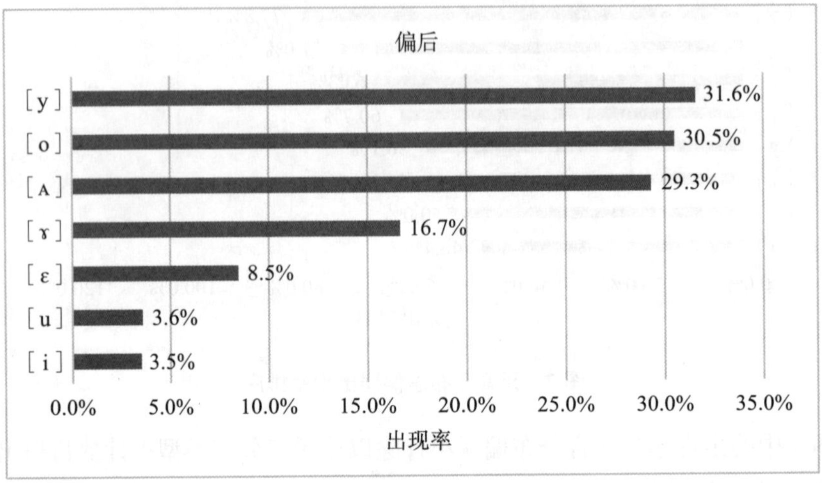

图9　偏后分布类型出现率

图9是分布类型为偏后的出现率。如图所示，元音[ʌ]、[o]、[y]偏后分布的出现率都在30%上下，所占比例较高，更容易发生分布位置偏后的偏误；元音[i]、[u]偏后分布的出现率都在5%以下，说明学习者的这些元音发生偏后分布偏误的概率较小。通过与图8对比可以发现，[ʌ]、[o]等元音不容易出现偏前分布的偏误，而较容易出现偏后分布的偏误；[i]、[u]等元音较容易出现偏前分布的偏误，而不容易出现偏后分布的偏误。但需要注意的是它们并非严格的互补关系。另外，展唇元音[i]、圆唇元音[u]等更容易出现偏前分布的偏误，圆唇元音[y]、[o]等更容易出现偏后分布的偏误。

（4）偏高分布类型出现率

图10是分布类型为偏高的出现率。元音[ʌ]、[ɤ]、[i]、[ε]分布位置偏高的出现率均超过15%，其中元音[ε]的偏高分布出现率更是高达64.4%，这是一个值得注意的表现，后文将会对此现象进一步讨论。[i]的偏高分布率也超过了30%，体现出学习者在该元音上较容易出现偏高分布的偏误。同是高元音的[u]、[y]与[i]相比，出现偏高分布偏误的概率要小很多。

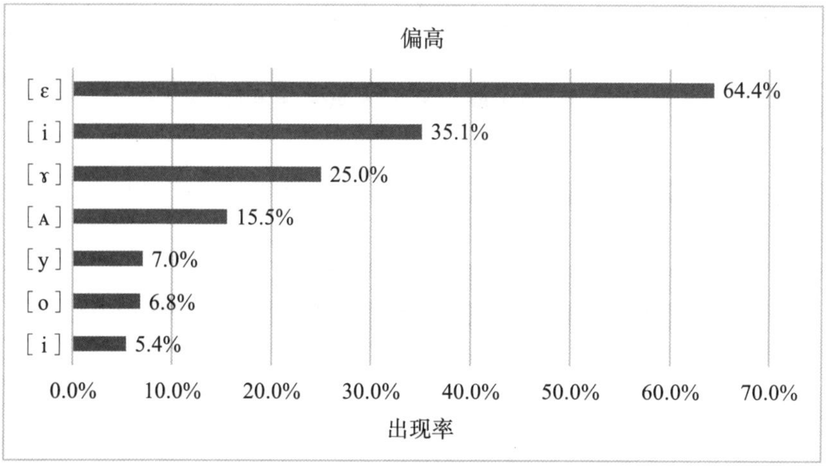

图 10　偏高分布类型出现率

（5）偏低分布类型出现率

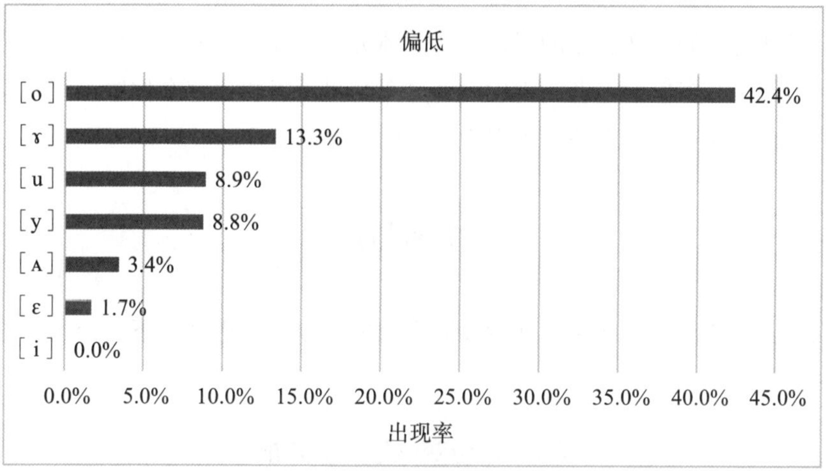

图 11　偏低分布类型出现率

图 11 是分布类型为偏低的出现率。如图所示，元音[o]偏低分布类型的出现率超过 40%，体现出学习者在该元音上较容易发生分布位置偏低的偏误，并且该偏误的出现率远远高于其他元音同类型偏误的出现率。[ᴀ]、[ɛ]、[i]偏低分布的出现率较小，不容易发生偏低分布的偏误，其中[i]偏低分布的出现率为 0，即在本研究的学习者中没有出现该元音偏低的现象。通过与图 10 对比可以发现，半低展唇元音[ɛ]较容易出现偏高分布的偏误，而半高圆唇元音[o]较容易出现偏低分布的偏误，同时半高展唇元音[ɤ]偏高分布比偏低分布的出现率更高。

（6）分散、紧凑、重叠、相反分布类型出现率

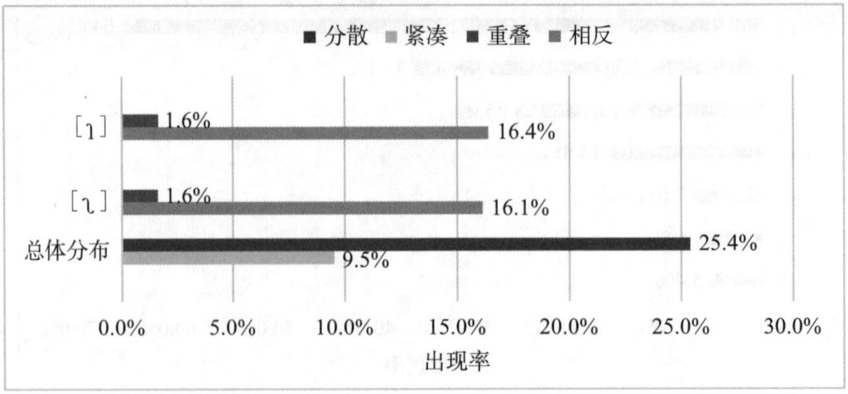

图 12　分散、紧凑、重叠、相反分布类型出现率

图 12 是分散、紧凑、重叠、相反分布类型出现率。分散、紧凑是针对总体分布的类型，重叠和相反是针对舌尖元音的分布类型，由于比较特殊，这里归纳在一起统计。正如上文提到的一样，在总体分布上元音更容易呈现为较为分散的布局；另外，有多例学习者的舌尖元音分布与母语者相比存在位置正好相反的现象，两个舌尖元音在元音图上表现为重叠的现象。

四　分析与讨论

根据实验所绘制出的声学元音图和上文的考察，我们从以下几个角度进行分析与讨论。

4.1　音位变体与元音分布

一个音位往往包含不同的几个音，这些音就是音位变体。本研究中的音位变体主要涉及两处。第一处是元音[ɤ]的变体[ə]，这是由语流音变中的轻声所造成的。语流音变是指在语流中有的连在一起发音的音节会造成声调、音素等的变化。本研究最大的一个特征是我们的语料是从语篇录音中截取出来的，不是单独词或短语的录音，这里面可能涉及语流音变对元音分布的影响问题。在本研究中，元音[ɤ]取自语篇中的“的”“个”，其语言环境分别是“不忙的话”“姓翁的那个”，这里的两个词均读轻声。由于轻声的影响，后高元音[ɤ]会央化为[ə]，我们将[ə]视为[ɤ]在具体语言环境中的变体。第二处音位变体是元音[ɚ]的变

体[ɚ]（“儿”）和[ɐr]（“二”），这是由声调的影响造成的。根据黄伯荣、廖序东主编的《现代汉语(增订六版)》，元音[ɚ]的主要音位有两个，在阳平和上声音节中，其音位变体为[ɚ]，如本研究中的“儿”；在去声音节中，其音位变体为[ɐr]，如本研究中的“二”。第一处音位变体造成的主要影响是在声学元音图上元音[ɤ]有央化趋势，甚至占据在央元音[ə]的位置。从声学元音图上可以看到，除了韩国男和英国苏格兰女未央化，泰国女、印度男和越南男央化不足以外，其他发音人的元音[ɤ]均有央化趋势，有的甚至央化过度造成[ɤ]位置偏前、偏低。因此，我们认为央化不足的这些发音人在汉语轻声的掌握上可能存在问题。第二处音位变体造成的影响是在声学元音图上元音[ɚ]的位置偏低，这是音位[ɚ]和[ɐr]中和的结果，因为本研究中的[ɚ]的共振峰数据是来自“儿”（[ɚ]）和“二”（[ɐr]）的平均值。从声学元音图上可以看到，除埃及男、巴基斯坦男、葡萄牙男、英国苏格兰女、泰国男、泰国女等发音人以外，其余发音人元音[ɚ]的分布较为符合实际情况。

4.2　圆唇动作与元音分布

在汉语元音中，圆唇元音有[o]、[u]、[y]三个，为了便于比较，我们挑出元音[y]，将其与元音[i]进行比较。元音[i]是舌面前高不圆唇元音，元音[y]是舌面前高圆唇元音。[y]太靠后的有巴基斯坦男、巴基斯坦女、哈萨克斯坦男、哈萨克斯坦女、美国女、蒙古女、尼日利亚男、尼日利亚女、塞尔维亚男、塞尔维亚女、英国苏格兰男、意大利女等发音人。另外，圆唇过小的有韩国女、乌克兰男等发音人，其中韩国女[i]、[y]重合，乌克兰男[i]、[y]位置恰好相反，二者距离较近。

4.3　元音[ᴀ]、[i]、[u]的分布

在汉语中，元音[ᴀ]是舌面央低不圆唇元音，元音[i]是舌面前高不圆唇元音，元音[u]是舌面后高圆唇元音，这三个元音形成“元音三角”，其余元音基本都在这个三角中分布。从声学元音图上可以看出，中国男、中国女、埃及男、埃及女、巴西男、白俄罗斯女、德国女、芬兰男、芬兰女、哈萨克斯坦男、哈萨克斯坦女、喀麦隆男、蒙古女、泰国男、泰国女、土耳其女、匈牙利女、意大利男、意大利女、印度男、印度女等发音人的[ᴀ]、[i]、[u]“元音三角”组合较好。

4.4 元音[ε]的分布

元音[ε]是舌面前半低不圆唇元音。按照理想的分布来看，元音[ε]在舌位的高低上要低于央元音，在舌位前后上要略后于前元音。但是，在本研究得出的声学元音图中，元音[ε]的位置普遍偏高，多数占据了[e]的位置，有的甚至更高。从声学元音图中可以看到，除了俄罗斯女、美国男、泰国男、泰国女等发音人的元音[ε]分布与母语者较为接近以外，其余大部分发音人[ε]的分布偏前、偏高，其中埃及女、巴西男、白俄罗斯男、哈萨克斯坦男、韩国男、喀麦隆男等发音人的元音[ε]与元音[i]位置很近甚至重合。这种情况是我们没有预料到的。从语料来看，我们认为可能是由以下原因造成的：在本研究中元音[ε]取自语气词“诶”，它在预料中是独词成句，前后均有停顿，其语言环境是“你也说哪儿不对。诶，我就奇怪了。”在这个语言环境中，发音人对“诶”的发音普遍拉得较长，造成了[ε]的高化，在听感上与[eɪ]相近，在元音图上表现为位置偏高，与[i]相近；另外，在语流中，“诶”前后的“对”“我”可能也有影响。“对[tuei]”的韵腹是半高元音[e]，韵尾是高元音[i]，“我[uo]”的韵腹是半高元音[o]，“诶”可能受到二者的影响而使得舌位偏高。

4.5 元音[ʅ]和[ɿ]的分布

元音[ʅ]和[ɿ]是舌尖元音。根据以往的研究，在声学元音图上元音[ʅ]和[ɿ]二者高度相当，略低于高元音[i],[ɿ]与[ʅ]在前后上相当,[ʅ]略前于[ɿ]。在本研究中，元音[ʅ]和[ɿ]的分布情况比较复杂。其中，埃及男、白俄罗斯女、哈萨克斯坦男、哈萨克斯坦女、韩国女、喀麦隆男、日本男、塞尔维亚女、英国苏格兰女、匈牙利女、意大利女和印度女等发音人[ʅ]和[ɿ]位置与母语者较为接近；埃及女、巴西女、白俄罗斯女、德国男、德国女、葡萄牙女、塞尔维亚男、泰国男、泰国女、乌克兰女和意大利男等发音人[ʅ]和[ɿ]的位置恰好相反；巴西男、英国苏格兰男、土耳其女、土耳其男和印度男等发音人[ʅ]和[ɿ]位置过近甚至重合；蒙古男[ʅ]和[ɿ]相对位置较好，但是二者位置靠前且高度较低。值得注意的是[ʅ]和[ɿ]的位置恰好相反的现象，陈彧等(2012)对泰国发音人的研究也呈现出此现象。除此以外，还有一些发音人存在[ʅ]或[ɿ]其中一个位置偏离较大的问题。元音[ʅ]和[ɿ]在实际发音中可能存在较大的问题，需要重点关注并矫正。

五 结语

本研究使用语音分析软件标注了来自 25 国的 50 位发音人的录音材料，提取了汉语 10 个元音的共振峰 F1、F2，在此基础上绘制了声学元音图。我们对声学元音图所呈现的分布类型进行了统计，并且从分布类型数量、出现率两方面进行了数据分析。最后，我们从“音位变体与元音分布”“圆唇动作与元音分布”“元音[ʌ]、[i]、[u]的分布”“元音[ε]的分布”“元音[ʅ]和[ɿ]的分布”等几个角度进行了讨论与分析。分析看到，大部分发音人元音的整体分布较好，基本元音[ʌ]、[i]、[u]在声学元音图上的相对位置基本稳定。[ʌ]出现的主要偏误类型是偏后、偏高，[o]存在的主要偏误类型是偏低、偏后，[ɤ]存在的主要偏误类型是偏高、偏后，[ε]存在的主要偏误类型是偏高、偏前，[i]出现的主要问题是偏高、偏前，[u]出现的主要问题是偏前，[y]出现的主要偏误类型是偏后，[ɚ]出现的主要偏误类型是偏低，[ɿ]、[ʅ]出现的主要偏误类型均是偏前、偏低。另外，本研究的语料截取自语篇录音，有完整的上下文语境，有别于单个词或词组，所以考察了上下文对元音[ε]、[ɤ]、[ɚ]的影响：相邻的高元音使元音[ε]的分布普遍偏高，轻声作用使[ɤ]央化，去声调作用使[ɚ]位置偏低。

从声学元音图角度对汉语学习者的汉语元音掌握情况进行数据统计和分析，具有简单直观、易于比较的优势。鉴于目前这方面的综合研究还比较少，本文的研究尚属初步的分析。以后可以增加各个国家汉语学习者的样本数量，使统计数据更加具有科学性和代表性。同时，本文对声学分布上的重合、偏误等的认定主要依赖主观判断，在将来的研究中应该采取计算分析等更客观的方式进行认定。

附录6　在线有声偏误数据库

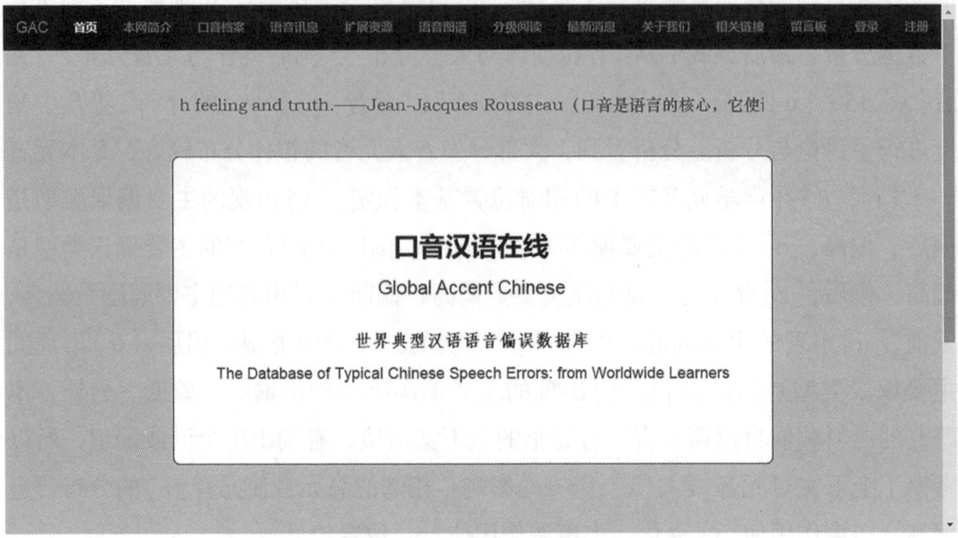

在线有声数据库“口音汉语在线——世界典型汉语语音偏误数据库”首页示意

（独立域名：www.globalaccentchinese.com）

也可通过移动设备扫描下面二维码访问网站

主要参考文献

[1] 阿里·爱登. 土耳其学生的汉语语音偏误及教学对策[J]. 河北广播电视大学学报，2012(03)：47-50.

[2] 阿依努尔·亚生，刘秀明. 维吾尔族大学生汉语单字调习得偏误的声学实验研究[J]. 双语教育研究，2016(01)：64-68.

[3] 阿依努尔·亚生，王苹. 维吾尔族学习者单字调习得偏误及成因的量化实验分析——以喀什大学为例[J]. 喀什大学学报，2016(02)：105-109.

[4] 安泽. 对母语为俄语的学生的汉语语音教学研究[D]. 长春：东北师范大学，2012.

[5] 宝乐儿. 初级阶段蒙古学生汉语发音偏误分析及相应的教学对策[D]. 上海：上海外国语大学，2010.

[6] 曹剑芬. 汉语声调与语调的关系[J]. 中国语文，2002(03)：195-202.

[7] 曹惊殊. 汉阿语音对比及阿拉伯人汉语发音偏误研究[D]. 上海：上海外国语大学，2006.

[8] 陈晨，廖一霖. 汉语和韩语辅音对比与韩国学习者汉语声母偏误分析[J]. 海外华文教育，2008(04)：62-68.

[9] 陈春艳. 汉语普通话轻声的语音特征分析[D]. 昆明：云南师范大学，2002.

[10] 陈娥. 泰国学生汉语习得中的语音偏误研究[D]. 昆明：云南师范大学，2006.

[11] 陈慧琳. 日本学生汉语语音偏误分析及教学对策[D]. 济南：山东师范大学，2013.

[12] 陈婷. 西语学生学习汉语的语音偏误分析及对策[J]. 语文学刊(外语教育与教学)，2009(02)：164-165.

[13] 陈亚川. 送气音在对外汉语教学中之地位及其识记问题[J]. 语言教学与研究，1983(03)：61-73.

[14] 陈彧. 苏格兰留学生汉语普通话单字音声调音高的实验研究——以两名发音人的语音样本为例[J]. 世界汉语教学，2006(02)：99-109+3-4.

[15] 陈彧，许海鹏，高晓颖. 泰国留学生汉语元音习得的实验研究[J]. 焦作大学学报，2012，26(03)：108-111+120.

[16] 陈子悠. 日韩泰留学生汉语声调习得及偏误分析研究[D]. 西安：陕西师范大学，2007.

[17] 崔吉元.《韩汉中介语研究》（语音）评介[J]. 汉语学习，1993(02)：47-51.

[18] 丹妮娅(Daniela Suardi). 意大利初级汉语学习者汉语语音学习的主要难点及教学对策[D]. 大连：辽宁师范大学，2015.

[19] 邓丹. 美国学习者汉语复合元音的偏误分析[C]// 第九届中国语音学学术会议论文集，2010：489-494.

[20] 丁志斌，李茂莉. 语言类型学视野下的第二语言习得研究[J]. 语言与翻译，2011(01)：72-75.

[21] 董广枫. 维吾尔族学生学汉语偏误与纠正方法[J]. 喀什师范学院学报(哲学社会科学

版），1993（03）：95-104.
［22］冯丽萍，胡秀梅. 零起点韩国学生阳平二字组声调格局研究［J］. 汉语学习，2005（04）：63-69.
［23］冯煦. 多国汉语学习者声调调域偏误及教学策略探究［D］. 天津：天津师范大学，2016.
［24］冯勇强，初敏，贺琳，等. 汉语话语音节时长统计分析［C］// 中国中文信息学会. 新世纪的现代语音学——第五届全国现代语音学学术会议论文集. 北京：清华大学出版社，2001：74-77.
［25］傅氏梅. 论越南学生对汉语声母的听觉与发音偏误［D］. 北京：北京语言文化大学，2001.
［26］高文丽. 汉法语音对比及初级水平法国留学生汉语单字调语音偏误分析［D］. 西安：西安外国语大学，2012.
［27］高玉娟，石锋. 中国学生法语元音学习中母语迁移的实验研究［J］. 外语与外语教学，2006（04）：18-20.
［28］郭行方. 母语环境下法国中学生汉语语音偏误分析及教学对策［D］. 西安：陕西师范大学，2015.
［29］和万传. 纳汉中介语语音系统个案分析［D］. 昆明：云南师范大学，2003.
［30］何沐. 韩国留学生汉语语音偏误与影响因素研究［J］. 鄂州大学学报，2016（03）：52-53.
［31］何元建. 汉语合成复合词的构词原则、类型学特征及其对语言习得的启示［J］. 外语教学与研究，2013，45（04）：483-494+639.
［32］贺晨吟. 西班牙语国家留学生习得汉语声调偏误实验分析［D］. 广州：暨南大学，2009.
［33］贺桃. 俄罗斯及中亚留学生汉语语音偏误分析及对策研究［D］. 乌鲁木齐：新疆大学，2009.
［34］胡晓研. 韩国学生汉语中介语语音模式分析［J］. 汉语学习，2007（01）：88-93.
［35］黄伯荣，廖旭东. 现代汉语（增订五版）（上册）［M］. 北京：高等教育出版社，2011.
［36］黄麒. 泰国留学生汉语轻声实验研究［D］. 昆明：云南大学，2013.
［37］黄玲. 秘鲁学生汉语语音偏误分析及教学建议［D］. 上海：上海外国语大学，2012.
［38］黄一苇. 汉德语音对比及德国学生汉语发音偏误研究［D］. 上海：上海外国语大学，2009.
［39］江轶. 国际当代语言类型学发展动态［J］. 现代外语，2006（03）：302-308+330.
［40］金立鑫. 语言类型学——当代语言学中的一门显学［J］. 外国语（上海外国语大学学报），2006（05）：33-41.
［41］金喜红. 零起点秘鲁学生汉语声母学习因迁移造成的偏误研究［D］. 上海：上海外国语大学，2012.
［42］荆雷，马文君，常丹华. 基于动态时间规整的手势加速度信号识别［J］. 传感技术学报，2012，25（01）：72-76.
［43］李凤. 初级阶段阿拉伯留学生汉语声母习得偏误及教学策略研究［D］. 兰州：兰州大学，

2015.
[44] 李红印. 泰国学生汉语学习的语音偏误[J]. 世界汉语教学，1995(02)：66-71.
[45] 李慧达. 哈萨克斯坦留学生汉语声母偏误分析[J]. 北方文学(下半月)，2012(09)：120-121.
[46] 李金满，吴芙芸. 类型学概括与二语学习者汉语关系从句产出研究[J]. 外语教学与研究，2013，45(01)：80-92+161.
[47] 廖荣容，石锋. 汉语普通话 r 声母音质的实验研究[J]. 语言研究，1987(02)：146-160.
[48] 林恒. 中级阶段泰国留学生汉语疑问句语调偏误实验分析[D]. 南宁：广西大学，2017.
[49] 林茂灿，颜景助. 普通话轻声与轻重音[J]. 语言教学与研究，1990(03)：88-104.
[50] 刘俐李. 20 世纪汉语轻声研究综述[J]. 语文研究，2002(03)：43-47.
[51] 刘明章. 语音偏误与语音对比——谈朝鲜人汉语语音教学问题[J]. 汉语学习，1990(05)：52-56.
[52] 刘潇. 语音识别系统关键技术研究[D]. 哈尔滨：哈尔滨工程大学，2006.
[53] 刘欣蕾，马乐，毛钧谊，等. 口音汉语在线——汉语语音偏误语料库的设计与功能[J]. 现代语文(语言研究版)，2016(12)：34-36.
[54] 刘珣. 对外汉语教育学引论[M]. 北京：北京语言文化大学出版社，2000.
[55] 刘艺. 汉语学习者陈述句语调音高的声学实验分析[J]. 汉语学习，2014(01)：91-99.
[56] 刘艺，荣蓉. 汉语学习者陈述句音节音高的声学实验分析[J]. 语言教学与研究，2014(05)：35-42.
[57] 卢小群，翁明鹏，蒋思遥. 法国留学生汉语声调偏误的实验研究[J]. 现代语文(语言研究版)，2014(05)：107-110+2.
[58] 鲁健骥. 中介语理论与外国人学习汉语的语音偏误分析[J]. 语言教学与研究，1984(03)：44-56.
[59] 伦茜. 泰国留学生汉语疑问句语调习得实验研究[D]. 桂林：广西师范大学，2010.
[60] 吕军，曹效英. 基于语音识别的汉语发音自动评分系统的设计与实现[J]. 计算机工程与设计，2007(05)：1232-1235.
[61] 吕姗蔚. 中级泰国留学生汉语陈述句语调习得偏误实验研究[D]. 南宁：广西大学，2017.
[62] 马黎华. 语言标记性研究的回顾与思考[J]. 浙江海洋学院学报(人文科学版)，2010，27(03)：97-100.
[63] 马秋武. 生成音系学的声调表征理论[J]. 外语教学与研究，1999(03)：17-23.
[64] 马燕华. 初级汉语水平留学生的普通话声调误区[J]. 北京师范大学学报(社会科学版)，1994(03)：88-93.
[65] 梅丽. 泰国学习者知觉与产出普通话塞擦音/擦音的实验研究[D]. 北京：北京语言大学，2009.
[66] 明悦. 语音识别与评测在汉语学习中的应用[D]. 北京：北京交通大学，2008.

［67］羌婷娣. 初中级水平日本留学生语音偏误现象分析［D］. 上海：复旦大学，2009.
［68］全中华. 基于动态手写签名的身份认证研究［D］. 合肥：中国科学技术大学，2007.
［69］冉启斌. 汉语鼻音韵尾的实验研究［J］. 南开语言学刊，2005（02）：37-44+155.
［70］冉启斌. 基于普通话的汉语阻塞辅音实验研究［D］. 天津：南开大学，2005.
［71］冉启斌. 汉语语音新探［M］. 北京：中国社会科学出版社，2012.
［72］冉启斌，顾倩，马乐. 国别典型汉语语音偏误及口音汉语在线系统开发［J］. 语言教学与研究，2016（04）：11-17.
［73］冉启斌，石锋. 北京话 r 声母的变体及音位的聚合程度［C］// 中国音韵学研究会. 中国音韵学：中国音韵学研究会南京研讨会论文集 · 2006. 南京：南京大学出版社，2008.
［74］冉启斌，于爽. 汉语语音偏误的特点与模式——基于 25 种母语背景学习者的偏误条目数据的分析［J］. 世界汉语教学，2019，33（03）：417-432.
［75］沈家煊. 语言类型学的眼光［J］. 语言文字应用，2009（03）：11-13.
［76］施光亨. 对阿拉伯学生进行汉语语音教学的几个问题［J］. 语言教学与研究，1980（02）：106-112+159.
［77］石锋. 北京话的元音格局［J］. 南开语言学刊，2002（01）：30-36+156.
［78］石锋. 语调格局——实验语言学的奠基石［M］. 北京：商务印书馆，2013.
［79］石锋，王萍，梁磊. 汉语普通话陈述句语调的起伏度［J］. 南开语言学刊，2009（02）：4-13+178.
［80］石林，温宝莹. “洋腔洋调” 初探——美国学生汉语语调习得［J］. 南开语言学刊，2012（1）：42-29.
［81］苏敏. 初级汉语水平美国留学生声调习得情况个案研究［D］. 南京：南京大学，2013.
［82］孙文访. 基于语言类型学的第二语言习得研究［J］. 语言教学与研究，2012（02）：1-8.
［83］汤玲. 日本留学生中介语语音偏误分析［J］. 现代语文（语言研究版），2010（07）：141-142.
［84］屠爱萍. 一年制零起点韩国留学生汉语语音偏误分析［D］. 长沙：湖南师范大学，2008.
［85］万春. 基于 DTW 的语音识别应用系统研究与实现［J］. 集美大学学报（自然科学版），2002（02）：104-108.
［86］王国林. 基于 DTW 的语音评价系统及其中学英语教学中的应用［D］. 武汉：华中师范大学，2017.
［87］王琳. 蒙古国中学汉语初级学习者声韵调教学研究［D］. 长春：吉林大学，2014.
［88］王娜. 汉语语音评分系统的设计与实现［J］. 绵阳师范学院学报，2012，31（05）：88-92.
［89］王鑫. 俄日韩留学生汉语声调的实验语音学对比分析［D］. 哈尔滨：黑龙江大学，2014.
［90］王秀珍. 韩国人学汉语的语音难点和偏误分析［J］. 世界汉语教学，1996（04）：107-109.
［91］王燕. 对外汉语中高级水平声调教学策略研究——以韩、美、日汉语学习者为例［J］. 语文建设，2016（18）：21-22.
［92］王韫佳. 也谈美国人学习汉语声调［J］. 语言教学与研究，1995（03）：126-140.

[93] 王韫佳. 韩国、日本学生感知汉语普通话高元音的初步考察[J]. 语言教学与研究，2001(06)：8-17.

[94] 王韫佳，丁多永，东孝拓. 不同语调条件下的声调音高实现[J]. 声学学报，2015，40(06)：902-913.

[95] 王韫佳，李吉梅. 建立汉语中介语语音语料库的基本设想[J]. 世界汉语教学，2001(01)：87-92.

[96] 王韫佳，阮吕娜. 普通话疑问句语调的实验研究[J]. 声学技术，2005，24(增刊)：344-349.

[97] 王振浩，杜凌艳，李国庆，等. 动态时间规整算法诊断高压断路器故障[J]. 高电压技术，2006(10)：36-38.

[98] 王志芳. 日本学生汉语学习中的语音问题[J]. 汉语学习，1999(02)：50-53.

[99] 王志洁. 英汉音节鼻韵尾的不同性质[J]. 现代外语，1997(04)：20+19+21-31.

[100] 韦茂繁. 壮族学习普通话语音瓶颈论——塞擦音、送气音存在的问题及解决途径[J]. 广西民族学院学报(哲学社会科学版)，2002(06)：75-82.

[101] 韦茂繁. 二论壮族学习普通话语音的瓶颈——卷舌音和 h、x 存在的问题及解决途径[J]. 广西民族学院学报(哲学社会科学版)，2003a(01)：91-96.

[102] 韦茂繁. 三论壮族学习普通话语音的瓶颈——舌尖前音和舌尖后音等存在的问题及解决途径[J]. 广西民族学院学报(哲学社会科学版)，2003b(02)：143-147.

[103] 韦茂繁. 四论壮族学习普通话语音的瓶颈——四呼存在的问题及解决途径[J]. 广西民族学院学报(哲学社会科学版)，2003c(03)：98-103+130.

[104] 韦茂繁. 五论壮族学习普通话语音的瓶颈——两个舌尖元音及前后鼻韵母存在的问题及解决途径[J]. 广西民族学院学报(哲学社会科学版)，2003d(04)：111-114.

[105] 乌吉斯古冷，呼和. 蒙古语陈述句和疑问句语调比较研究[J]. 中央民族大学学报(哲学社会科学版)，2011，38(02)：118-124.

[106] 吴小俊. 土耳其留学生汉语语音习得偏误研究[D]. 西安：陕西师范大学，2013.

[107] 吴晓平，崔光照，路康. 基于 DTW 算法的语音识别系统实现[J]. 电子工程师，2004(07)：17-19.

[108] 夏全胜. 第二外语元音习得中迁移作用的实验研究[D]. 天津：南开大学，2009.

[109] 谢朝强. 基于语音识别的汉语发音评测研究[D]. 北京：北京交通大学，2010.

[110] 谢小飞. 荷兰人学汉语语音偏误分析[D]. 上海：复旦大学，2011.

[111] 薛佳佳. 德国学生汉语声韵调偏误分析[D]. 沈阳：辽宁大学，2013.

[112] 杨顺安. 普通话轻声音节的规则合成[J]. 应用声学，1991(01)：12-18.

[113] 姚佩阳，周旺旺，张杰勇，等. 基于动态时间规整的空中目标机动识别[J]. 火力与指挥控制，2018，43(09)：15-18+24.

[114] 余诗隽. 韩国学生汉语语音习得现状分析[J]. 华中师范大学研究生学报，2006(03)：23-26.

[115] 翟涌光，屈忠义. 基于非线性降维时序遥感影像的作物分类[J]. 农业工程学报，2018，34(19)：177-183.
[116] 赵元任. 语言问题[M]. 北京：商务印书馆，2003.
[117] 张冰. 法国学生初级阶段汉语发音偏误研究[D]. 厦门：厦门大学，2012.
[118] 张春花，陈默. 韩语母语者汉语口语流利度研究[J]. 汉语应用语言学研究，2016(9)：135-143.
[119] 张利平. 汉语连续语音识别系统的研究与实现[D]. 西安：西北大学，2010.
[120] 张伶俐，赵江葵. 中国英语口音研究述评[J]. 中国地质大学学报(社会科学版)，2014(01)：132-138.
[121] 张鹏. 佤汉交际中介语语音特征及其发展规律个案研究[D]. 昆明：云南师范大学，2003.
[122] 张瑞芳. 蒙古留学生汉语语音偏误分析及教学对策[J]. 内蒙古师范大学学报(教育科学版)，2008(09)：111-113.
[123] 张伟. 埃及大学生汉语声调习得偏误调查[D]. 大连：辽宁师范大学，2015.
[124] 张湘莉兰. 若干图像和语音数据分类问题研究[D]. 长沙：国防科学技术大学，2013.
[125] 张彦. 德国人学汉语的语音问题[C]// 第九届中国语音学学术会议论文集，2010：165-171.
[126] 张英宇. 汉外语音对比与汉语教学——《语言教学与研究》有关论文述评[J]. 语言教学与研究，1992(01)：82-94.
[127] 周博. 秘鲁汉语学习者声调听辨发音偏误测试与分析[D]. 上海：上海外国语大学，2014.
[128] 周高昕. 西班牙语国家学生汉语辅音偏误分析及教学对策[D]. 上海：上海外国语大学，2012.
[129] 朱川. 汉日语音对比实验研究(节选一)[J]. 语言教学与研究，1981a(02)：42-56.
[130] 朱川. 汉日语音对比实验研究(节选二)[J]. 语言教学与研究，1981b(04)：77-90+76.
[131] 朱雯静，魏岩军，吴柳，等. 调域时长对二语学习者汉语声调感知的影响[J]. 汉语学习，2016(02)：83-92.
[132] 邹韬. 基于孤立字词的扬州方言语音识别研究[D]. 扬州：扬州大学，2012.
[133] Amino K, Osanai T. Native vs. Non-native Accent Identification Using Japanese Spoken Telephone Numbers. *Speech Communication*, 2014(56): 70-81.
[134] Barbara O B, Michael A W. *English with A Latin Beat: Studies in Portuguese/Spanish–English Interphonology*. Amsterdam: John Benjamins, 2006.
[135] Berger M D. *The American English Pronounciation of Russian Immigants*. Ph.D. diss. Columbia University, 1951.
[136] Berns J. A Typological Sketch of Affricates. *Linguistic Typology*, 2014, 18(3): 369-411.
[137] Broselow E. Non-obvious Transfer: On Predicting Epenthesis Errors. // Gass S & Selinker

L(eds.). *Language Transfer in Language Learning*. Rowley, MA: Newbury House, 1983: 269–280.

[138] Flege E J, Birdsong D, Bialystok E, et al. Degree of Foreign Accent in English Sentences Produced by Korean Children and Adults. *Journal of Phonetics*, 2006, 34(2): 153–175.

[139] Hall T A, *The Phonology of Coronals*. Amsterdam, Philadelphia: John Benjamins, 1997.

[140] Jakobson R. Implications of Language Universals for Linguistics, *Selected Writing II: Word and Language*. The Hague: Mouton, 1971: 580–592.

[141] Jie Zhang. Phonetic Duration Offects on Contour Tone Distribution. *North East Linguistics Society*, 2000, 30(2): 775–785.

[142] Juffs A. Tone, Syllable Structure and Interlanguage Phonology: Chinese Learners' Stress Errors. *International Review of Applied Linguistics in Language Teaching* , 1990, 28(2): 99.

[143] Kaur P , Raman A. Exploring Native Speaker and Non-native Speaker Accents: The English as A Lingua Franca Perspective. *Procedia-Social and Behavioral Sciences*, 2014, 155: 253–259.

[144] Keating P A. Coronal Place of Articulation // Paradis C & Prunet J (eds.). *The Special Status of Coronals: Internal and External Evidence*. [S.L.] : Academic Press & Inc, 1991.

[145] Kirkova N A. Native Speaker Perceptions of Accented Speech: The English Pronunciation of Macedonian EFL Learners. *Research in Language*, 2010, 8: 1–21.

[146] Kohler K J. The Development of Sound Systems in Human Language // Hurford J R, Studdert-Kennedy M. & Knight C(eds.). *Approaches to the Evolution of Language: Social and Cognitive Bases*. Cambridge: Cambridge University Press, 1998, 3(4):265–278.

[147] Ladefoged P , Maddieson I. *The Sounds of the World's Languages*. Oxford: Blackwell, 1996.

[148] Ladefoged P. *A Course in Phonetics. 4th ed.* Boston: Heinle & Heinle Publishers Inc, 2001.

[149] Lansing E E. *An Investigation of Vowel Production and Its Relation to Acquisition of Stress in the Interlanguage Phonology of English Speaking Adult Second Language Learners of Spanish*. State University of New York at Albany, 2001.

[150] Leather J., James A. *Sound Patterns in Second Language Acquisition*. Dordrecht: Foris, 1987.

[151] Major R. A Model for Interlanguage Phonology // Ioup G & Weinberger S (eds.). *Interlanguage Phonology: The Acquisition of A Second Language Sound System*. Cambridge, MA: Newbury House, 1987.

[152] Moye A. *Foreign Accent: The Phenomenon of Non-native Speech*. Cambridge: Cambridge University Press, 2013: 218.

[153] Murphy M J. Intelligible, Comprehensible, Non-native Models in ESL/EFL Pronunciation Teaching, *System*, 2014(42): 258–269.

[154] Nasr R T. *The Phonological Problems Involved in the Teaching of American English Tonative Speakers of Lebanese Arabic*. Ph.D. diss. University of Michigan, 1955.

[155] Pittman I. *The Romanian Accent in English*. Mississippi: University Press of Mississippi,

2008.

[156] Pyun Kwang-soo. *Korean-Swedish Interlanguage Phonology*. Stockholm : Department of Japanese and Korean, Institute of Oriental Languages, University of Stockholm, 1987.

[157] Ross S. The Ins and Outs of Paragoge and Apocope in Japanese-English Interphonology. *Second Language Research*, 1994, 10(1): 1–24.

[158] Schwartz J, Boe L, Vallée N, et al. Major Trends in Vowel System Inventories. *Journal of Phonetics*, 1997, 25(3): 233–253.

[159] Syed Nasir A R. A Feature-based Analysis of Interlanguage Phonology of the Pakistani Learners of English. *Language In India*, 2012, 12(6): 162–179.

[160] Timothy J. The Interlanguage Phonology of Adult Learners of the Welsh Language. *Proceedings of the Harvard Celtic Colloquium*, 1998, 18/19: 115–133.

[161] Waniek-Klimczak E, Shockey L R. *Teaching and Researching English Accents in Native and Non-native Speakers*. Berlin: Springer Group, 2013.

[162] Yusnita M A, Paulraj M P, Yaacob S, et al. Acoustic Analysis of Formants Across Genders and Ethnical Accents in Malaysian English Using ANOVA. *Procedia Engineering*, 2013, 64: 385–394.

后　记

屈指算来，本研究从最初萌生收集非母语者汉语语音偏误条目的想法到现在已经 10 个年头了。

2014 年，我在加利福尼亚大学伯克利分校访学时产生了系统研究汉语语音偏误的想法。2015 年初访学结束返回南开大学，我便立即开始了非母语者汉语语音偏误的研究工作。从刚开始 2015 年马乐团队 5 个国家语音偏误研究的国创项目，到数篇本科学年论文、毕业论文，到 2016、2017、2018 年连续 3 届“汉语语音教学”的本科生课堂，到“口音汉语在线——世界典型汉语语音偏误数据库”静态网页版、动态网页版以及网站的上线运行，2016—2020 年连续 5 届的专业型硕士或学术型硕士毕业论文，一直到教育部后期资助项目的资助立项，本项目在较长的时间里投入了大量人力和物力，项目研究的内容和成果由少积多，最终得以集腋成裘。

本项目的初衷就是将不同母语者背景的汉语学习者的语音偏误分门别类地收集整理出来，公开供汉语学习者、汉语教师、汉语语音研究者以及感兴趣的人们使用。因此，本项目最初便设下要建立开放网站的目标。本书对基于这些偏误而开展的研究已经作了多种维度的展示，因此下面不再介绍语音偏误的研究情况，而是更多介绍呈现偏误基础信息的语音偏误网站。

语音偏误网站的基本情况如下：

收集到的不同母语背景的语音偏误条目从 2016 年 4 月开始，以在线数据库的形式正式上线展示（当时只有 5 种母语背景的材料），得到了很多关注。2016 年 6 月 7 日，中国社会科学网在“语言学”频道“语言学常用资源”下以“口音汉语在线及语音偏误数据库”为题专门报道了“口音汉语在线——非母语者典型汉语语音偏误数据库”。2016 年 7 月，“今日头条”转载“中国社会科学网”对数据库（“口音汉语在线及语音偏误数据库”）的报道。2016 年 12 月 3 日，《人民日报（海外版）》第 5 版“学中文”栏目《克服洋腔洋调　学说标准汉语》“辅助工具来帮忙”

一节对本数据库进行专门介绍。

2017 年 2 月，该网站获得国家专利局授权外观设计专利（专利号：201630566662.5）。2022 年 6 月，我们与国家语言资源监测与研究网络媒体中心签署协议，网站接入由教育部语言文字信息管理司委托、国家语言资源监测与研究网络媒体中心建设和运行维护的全国性、综合性在线开放资源服务平台——国家语言资源服务平台（本网链接地址：http://fw.ywky.edu.cn/#/details/2077）。网站对汉语语音偏误研究起到了一定作用，截至目前，在中国知网中检索“口音汉语在线”可得到 36 条结果，这说明有多人介绍或使用本网站。

网站至今已运行8年多，用户注册5 000余人次，累积访问量超过30万余次。本网站运行周期长，网站制作费、域名使用费、服务器租用费、音频资源上线、网站维护费等基本上由我们自行承担。

在本项目结束之后，我们还以一定方式继续拓展项目研究。例如，2023 年 9 月开始，在教育部中外语言交流合作中心国际中文教育基地项目的支持下，我们基于人工智能技术开发了针对非母语者的自动“汉语语音评分”功能，该功能也链接至本网站。限于训练语料的规模偏小，该功能还有很大提升空间，因此目前仅为测试使用。后续我们将继续优化，提升性能。

当然，网站只是本项目研究基础偏误数据的公开呈现，我们在对语音偏误研究的过程中还采用了多样的方法。在本书中，我们使用了统计分析、类型学研究思路、编辑距离计算方法、声学实验方法、声学距离计算方法等对语音偏误进行分析。此外，本书还提供了较为丰富的声学分析图谱。这些内容一并请读者察鉴指正。

由于前后参与项目的人员众多，本书署名只署了后期直接对书稿写作贡献较大的人员姓名。项目前期的偏误数据收集、偏误语音录音、语音声学分析、网站建设等参与较多的人员姓名，在“口音汉语在线”网站的相关部分进行体现。特别在此申明，并向他们表示衷心的感谢。

本项目研究的发音偏误语料，采录自南开大学汉语言文化学院的 50 余名留学生，虽然采录时均给予了适当发音费，但仍然在此对他们的耐心配合与支持表示诚挚的谢意。同时，还要对历时多年达百余人的偏误语料采录人员表示由衷感谢，感谢他们在语料设计和录音采集工作中付出的辛勤劳动。

衷心感谢南开大学人文社会科学研究部慨然出资支持，使得尘封多年的项目成果得以正式出版。

感谢上海辞书出版社接受选题，并以最快速度完成了出版协议签订工作。上海辞书出版社的编辑们也在编校过程中指出了很多问题，使本书避免了很多文字上的瑕疵。在此一并谨致谢忱。

本书成于众手，一定存在很多不足之处。期待广大汉语学习者、汉语教师、语音研究者和其他读者不吝指教。

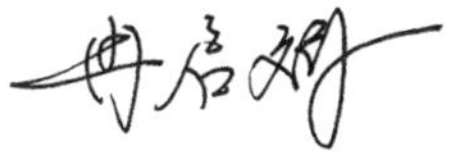

2024 年 7 月于天津

图书在版编目(CIP)数据

汉语语音偏误的特点与模式：基于25种母语背景语音偏误数据库的研究 / 冉启斌等著. — 上海：上海辞书出版社，2024

ISBN 978-7-5326-6212-8

Ⅰ. ①汉…　Ⅱ. ①冉…　Ⅲ. ①汉语—语音—研究　Ⅳ. ① H11

中国国家版本馆 CIP 数据核字(2024)第 088596 号

汉语语音偏误的特点与模式：
基于 25 种母语背景语音偏误数据库的研究

冉启斌　于　爽　黄　玮　顾　倩　岳　月　著

责任编辑　侯立华　贺晟威
装帧设计　王轶颀
责任印制　曹洪玲

出版发行　上海世纪出版集团
上海辞书出版社®(www.cishu.com.cn)
地　　址　上海市闵行区号景路 159 弄 B 座(邮政编码：201101)
印　　刷　上海展强印刷有限公司
开　　本　720 毫米 ×1000 毫米　1/16
印　　张　23.75
字　　数　408 000
版　　次　2024 年 8 月第 1 版　2024 年 8 月第 1 次印刷
书　　号　ISBN 978-7-5326-6212-8/H · 783
定　　价　148.00 元

本书如有质量问题，请与承印厂联系。电话：021-66366565